Physica-Lehrbuch

Physica-Lehrbuch

Werner Rothengatter
Axel Schaffer

Makro kompakt

Grundzüge der Makroökonomik

Zweite, aktualisierte und erweiterte Auflage

Physica-Verlag
Ein Unternehmen
von Springer

Prof. Dr. Werner Rothengatter
PD Dr. Axel Schaffer

Universität Karlsruhe (TH)
Institut für Wirtschaftspolitik
und Wirtschaftsforschung
Kollegium am Schloss, Gebäude 20.14
76131 Karlsruhe

rothengatter@iww.uni-karlsruhe.de
schaffer@iww.uni-karlsruhe.de

ISBN 978-3-7908-2007-2   e-ISBN 978-3-7908-2008-9

DOI 10.1007/978-3-7908-2008-9

Physica-Lehrbuch ISSN 1431-6870

Bibliografische Information der Deutschen Nationalbibliothek
Die Deutsche Nationalbibliothek verzeichnet diese Publikation in der Deutschen Nationalbibliografie; detaillierte bibliografische Daten sind im Internet über http://dnb.d-nb.de abrufbar.

Herstellung: le-tex Jelonek, Schmidt & Vöckler GbR, Leipzig
Umschlaggestaltung: WMX Design GmbH, Heidelberg
Piktogramme: Werbeagentur dröse

Gedruckt auf säurefreiem Papier

9 8 7 6 5 4 3 2 1

springer.de

Vorwort zur zweiten Auflage

Das vorliegende Lehrbuch beschreibt die Grundzüge der Makroökonomik in kompakter Form und richtet sich daher insbesondere an Studierende aller Fachbereiche, die eine einsemestrige Lehrveranstaltung im Fach Makroökonomik belegen. Es liefert einen Einblick in die wesentlichen Bereiche der Makroökonomik, darunter Volkswirtschaftliche Gesamtrechnung, Input-Output-Analyse, Entwicklungen auf Geld-, Güter- und Arbeitsmärkten, wirtschaftliches Wachstum sowie Erwartungen und Krisen.

Ein besonderes Augenmerk liegt auf den Ausführungen zur Unterbeschäftigung und zum Wirtschaftswachstum. Neben den klassischen Erklärungsansätzen kommen hier neue Ansätze zur Anwendung, mit deren Hilfe das seit langem anhaltende Ungleichgewicht auf dem Arbeitsmarkt und zyklische Wachstumspfade analysiert werden können. Die Entwicklung einfacher Simulationsmodelle fördert dabei das Verständnis für dynamische Entwicklungen, wie z. B. Konjunkturzyklen, und für Wirkungen staatlicher Eingriffe in Abhängigkeit von den Erwartungen der Akteure. In diesem Zusammenhang haben wir zudem eine Website eingerichtet, die den Leser motivieren soll, einfache dynamische Modelle am Computer zu entwickeln, ohne sehr tief in die mathematischen Grundlagen einsteigen zu müssen (www.iww.uni-karlsruhe.de/makro/). Mit Hilfe der Computersimulation können zum Beispiel die Folgen der Ölpreiserhöhung abgeschätzt werden.

Dieses Thema hat seit der ersten Auflage vor zwei Jahren nicht an Brisanz verloren. Vielmehr sorgte das globale Wachstum für eine ständig wachsende Nachfrage nach Energieträgern und führte nachfolgend zu neuen Rekordpreisen auf den internationalen Rohstoffmärkten. Ungeachtet dessen erzielte Deutschland in den letzten Jahren erfreuliche Wachstumsraten, die sich insbesondere im Jahr 2007 auch auf dem Arbeitsmarkt niederschlugen. Die hohe Auslastung der Faktoren sorgte aber nicht nur für eine Verminderung der Arbeitslosigkeit, sondern birgt auch Inflationsgefahren. Deshalb wurde diesem Thema in der nun vorliegenden Auflage ein eigenes Kapitel gewidmet.

Seit dem Erscheinen der ersten Auflage fanden aber auch die Begleiterscheinungen der Globalisierung im Hinblick auf Umwelt und Armut – nicht zuletzt unterstrichen durch die Vergabe der Friedensnobelpreise in den Jahren 2006 und 2007 – eine immer stärkere Beachtung. Die neue Auflage trägt dieser Entwicklung Rechnung und diskutiert die von den Preisträgern thematisierte Problematik der globalen Armut und des globalen Klimawandels aus ökonomischer Sicht.

Durch die kompakte Darstellung, zahlreiche Abbildungen und Übungsaufgaben zu jedem Kapitel ermöglicht das Buch einen raschen Einstieg in die Materie und eine effiziente Prüfungsvorbereitung. Zur besseren Orientierung weisen die folgenden vier Piktogramme auf wichtige Ergebnisse, Definitionen, Literaturempfehlungen und Überschneidungen mit anderen Kapiteln hin. Die Hinweise werden in den Piktogrammen durch die jeweiligen Anfangsbuchstaben beschrieben:

Ergebnis.

Definition.

Verweis *extern*, z. B. Buchempfehlung oder weiterführende Literatur.

Verweis *intern*, z. B. Überschneidung mit anderen Kapiteln.

Wir danken Dirk Fornahl und Jan Kowalski für ihre Mitarbeit an den Kapiteln „Evolutorische Ökonomik" bzw. „Außenhandel und Zahlungsbilanz" sowie Jochen Siegele für die Mitgestaltung der Übungsaufgaben.

Werner Rothengatter

Axel Schaffer

Inhaltsverzeichnis

I Einführung

1 Volkswirtschaftliches Denken

1.1 Wirtschaft und Wirtschaften

Im Schlaraffenland ist es nicht erforderlich, sich über Herstellung, Verteilung und sinnvollen Gebrauch von Gütern besondere Gedanken zu machen. Die gebratenen Tauben fliegen den Konsumenten in den Mund, ohne dass es außergewöhnlicher Anstrengungen bedürfte. Niemand muss mit seinen Mitteln haushalten, keiner braucht ein Giro- bzw. Sparkonto, geschweige denn ein Portemonnaie, das ihm beständig die Endlichkeit seiner Wünsche signalisiert.

Die Welt, in der wir leben, sieht anders aus. Ihr beherrschendes Merkmal ist die Knappheit. Niemand bekommt überall und zu jeder Zeit die Wünsche erfüllt, die ihm gerade einfallen, bis auf einige Jet Set-VIPs, die bei der Auswahl ihrer Erblasser ein Glückslos gezogen haben. Der Normalverbraucher muss für die Erfüllung seiner Konsumwünsche hart arbeiten. Einem Unternehmer fallen die Millionen nicht in den Schoß, sondern er wird nur dann Markterfolg haben, wenn seine Produkte qualitativ besser oder preiswerter sind als die der Konkurrenz.

Ergebnis 1.1:   *Wirtschaften bedeutet sparsames Umgehen mit knappen Ressourcen.*

Das ökonomische Prinzip besagt, dass entweder mit einem gegebenen Ressourcenbestand ein Maximum an Ertrag oder ein vorgegebener Ertrag mit minimalem Ressourceneinsatz zu erzeugen ist. Formallogisch bedeutet dies, Maximierung oder Minimierung einer Zielgröße unter einer Restriktion. Wünsche sind bei den meisten Menschen grenzenlos. Nur eine kleine Minderheit der Menschheit (Mönche, Gurus, kleine Naturvölker) sieht in der Genügsamkeit und Zügelung des Bedarfs ein hohes Lebensideal. Die überwältigende Mehrheit hat offenbar keine natürliche Bedarfsbremse und kennt keine Grenzen in den Wünschen nach besserer Wohnausstattung, mehr Fernsehern, mehr Autos, mehr Reisen oder mehr Kommunikation. Die einzig wirksame Bremse für den unersättlichen Bedarf der meisten Menschen an Verbesserungen ihrer persönlichen Ausstattung ist die begrenzte Verfügbarkeit von Ressourcen. Dies betrifft sowohl die materiellen Ressourcen, die für die Produktion von Gütern benötigt werden, wie auch die erforderliche qualifizierte Arbeitskraft. Der Einsatz dieser Faktoren für die Produktion von Gütern muss entlohnt werden. Der Verbraucher muss die Produktionskosten zuzüglich eines Gewinnaufschlages und häufig einer Handelsspanne bezahlen, um in den Besitz eines gewünschten Gutes zu gelangen.

Durch die Tatsache, dass Einkommen und Vermögen des Verbrauchers begrenzt sind, wird er gezwungen, zu wählen und zu verzichten. Wenn er die für ihn besonders wichtigen Artikel kauft, muss er die restlichen Wünsche zurückzustellen.

„Es gibt nichts umsonst", diese fast trivial anmutende Aussage des Nobelpreisträgers für Wirtschaftswissenschaften von 1976, Milton Friedman, fasst die Notwendigkeit für wirtschaftliches Handeln in kürzester Form zusammen.

Der zweite Grund für die Notwendigkeit des sparsamen Umgangs mit Ressourcen liegt in der begrenzten Fähigkeit der Natur, Abfallprodukte menschlicher Produktion bzw. des Konsums aufzunehmen und zu recyceln. Gerade die modernen Industriegesellschaften sind heute an einem Punkt angelangt, bei dem nicht die materielle Verfügbarkeit einer natürlichen Ressource, sondern die negativen Umweltfolgen der Produktion und des Verbrauchs den entscheidenden Anstoß zu einem sparsameren Umgang geben. Ein Beispiel ist der Umgang mit der fossilen Energie, bei der auch steigende Weltmarktpreise noch immer keine bedrohliche Knappheit signalisieren, aber aus Umweltgründen (Waldsterben, Klimakatastrophe) eine Verringerung des Verbrauchs an fossilen Brennstoffen geboten ist.

Die Notwendigkeit zu wirtschaften, also mit knappen Ressourcen sparsam umzugehen, führt zu folgenden Begleiterscheinungen:
1. Wahlentscheidungen
2. Opportunitätskosten
3. Wettbewerb
4. Kooperation

1. Wahlentscheidungen
Menschen, die nicht in beliebigem Überfluss leben, müssen wählen, das heißt Entscheidungen über Alternativen treffen. Sie müssen den Nutzen, den sie durch den Erwerb von Gütern erzielen können, gegen die Kosten, die dafür zu bezahlen sind, abwägen. Je besser diese Entscheidungen im Sinne des ökonomischen Prinzips ausfallen, umso günstiger wird die wirtschaftliche Position, also die Ausstattung eines Haushaltes mit Konsumgütern oder die Ertragssituation eines Unternehmens.

2. Opportunitätskosten
Wählen und Entscheiden bedeutet gleichzeitig Verzicht auf andere Alternativen. Den Nutzen der nächstbesten Alternative nach der ausgewählten bezeichnet man als Opportunitätskosten. Hat z. B. ein Student 5 Euro pro Tag für Nahrungs- und Genussmittel zur Verfügung und entscheidet er sich, zwei Packungen Zigaretten

am Tag zu rauchen, so entstehen ihm Opportunitätskosten in Höhe des Nutzens für das ausgefallene Mensaessen. Oder entscheidet sich ein Automobilhersteller, seine Entwicklungskapazität für die nächste Modellgeneration in ein Luxusklassenfahrzeug zu investieren, so entstehen Opportunitätskosten in Höhe des Zusatzertrages, den eine neue Fahrzeuggeneration in der Mittelklasse erbracht hätte.

3.   Wettbewerb

Wenn die Wünsche die verfügbaren Ressourcen übersteigen, müssen sie um die verfügbaren Vorräte konkurrieren. Diese Konkurrenz tritt in vielfacher Weise im realen Wirtschaftsleben auf: als Konkurrenz der Konsumwünsche um knappe Konsumgüter, als Konkurrenz der Unternehmen um knappe Produktionsfaktoren (z. B. Fachkräfte), als Konkurrenz der öffentlichen Programme um Budgetmittel oder als Konkurrenz der Unternehmen um die Kaufkraft auf einem Markt. Es ist die Aufgabe einer Wettbewerbsordnung, diese Konkurrenzmechanismen zu organisieren und sie mit den sozialen Ansprüchen der Gesellschaft in Einklang zu bringen.

4.   Kooperation

Häufig ist es vorteilhaft Partnerschaften zu bilden, um gemeinsame Ziele besser zu erreichen. Anspruchsvolle Industrieprojekte, wie etwa der Bau eines Kraftwerks, können auf Grund von Spezialisierungen oft nur von mehreren Partnern effizient geplant und durchgeführt werden. Je technisch anspruchsvoller die Produkte werden, umso wahrscheinlicher ist es, dass die Komplexitätsprobleme nur durch die Bildung von Partnerschaften gelöst werden können. Hierzu gibt es Beispiele aus der Industrie (gemeinsam produzierte Module, Allianzen in der Luftfahrt), der Netzwirtschaft (gemeinsam genutzte Energie-, Kommunikations- oder Verkehrsnetze) sowie aus dem Sektor der sozialen und medizinischen Dienstleistungen (Zahnarzt und Dentallabor, Facharzt für Orthopädie und Praxis für Krankengymnastik, Gemeinschaftspraxen).

Definition: *Als Wirtschaft bezeichnen wir die Gesamtheit von Akteuren, Institutionen und Regelungen, die dem Umgang mit knappen Ressourcen dienen.*

1.2   Funktionen und Akteure der Wirtschaft

In der Wirtschaft werden knappe Ressourcen konkurrierenden Zwecken zugeordnet. Dadurch werden die folgenden Probleme gelöst:

- Welche Güter und Dienste werden in welchen Mengen produziert?
- Mit welchen Verfahren werden die verschiedenen Güter und Dienstleistungen hergestellt?
- An wen werden die verschiedenen Güter und Dienste verteilt?
- Wie wird die Produktion und Verteilung von Gütern und Diensten entlohnt?

Die von der Privatwirtschaft erzeugten Lösungen stimmen nicht notwendig mit den sozialen Anforderungen der Gesellschaft überein. Daher tritt die Staatswirtschaft hinzu, die sich den folgenden Bereichen widmet:

- Sicherung der Wirtschaftsverfassung und des Wettbewerbs.
- Erzeugung von öffentlichen und meritorischen Gütern.
- Korrektur der Märkte bei Marktversagen.
- Sekundärverteilung von Einkommen und soziale Sicherung.
- Stabilisierung der Wirtschaft.

Um die Beziehungen und Interaktionen in einer Volkswirtschaft zu verstehen, ist es nützlich, die vielen handelnden Personen und Institutionen in überschaubare Gruppen einzuteilen.
Wir unterscheiden dazu die folgenden vier Gruppen von Akteuren:
1. Haushalte
2. Unternehmen
3. Staat
4. Ausland

1.   Haushalte
Als (private) Haushalte gelten Einzelpersonen und Gruppen von Einzelpersonen als Konsumenten sowie rechtlich selbständige Organisationen ohne Erwerbszweck (Kirchen und Vereine). Das wirtschaftliche Verhalten des Haushalts ist dadurch geprägt, dass die in ihm lebenden Personen ihre Planungen abstimmen und viele Dinge gemeinsam entscheiden. Haushalte treten als Verbraucher, also als Nachfrager nach Konsumgütern auf den Gütermärkten und als Anbieter von Arbeitskraft auf den Faktormärkten auf.

2.   Unternehmen
Zu den Unternehmen zählen neben den Personengesellschaften (OHG und KG) die nichtfinanziellen (AG und GmbH) und finanziellen Kapitalgesellschaften (Banken und Versicherungen). Außerdem fallen rechtlich unselbständige Eigenbetriebe des Staates ohne Erwerbszweck (Krankenhäuser) und Einzelpersonen als Produzenten (Land- und Gastwirte, Freiberufler) in die Gruppe der Unternehmen. Früher verbanden sich mit dem Begriff „Unternehmen" rauchende Schlote und physisch greifbare Produkte. Heute werden in Deutschland weniger als 40 % des Sozialproduktes aus Produktionsergebnissen der Landwirtschaft, der Industrie und der Energieerzeugung, dagegen bereits über 60 % durch Dienstleistungen erzeugt. Unternehmensbezogene Dienstleistungen sowie Leistungen der Banken, Versicherungen, des Handels- und im Verkehr sind in der postindustriellen Gesellschaft stark expandierend und werden auch in der Zukunft weiter zunehmen. Zu den Hauptaufgaben der Unternehmen zählen zunächst die Beschaffung und der Einsatz von Produktionsfaktoren zur Erstellung von Gütern. Eine ebenso wichtige Aufgabe besteht zudem in der Entlohnung der Produktionsfaktoren.

3.   Staat

Zum Sektor Staat gehören alle Gebietskörperschaften (in Deutschland: Bund, Länder und Gemeinden) und die Sozialversicherungsanstalten. Seine Aufgaben sind auch in einer Marktwirtschaft umfangreich: der Staat bestimmt die Spielregeln für den wirtschaftlichen Wettbewerb und überwacht deren Einhaltung. Wichtige Ziele sind dabei die Bereinigung von Marktunvollkommenheiten (Kontrolle von Monopolen) und die Schonung von Umweltressourcen. In einigen Fällen ist zudem die Unterstützung vorübergehend schwacher, aber gesamtwirtschaftlich erhaltenswerter Wirtschaftszweige durch Subventionen sinnvoll.

Der Staat produziert Güter, die nicht durch individuelle Initiativen erzeugt werden. Öffentliche Güter sind dadurch gekennzeichnet, dass von ihrem Konsum oder ihrer Nutzung kein Individuum ausgeschlossen werden kann und es keine Rivalität um diese Güter gibt (z. B. Verteidigung, innere Sicherheit, Vertretung nach außen).

Weitere Aufgaben liegen in der Herstellung einer gerechten Einkommensverteilung, der Vorsorge für die wirtschaftlich Schwachen und der Sicherung von Grundbedürfnissen zur Erhaltung des sozialen Friedens in der Gesellschaft. Die Finanzierung des dazu erforderlichen Verwaltungsapparates erfolgt durch Zwangsabgaben in Form von Steuern und Gebühren oder durch Aufnahme von Krediten auf dem Geldmarkt. Letztlich wird häufig vom Staat verlangt, stabilisierend in die Wirtschaft einzugreifen, um Wachstums- und Beschäftigungsziele zu fördern.

4.   Ausland

Die Gesamtheit der Wirtschaftsakteure mit ständigem Sitz außerhalb des inländischen Wirtschaftsraumes wird als „Ausland" definiert. Moderne Volkswirtschaften kapseln sich nicht nach außen ab, sondern versuchen, Außenhandel zu betreiben und die Vorteile der Arbeitsteilung grenzüberschreitend zu nutzen. In Deutschland ist über ein Drittel der gesamtwirtschaftlichen Produktion für den Export bestimmt. Dies zeigt die enorme Bedeutung der Außenwirtschaft für Beschäftigung und Wohlstand im Inland.

1.3   Makro- und Mikrobetrachtung

Die Wirtschaftswissenschaften sind die Zweige der Wissenschaft, die sich mit dem Umgang der Akteure mit knappen Ressourcen beschäftigen. Sie gehören zu den Sozialwissenschaften, die sich im Gegensatz zu den Idealwissenschaften mit realen Vorgängen des menschlichen Lebens auseinandersetzen. Dies macht die Arbeit der Wirtschaftswissenschaftler nicht eben leichter, denn sie haben – den Grundsätzen des großen Wirtschaftsphilosophen Karl R. Popper folgend – das Falsifizierungskriterium zu beachten: damit Aussagen der Wirtschaftswissenschaften empirischen Gehalt haben, müssen sie prinzipiell falsifizierbar sein. Das heißt, es muss Bedingungen geben, unter denen die Aussagen nicht gültig sind. Zum zweiten gelten Aussagen der Wirtschaftswissenschaften nur so lange als richtig, wie sie nicht falsifiziert worden sind. Dies bedeutet, dass es in den Wirtschaftswissenschaften keine „ewigen Wahrheiten" gibt. Immer und überall gibt es die Möglichkeit, Theorien durch den Nachweis der empirischen Unschlüssigkeit ihrer Annahmen zu widerlegen. Im Gegensatz zu den Naturwissenschaften gibt es auch keine breite Basis an allgemein akzeptierten Grundaussagen. Die Auseinandersetzung um die richtige Erkenntnis beginnt bereits bei den Grundlagen. Dies ist im Übrigen auch der Grund für die im Vergleich zu anderen Wissenschaftsgebieten enorme Vielfalt an unterschiedlich aufgebauten Einführungswerken.

Die beiden großen Bereiche der Wirtschaftswissenschaften sind *Empirie* und *Theorie*.

Die *Empirie* befasst sich mit der Wirtschaftsbeobachtung, der beschreibenden Statistik, der Wirtschaftsgeographie und der Wirtschaftskunde in Form einer Institutionenlehre. Sie versucht, die Datenbestände der Wirtschaftswelt zu erfassen und möglichst unverfälscht darzustellen, ohne den Versuch, Erklärungen zu finden oder Schlüsse für die Zukunft abzuleiten. Letzteres gehört zum Aufgabenbereich der *Theorie*, deren Zweck in der Erklärung beobachteter Datenbestände und in der Prognose künftiger Zustände oder Ereignisse liegt. Die Theorie gliedert sich wiederum in die folgenden zwei Bereiche:

- positive Theorie und
- normative Theorie.

Um den Unterschied zwischen den beiden Theorierichtungen zu erläutern, betrachten wir zwei Beispiele:

1.   die Erklärung für das Konsumverhalten von Individuen und
2.   die Erklärung staatlichen Verhaltens.

1.   Erklärung für das Konsumverhalten von Individuen

Beginnen wir mit den Konsumenten: der „ideale Konsument" geht nur mit einem sorgfältig ausgearbeiteten Einkaufsplan in den Supermarkt, nachdem er alle Konsumwünsche geprüft und die Angebote des Marktes sondiert hat. Er verwendet sein Budget so, dass er mit dem verfügbaren Betrag die Güter aus den Regalen in seinen Einkaufswagen lädt, die ihm den höchsten Nutzen stiften. Hinter einer solchen Verhaltenserklärung steckt offenbar eine Norm: der Konsument möchte sich im Sinne definierter Nutzenvorstellungen optimal verhalten. Konsequenterweise versucht die *normative Theorie* die Normvorstellungen zu präzisieren. Zum Beispiel kann man eine Nutzenfunktion konstruieren, um das normgerechte, optimale Konsumentenverhalten unter bestimmten Randbedingungen (Konsumbudget) ableiten zu können.

Die *positive Theorie* abstrahiert dagegen völlig von Verhaltensnormen. Sie interessiert sich nur für das, was der Konsument tatsächlich macht. Es kann z. B. vorkommen, dass eine Hausfrau im Supermarkt vor der Kasse noch rasch Schokolade und Kaugummi einkauft, weil das Kind, das sie zum Einkauf mitgenommen hat, sie auf diese spontane Idee gebracht hat. So gibt es in der Konsum- und Absatzforschung umfangreiche Abhandlungen darüber, wie man das Layout der Waren in einem Supermarkt so gestaltet, dass die Konsumenten auf möglichst viele spontane Kaufeinfälle kommen. In einem normativen Ansatz wären diese Handlungsweisen irrelevant. Wir wissen aber aus der Verhaltensbeobachtung, dass nicht geplante, situationsbedingte Verhaltensweisen im Konsumverhalten sehr häufig auftreten und können daraus schließen, dass die positive Theorie eine große Lücke schließt, welche die normative Theorie offen lässt.

2.   Erklärung für das staatliche Verhalten

Kommen wir zum zweiten Beispiel, dem Staatsverhalten: der „ideale Staatsmann" denkt nur an das Gemeinwohl und versucht dieses durch Regierungsprogramme zu maximieren. Gleichgültig, ob es sich um die Verteidigungs-, Innen-, Umwelt- oder Infrastrukturpolitik handelt, der Staatsmann hat eine Vorstellung von dem Wohlfahrtsbeitrag, den sein Programm für die Bürger stiftet. Auch hier entdecken wir in der idealisierten Vorstellung wieder eine Norm, nämlich die der Maximierung des Gemeinwohls oder der allgemeinen Wohlfahrt. Der reale Politiker ist jedoch auch ein Mensch, der, wie andere Menschen auch, Karriereziele hat, bestimmten Erwartungen aus seinem Wahlkreis oder seiner Partei ausgesetzt ist und regelmäßig von der Lobby hofiert und beeinflusst wird. Entscheidungen, die der Realpolitiker trifft, werden zwar in der Regel mit dem Etikett des Gemeinwohls geschmückt, sind aber häufig durch Reaktion auf die ausgeübten Reize der politischen Klientel oder Interessengruppen zu Stande gekommen. Die Erforschung des Letzteren ist Gegenstand der positiven Theorie, die auch im gesamtwirtschaftlichen Bereich von Normen abstrahiert und die Antriebsmechanismen in den großen gesellschaftlichen Gruppen so darzustellen versucht, wie man sie wirklich beobachten kann. Auch auf der gesamtwirtschaftlichen Ebene füllt die positive Theorie somit einen großen Bereich von Wirtschaftsphänomenen aus, den die normative Theorie nicht erklären kann. Tabelle 1.1 stellt die Abgrenzungen zwischen den Gebieten der Wirtschaftswissenschaften zusammenfassend dar, hier zusätzlich nach Mikro- und Makroebene unterteilt.

Tabelle 1.1: Bereich der wirtschaftswissenschaftlichen Forschung

		Mikro	Makro	Ziel
Empirie		Deskriptive Konsum- und Unternehmensforschung	Wirtschaftsstatistik Wirtschaftsgeographie Wirtschaftskunde	Beschreibung
Theorie	Positive	Verhaltensforschung Institutionenlehre	Verbändetheorie Staatstheorie	Erklärung
	Normative	Nutzenmaximierung Gewinnmaximierung Marktgleichgewicht	Wohlfahrtsmaximierung Stabilisierung Verteilungstheorie Umwelttheorie	Prognose

Wenn ein Naturwissenschaftler zu neuen Erkenntnissen gelangen will, so bietet sich ihm die Möglichkeit der Laboruntersuchung. Hier kann er kontrollierte Experimente durchführen, in denen er Randbedingungen definiert (z. B. luftleerer Raum) und das zu untersuchende Phänomen in dieser kontrollierten Umgebung erzeugt (z. B. freier Fall von Kugel und Feder im luftleeren Raum). Leider haben Ökonomen in der Regel nur begrenzte Möglichkeiten, kontrollierte Experimente aufzubauen. Aus diesem Grund arbeiten die Ökonomen seit langem mit Modellen in Form von Gedankenexperimenten.

 Ergebnis 1.2:   *Ein ökonomisches Modell ist eine Menge von Annahmen, mit denen man die Randbedingungen für ein Gedankenexperiment festlegt. Mit ihrer Hilfe erzeugt man ein vereinfachtes Abbild der Wirklichkeit, die mit ihren vielen Akteuren und Beziehungszusammenhängen in der Regel zu komplex ist, um als komplettes System analysiert werden zu können.*

Es gibt eine Reihe unterschiedlicher Möglichkeiten für die Modellbildung: verbale Beschreibungen, graphische Darstellung, ikonische Modelle („Modelleisenbahn"), mechanische Modelle. Zum Beispiel hat W. Krelle in den sechziger Jahren den „St. Gallener Kreislaufsimulator" aufgebaut, ein Konstrukt, bestehend aus Pumpen, Reservoirs und Verbindungsrohren, in dem der Wirtschaftskreislauf mit hydraulischer Technik simuliert wurde. Im Laufe der Zeit wurden zunehmend mathematische Modelle gebräuchlich. Mit ihrer Hilfe gelingt es, die Forschungsansätze der Wirtschaftswissenschaftler methodisch konsistent aufzubauen und die gewonnenen Erkenntnisse (Aussagen) logisch nachprüfbar zu machen (Anforderung der intersubjektiven Nachvollziehbarkeit). Die moderne Rechnertechnik ermöglicht eine bildhafte Darstellung mathematischer Modelle, indem sie die Modelle mit ihrem empirischen Hintergrund verknüpft. Gerade auf Grund der Komplexität kommt der Verständlichkeit von Ergebnissen eine große Bedeutung zu. Als Beispiel zeigt Abbildung 1.1 die graphische Umsetzung von Modellberechnungen zur Lärmbetroffenheit durch Verkehr.

Abbildung 1.1: Visualisierung von Ergebnissen komplexer Modelle

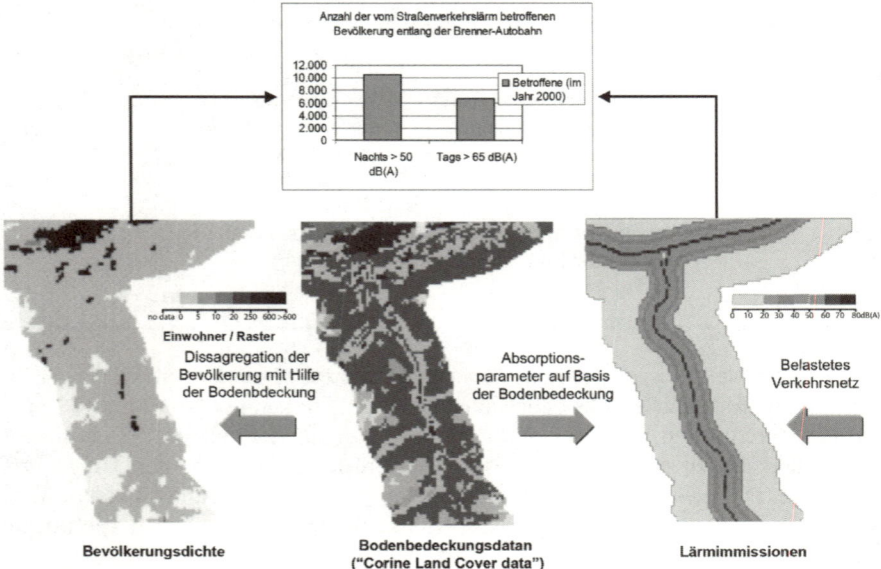

Ziel des Modells war die Identifizierung der Lärmbetroffenheit für die Bevölkerung entlang des Brenner-Autobahnkorridors. Das linke Bild zeigt die Bevölkerungsverteilung. Im mittleren Bild erkennt man die Darstellung der Bodenbedeckung, die für die Ausbreitung von Lärm eine große Rolle spielt. Das rechte Bild beschreibt letztlich die Stärke der Verkehrsaktivitäten entlang des Korridors, die für die Lärmerzeugung verantwortlich ist. Alle Modellkomponenten sind geeignet zusammenzufügen, um zu quantifizieren, in welchem Maße die Menschen betroffen sind und welcher ökonomische Wert dieser Beeinflussung zuzuordnen ist.

Wirtschaftliche Phänomene können auf der Mikro- oder der Makroebene dargestellt und untersucht werden. Die *Mikroökonomik* ist die Lehre von den einzelwirtschaftlichen Verhaltensweisen und deren Konsequenzen für das Geschehen auf den Märkten. Dadurch hat die Mikroökonomik enge Verknüpfungspunkte mit der Betriebswirtschaftslehre, die auch die Untersuchung des individuellen unternehmerischen Verhaltens zum Gegenstand hat. Anwendungsgebiete in der Mikroökonomik befinden sich so in der betrieblichen Unternehmensplanung, in der Produktions- und Kostentheorie, dem Marketing und auch in der Portfoliotheorie, die das Verhalten von Kapitalanlegern erklären will.

In der *Makroökonomik* werden die wirtschaftlichen Vorgänge aus der Satellitenperspektive betrachtet. Es werden große Gruppen der wirtschaftlichen Akteure gebildet (siehe Abschnitt 1.2) und die ökonomischen Beziehungen zwischen diesen Makrogruppen untersucht. Die Makroökonomik beschränkt sich dabei nicht auf die Definition und Messung aggregierter Kennzahlen. Vielmehr geht es auch darum, gesamtwirtschaftliche Erscheinungsbilder wie Unterbeschäftigung, Inflation, Konjunktur und Wachstum zu erklären und den Pfad der ökonomischen Entwicklung für einen gewissen Zeitraum zu prognostizieren.

Aufgaben zu Kapitel 1

1.1   Zum besseren Verständnis des Wirtschaftsgeschehens werden die Wirtschaftsakteure in vier Gruppen eingeteilt. Um welche Gruppen handelt es sich? Welche Funktionen erfüllen diese Gruppen?

1.2   Erläutern Sie die Bedeutung von Opportunitätskosten. Inwiefern sind Opportunitätskosten wirkliche Kosten? Geben Sie Beispiele an.

1.3   Um ökonomische Zusammenhänge verständlich zu machen, kommen vielfach Modelle zur Anwendung. Worin sehen Sie die Stärken bzw. Schwächen dieser Vorgehensweise?

2 Ordnungsmodelle in der Volkswirtschaft

2.1 Koordinationsmechanismus

Wir wissen nun, was die Wirtschaft leistet, welche Akteure in ihr auftreten und welche Entscheidungen diese treffen. Wir wissen aber noch nicht, auf welche Weise diese Entscheidungen abgestimmt werden. Nehmen wir an, ein Student möchte nach bestandenem Vorexamen zwei Kisten Champagner mit seinen Freundinnen und Freunden leeren. Wie meldet er diesen Wunsch beim Champagnerproduzenten an und auf welche Weise bzw. unter welchen Bedingungen ist der Produzent in der Lage, diesen Wunsch zu erfüllen? Im einfachsten Fall kann man sich folgenden Koordinationsmechanismus denken: der Student meldet seinen Wunsch an eine Bestellzentrale. Diese Zentrale gibt den Wunsch an die Unterabteilung für Champagner weiter. Diese prüft, ob in den zentralen Lagerbeständen noch genügend Vorräte vorhanden sind, um die Bestellung ausführen zu können. Im positiven Falle meldet sie der Bestellzentrale das O.K., woraufhin diese prüft, ob das Bankkonto des Bestellers belastbar ist. Ist dies der Fall wird die Bestellung beim Auftraggeber und bei der Champagnerabteilung bestätigt, die Kosten der Herstellung werden in Rechnung gestellt. Neben der Durchführung der Lieferung gibt die Champagnerlieferzentrale die Veränderung des Lagerbestandes an die Produktionsabteilung weiter, wo die Produktion angefahren wird, um das Verteillager wieder aufzufüllen.

Es ist unschwer zu erkennen, dass es sich bei dem dargestellten einfachen Koordinationsmechanismus um ein zentralwirtschaftliches Schema handelt. Dagegen gibt es auch eine alternative Vorgehensweise, die zu dem gleichen Ergebnis führt: der Student geht in den nächsten Supermarkt und kauft dort den Champagner, den er sich vom elterlichen Scheck leisten kann. Der Filialleiter des Supermarktes macht einmal in der Woche Bestandsaufnahme und bestellt die Waren nach, die verkauft wurden. Auf diese Weise erhält der Sektlieferant für den Supermarkt eine Bestellung und bestellt dann seinerseits bei einem bestimmten Lagerbestand bei der Deutschland-Vertretung des Champagnerherstellers eine entsprechende Menge nach. Die Deutschland-Vertretung meldet dies wiederum der Kellerei in der Champagne, woraufhin diese darüber entscheidet, ihre Produktion an die gestiegene Nachfrage anzupassen oder die Preise zu erhöhen, bzw. eine Kombination aus beiden Maßnahmen zu treffen.

Der zweite Koordinationsmechanismus sieht wesentlich komplizierter aus als der erste. Denn hier gibt es keine Zentrale, die Wünsche und Produktionsmöglichkeiten zum Ausgleich bringt. Jeder Beteiligte hat nur eine beschränkte Information, denn sein Computer hat nicht die Informationen über sämtliche Kaufwünsche und Produktionsmöglichkeiten gespeichert. Jeder versucht unter dieser beschränkten Information das für sich Beste zu machen, wobei er nicht weiß, wie seine Verhaltensweise das gesamte System beeinflusst. Käufer und Verkäufer haben vollkommen unterschiedliche Interessen, die zuerst unvereinbar erscheinen: der Käufer möchte einen möglichst niedrigen Preis bezahlen, um sich mit seinem Budget möglichst viele Güter kaufen zu können und der Verkäufer möchte einen möglichst hohen Preis erzielen, um aus der Produktion und Verteilung der Güter einen Gewinn zu schöpfen. Der dezentrale Mechanismus erscheint zunächst schwerfällig und kompliziert. Daher ist es auf den ersten Blick erstaunlich, dass das dezentrale marktwirtschaftliche System sich in den Volkswirtschaften der Welt in der Vergangenheit als das leistungsfähigere System herausgestellt hat. Dies ist Grund genug, später nochmals auf zentrale und dezentrale Koordinationsmechanismen im Detail zurückzukommen und die Gründe für die Überlegenheit dezentraler Koordinierungen herauszuarbeiten.

Im Mittelpunkt der dezentralen Koordinierung stehen nicht Zentralen oder Abteilungen, sondern Märkte. In der Umgangssprache bezeichnet das Wort „Markt" einen Ort, an dem Menschen Güter wie Fisch, Fleisch, Obst oder Gemüse kaufen und verkaufen. In den Wirtschaftswissenschaften hat das Wort „Markt" eine allgemeinere Bedeutung:

Ergebnis 2.1:   *Ein Markt ist ein Arrangement bestehend aus Institutionen, Akteuren und Regeln, welches das Handeln (Kaufen und Verkaufen) mit Gütern oder Produktionsfaktoren ermöglicht.*

Nehmen wir z. B. den Ölmarkt: er ist kein bestimmter Ort, sondern besteht aus einer Menge unterschiedlicher Institutionen, Akteure und Regelungen, die das Handeln mit Öl ermöglichen. Der Markt ist ein Koordinationsmechanismus, der die verschiedenen Pläne der Käufer und Verkäufer zusammenfasst, die Information darüber zwischen den Akteuren vermittelt und den Austausch auf freiwilliger Basis ermöglicht. So ist das Rohöl, das sich in einem Tanker auf dem Weg nach Rotterdam befindet, noch vor Ankunft im Hafen in der Regel bereits „vermarktet", die Käufer können mit der Weiterverarbeitung und der Folgevermarktung der Endprodukte und die Verkäufer mit der Beschaffung weiterer Waren disponieren. Der ausgehandelte Marktpreis gibt beiden Parteien eine Orientierung über den wirtschaftlichen Erfolg dieser Transaktion und über den erwarteten Erfolg zukünftiger Transaktionen, so dass sie eine Basis für weitere Planungen haben.

2.2   Ordnungsmodelle in der Theorie

Grundsätzlich können in der Wirtschaft Pläne dezentral von den Individuen, also von einzelnen Haushalten oder Unternehmen oder von zentralen Einrichtungen, erstellt und umgesetzt werden. Im Falle einer dezentralen Planung stellt sich erst nach Realisierung der Pläne heraus, welche gesamtwirtschaftlichen Konsequenzen entstehen und ob diese Konsequenzen im Sinne einer übergeordneten Zielvorstellung günstig sind. Zentrale Planungen sind dagegen an der Optimierung des Gesamtergebnisses ausgerichtet. Daher könnte man vermuten, dass die Gesamtwirtschaft bei einer zentralen Planung ein höheres Leistungsniveau erreicht als bei dezentraler Planung. Denn die Widersprüche zwischen den vielen individuellen Plänen könnten Reibungsverluste verursachen, die zu einem suboptimalen Gesamtergebnis führen.

Es ist das historische Verdienst des Nestors der modernen Nationalökonomie, Adam Smith, gezeigt zu haben, dass eine zentrale Planung dem Ordnungsprinzip der Natur widerspricht und folglich zu schlechteren Wirtschaftsergebnissen für die Gesamtgesellschaft führt. Smith hat in seinem im Jahre 1776 veröffentlichten Werk „An Inquiry into the Nature and Causes of the Wealth of Nations" philosophische Überzeugungen mit einer Fülle von Einzelbeobachtungen verknüpft und ist zu dem Ergebnis gekommen, dass dezentral organisierte Volkswirtschaften (freie Marktwirtschaft) den Gesetzen der Natur folgen und damit leistungsfähiger sind als Zentralwirtschaften.

Im Folgenden werden wir zunächst zwei idealtypische Ordnungsmodelle der Volkswirtschaft, Marktwirtschaft und Zentralverwaltungswirtschaft, besprechen und im Anschluss daran die Leitbilder der sozialen Marktwirtschaft in Deutschland und der marktbasierten Planwirtschaft in der Volksrepublik China beschreiben.

2.2.1   Modell der Marktwirtschaft

Sowohl das Modell der Marktwirtschaft als auch der Zentralverwaltungswirtschaft wird nun anhand der folgenden Kriterien diskutiert:
1.   Planungsgrundlagen
2.   Koordinierung
3.   Sanktionen
4.   Voraussetzungen.

1.   Planungsgrundlagen:
In einer Marktwirtschaft bildet jeder Haushalt und jede Unternehmung für sich eine Vorstellung vom richtigen wirtschaftlichen Verhalten. Auf eine abstraktere Ebene übersetzt, gilt für die Haushalte, dass sie mit Hilfe ihrer Planungen einen möglichst hohen Nutzen realisieren wollen. Auch die Unternehmen planen individuell und werden versuchen, einen möglichst hohen Gewinn zu erzielen, um eine gute Verzinsung des eingesetzten Kapitals zu erreichen.

Obwohl alle Pläne unabhängig voneinander aufgestellt werden, gibt es Querverbindungen zwischen den Planungen von Unternehmen und Haushalten. So werden die Haushalte berücksichtigen, dass sie zur Realisierung ihrer Konsumpläne Einkommen erwerben müssen, das sie durch Veräußerung ihrer Arbeitskraft an Unternehmen erzielen. Umgekehrt werden die Unternehmen aus eigenem Antrieb bemüht sein, die Produktion auf die Kaufinteressen der Nachfrager abzustimmen, damit sie ihre Produkte verkaufen können und dadurch Gewinne realisieren.

2.   Koordinierung

In einer Marktwirtschaft werden die Pläne über den Markt koordiniert. Hier treffen Angebot und Nachfrage aufeinander und werden durch den Marktpreis abgestimmt. Der Markt stellt in dieser Wirtschaftsordnung das Lenkungsinstrument dar, das mit Hilfe freier Preisbildung den Ausgleich der Angebots- und Nachfragepläne bewirkt.

3.   Sanktionen

Über den Markt erhalten die Individuen auch gleichzeitig ein Signal, ob ihre Planungen nach wirtschaftlichen Maßstäben gemessen richtig oder falsch waren. Produzenten werden im Falle des Markterfolgs *Gewinne* realisieren können und im Falle des Misserfolgs *Verluste* zu erleiden haben. Dies hat wiederum Einfluss auf ihre künftigen Verhaltensweisen. Ein Unternehmen, das durch Verluste sein Kapital aufzehrt, muss seine Pläne gründlich umstrukturieren oder vom Markt verschwinden. Haushalte bemerken ihre Fehlplanungen dadurch, dass sie im Vergleich zu besser planenden Einheiten einen geringeren *Lebensstandard* realisieren können. Dies kann daran liegen, dass sie ihre Arbeitskraft nicht optimal verkaufen oder mit dem erworbenen Einkommen nicht ökonomisch umgehen. Grundsätzlich gilt, dass die Individuen für ihre Entscheidungen das volle Risiko zu tragen haben.

4.   Voraussetzungen

Die Voraussetzungen für eine Marktwirtschaft müssen in Form von *rechtlichen Rahmenbedingungen* geschaffen werden. Dazu zählen:

- Vertragsfreiheit
- offene Märkte
- Privateigentum
- Staat als Ordnungsinstanz.

2.2.2   Modell der Zentralverwaltungswirtschaft

1.   Planungsgrundlage

Im Extremfall gibt es in einer zentral geplanten Wirtschaft nur einen Akteur, der Wirtschaftspläne aufstellt, nämlich den Staat. Er ist die alleinige Instanz, die sowohl die globalen, also kollektiv gültigen Entscheidungen trifft, als auch den Individuen die Aufstellung von Produktions- und Konsumplänen abnimmt. Der Staat entscheidet also auch über die Erfüllung von Einzelbedürfnissen (z.B. Wohnungs-

oder Kleiderwünsche) sowie über Produktionsverfahren (z. B. Produktionskombinate).

2.   Koordinierung

Das Koordinierungsinstrument ist der Plan, der von staatlichen Planbehörden aufgestellt, den Individuen als Sollvorgabe vorgelegt und durch Kontrollorgane überwacht wird. Preise können in dem System der Produktions- und Konsumlenkung unterstützend mit einbezogen werden. Entscheidend ist, dass sich hier Preise nicht am Markt durch das Zusammentreffen von Angebot und Nachfrage bilden, sondern durch zentrale Entscheidung der Planungsinstanz.

3.   Sanktionen

Der Lohn für Wohlverhalten kann in einer Planwirtschaft nicht durch den Gewinn realisiert werden. Vielmehr gibt es vielfältige Formen der öffentlichen Belobigung oder der Gewährung von Sondervergünstigungen, die im Falle der Erreichung oder der Überschreitung des Plansolls ausgeschüttet werden. Das wirtschaftliche *Risiko* für die Konsequenzen ökonomischen Fehlverhaltens liegt *allein beim Staat*. Sanktionen gegenüber Individuen können in Form von öffentlicher Kritik, Degradierung oder Bestrafung erfolgen.

4.   Voraussetzungen

Die Voraussetzungen für eine handlungsfähige Zentralwirtschaft sind:
- Lenkungsfunktion des Staates
- verwaltungswirtschaftliche Unterordnung
- Kollektiveigentum
- hoher Stand von Information, Kommunikation und Kontrolle.

2.3   Ordnungsmodelle in der Realität

Bis Ende 1989 war die Wirtschaftswelt zweigeteilt: auf der einen Seite standen die Staaten der westlichen Welt mit ihren marktwirtschaftlich geprägten Wirtschaftsordnungen und auf der anderen Seite die marxistisch geprägten Planwirtschaften in den COMECON-Ländern, China, Kuba und einigen Entwicklungsländern. Nach dem Zusammenbruch dieser Wirtschaftssysteme in der ehemaligen DDR sowie der ehemaligen Sowjetunion und den nachfolgenden politischen Umstrukturierungen in den COMECON-Ländern gibt es das planwirtschaftliche System marxistischer Prägung heute praktisch nur noch in China und in Kuba. China hat sich dabei seit etwa zwei Jahrzehnten von der dogmatischen Planwirtschaft gelöst und dem Mischsystem einer gesteuerten Marktwirtschaft zugewandt. Die Frage, ob die Markt- oder die Planwirtschaft das leistungsfähigere System ist, hat somit eine eindeutige empirische Antwort gefunden. Die Ursachen hierfür sollen anhand von vier Leitvokabeln erläutert werden:
- Komplexität

- Information
- Motivation
- sozialer Ausgleich.

Die Voraussetzungen für eine gute Wirtschaftsplanung erscheinen auf den ersten Blick in einer Zentralverwaltungswirtschaft günstiger. Hier können die besten Instrumente und Methoden angewandt werden und eine geeignete Organisation der Planungsstellen und Planungsaufgaben kann dazu beitragen, Widersprüche zu beseitigen und Doppelarbeit zu vermeiden. Dagegen steht aber das Problem, dass mit wachsendem Planungsumfang die Aufgaben immer größer und unübersichtlicher werden. Trotz guter Instrumente und Methoden wird es immer schwieriger, Komplexitätsverluste zu vermeiden und die Planungen schnell und flexibel an veränderte Rahmendaten anzupassen. Ferner steigt mit wachsendem Planungsumfang das aus Fehlplanungen resultierende Verlustrisiko. Die Vorzüge einer dezentralen Planung liegen dagegen in einer höheren Flexibilität, in geringeren Komplexitätsverlusten und geringeren Risiken der Fehlplanung. Während in einer Zentralverwaltungswirtschaft die Fehleinschätzungen der Zentrale zu teilweise katastrophalen Konsequenzen für die Volkswirtschaft führen, sind die Risiken aus einer Fehleinschätzung kleiner Wirtschaftseinheiten dagegen eher gering. Verschätzt sich ein Unternehmen bei der Beurteilung der Nachfrage, so erleidet es Verluste und scheidet im Extremfall ganz aus dem Markt aus. Dies schafft Anreize für andere Unternehmen, sich anders zu verhalten und beobachtete Fehler zu vermeiden. Die Marktwirtschaft ist also versicherungstechnisch gesehen eine Großeinrichtung zur Risiko-Diversifizierung.

In einer Zentralverwaltungswirtschaft kann nur dann richtig geplant werden, wenn auch die richtigen Informationen vorliegen. Dies bedeutet aber, dass ein enormes Informations- und Kontrollsystem aufzubauen ist, um Einzelwünsche zu erfassen, Produktionspläne aufzubauen, Verteilungssysteme zu organisieren und alle Bereiche aufeinander abzustimmen. Wir wissen anhand des Beispiels der Staatssicherheit in der ehemaligen DDR, welch ungeheurer Apparat in der Volkswirtschaft erforderlich war, um das „Controlling" für ein zentral gelenktes Wirtschaftssystem zu leisten. In einer Marktwirtschaft ist es dagegen jeder wirtschaftenden Einheit überlassen, sich Informationen zu beschaffen und die Wirtschaftspläne darauf abzustellen. Dabei ist es nicht erforderlich, dass ein Individuum – im Gegensatz zur Zentrale einer Verwaltungswirtschaft – über alle Informationen des Wirtschaftsgeschehens verfügt. Es ist nur nötig, diejenigen Informationen zu besitzen, die für das Aufstellen eines individuellen Wirtschaftsplanes grundlegend sind. Dies ist bei sich schnell ändernden Daten in einer sich dynamisch entwickelnden Volkswirtschaft ein enormer Vorteil, der den Nachteil unvollkommener Informations- und Planungsinstrumente auf der individuellen Ebene übersteigt. Durch den geringeren Informationsanspruch der Einzelentscheidung reagieren die Wirtschaftseinheiten schneller und passen sich auf diese Weise flexibler den sich ändernden Ausgangsbedingungen an.

Mit wachsender Entscheidungsfreiheit und Verantwortung für die Konsequenzen der Entscheidung wächst auch die Motivation, also das Interesse, Entscheidungen richtig zu fällen. Gemeinsam mit dem Sanktionssystem der Marktwirtschaft (Gewinn/Verlust) bewirkt eine dezentrale Marktorganisation wesentlich stärkere Anreize, die persönlichen Fähigkeiten zur Problemlösung einzusetzen, als ein Verwaltungssystem. Verwaltungssysteme kranken dagegen, wie jeder Behördenapparat, daran, dass sie am Prinzip der Dienstpflichterfüllung orientiert sind und nicht an ökonomischen Leistungsprinzipien.

In einer Zentralverwaltungswirtschaft scheint es zunächst wesentlich leichter, einen sozialen Ausgleich herbeizuführen, als in einer Marktwirtschaft. Wenn aber unter dem sozialen Ausgleich die Gleichheit aller verstanden wird, so entspricht dies nicht notwendig den Vorstellungen der Menschen und ist somit a priori auch kein Leistungsmerkmal für die Volkswirtschaft. Das Prinzip, die Güter in der Volkswirtschaft auf alle Konsumenten gleich zu verteilen, ist daher nicht automatisch mit sozialer Gerechtigkeit gleichzusetzen, insbesondere wenn sehr unterschiedliche Beiträge zum Gesamtprodukt geleistet worden sind. Beispielsweise werden es viele Menschen als gerecht empfinden, wenn derjenige, der 10 Stunden tägliche Arbeit in dieses Produkt investiert hat, mehr erhält, als ein anderer, der nur 5 Stunden gearbeitet und sich für den Rest des Tages vergnügt hat. Wenn die Leistung einen wichtigen Maßstab der sozialen Gerechtigkeit darstellt, dann kann ein um soziale Komponenten ergänztes marktwirtschaftliches System dem Sozialanspruch gerecht werden.

Ergebnis 2.2:   *Betrachtet man die realen Ergebnisse der Marktwirtschaft und der Zentralverwaltungswirtschaft, so erscheint die Marktwirtschaft als das leistungsfähigere System.*

2.3.1   Soziale Marktwirtschaft in Deutschland

Die soziale Marktwirtschaft versucht mit den Worten eines ihrer geistigen Väter Alfred Müller-Armack,

„... das Prinzip der Freiheit auf dem Markte mit dem des sozialen Ausgleich zu verbinden. Ihr primäres Koordinationsprinzip soll der Wettbewerb sein".

Neben dem Wettbewerbsprinzip steht die staatliche Aufgabe, Unvollkommenheiten des Wettbewerbs und soziale Ungerechtigkeiten zu beseitigen.

Die Konzeption der sozialen Marktwirtschaft wurde nach dem Zweiten Weltkrieg in der Bundesrepublik von der neoliberalen Schule der nationalen Ökonomie, deren Hauptvertreter Walter Eucken und Wilhelm Röpke waren, entwickelt. Der Entwurf dieser Wirtschaftsordnung beruht auf der Einsicht, dass der Markt ein brauchbares Instrument der Lenkung ist, dass der Staat aber zunächst die grundlegenden Bedingungen für den Wettbewerb schaffen und darüber hinaus die Gerechtigkeit der Verteilung sichern muss. Insbesondere Eucken stellt heraus, dass es einer klaren Rahmenbedingung bedarf, die den Grundsatz des Wettbewerbs als unerlässliches Organisationsmittel von Massengesellschaften funktionsfähig macht. Eucken entwickelte daher *konstituierende Prinzipien*, die der Herstellung eines funktionsfähigen Wettbewerbs dienen sollen. Hierzu gehören, unter anderem, die Forderungen nach einem funktionsfähigen Preissystem, Privateigentum, Vertragsfreiheit, offenen Märkten und dem Grundsatz der Haftung der Unternehmen für ihre wirtschaftlichen Entscheidungen. Eine Rahmenordnung für den Wettbewerb zu schaffen, ist Aufgabe staatlicher Gesetzgebung. Neben den der Herstellung des Wettbewerbs dienenden Prinzipien sind nach Eucken weiterhin so genannte *regulierende Prinzipien* notwendig, die den Wettbewerb funktionsfähig halten sollen. Denn die strenge Befolgung der konstituierenden Prinzipien kann nicht verhindern, dass in der konkreten Wirtschaftsordnung, d. h. in der wirtschaftlichen Realität, sich immer wieder wettbewerbshemmende Einflüsse durchsetzen wollen. Auch falls eine vollständige Konkurrenz verwirklicht ist, enthält sie Mängel und Schwächen, Neigungen sich ständig aufzuheben, so dass eine fortwährende Korrektur notwendig ist (Eucken, 1952).

Um den Wettbewerb zu sichern, muss der Staat deshalb eine aktive Wirtschaftsordnungspolitik betreiben. Sie kann aber nur dann wirksam sein, wenn sie auf einem ordnungspolitischen Gesamtkonzept basiert. Wirtschaftspolitik darf daher nicht punktuell betrieben werden, weil dann einander widersprechende Maßnahmen möglich werden. Spezialgesetze gegen Monopole z. B. können versagen, da ihnen im Patentwesen, Markenwesen, im Bereich der Haftung und Vertragsfreiheit entgegengesetzt wirkende Tatbestände gegenüber stehen. Wirtschaftspolitische Entscheidungen des Staates müssen immer unter einmal fixierten ordnungspolitischen Gesamtentscheidungen, die mit den konstituierenden Prinzipien Euckens gegeben sind, getroffen werden. Das heißt nichts anderes, als dass sich Rechtsprechung und Verwaltung in Übereinstimmung mit der von der Gesetzgebung grundlegend getroffenen wirtschaftsverfassungsrechtlichen Gesamtentscheidung befinden müssen.

In der sozialen Marktwirtschaft geht es aber nicht nur darum, den Wettbewerb abzusichern, sondern eine wirksame Sozialpolitik als Ergänzung und Korrektur der Wettbewerbsordnung zu installieren. Der Wettbewerb soll das tragfähige Fundament für eine staatliche Umverteilung der Einkommen bilden, die in Form von Subventionen, Transfers, Fürsorgeleistungen und Einrichtungen für die soziale Sicherung stattfinden kann, um die marktliche Einkommensverteilung in Richtung auf die soziale Gerechtigkeit zu korrigieren. Der folgenden Tabelle ist zu entnehmen, welchen Umfang die Sozialleistungen in der Bundesrepublik angenommen haben. Sie umfassen derzeit etwa ein Drittel des Bruttoinlandproduktes. Der größte Teil der Sozialaufwendungen besteht aus Transferzahlungen (zum größten Teil: Renten) für das Alter und die Hinterbliebenen. Hier spiegelt sich neben den steigenden Rentenversicherungsleistungen auch die Bevölkerungsentwicklung wider, die durch weniger Kinder und eine zunehmende Zahl älterer Menschen geprägt ist. Daneben fällt aber auch die hohe Quote der Gesundheitskosten ins Auge. Die Gesundheitskosten sind in den letzten Jahren explosionsartig angestiegen und zählen heute zu den umstrittensten Sozialkosten. In regelmäßigen Abständen wird mit Hilfe von Gesundheitsreformen versucht, den Anstieg dieses Sozialkostenblocks einzudämmen. Tabelle 2.1 liefert einen Überblick über die wichtigsten Sozialausgaben und unterscheidet dabei nach Institutionen und Funktionen.

Tabelle 2.1: Sozialbudget, Leistungen nach Institutionen und Funktionen

Gegenstand der Nachweisung	Einheit	2004	2006
Deutschland			
Sozialbudget^1			
Sozialleistungen insgesamt^1	Mill. EUR	697.390	700.160
pro Kopf	EUR	8.453	8.500
Sozialleistungsquote^2	%	31,6	30,4
Leistungen nach Institutionen			
Rentenversicherung	Mill. EUR	239.584	239.964
Krankenversicherung	Mill. EUR	138.110	146.829
Pflegeversicherung	Mill. EUR	17.534	18.040
Unfallversicherung	Mill. EUR	11.299	11.180
Arbeitsförderung	Mill. EUR	73.557	83.242
Sondersysteme^3	Mill. EUR	6.086	6.746
Leistungssysteme des öffentlichen Dienstes^4	Mill. EUR	52.695	49.829
Leistungssysteme der Arbeitgeber^5	Mill. EUR	56.626	56.509
Entschädigungssysteme	Mill. EUR	5.147	4.266
Sozialhilfe	Mill. EUR	29.731	21.921
Kinder- und Jugendhilfe	Mill. EUR	18.738	19.001
Kindergeld und Familienleistungsausgleich	Mill. EUR	36.411	36.943
Erziehungsgeld	Mill. EUR	3.354	3.055
Ausbildungsförderung	Mill. EUR	1.743	1.842
Wohngeld	Mill. EUR	5.632	1.168
Steuerliche Maßnahmen	Mill. EUR	39.036	36.404
Leistungen nach Funktionen			
Ehe und Familie	Mill. EUR	102.696	100.049
Gesundheit	Mill. EUR	232.546	242.504
Beschäftigung	Mill. EUR	66.930	52.535
Alter und Hinterbliebene	Mill. EUR	271.115	275.408
Übrige Funktionen	Mill. EUR	24.102	29.664

^{1} Quelle: Bundesministerium für Arbeit und Soziales, Bonn. Datenstand Mai 2007.
^{2} Sozialleistungen im Verhältnis zum Bruttoinlandsprodukt.
^{3} Altersversicherung der Landwirte und Versorgungswerke.
^{4} Pensionen, Familienzuschläge und Beihilfen
^{5} Entgeltfortzahlung, Betriebliche Alterversorgung, Zusatzversorgung der öffentlichen Dienstes und Sonstige

2.3.2 Sozialistische Marktwirtschaft in China

Chinas Wirtschaft war 500 Jahre lang bis zum Ende der siebziger Jahre nach innen gerichtet, d. h. der Außenhandel spielte eine geringe Rolle. Die kommunistische Herrschaft unter Mao Zedong war strikt planwirtschaftlich ausgerichtet und unterstellte die Wirtschaft den Parteizielen. Politische Umbrüche (Großer Sprung, Kulturrevolution) wurden zentral initiiert und führten zu wirtschaftlichen Erschütterungen, die teilweise mit Hungersnöten verbunden waren. Nach dem Tode von Mao Zedong im Jahre 1976 setzte sich der Wirtschaftspragmatiker Deng Yiaoping gegen eine Gruppe orthodoxer Mao-Nachfolger („Viererbande") durch und übernahm 1978 die Führung der Kommunistischen Partei (KP).

Einige Daten zum Leben Mao Zedongs	
1893	Geburt in Shaoshan, Provinz Hunan
1911	Sturz der Qing-Dynastie („Der letzte Kaiser")
1921	Gründung der KP Chinas
1923	Wahl ins Zentralkomitee der Partei
1934	Langer Marsch nach Yan'an. Mao wird Führer der KP Chinas
1949	Ende des Bürgerkrieges und Gründung der Volksrepublik China
1976	Tod in Beijing

Dengs wirtschaftlicher Pragmatismus ist durch den berühmten Satz beschrieben: *„Egal ob eine Katze weiß oder schwarz ist, Hauptsache sie fängt Mäuse".* Insofern ist für ihn die Marktwirtschaft Mittel zum Zweck, nämlich zur Erhöhung der Produktion und Verbesserung der Lebensbedingungen der Menschen.

Die erste Phase der Deng-Ära war durch die vorrangige Förderung der Landwirtschaft und die wirtschaftliche Öffnung nach außen gekennzeichnet. Der mit Einführung dieses neuen Wirtschaftssystems einsetzende Aufschwung wurde 1989 unterbrochen, als die Partei die Wünsche nach einer politischen Liberalisierung gewaltsam am Tian'anmen-Platz unterdrückte. Nach vorübergehender Isolation Chinas begann dann ein stürmischer Wirtschaftsaufschwung nach 1992.

Dieser Wirtschaftsaufschwung wurde zunächst durch die Investitionen von Auslandschinesen getragen, vor allem aus Hongkong und Taiwan wurden produktionsintensive Bereiche auf das chinesische Festland verlagert, um massiv Lohnkosten einzusparen. In der Folge kam es zu einer Welle kräftiger Auslandsinvestitionen durch multinationale Konzerne und zu einem Rekordwachstum im vergangenen Jahrzehnt. Die Industrie wird aus zwei Gründen angezogen: Einerseits sind die Lohnkosten nach wie vor im Vergleich zu anderen Standorten günstig und China gilt als politisch „sicheres" Land für Investoren. Zum Zweiten ist ein Markt mit 1,3 Mrd. Konsumenten hochinteressant, zumal immer mehr Haushalte in den großen Städten in konsumstarke Einkommensregionen hineinwachsen. Zwischen 1992 und 2004 hat sich das BIP fast verdreifacht. Das Wirtschaftswachstum in den letzten beiden Jahren lag bei über 10% (Steigerung des realen BIP). Mittlerweile sind Anzeichen einer konjunkturellen Überhitzung erkennbar, so ein Druck auf die Güterpreise und eine starke Steigerung der Preise für Immobilien.

Die Überhitzungserscheinungen sind vor allem in dem weit entwickelten Gürtel entlang der Ostküste zu beobachten. Daher sieht die staatliche Planung nunmehr vor, das Wachstum mehr zum mittleren und westlichen Bereich Chinas zu verlagern und insgesamt etwas herunterzufahren. So strebt man langfristig „nur" 6 % reales Wirtschaftswachstum an.

Das schnelle Wachstum ist nicht ohne Risiken. Im Zuge des raschen Aufschwunges ist die Nachfrage nach Energie stark gestiegen und kann aus eigenem Reservoir nicht gedeckt werden. Die vier großen Staatsbanken haben in großem Umfang faule Kredite angehäuft, über deren Größenordnung allerdings keine verlässliche Information herrscht. Der Wohlstand hat im chinesischen Frühkapitalismus zu einer einseitigen Verteilung der Einkommen geführt. Auf dem Land gibt es nach wie vor Armut und auch große Gebiete (Mandschurei, der Westen Richtung Tibet) haben vom Aufschwung wenig profitiert. Hierdurch entsteht ein starker Druck auf eine aktivere Umverteilungspolitik des Staates. Der Staat selbst wird zunehmend als vom Kapital korrumpiert wahrgenommen. Die Luxuslimousinen hochrangiger Beamter weisen auf ein Problem hin, das in der Anfangszeit unter Deng noch rigoros bekämpft wurde, aber nunmehr zum akuten Problem geworden ist. Im globalen Bestechungsindex des Jahres 2005 wird China auf Rang 82 der Welt geführt.

Bislang ist es nicht gelungen, ein Sozialsystem aufzubauen, das die Probleme der Altersversorgung, der Gesundheitskosten und des Sozialausgleichs analog zur sozialen Marktwirtschaft löst. Es scheint, dass die neue chinesische Führung hier Schwerpunkte ihrer Planung setzen möchte und auch die Problemfelder Energie und Umwelt mit größerer Entschlossenheit angehen wird als ihre Vorgänger. Dazu wird China weiter ein außergewöhnlich hohes Wirtschaftswachstum brauchen. Ob dies in den nächsten Jahren stabil erreichbar sein wird, oder ob auf Grund der sich abzeichnenden Risiken erste Konjunkturdellen auftreten werden, kann aus heutiger Sicht nicht prognostiziert werden.

Zusammenfassend lässt sich die *Sozialistische Marktwirtschaft* Chinas durch die folgenden Punkte charakterisieren:

- Wirtschaftliche Freiheiten für Produzenten und Händler
- Öffnung für Auslandsinvestitionen und für den Außenhandel
- Kernindustrien unter staatlicher Kontrolle
- Uneingeschränkte Führerschaft der Partei, verbunden mit Planvorgaben.

Tabelle 2.2 zeigt die rasante wirtschaftliche Entwicklung Chinas anhand ausgewählter Indikatoren. Hongkong und Taiwan blieben hierbei unberücksichtigt.

Tabelle 2.2: Wirtschaftliche Entwicklung Chinas

Volkswirtschaftliche Indikatoren	Einheit	2004	2005	2006	2007	2008*
Bruttoinlandsprodukt BIP (real)	Mrd. US-$	1441,5	1591,4	1768,1	1967,9	2180,4
BIP pro Kopf (real)	US-$	1094	1201,2	1327,3	1469,4	1619,2
BIP Wachstum (real)	%	10,1	10,4	11,1	11,3	10,8
darunter						
Investitionen	%	13,4	11,6	13,2	14,3	12,6
Importe	%	22,7	13,4	18,6	18,2	17,4
Exporte	%	28,4	23,6	23,6	22,8	18,4
Preissteigerungen	%	3,9	1,8	1,5	4,6	3,8
Devisenreserven	Mrd. US-$	610,0	819,0	1066,0	1428,0	1826,0

* erwartete Werte

Quelle: Worldbank Office Beijing, China Quarterly Update, September 2007

Aufgaben zu Kapitel 2

2.1   Beschreiben Sie, welche Funktionen Ordnungsmodelle in einer Volkswirtschaft haben.

2.2   Die Abstimmung der Entscheidungen stellt ein wichtiges Problem dar. Sie kann entweder zentral „nach Plan" erfolgen, oder dezentral über den Markt geregelt werden.
Vergleichen Sie tabellarisch Zentralverwaltungswirtschaft und Marktwirtschaft anhand der Planungsgrundlagen, der Koordinierung, der Sanktionen sowie der notwendigen Voraussetzungen.

2.3   Erörtern Sie kurz die wichtigsten Merkmale einer sozialen Marktwirtschaft. Gehen Sie dabei auch (aber nicht nur) auf die wichtigsten staatlichen Sozialleistungen ein.

3 Licht und Schatten der Globalisierung

3.1 Globales Wachstum

3.1.1 Weltproduktion und Welthandel

Die Weltwirtschaft trotzte in den letzten Jahren Kriegen, Börsenbaisse sowie Finanz- und Ölkrisen und setzte ihre Expansionsphase auch im Jahr 2007 mit einer realen Zuwachsrate des Bruttoinlandsproduktes (BIP) in Höhe von 3,7 % fort. Damit schwächte sich das weltweite Wachstum gegenüber den Vorjahren nur leicht ab.[1]

Von der insgesamt positiven Entwicklung profitierten auch die aktuellen Mitgliedsstaaten des Euro-Raumes mit einem BIP-Wachstum von durchschnittlich 2,6 %. Insgesamt trug der Euro-Raum dadurch etwas mehr als ein Fünftel (22,4 %) zur weltweiten Produktion bei und konnte somit seine Stellung gegenüber dem Vorjahr (22,1 %) gut behaupten. Dagegen musste sowohl die amerikanische als auch die japanische Volkswirtschaft Einbußen hinnehmen. Die Anteile an der globalen Produktion sanken demzufolge für die USA von 27,3 % auf 25,8 % und für Japan von rund 9,0 % auf 8,1 %. Während sich die verlangsamte Entwicklung in den USA auf eine für amerikanische Verhältnisse bescheidene Konsumausweitung zurückführen lässt – nicht zuletzt bedingt durch die zunehmende Unsicherheit aufgrund der Hypothekenkrise – verlor die japanische Wirtschaft insbesondere durch abnehmende Investitionstätigkeiten an Schwung.

Im Gegensatz dazu ist die Wachstumsdynamik Chinas weiter ungebrochen. Mittlerweile beträgt Chinas Anteil an der weltweiten Produktion 6,1 %, womit der Anteil des bevölkerungsstärksten Landes der Erde nun gleichauf mit dem Anteil Deutschlands liegt.[2]

Auch in Indien und Russland sowie in den meisten Schwellenländern Lateinamerikas und Südostasiens setzte sich der Aufschwung fort. Zwar wurden die Aktienmärkte auch in diesen Ländern durch die Finanzkrise und den Ölpreis belastet,

---

[1] Eine Definition des Bruttoinlandproduktes und anderer Indikatoren der Volkswirtschaftlichen Gesamtrechnung liefert Kapitel 4.
[2] Eine ausführlichere Beschreibung der Entwicklung Chinas liefert Kapitel 2.3.2.

der guten konjunkturellen Entwicklung tat dies aber keinen Abbruch (Sachverständigenrat 2007).

Eine treibende Kraft für das weltweit anhaltende Wachstum stellt die zunehmende Spezialisierung und die daraus resultierende internationale Arbeitsteilung dar. Dies gilt auch für die Mitgliedsländer des Euro-Raumes, deren Ex- und Importe in bzw. aus Ländern außerhalb des Euro-Raumes im Jahr 2007 deutlich zulegen konnten. Trotz des hohen Außenwertes des Euros – zum Jahresende lag der Wert mitunter über der magischen Grenze von $ 1,50 je Euro – der sich tendenziell preissteigernd auf die Exporte und preisdämpfend auf die Importe auswirkt, stiegen die Exporte mit 6,2 % etwas stärker an als die Importe mit 5,2 %.

Abbildung 3.1 zeigt die Entwicklung der weltweiten Produktion (gemessen als aufsummiertes BIP) und des Welthandels.

Abbildung 3.1: Entwicklung des globalen BIP und des Welthandels

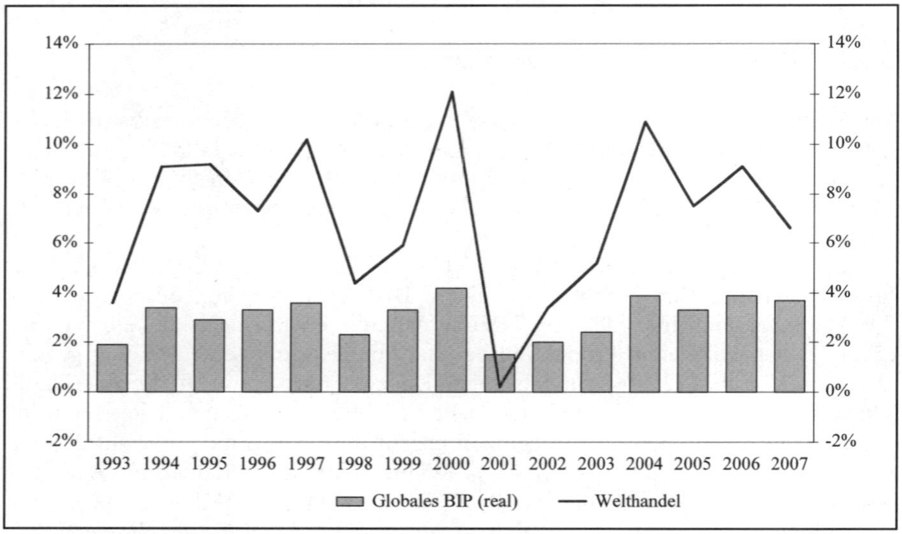

Quelle: Sachverständigengutachten 2007

3.1.2   Internationale Finanzmärkte

Obwohl das Wachstum des Welthandels die Steigerungsraten des weltweiten BIP deutlich übersteigt, kann nicht von einer völligen Loslösung beider Entwicklungen gesprochen werden. Vielmehr bestimmen realwirtschaftliche Produktionsprozesse sowohl die Entwicklung des BIP als auch des Handels. Umgekehrt verhält es sich jedoch bei der Entwicklung der Finanzströme.

In den letzten Jahren beliefen sich die börsentäglichen Umsätze auf mehr als eine Billion US Dollar. Ein jährliches Welthandelsvolumen von ca. 7 Billionen US-Dollar hätte demnach in weniger als einer Woche finanziert werden können.

Bei 200 Börsentagen pro Jahr macht der Finanzbedarf realwirtschaftlicher Prozesse gerade 2,5 % der gesamten Finanzflüsse aus. Selbst wenn weitere Transaktionen, die in Verbindung mit realwirtschaftlichen Vorgängen stehen, wie ausländische Direktinvestitionen oder die Absicherung von Handelsgeschäften vor Wechselkursschwankungen (Hedging) berücksichtigt werden, bleibt eine hohe, zumeist spekulationsbedingte, Überliquidität bestehen. So werden beispielsweise mehr als 80 % der gesamten Umsätze für kurzfristige Devisengeschäfte (z. B. Arbitragegeschäfte) genutzt. Auf Grund der hohen Einsätze generieren dabei selbst kurzfristige Kursdifferenzen im Bereich von zehntausendstel bis tausendstel Prozent beträchtliche Gewinne.[3]

Auch wenn ein Großteil der Finanzströme nicht mehr auf realwirtschaftlichen Entwicklungen basiert, kann es umgekehrt bei Krisen des Finanzmarktes zu erheblichen Störungen für die gesamte Wirtschaft kommen. Finanzkrisen wie die Südostasienkrise von 1997 oder die US Hypothekenkrise von 2007 belegen dies eindrucksvoll (siehe dazu Kapitel 11). Neben einer allgemeinen Unsicherheit, die durch solche Krisen in den Markt gebracht wird, engen die häufig notwendigen Interventionen der Zentralbanken den geldpolitischen Spielraum deutlich ein. Dies kann sich insbesondere auf die Inflation oder die Investitionspläne auswirken.

3.1.3   Made in Germany

Nachdem die wirtschaftliche Entwicklung Deutschlands einige Jahre stagnierte, meldete sich die größte Volkswirtschaft des Euro-Raumes im Jahr der Fußballweltmeisterschaft (2006) mit einem Anstieg in Höhe von 2,9 % eindrucksvoll zurück. Abbildung 3.2 verdeutlicht, dass Deutschland damit schneller wuchs als Frankreich und Italien und von den größeren Mitgliedern des Euro-Raumes nur Spanien eine bessere Performance aufweisen konnte.

Aufgrund der Umsatzsteuererhöhung von 16 % auf 19% zum Jahreswechsel 2006/07 wurde für das Jahr 2007 mit einem konjunkturellen Dämpfer gerechnet. Zwar lag die Zuwachsrate mit 2,6 % tatsächlich unter der Entwicklung des Vorjahres, die prinzipielle Wachstumsdynamik blieb aber ungebrochen. Maßgeblich dafür war einerseits die ungebremste Beliebtheit von Exportgütern *Made in Germany*[4]. Andererseits wurde die Konjunktur aber auch vom inländischen Konsum

---

3   In diesem Zusammenhang wird immer wieder die Einführung der so genannten Tobin-Steuer auf internationale Kapitalbewegungen diskutiert. Befürworter argumentieren, dass diese geringfügige Steuer die Überliquidität reduzieren und somit die Stabilität erhöhen könnte. Zudem wäre es möglich die Einnahmen für internationale Belange einzusetzen. Gegner der Steuer halten dagegen, dass die Steuer nur in Ausnahmefällen Finanzkrisen in den letzten Jahrzehnten hätte verhindern können. Außerdem stehen sie der Vermischung von Fiskal- und Geldpolitik kritisch gegenüber.

4   Das Qualitätssiegel *Made in Germany* wurde schon vor dem 1. Weltkrieg auf vielen Waren aus deutscher Produktion angebracht. Interessanterweise ist das Label aber keine Idee deutscher Hersteller, sondern geht auf ein englisches Handelsmarkengesetz aus dem Jahre 1887 zurück. Ursprüngliches Ziel war es, die englischen Verbraucher durch die Kennzeichnung vor minderwertiger Importware aus Deutschland zu schützen.

der privaten Haushalte sowie von expandierenden Ausrüstungsinvestitionen seitens der Unternehmen gestützt.

Abbildung 3.2: Wirtschaftswachstum in den großen Volkswirtschaften des Euro-Raumes (2000-2006)

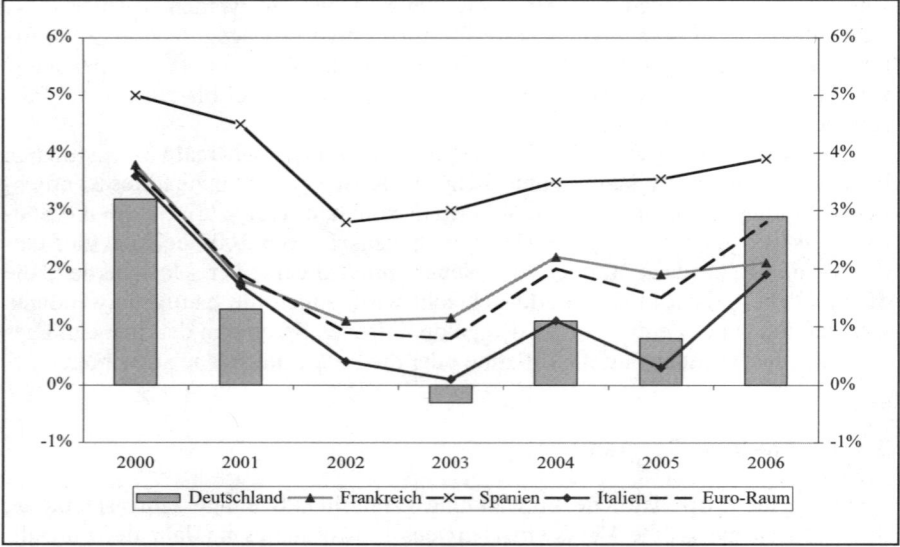

Quelle: Deutsche Bank Research, Eurostat

Zusammen mit den Reformen auf dem Arbeitsmarkt bewirkte der Aufschwung der letzten beiden Jahre auch eine spürbare Entlastung auf dem Arbeitsmarkt. Die Zahl der registrierten Arbeitslosen sank zum Ende des Jahres 2007 auf unter 3,5 Millionen, was einer Arbeitslosenquote von 8,7 % entsprach. Allerdings ist noch immer eine starke Diskrepanz zwischen dem Westen Deutschlands mit ca. 7 % und dem Osten mit ca. 15 % zu beobachten.

Natürlich weckt die positive Entwicklung Begehrlichkeiten bei den Arbeitnehmern, die sich lange Zeit mit moderaten Lohnabschlüssen zufrieden gaben und nun am Aufschwung partizipieren wollen. Tatsächlich ging die Schere zwischen den Einkommen aus unselbständiger Arbeit einerseits, und Vermögenseinkommen sowie Unternehmensgewinnen andererseits in den letzten Jahren deutlich auseinander, so dass teilweise deutliche Anstiege der Löhne und Gehälter als Folge höherer Tariflohnabschlüsse gerechtfertigt sind. Gleichzeitig besteht die Gefahr einer Lohn-Preis Spirale, die zu einer überdurchschnittlich hohen Inflation führen könnte. Dies gilt insbesondere mit Blick auf den durch die Finanzkrise eingeschränkten Handlungsspielraum der EZB.

3.2 Globale Armut

3.2.1 Arm ist nicht gleich arm

Dem 2. Armuts- und Reichtumsbericht der Bundesregierung folgend, leben derzeit rund 14 % der Menschen in Deutschland unterhalb der Armutsgrenze. Während das Armutsrisiko bei den älteren Menschen leicht rückgängig ist – aktuell leben rund 11 % der Menschen über 65 Jahren unter der Armutsgrenze – zählen Arbeitslose, Alleinerziehende und Familien mit mehr als drei Kindern zu den am stärksten betroffenen Gruppen. So lebt aktuell etwa jedes 10. Kind in Deutschland, d.h. rund 1,4 Millionen Mädchen und Jungen, in Armut.

Doch trotz der erschreckenden Zahlen ist Deutschland im internationalen Vergleich ein reiches Land. Innerhalb der EU gehört Deutschland zusammen mit Luxemburg, Dänemark und Schweden zu den Ländern mit dem geringsten Armutsrisiko.

Armut in Deutschland und der EU heißt, dass die Betroffenen inklusive aller Transferleistungen des Staates über weniger als 60 % des mittleren nationalen Pro-Kopf-Einkommens verfügen. Damit unterscheidet sich Armut in Deutschland beträchtlich von der globalen Armut in Ländern außerhalb Europas.

Unterteilt man globale Armut in extreme bzw. schwerwiegende Armut, so zieht die Weltbank die Grenzen bei einem verfügbaren Einkommen das dem Gegenwert von einem bzw. zwei Euro pro Tag in heutigen Preisen entspricht. Diese Grenzen wurden von der Weltbank bewusst so gering gesetzt, so dass sie von allen als e-thisch unakzeptable Armut anerkannt werden.

Heute verfügen gemäß Weltbank rund 1,1 Milliarden Menschen über weniger als einen Euro pro Tag und leben somit in extremer Armut. Über mehr als einen aber weniger als zwei Euro verfügen nochmals 1,6 Milliarden Menschen. Von mindestens schwerwiegender Armut sind somit ca. 2,7 Milliarden Menschen – mehr als die Hälfte der Weltbevölkerung – betroffen. Abbildung 3.3 auf der nächsten Seite zeigt die entsprechenden Anteile für ausgewählte Länder.

Zu den ärmsten Ländern unter den Armen zählen die westafrikanischen Staaten Mali und Nigeria. In beiden Ländern lebt mehr als 90 % der Bevölkerung in schwerwiegender und noch immer mehr als 70 % in extremer Armut. Allein in Nigeria, das über reiche Erdölvorkommen verfügt, sind somit annähernd 100 Millionen Menschen von extremer Armut betroffen.

Auch in den aufstrebenden Nationen Indien und China leben noch immer große Teile der Bevölkerung in zumindest schwerwiegender Armut. Allerdings konnte in den letzten Jahren der Anteil der Menschen in extremer Armut deutlich reduziert werden.

Natürlich sind in Abbildung 3.3 längst nicht alle armen Länder aufgelistet. Laut Weltbank sind mehr als 100 Nationen von schwerwiegender Armut betroffen. Darunter auch mehr als 100 Millionen Menschen in Bangladesh und mehr als 50 Millionen in Äthiopien.

Abbildung 3.3: Extreme und schwerwiegende Armut in ausgewählten Ländern

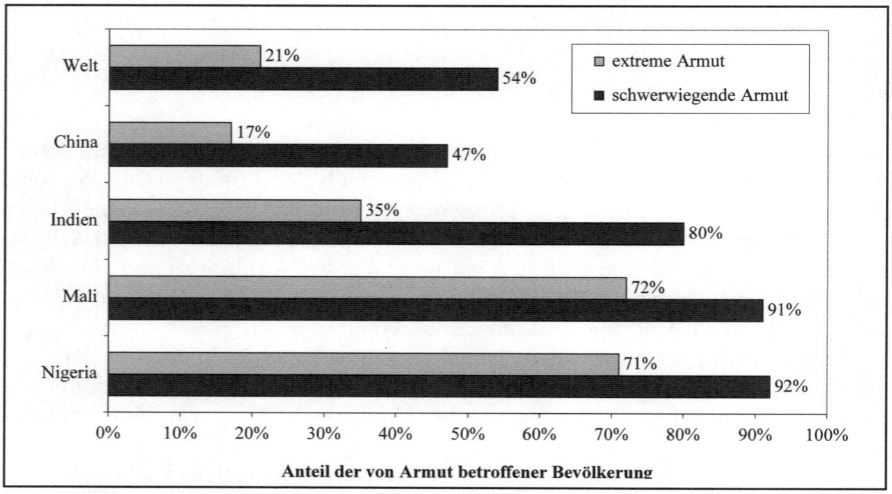

Quelle: Weltbank, 2007 World Development Report

Während sich die meisten Organisationen darin einig sind, dass die Bekämpfung globaler Armut zu den wichtigsten Aufgaben des 21. Jahrhunderts zählt, gehen die Meinungen über das geeignete Vorgehen auseinander. Im Wesentlichen können zwei unterschiedliche Ansätze beobachtet werden.

Zum einen bekämpfen international operierende Institutionen Armut durch groß angelegte Projekte in den Bereichen Verkehr, Bildung und Gesundheit. Stellvertretend dafür wird in Kapitel 3.2.2 die Millenniumserklärung der Vereinten Nationen vorgestellt. Diese sogenannte *Big Money - Big Plans* Strategie der Entwicklungshilfe wird z.B. von dem renommierten Ökonomen Jeffrey Sachs vertreten.

Zum anderen entwickelte der Ökonom Muhammad Yunus einen anderen Weg aus der Armut. Er gründete 1976 in Bangladesch die Grameen Bank, die sich in der Folge auf die Vergabe von Minikrediten spezialisiert hat. Auf die Idee der Mikrokredite, für die Yunus und die Grameen Bank im Jahr 2006 mit dem Friedensnobelpreis ausgezeichnet wurden, gehen wir näher in Kapitel 3.2.3 ein.

3.2.2 Die Millenniumserklärung der Vereinten Nationen

Mit der Resolution 55/2 der Vereinten Nationen vom 8. September 2000 bekennen sich mehr als 150 Regierungschefs zum Vorschlag des damaligen Generalsekretärs Kofi Annan, den Anteil der weltweit in extremer Armut lebender Menschen bis zum Jahr 2015 im Vergleich zu 1990 von 30 % auf 15 % zu halbieren. Es wird lebhaft darüber diskutiert, ob dieses Ziel zu ambitioniert oder zu bescheiden ist. Einerseits würden bei Zielerfüllung mehr als eine Milliarde Menschen aus extremer Armut befreit. Andererseits wären dann aber noch immer mehr als eine Milliarde Menschen extrem arm. Ob ambitioniert oder nicht, der Erfolg bei der Verwirklichung dieses Zieles ist nicht selbstverständlich und hängt von der Erfüllung mehrerer Unterziele ab.

Zunächst ist ein institutioneller Rahmen für eine sozial, ökonomisch und ökologisch nachhaltige Entwicklung zu schaffen. Neben der politischen Stabilität sowie der Gleichberechtigung von Männern und Frauen gehört dazu auch die eindeutige Definition von Eigentumsrechten.

Nicht weniger Gewicht hat das Ziel, bis zum Jahr 2015 auf der ganzen Welt Bildungseinrichtungen zu schaffen, die es jungen Menschen ermöglichen, einen Schulabschluss zu machen. Dabei dürfen weder Geschlecht noch soziale Herkunft oder religiöse Überzeugung den Zugang erschweren oder gar verhindern.

Drittens erhalten präventive Maßnahmen im Bereich der Körperhygiene und der Gesundheit ein noch stärkeres Gewicht in der Entwicklungshilfe als bisher. Neben einer verbesserten Aufklärung über die Übertragungswege von AIDS und Malaria, die mit relativ einfachen Mitteln bekämpft werden können, betrifft dies insbesondere die Versorgung mit Trinkwasser. Auch in diesem Fall soll der Anteil der Menschen, die bislang keinen Zugang zu hygienischem Trinkwasser haben, bis zum Jahr 2015 im Vergleich zu 1990 halbiert werden.

Weiterhin sollen Investitionen in die Infrastruktur die Maßnahmen im Bildungs- und Gesundheitsbereich begleiten. Dabei geht es nicht nur um den Bau von Straßen, Schienen, Häfen oder Flughäfen, sondern auch um einen sicheren Zugang zum Stromnetz. Im Fall von Infrastrukturprojekten bedarf es allerdings einer Abstimmung mit regionalen Akteuren. Nur falls die gebaute Infrastruktur Entwicklungsengpässe beseitigt und nicht nur der Bau, sondern auch der langfristige Erhalt finanziell gesichert ist, sollte ein Projekt auch in die Tat umgesetzt werden.

Schließlich fordert die Millenniumserklärung die Industrieländer auf, eine Politik des zollfreien Zugangs für alle Exportgüter aus den ärmsten Ländern zu gewährleisten und alle bilateralen öffentlichen Schulden dieser Länder zu streichen, falls sich diese im Gegenzug auf eine überprüfbare Armutsminderung verpflichten. Die bisherige Bilanz fällt gemischt aus. Einerseits ist es tatsächlich gelungen, die Anzahl der extrem armen Menschen bis zum Jahr 2007 auf 21 % zu senken (vgl. Abbildung 3.3). Andererseits ist zu beachten, dass ein großer Teil dieser Menschen noch immer in schwerwiegender Armut lebt und sich die Lebensverhältnisse nur sehr langsam verbessern. Zudem sind die Erfolge insbesondere auf die Entwicklung in China und kleineren Ländern Südostasiens zurückzuführen. Eine grundlegende Verbesserung der Situation in Afrika ist kaum erkennbar.

3.2.3 Das Prinzip der Mikrokredite

Die Idee der Mikrokredite geht zurück auf den Ökonomen Mohammed Yunus, der Anfang der 70er Jahre aus dem Ausland in das gerade unabhängig gewordene Bangladesch zurückkehrte. Nach der Trennung von Pakistan, die Hunderttausende Tote forderte und eine gewaltige Flüchtlingswelle auslöste, lebte der Großteil der Bevölkerung in extremer Armut. Dies war um so erstaunlicher, da viele Menschen hart arbeiteten und dennoch kaum sich selbst, geschweige denn eine Familie ernähren konnten. Der Hauptgrund der Armut lag nach Yunus′ Überzeugung daher nicht in fehlender Infrastruktur oder mangelnder Bildung, sondern darin, dass die meisten Menschen zur Gründung einer Existenz auf betrügerische Geldverleiher angewiesen waren, und die Zinszahlungen ihre Gewinne weit übertrafen.

Nach einigen Experimenten (siehe Box 3.1) gründete Yunus 1976 die Grameen Bank, die sich ganz auf die Vergabe von Mikrokrediten spezialisierte. Dabei sind die Vergabeprinzipien immer die Gleichen. Das Kreditvolumen liegt umgerechnet immer zwischen 15 und 1000 Euro. Dieser relativ geringe Kreditbetrag ermöglicht kurze Laufzeiten zwischen 6 und 36 Monaten. Um die Anzahl der Kreditausfälle zu reduzieren, ist die Vergabe eines Kredites an eine Geschäftsidee gekoppelt. Wird ein erster Kredit nicht beglichen, so gibt es keine weiteren mehr.

Box 3.1: Presseschau

Quelle: Heise Zeitschriften Verlag, 16.10.2006, Stefan Mentschel
Mikrokredite als Ausweg aus der Armut

Überrascht davon, wie wenig Geld die meisten Menschen in den Dörfern brauchten, um Material oder Rohstoffe für ihr Handwerk zu erwerben oder um ein kleines Geschäft zu eröffnen, wagte Yunus ein Experiment. Nach einer Umfrage gewährte er 42 Frauen in einem Dorf nahe seiner Heimatstadt Chittagong Kleinstkredite in Höhe von insgesamt 27 US-Dollar. Ohne jede Sicherheit, doch mit dem Glauben an Erfolg. Das war 1976. Und niemand ahnte, dass es der Beginn eines der weltweit erfolgreichsten entwicklungspolitischen Projekte sein sollte.

Bis heute hat die 1983 in Bangladesch offiziell anerkannte Grameen Bank (Dorf Bank) insgesamt 6,6 Millionen Kredite in Höhe von fast fünf Milliarden Euro vergeben. 97 Prozent der Begünstigten sind Frauen, die sich mit der Hilfe der Darlehen eine Existenz aufbauen konnten – etwa durch den Kauf eines Mobiltelefons, das allen Dorfbewohnern gegen eine geringe Gebühr als öffentlicher Fernsprechapparat zu Gute kommt und den Besitzerinnen ein regelmäßiges Einkommen sichert. Trotz fehlender materieller Sicherheiten hat Yunus gute Erfahrungen mit der Rückzahlung der Kredite gemacht. Die Quote liegt bei fast 99 Prozent Ein Grund dafür ist, dass die Garmeen Bank ihre Darlehen nicht an Einzelpersonen, sondern an Gruppen vergibt, was den Druck erhöht, die Raten zu zahlen. Alle Transaktionen erfolgen in öffentlichen Versammlungen, um Missbrauch zu verhindern.

Dennoch sieht sich Yunus nicht als Wohltäter, sondern als Geschäftsmann. Seine Philosophie ist die Hilfe zur Selbsthilfe. Daher hält er auch eisern an seinem Prinzip fest, niemals einem Bettler Geld zu geben. „Manchmal fühle ich mich schlecht, doch ich würde eher versuchen, das Problem dieser Menschen nachhaltig zu lösen, als ihm nur einen Tag Linderung zu verschaffen", bekennt Yunus und ergänzt: „Wenn man den Leuten die Chance gibt, sind sie sehr wohl in der Lage, ihre Probleme selbst zu lösen."

Mittlerweile wurde das Konzept der Mikrokredite in über 60 Entwicklungsländern kopiert. So haben in den vergangenen 30 Jahren ca. 500 Millionen Menschen Mikrokredite in Anspruch genommen. Nach Schätzungen internationaler Organisationen resultieren 80 % aller Unternehmensgründungen in den Entwicklungsländern direkt aus der Vergabe eines Mikrokredites. Diese Daten verdeutlichen auch, dass die Vergabe der Mikrokredite keinesfalls als Wohltaten reicher Banken verstanden werden sollten. Im Gegenteil, bei mitunter recht hohen Zinsen von bis zu 20 % pro Jahr und einer Rückzahlungsdisziplin von 98 % sind die Mikrokredite ein lukratives Geschäft, das mittlerweile auch große Finanzinstitute für sich entdeckt haben, zumal die Renditen weitgehend unabhängig von exogenen Schocks erwirtschaftet werden. Von Kurseinbrüchen an den Börsen lassen sich die meisten Kleinstunternehmer kaum beeindrucken.

Mitunter beanspruchen Verfechter der Mikrokredite wie auch Vertreter der *Big Money - Big Plans* Strategie, über das effizientere Instrument zur Armutsbekämpfung zu verfügen. Mehr und mehr setzt sich aber die Meinung durch, dass es sich dabei nicht um konkurrierende, sondern komplementäre Instrumente handelt. So rief Kofi Annan, damaliger Uno-Generalsekretär und Hauptinitiator der Millenniumserklärung, im Namen der Vereinten Nationen das Jahr 2005 zum Jahr der Mikrokredite aus.

3.3 Globaler Klimawandel

Neben der Bekämpfung der Armut stellt der Globale Klimawandel eine weitere große Herausforderung des 21. und vermutlich 22. Jahrhunderts dar. Während unter den meisten Wissenschaftlern Einigkeit darüber besteht, dass es in den nächsten Jahrzehnten zu einem weiteren globalen Temperaturanstieg kommt, gehen die Meinungen über das Ausmaß der Schäden und über eine geeignete Strategie zur Vermeidung bzw. Minimierung dieser Schäden auseinander. Vielfach wird ein von William Nordhaus stammender Stufen-Ansatz als optimale Strategie propagiert. Demnach sollten die Investitionen Jahr für Jahr ansteigen, wodurch neues Wissen und zukünftige Technologien ein relativ großes Gewicht erhalten. In der Politik wurde dieser Ansatz oftmals als Alibi für unterlassene Investitionen verwendet. Nordhaus hat davor jedoch ausdrücklich gewarnt und immer wieder darauf verwiesen, dass der Stufenansatz zwar zum optimalen Ergebnis führt, aber die heutigen Investitionen bereits deutlich unter den (im optimalen Fall) notwendigen Investitionen liegen.

Einen anderen Ansatz schlägt Nicholas Stern, der ehemalige Chefökonom der Weltbank, vor. In dem nach ihm benannten Bericht der Britischen Regierung, kommt er zusammen mit über 20 Co-Autoren zu der eindeutigen Schlussfolgerung, dass nur ein schnelles und starkes Eingreifen die durch den Klimawandel verursachten Schäden in einem vertretbaren Maß halten kann. Lord Stern kann sich dabei der prominenten Unterstützung des Intergovernmental Panel of Climate Change (IPCC) und Al Gores sicher sein, die zusammen für ihre Bemühungen zum Klimaschutz im Jahr 2007 mit dem Friedensnobelpreis ausgezeichnet wurden.

Box 3.2: Stern Review on the Economics of Climate Change

Veröffentlichung durch die Britische Regierung im Oktober 2006
Zusammenfassung/Executive Summary

Die wissenschaftlichen Beweise sind jetzt überwältigend: der Klimawandel ist eine ernsthafte globale Bedrohung und verlangt eine dringende globale Antwort.

Das vorliegende unabhängige Review wurde vom Chancellor of the Exchequer (Finanzminister) für den Chancellor selbst und für den Premierminister als ein Beitrag zur Beurteilung der Beweise und zum Vermitteln eines Verständnisses der wirtschaftlichen Aspekte des Klimawandels in Auftrag gegeben.

Das Review untersucht zunächst die Beweise über die wirtschaftlichen Aspekte des Klimawandels an sich und beleuchtet dann die wirtschaftlichen Aspekte der Stabilisierung von Treibhausgasen in der Atmosphäre. Die zweite Hälfte des Review betrachtet die komplexen politischen Aufgaben in Verbindung damit, den Übergang in eine kohlenstoffarme Wirtschaft zu verwalten und zu gewährleisten, dass Gesellschaften sich an die Folgen des Klimawandels anpassen können, die nicht mehr vermieden werden können.

Das Review hat eine internationale Perspektive. Ursachen und Folgen des Klimawandels sind global und ein internationales kollektives Handeln ist zur Erzielung einer wirksamen, effizienten und tragbaren Antwort in dem benötigten Maßstab wesentlich. Diese Antwort erfordert eine tiefere internationale Zusammenarbeit in vielen Bereichen – insbesondere bei der Schaffung von Preissignalen und Märkten für Kohlenstoff, dem Stimulieren technologischer Forschungen, Entwicklungen und Anwendungen und dem Erleichtern der Anpassung, insbesondere für Entwicklungsländer.

Der Klimawandel bedeutet eine einzigartige Herausforderung für Volkswirtschaften: er ist das größte und weittragendste Versagen des Marktes, das es je gegeben hat. Die wirtschaftliche Analyse muss daher global sein, sich mit Langzeithorizonten befassen, sich auf die wirtschaftlichen Risiko- und Unsicherheitsaspekte konzentrieren und die Möglichkeit bedeutender, nichtmarginaler Änderungen untersuchen. Um diesen Herausforderungen gerecht zu werden, baut das Review auf Ideen und Techniken von den meisten der wichtigen Wirtschaftsbereiche auf, einschließlich vieler kürzlicher Fortschritte.

Die Vorteile eines entschiedenen und frühen Handelns gegen den Klimawandel überwiegen die Kosten
Die Auswirkungen unseres Handelns jetzt in Bezug auf zukünftige Änderungen des Klimas haben lange Vorlaufzeiten. Was wir heute tun, kann nur einen begrenzten Einfluss auf das Klima in den nächsten 40 oder 50 Jahren haben.

Andererseits kann das, was wir in den nächsten 10 oder 20 Jahren tun, einen tief greifenden Einfluss auf das Klima in der zweiten Hälfte dieses Jahrhunderts und im nächsten haben.

Niemand kann die Folgen des Klimawandels mit völliger Sicherheit vorhersagen; aber wir wissen heute genug, um die Risiken zu verstehen. Eine Abmilderung – entschiedene Maßnahmen zum Reduzieren von Emissionen – muss als eine Investition angesehen werden, als Kosten, die heute und in den nächsten Jahrzehnten getragen werden müssen, um die Risiken ernsthafter Folgen in der Zukunft zu vermeiden. Wenn diese Investitionen klug erfolgen, dann werden die Kosten tragbar sein und eine breite Palette an Möglichkeiten für Wachstum und Entwicklung mit sich bringen. Damit dies gut funktionieren kann, muss die Politik vernünftige Marktsignale fördern, Mängel des Marktes überwinden und auf Gleichheit und Risikoabmilderung als Kernstück gegründet sein. Dies ist im Wesentlichen der ideelle Rahmen dieses Review. Das Review betrachtet die wirtschaftlichen Kosten der Einflüsse des Klimawandels sowie die Kosten und Vorteile des Handelns zum Reduzieren der Emissionen von Treibhausgasen (GHGs), die ihn verursachen, auf drei verschiedene Weisen:

- Unter Anwendung vereinzelter Techniken, mit anderen Worten die Betrachtung der physikalischen Auswirkungen des Klimawandels auf die Wirtschaft, auf das menschliche Leben und auf die Umwelt, und die Untersuchung der Kosten für die Ressourcen für unterschiedliche Technologien und Strategien, um Treibhausgasemissionen zu reduzieren.
- Unter Anwendung ökonomischer Modelle, inklusive integrierter Beurteilungsmodelle, die die wirtschaftlichen Auswirkungen des Klimawandels schätzen, und die Kosten und Auswirkungen des Übergangs auf kohlenstoffarme Energiesysteme untersuchen.
- Unter Anwendung von Vergleichen des derzeitigen Niveaus und zukünftiger Verlaufsrichtungen der „sozialen Kosten von Kohlenstoff" (die Kosten der Einflüsse in Verbindung mit einer zusätzlichen Einheit von Treibhausgasemissionen) mit den marginalen Senkungskosten (den Kosten in Verbindung mit inkrementalen Emissionseinheitenreduzierungen).

Aus allen diesen Perspektiven führen die vom Review gesammelten Beweise zu einer einfachen Schlussfolgerung: die Vorteile eines entschiedenen, frühen Handelns überwiegen die Kosten bei weitem.

Die Beweise zeigen, dass das wirtschaftliche Wachstum irgendwann Schaden leiden wird, wenn man den Klimawandel ignoriert. Durch unser Verhalten jetzt und über die nächsten Jahrzehnte könnte das wirtschaftliche und soziale Leben später in diesem Jahrhundert und im nächsten in einem Maßstab ähnlich dem während der Weltkriege und der Wirtschaftskrise in der ersten Hälfte des 20. Jahrhunderts gestört werden. Und es wird auch schwierig, wenn nicht gar unmöglich werden, diese Änderungen rückgängig zu machen. Die Bekämpfung des Klimawandels ist langfristig gesehen eine Pro-Wachstum-Strategie und kann auf eine Weise erfolgen, die die Wachstumsambitionen reicher und armer Länder nicht behindert. Je früher wirksam gehandelt wird, desto geringer werden die Kosten sein.

Gleichzeitig ist es angesichts der Tatsache, dass der Klimawandel bereits im Gange ist, unerlässlich, Menschen zu helfen, sich daran anzupassen. Und je weniger wir jetzt zur Abmilderung beitragen, desto schwieriger wird es, sich in der Zukunft fortgesetzt anzupassen.

Aufgaben zu Kapitel 3

3.1   Worin sehen Sie für deutsche Unternehmen und Haushalte die Chancen bzw. Probleme der Globalisierung?

3.2   Welches sind Ihrer Meinung nach die wichtigsten Herausforderungen Ihrer Generation?

3.3   Diskutieren Sie aus welchen Gründen die Bekämpfung von Armut zu den vordringlichsten wirtschaftspolitischen Aufgaben zählt und welche Rolle Mikrokredite dabei spielen können (ohne Lösungsvorschlag).

3.4   Diskutieren Sie aus welchen Gründen baldige und drastische Maßnahmen zur Verringerung des CO_2-Ausstoßes wirtschaftlich rational sind (ohne Lösungsvorschlag).

II Ex-post – Makroökonomie und Empirie

4 Volkswirtschaftliche Gesamtrechnung (VGR)

1) Nur Natur (Landwirtschaft) kann Mehrwert erzeugen
2) Wirtschaftliche Freiheit (Zurückhaltung bei der Besteuerung, insbesondere Landwirtschaft)
3) Außenwirtschaftliche Freiheit (Zurückhaltung bei Zöllen und Protektionismus)

4.1 Kreislaufanalyse

Als Geburtsstunde der Makroökonomie gilt heute François Quesnays Veröffentlichung des „Tableau Economique" aus dem Jahre 1759 (siehe *Box 4.1*). Der damals revolutionäre Gedanke, die wirtschaftlichen Zusammenhänge in Form eines Kreislaufmodells zu beschreiben, ist bis heute die Grundlage der gesamtwirtschaftlichen Kreislauftheorie.

Box 4.1: Geschicht*e*

François Quesnay und das Physiokratentum

François Quesnay (1694 - 1774) war gesellschaftlich bekannt als Leibarzt des französischen Königs Louis XV. und dessen Maitresse, der Marquise de Pompadour. Allerdings hat er sich als Universaltalent auch mit ökonomischen Fragen auseinander gesetzt und in diesem Zusammenhang die Lehre des Physiokratentums maßgeblich beeinflusst.
Die Lehre der Physiokraten besagt im Kern, dass *allein die Natur* imstande ist, produktiv zu sein und neue Werte zu schaffen. Dies bedeutet für die Anhänger dieser Lehre, dass allein die Landwirtschaft ein Produktionszweig ist, bei dem sich der geschaffene Wert nicht allein aus der Addition der Kosten ergibt, sondern noch einen Mehrwert („produit net") abfällt. Der Preis landwirtschaftlicher Produkte ergibt sich konsequenterweise als Summe aus Kosten und Mehrwert („bon prix"). Der landwirtschaftlich erzeugte Mehrwert ist die Quelle des Reichtums der Volkswirtschaft und kann durch Reinvestitionen kumulativ vermehrt werden.
Entsprechend dieser Grundvorstellung entwickelt Quesnay ein *Modell des wirtschaftlichen Kreislaufs*, das er als Analogon zum menschlichen Blutkreis-

lauf auffasst. Das Modell besteht aus drei wirtschaftlichen Sektoren: der Klasse der Grundbesitzer („classe des propriétaires"), die Grund und Boden weiterverpachten, der Klasse der Landwirte („classe productive"), die den Boden bearbeitet und die Produktivkräfte der Natur nutzt, und schließlich gibt es die Klasse der Handwerker und Kaufleute („classe stérile"), die Stoffe verarbeitet und mit Waren handelt, aber nach Ansicht der Physiokraten keine zusätzlichen Werte durch ihre Tätigkeit schafft.

Diese Gesellschaftsgliederung wurde von den Physiokraten als „l`ordre naturel" angesehen, die gottgewollt ist und bei ungestörter Entfaltung in einer biotopähnlichen „natürlichen Harmonie" mündet. Die freie Betätigungsmöglichkeit des Individuums im Rahmen dieser gesellschaftlichen Ordnung ist ein Schlüssel auf dem Weg zur natürlichen Harmonie *„laissez faire, laissez passer, le monde va de lui-même"*. Dies bedeutet Abbau von Handelsbarrieren, Recht auf Eigentum, Konsum- und Gewerbefreiheit auf Grundlage von Egoismus und Gewinnstreben, so wie es die Natur durch die Evolution der Tier- und Pflanzenwelt vorexerziert. Damit standen die Physiokraten im vollkommenen Gegensatz zur herrschenden merkantilistischen Lehre.

Kern des Kreislaufgedankens ist die Theorie, dass sich die Ökonomie als geschlossenes System darstellen lässt. Obwohl dieser Gedanke vor dem Hintergrund der extensiven Nutzung natürlicher Ressourcen immer wieder kritisiert wurde, eignen sich die Kreislaufmodelle sehr gut, um die grundlegenden Beziehungen einer Ökonomie abzubilden. Abbildung 4.1 zeigt in vereinfachter Form die Verbindungen zwischen Unternehmen und Haushalten auf den Güter- sowie den Faktormärkten.

Abbildung 4.1: Vereinfachtes Kreislaufmodell

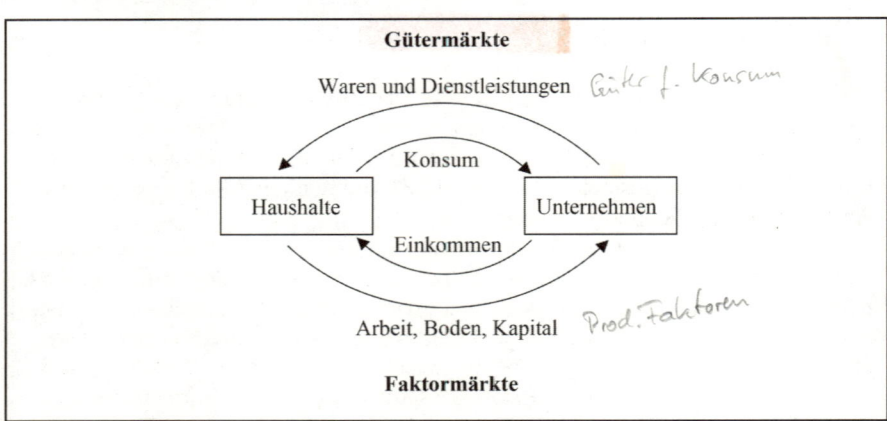

Auf den Gütermärkten fungieren die Haushalte als Nachfrager und die Unternehmen als Anbieter von Gütern. Umgekehrt bieten die Haushalte auf den Faktormärkten die Produktionsfaktoren Arbeit, Boden und Kapital an. Löhne und Gehälter (L) stellen Einkünfte aus unselbständiger Arbeit dar. Mieten, Pachten,

Zinsen und Gewinne (Q) resultieren aus der Nutzung von Boden und Kapital sowie aus unternehmerischer Tätigkeit. Die Höhe der Entlohnung der Produktionsfaktoren richtet sich nach ihrem Beitrag zur Produktion.

Fragen wir uns nun wozu das im Zuge der Produktion erzeugte Einkommen (Y) verwendet wird. Einen Teil des Volkseinkommens behalten die Unternehmen, um das Eigenkapital aufzustocken. Diese einbehaltenen Gewinne, die als Ersparnis der Unternehmen gelten, sind in der Folge mit S_U gekennzeichnet. Der Rest geht an die privaten Haushalte. Diese verwenden den größten Teil ihrer Einkommen zu Konsumzwecken (C). Der nicht ausgegebene Betrag des Haushaltseinkommens ist die Ersparnis der Haushalte (S_H).

Da alle Einkommen aus der unternehmerischen Produktion resultieren, aber nicht alle Einkommen von den Haushalten ausgegeben werden, trägt ein Teil der Produktion zum Aufbau des volkswirtschaftlichen Reinvermögens bei. Dieser Teil, der ein zukünftiges Produktions- und Einkommenswachstum ermöglicht, entspricht den Nettoinvestitionen (I)[5].

Die Nettoinvestitionen werden durch Ersparnisse finanziert und stellen Vermögensänderungen im Kreislaufmodell dar (Abbildung 4.2). Aus Gründen der Übersichtlichkeit erscheinen nur noch Zahlungsströme in der Graphik.

Abbildung 4.2: Zahlungsströme in einer Volkswirtschaft ohne Staat und Außenhandel

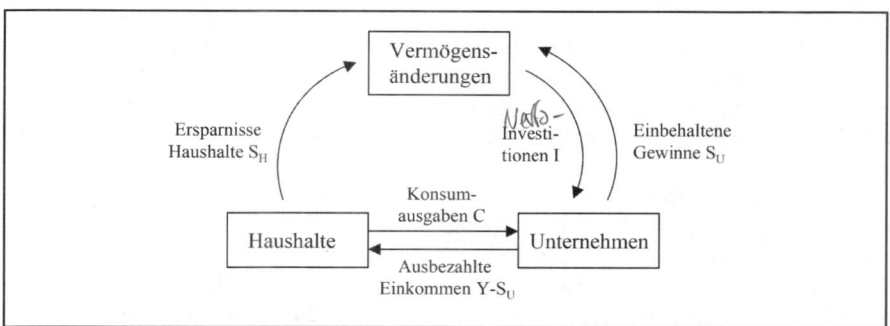

Die Verwendung eines einfachen Kreislaufmodells bietet sich an, um grundlegende Zusammenhänge einer Ökonomie näher zu beleuchten. Gleichzeitig fehlen aber mit dem Staat und dem Ausland zwei Sektoren, die das wirtschaftliche Geschehen maßgeblich mitbestimmen. Es wird schnell klar, dass bei einer Einbeziehung von Staat und Ausland das Beziehungsgeflecht wesentlich komplexer wird. So müssen Unternehmen wie Haushalte Steuern an den Staat bezahlen. Im Gegenzug erhalten die Unternehmen staatliche Subventionen (z. B. in der Landwirtschaft

---

5   Hier sollen zunächst nur die Nettoinvestitionen betrachtet werden. Der Zusammenhang zwischen Abschreibungen, Brutto- und Nettoinvestitionen wird im folgenden Kapitel näher beleuchtet. Die privaten Haushalte können in ihrer Rolle als Konsumenten per Definition nicht investieren. Beim Bau eines Eigenheims zählt der Bauherr zum Sektor Unternehmen.

oder im Bergbau) und die Haushalte Transfers im Rahmen von Kindergeld oder staatlicher Rente.

Eine Verbindung zum Ausland bilden die inländischen Unternehmen. Diese erhalten Zahlungen vom Ausland falls sie Güter exportieren und sie leisten Zahlungen beim Import. Entsprechen sich Ex- und Importe so ist die Handelsbilanz ausgeglichen. Übersteigen die Exporte die Importe so wird ein Überschuss erwirtschaftet. In diesem Fall entstehen Forderungen gegenüber dem Ausland.

Aber auch die anderen Sektoren sind mit dem Ausland verknüpft. Hier kommt den Transfers des Staates (z. B. Zahlungen an die EU) sowie der privaten Haushalte (z. B. monetäre Übertragungen von Gastarbeitern an ihre Familien) eine nicht unerhebliche Rolle zu.

Die Darstellung als erweiterter Kreislauf eignet sich nur noch bedingt, um die Zahlungsströme nachzuvollziehen. Die VGR kennt aber noch eine zweite Methode zur Beschreibung der wirtschaftlichen Lage. Ähnlich dem betrieblichen Rechnungswesen führt sie für die oben eingeführten Sektoren jeweils eigene Konten mit Zahlungsein- und -ausgängen. Ein vereinfachtes Kontenschema soll im Folgenden dargestellt werden.

4.2   Das Kontensystem der VGR

Wie schon im vorigen Kapitel wollen wir zunächst von einer Volkswirtschaft ohne Staat und Außenhandel ausgehen. Diese Vorgabe, die schon bald aufgegeben wird, erleichtert zum einen den Einstieg in das Kontensystem und ermöglicht zudem einen Vergleich mit dem oben dargestellten Kreislaufdiagramm (Abbildung 4.2).

Das Herzstück jeder Volkswirtschaft bilden die Unternehmen. Sie erzielen Umsätze und entlohnen damit die Produktionsfaktoren. Die Grundlage des Kontensystems bildet daher das Betriebsergebniskonto eines Unternehmens. Dieses zeigt auf der linken (Input-) Seite die Kosten der Inputs und auf der rechten (Output-) Seite die erstellte Betriebsleistung, bewertet in Geldeinheiten. Die Summe von Abschreibungen, Betriebsgewinn, Zinsen, Mieten, Pachten, Löhnen und Gehältern entspricht der Bruttowertschöpfung (BWS) des Unternehmens. Um die Nettowertschöpfung (NWS) zu ermitteln, ist der Wert der Abschreibungen abzuziehen.

Inputs	Betriebsergebniskonto	Outputs
Verbrauch an Vorleistungen	Umsatzerlöse	
Abschreibungen	Mehrbestand an fertigen und unfertigen Erzeugnissen	
Löhne und Gehälter		
Zinsen, Mieten, Pachten	Selbsterstellte Anlagen	
Betriebsgewinn (Saldo)		

BWS — NWS

Im volkswirtschaftlichen Rechnungswesen wird das Betriebsergebniskonto um die Bestandszunahmen an Vorleistungen erweitert. Auf der linken Seite stehen dann die Einkäufe an Vorleistungen von anderen Unternehmen: Bei der Zusammenfassung der Betriebsergebniskonten aller Unternehmen einer Volkswirtschaft ohne Staat und Außenhandel heben sich Einkäufe und Verkäufe an Vorleistungen auf.

Inputs	Produktionskonto Unternehmen	Outputs	
Verbrauch an Vorleistungen	Verkäufe von Vorleistungen an Unternehmen	Erlöse	
Bestandszunahme an Vorleistungen	Verkäufe an Haushalte		
Abschreibungen	Verkäufe von Kapitalgütern		BPW
Löhne und Gehälter	Mehrbestand an fertigen und unfertigen Erzeugnissen		
Zinsen, Mieten, Pachten			
Betriebsgewinn (Saldo)	Selbsterstellte Anlagen		

(BWS, NWS auf der linken Seite gruppierend)

Aus dieser Darstellung ergeben sich folgende Zusammenhänge:
- Die Summe aller volkswirtschaftlichen Leistungen entspricht dem Bruttoproduktionswert (BPW).
- Die durch die betriebliche Produktion erzeugten gesamten Einkommen entsprechen der Bruttowertschöpfung (BWS).
- Die durch die betriebliche Produktion erzeugten personalen Einkommen entsprechen der Nettowertschöpfung (NWS).

Das Nationale Produktionskonto wird nun durch Aggregation der Produktionskonten aller Unternehmen gebildet. Unter der Annahme, dass weder der Staat noch das Ausland ökonomisch aktiv sind, ergibt sich das folgende nationale Produktionskonto:

Inputs		Nationales Produktionskonto (ohne Staat und Ausland)	Outputs	
Abschreibungen	D	Verkäufe an Haushalte	C	
Löhne und Gehälter	L	Verkäufe von Investitionsgütern, selbsterstellte Anlagen, Mehrbestand an fertigen und unfertigen Erzeugnissen	I^{br}	
Zinsen, Mieten, Pachten, Gewinne	Q			
Bruttonational-einkommen (BNE)	Y^{br}	Bruttonational-einkommen (BNE)	Y^{br}	

Das Bruttonationaleinkommen (BNE) stellt einen der wichtigsten Indikatoren der VGR dar. Es entspricht dem ehemaligen Bruttosozialprodukt (BSP).

Definition: *Das Bruttonationaleinkommen Y^{br} einer Volkswirtschaft ohne Staat und Außenhandel entspricht der Summe aller im Zeitraum eines Jahres produzierten und mit ihren Preisen bewerteten Endprodukte.*

Über die Verwendungsseite lässt es sich mit Hilfe von Formel (4.1) ausdrücken:

(4.1) $Y^{br} = C + I^{br}$

Ein Teil der geschaffenen Werte ist notwendig um den Verschleiß von Kapitalgütern zu kompensieren. Bei Abzug dieser durch die Abschreibungen gegebenen Werte erhalten wir das durch Formel (4.2) beschriebene Primäreinkommen.

Definition: *Das Primäreinkommen Y oder auch Nettonationaleinkommen ergibt sich aus der Differenz zwischen Bruttonationaleinkommen und Abschreibungen.*

(4.2) $Y = Y^{br} - D = C + I$

Bei der Betrachtung ohne Staat und Außenhandel entspricht das Primäreinkommen Y gerade dem Volkseinkommen (Formel 4.3).

Definition: *Das Volkseinkommen ergibt sich aus der Summe der Nettowertschöpfungen. Es entspricht ohne Staat und Außenhandel dem Primäreinkommen Y.*

(4.3) $Y = L + Q$

Das Nationaleinkommen charakterisiert demnach die Output- oder Verwendungsseite des Produktionskontos und das Volkseinkommen die Input- oder Entstehungsseite.

Fragen wir uns nun, wozu das im Zuge der Produktion erzeugte Einkommen verwendet wird. Ein Teil wird offensichtlich in den Unternehmen belassen, um das Eigenkapital aufzustocken (gilt für Kapitalgesellschaften). Wir nennen diesen Teil einbehaltene Gewinne (S_U).

Der andere Teil, $Y-S_U$, wird in der untersuchten Ökonomie an die Haushalte ausgeschüttet. Die Haushalte geben einen Teil ihrer Einkünfte für den Einkauf von Konsumgütern aus. Der nicht ausgegebene Betrag des Haushaltseinkommens ist die Ersparnis der privaten Haushalte (S_H). Dieser Zusammenhang lässt sich ebenso als nationales Einkommensverwendungskonto darstellen:

Verwendung	Nationales Einkommensverwendungskonto (ohne Staat und Außenhandel)		Entstehung
Privater Konsum	C_{pr}	Löhne und Gehälter	L
Ersparnis Haushalte	S_H	Zinsen, Mieten, Pachten, Gewinne	Q
Einbehaltene Gewinne	S_U		

Daraus ergeben sich folgende Gleichungen:

(4.4) $Y = C + S_H + S_U$; und mit

(4.5) $S = S_H + S_U$ folgt

(4.6) $Y = C + S$

Nachdem wir mit Hilfe von Produktions- und Einkommensverwendungskonto die Entstehung bzw. Verwendung des volkswirtschaftlichen Einkommensstromes dargestellt haben, soll nun die Vermögenssituation näher beleuchtet werden.

Volkswirtschaftlich wie betriebswirtschaftlich dient die Bilanz zur Darlegung der Vermögenslage. Dabei unterscheidet man die *Bestandsbilanz* von der *Bewegungsbilanz*. In eine Bestandsbilanz werden die Vermögensbestände (stocks) mit ihren zum Stichtag berechneten Werten eingetragen:

Aktiva	Bestandsbilanz eines Sektors	Passiva
Realvermögen	Verbindlichkeiten an andere Sektoren	
Forderungen an andere Sektoren	Reinvermögen (Saldo)	
Summe Aktiva	=	Summe Passiva

In eine Bewegungsbilanz werden dagegen die jährlichen Veränderungen der Vermögensbestände (flows) eingetragen:

Δ Aktiva	Bewegungsbilanz eines Sektors	Δ Passiva
Zunahme von Realvermögen ./. Abnahme von Realvermögen	Zunahme von Verbindlichkeiten an andere Sektoren	
Zunahme von Forderungen an andere Sektoren	./. Abnahme von Verbindlichkeiten an andere Sektoren	
./. Abnahme von Forderungen an andere Sektoren	Zunahme des Reinvermögens ./. Abnahme des Reinvermögens	
Summe Δ Aktiva	=	Summe Δ Passiva

In einer Volkswirtschaft ohne Staat und Außenhandel gleichen die Bestände bzw. Veränderungen an Forderungen und Verbindlichkeiten einander aus.

Das volkswirtschaftliche Reinvermögen entspricht dann dem Nettorealvermögen, bzw. die volkswirtschaftliche Reinvermögensveränderung gleicht der Veränderung des Nettorealvermögens (= Nettoinvestitionen).

Gemäß unserer Sektorenabgrenzung und Vermögensdefinition entspricht die Reinvermögensveränderung in einer Volkswirtschaft ohne Staat und Außenhandel den Nettoinvestitionen, wenn der Bestand an natürlichen Reserven konstant bleibt. Die Fähigkeit zur Bildung von Reinvermögen, d. h. zur Durchführung von Nettoinvestitionen, hat eine solche Ökonomie nur dann, wenn nicht das gesamte Volkseinkommen durch den Konsum aufgezehrt wird, sondern ein Teil der Einkommen zu Sparzwecken verwendet wird.

Um die volkswirtschaftlichen Vermögensbewegungen zu erfassen, führen wir daher ein Nationales Vermögensänderungskonto ein. Auf der rechten Seite erscheinen die gesamten Ersparnisse der Haushalte (S_H) und Unternehmen (S_U). Die Summe dieser Beträge entspricht den Nettoinvestitionen (Reinvermögensänderung). Kommen noch die Abschreibungen hinzu, so ergeben sich in der Summe die Bruttoinvestitionen (Bruttovermögensänderung).

	Nationales	
Δ Realvermögen	Vermögensänderungskonto	Δ Finanzvermögen
	(ohne Staat und Ausland)	
Bruttoinvestitionen I^{br}	Abschreibungen	D
	Ersparnis der Haushalte	S_H
	Einbehaltene Gewinne	S_U
Summe Δ Realvermögen (brutto)	Summe Δ Finanzvermögen	

Aus dem Vermögensänderungskonto lassen sich folgende Zusammenhänge ableiten:

(4.7) $I^{br} = D + S_H + S_U$

(4.7a) $I = S_H + S_U$

(4.8) $I = S$

Betrachten wir die drei Nationalen Konten im Zusammenhang, so erkennen wir, dass jede Buchung auf der linken Seite eines Kontos einer Gegenbuchung auf der rechten Seite eines anderen Kontos entspricht. Die Buchungen wurden also nach dem Prinzip der *doppelten Buchführung* vorgenommen. Aus den Konten und noch besser aus den auf Grundlage der Konten herausgeschriebenen Gleichungen ist zu entnehmen, dass ein geschlossenes System von volkswirtschaftlichen Strömen aufgestellt wurde. Dies sei durch das Aufschreiben der drei Grundgleichungen des Systems ohne Staat und Außenhandel zusammengefasst:

(4.2) $Y = C + I$

(4.6) $Y = C + S$

(4.8) $I = S$

Ergebnis 4.1:   Aus Gleichung (4.8) folgt, dass in einer Volkswirtschaft ohne Staat und Außenhandel die gesamten Nettoinvestitionen am Ende einer Wirtschaftsperiode immer der gesamten Ersparnis entsprechen („Ex post-Identität").

Diese Identität, die sich auch aus Abbildung 4.2 ableiten lässt, ist für eine geschlossene Ökonomie von großer Bedeutung. Sie zeigt, dass zur Schaffung von Realkapital Ersparnis notwendig ist.

Während bei den Kreislaufmodellen aus Gründen der Übersichtlichkeit auf eine Einbeziehung des Staates und des Auslandes verzichtet wurde, lässt sich das Kontensystem relativ leicht um beide Sektoren erweitern. Dazu werden zunächst die staatlichen Aktivitäten näher beleuchtet.

Die ökonomische Tätigkeit der Gebietskörperschaften, der Sozialversicherungshaushalte und der wirtschaftspolitischen Instanzen lässt sich grob in die folgenden drei Kategorien einordnen:
1.   Wirtschaftspolitische Funktion
2.   Konsum- und Investitionsfunktion
3.   Umverteilungsfunktion

1.   Wirtschaftspolitische Funktion
Der Staat setzt oder ändert Daten im Rahmen seiner Wirtschaftspolitik, z. B. Steuer-, Zoll- und Mindestreservesätze, den Währungskurs oder das Ausmaß seiner Transferzahlungen. Zweck ist, Wirtschaftssubjekte zu einem bestimmten Verhalten oder zu Änderungen ihres Verhaltens zu veranlassen, um so wirtschaftspolitische Ziele zu erreichen.

2.   Konsum- und Investitionsfunktion
Der Staat tritt in erheblichem Umfang als Käufer von Sachgütern und Diensten bei Unternehmen auf; er beschäftigt Arbeiter, Angestellte und Beamte und schafft dadurch Einkommen; und er produziert Dienstleistungen, die meist unentgeltlich zur Verfügung gestellt werden. Ferner tätigt der Staat Investitionen, zum Beispiel für die Verkehrsinfrastruktur. Zur Finanzierung erhebt er (in der Bundesrepublik rund 50 verschiedene) Steuern und nimmt Kredite auf.

3.   Umverteilungsfunktion
Der Staat erhebt einerseits Zwangsbeiträge zu den Sozialversicherungen, andererseits leistet er Transferzahlungen unterschiedlicher Art an private Haushalte und an Unternehmen. Er nimmt also in großem Umfang eine Umverteilung (oder Redistribution) von Einkommen vor.

Die Beteiligung des Staates am Wirtschaftsprozess ist anhand des Staatlichen Produktionskontos nachvollziehbar. Die Input-Seite des Produktionskontos unterscheidet sich nicht von der des unternehmerischen Produktionskontos. Denn der Staat verbraucht Güter und Dienste von Unternehmen (Beispiel: militärische Ausrüstung, Reinigungsleistungen), die als Inputs eingehen. Weiter werden auch die staatlichen Anlagen abgeschrieben und letztlich zahlt der Staat Faktoreinkommen, die als Wertschöpfung verbucht werden.

Problematisch ist jedoch die Output-Seite: Öffentliche Dienstleistungen, die im Interesse der privaten Haushalte und der Unternehmen produziert werden, müssten bei diesen als unbezahlter privater Konsum oder als unentgeltliche Vorleistungen erfasst werden. Allerdings lässt sich ein Großteil der Dienste nicht einzelnen Haushalten oder Unternehmen zuordnen. Zu dieser Kategorie des Kollektivverbrauchs gehört z. B. die Verteidigung, die polizeiliche Arbeit oder die öffentliche Verwaltung. Man unterstellt daher, dass die öffentlichen Haushalte die von ihnen produzierten Dienstleistungen selbst verbrauchen. Der Produktionswert entspricht dann gerade den mit der Erstellung dieser Leistung verbundenen Kosten.

In der Vergangenheit wurden auch die individuell zuordenbaren Leistungen anhand der Kosten für die benötigten Inputs bewertet. Heute folgen die meisten Statistischen Ämter innerhalb der EU einer (dringenden) Empfehlung der Europäischen Kommission wonach die staatlichen Leistungen des Individualverbrauchs (z. B. Ausbildung, Gesundheitsleistungen) anhand der Outputs zu bewerten sind. Allerdings werden die erbrachten Leistungen innerhalb des Kontensystems nach wie vor als Eigenverbrauch des Staates verbucht.

Inputs	Staatliches Produktionskonto	Outputs
Verbrauch an Vorleistungen	Marktliche Produktion von Gütern	
Bestandszunahme an Vorleistungen		
	Nichtmarktliche Produktion von Gütern (Eigenverbrauch)	C_{St}
Abschreibungen		
Löhne und Gehälter		
Zinsen, Mieten, Pachten	Staatliche Bruttoinvestitionen	I_{St}^{br}
Betriebsgewinn (Saldo)		

(BWS, NWS)

Die Produktion nicht-marktlicher Dienstleistungen definiert nicht nur den größten Teil der staatlichen Produktion, sondern stellt als Eigenverbrauch auch einen wesentlichen Bestandteil des staatlichen Konsums C_{St} dar.

Da aus der nicht-marktlichen Produktion des Staates keine bzw. nur geringe Einnahmen resultieren, ist der Staat auf andere Einnahmequellen angewiesen. Zu den wichtigsten „ordentlichen" Einnahmen der öffentlichen Hand (Einnahmen ohne Kredite und besondere Finanzierungsvorgänge) zählen:

- Steuern und
- Gebühren, Beiträge und Strafen.

Die Steuern stellen dabei den bedeutendsten Teil der Einnahmen dar. Sie werden unterschieden in direkte und indirekte Steuern. In der zweiten Kategorie dominieren die Beiträge zur Sozialversicherung. Wir werden sie im Kontensystem wie die sonstigen Gebühren, Beiträge und Strafen den direkten Steuern zugeschlagen.

 *Definition:*   *Direkte Steuern erfassen das steuerliche Leistungsvermögen unmittelbar (Steuern von Einkommen, Unternehmensertrag,*

Vermögen). Indirekte Steuern, die nach dem europäischen System volkswirtschaftlicher Gesamtrechnungen auch Produktionsabgaben heißen, erfassen das steuerliche Leistungsvermögen mittelbar (Steuern vom allgemeinen Umsatz, von speziellen Kaufhandlungen).

Die Ausgaben des Staates (ohne Investitionen) setzen sich zusammen aus den Übertragungsausgaben und dem staatlichen Konsum, der eine Realausgabeposition darstellt, da Güter und Dienste die Gegenposition bilden. Die Übertragungsausgaben sind einseitig vom Staat an die Übertragungsempfänger gerichtet und werden unterteilt in Subventionen (Übertragungen an Unternehmen) und Transfers (an Haushalte sowie an das Ausland).

Verwendung	Staatliches Einkommensverwendungskonto		Entstehung
Staatlicher Konsum	C_{St}	Produktionsabgaben	
Subventionen	Sub	(indirekte Steuern)	T_{ind}
Transfers	Tr	Direkte Steuern	T_{dir}
Ersparnis (Saldo)	S_{St}		

Die Summe von direkten und indirekten Steuern wird in der Folge mit T bezeichnet. Die gesamten Ausgaben des Staates bezeichnen wir mit G. Sie setzen sich aus dem staatlichen Konsum plus die staatlichen Bruttoinvestitionen sowie den staatlichen Transfers plus die Subventionen zusammen.

Die Änderung des Vermögens im öffentlichen Sektor besteht aus Zugängen bzw. Abgängen an aktivierungsfähigen Gebäuden, Einrichtungen, Infrastrukturanlagen, Vorräten, u. a., so dass sich das folgende Staatliche Vermögensänderungskonto ergibt:

Δ Realvermögen	Staatliches Vermögensänderungskonto		Δ Finanzvermögen
Staatliche Bruttoinvestitionen	I_{St}^{br}	Abschreibungen	D_{St}
		Ersparnis des Staates	S_{St}
		Budgetdefizit (Saldo)	(G-T)
Summe Δ Realvermögen (brutto)		Summe Δ Finanzvermögen	

Es ist erkennbar, dass die staatliche Nettoinvestition ex post durchaus nicht der staatlichen Ersparnis entsprechen muss. Durch die Möglichkeit der Kreditfinanzierung oder Rücklagenbildung entsteht eine Abweichung in Höhe der Saldenposition (G-T). Das Defizit (korrekt: Finanzierungssaldo) wird auf einem Finanzierungskonto gegengebucht. Bei Zusammenfassung dieses Finanzierungskontos mit dem Vermögensänderungskonto entfällt der Finanzierungssaldo.

Schließlich führt das Prinzip der doppelten Buchführung zur Einrichtung mindestens eines Auslandskontos, das die Gegenbuchungen zu allen Transaktionen mit Ausländern aufnimmt. Dieses Konto erfasst neben den Bewegungen von Waren und Dienstleistungen die Veränderung von Übertragungen und Vermögen. Auf das Auslandskonto soll hier nicht isoliert eingegangen werden. Vielmehr bildet es einen wichtigen Bestandteil des nun folgenden vereinfachten Kontenschemas der wirtschaftlichen Beziehungen zwischen den vier Sektoren Haushalte, Unternehmen, Staat und Ausland.

Vereinfachtes Kontenschema der wirtschaftlichen Beziehungen zwischen den vier Sektoren:

1. Nationales Produktionskonto

1.1 (4.4)	Abschreibungen	D	1.4 (2.1)	Privater Konsum	C_{pr}
1.2 (2.8)	Produktionsabgaben ./. Subventionen	T_{ind}-Sub	1.5 (2.2)	Staatlicher Konsum	C_{St}
1.3 (2.7)	Volkseinkommen	Y_f	1.6 (4.1)	Private Brutto- investitionen	I^{br}
			1.7 (4.2)	Staatliche Brutto- investitionen	$I_{St}{}^{br}$
			1.8 (3.1) ./. (3.2)	Export ./. Import	Ex - Im
Bruttonationaleinkommen		Y^{br}	Bruttonationaleinkommen		Y^{br}

2. Nationales Einkommenskonto

2.1 (1.4)	Privater Konsum	C_{pr}	2.7 (1.3)	Volkseinkommen	Y_f
2.2 (1.5)	Staatlicher Konsum	C_{St}	2.8 (1.2)	Produktionsabgaben ./. Subventionen	T_{ind}-Sub
2.3 (4.6)	Ersparnis Haushalte	S_H			
2.4 (4.5)	Einbehaltene Gewinne nach Steuer	S_U			
2.5 (4.7)	Ersparnis (Staat)	S_{St}			
2.6 (3.3; 3.4)	Übertragungen an das Ausland	Tr_{ASt} Tr_{AH}			
Primäreinkommen		Y	Primäreinkommen		Y

3. Auslandskonto					
3.1 (1.8)	Export	Ex	3.2 (1.8)	Import	Im
			3.3 (2.6)	Übertragungen Haushalte (Saldo)	Tr_{AH}
			3.4 (2.6)	Übertragungen Staat (Saldo)	Tr_{ASt}
			3.5 (4.3)	Zunahme der Forderungen an das Ausland	Kr_A
Exporte		Ex	Exporte		Ex

4. Nationales Vermögensänderungskonto					
4.1 (1.6)	Private Bruttoinvestitionen	I^{br}	4.4 (1.1)	Abschreibungen	D
4.2 (1.7)	Staatliche Bruttoinvestitionen	I_{St}^{br}	4.5 (2.4)	Einbehaltene Gewinne nach Steuer	S_U
4.3 (3.5)	Zunahme der Forderungen an das Ausland	Kr_A	4.6 (2.3)	Ersparnis (Haushalte)	S_H
			4.7 (2.5)	Ersparnis (Staat)	S_{St}
Erhöhung des Bruttovermögens			Erhöhung des Bruttovermögens		

Durch das Hinzutreten der Sektoren Staat und Ausland ergeben sich einige Änderungen in den Definitionen und Gleichungen von National- und Volkseinkommen:

Definition: *Das Bruttonationaleinkommen Y^{br} entspricht der Summe aller von den Inländern einer Volkswirtschaft in einem Jahr erzeugten Endprodukte, bewertet zu den am Markt erzielten Preisen[6].*

Die Verwendungsseite des Bruttonationaleinkommens lässt sich algebraisch mittels Gleichung (4.9) beschreiben:

(4.9) $Y^{br} = C_{pr} + C_{St} + I^{br}_{pr} + I^{br}_{St} + Ex - Im$

Definition: *Das Primäreinkommen Y oder Nettonationaleinkommen entspricht dem Bruttonationaleinkommen abzüglich der Abschreibungen.*

In Gleichungsform ergibt sich für das Primäreinkommen:

---

6   Das Bruttonationaleinkommen wurde früher als Bruttosozialprodukt bezeichnet. Diesen Begriff findet man in allen älteren Statistik- und VWL-Lehrbüchern.

(4.10) $Y = C_{pr} + C_{St} + I_{pr} + I_{St} + Ex - Im$

Im Gegensatz zur Betrachtung ohne Staat und Außenhandel unterscheidet sich nun das Volkseinkommen Y_f durch die Einbeziehung der Produktionsabgaben sowie der Subventionen vom Primäreinkommen:

Definition: *Das Volkseinkommen Y_f entspricht dem Primäreinkommen abzüglich der Produktionsabgaben (indirekte Steuern) und zuzüglich der staatlichen Subventionen. Es umfasst alle Entlohnungen inländischer Produktionsfaktoren einer Volkswirtschaft für ein Jahr.*

(4.11) $Y_f = Y - T_{ind} + Sub$

Das privat verfügbare Einkommen entspricht nicht dem Volkseinkommen, da einerseits direkte Steuern (z. B. Einkommenssteuer) an den Staat gehen und andererseits Transfers vom Staat an die Haushalte geleistet werden (z. B. Pensionen, Kindergeld):

Definition: *Das privat verfügbare Volkseinkommen Y_{pr} umfasst alle personalen Einkommen (natürliche Personen und juristische Personen mit ständigem Wohnsitz im Inland) einer Volkswirtschaft für ein Jahr.*

(4.12) $Y_{pr} = Y_f - T_{dir} + Tr$

Unter der Verwendung von

(4.13) $G = (C_{St} + I_{St}) + (Tr + Sub)$ sowie
(4.14) $T = T_{dir} + T_{ind}$

kann das privat verfügbare Einkommen als Summe der privaten inländischen Absorption ($C_{pr}+I_{pr}$), dem Haushaltssaldo (G-T) sowie den Nettoexporten (Ex-Im) beschrieben werden:

(4.15) $Y_{pr} = (C_{pr}+I_{pr}) + (G-T) + (Ex-Im)$

Der in den vier Konten dargestellte Wirtschaftskreislauf, lässt sich algebraisch mit Hilfe der Gleichungen (4.10) und (4.16) bis (4.21) beschrieben:

(4.10) $Y = C_{pr} + C_{St} + I_{pr} + I_{St} + Ex - Im$
(4.16) $Y = C_{pr} + C_{St} + S_H + S_U + S_{St} + Tr_{AH} + Tr_{ASt}$
(4.17) $I_{pr} + I_{St} + Ex - Im - Tr_{AH} - Tr_{ASt} = S_H + S_U + S_{St}$

bzw. mit

(4.18) $I_{pr} + I_{St} = I$

(4.19) $Ex - Im - Tr_{AH} - Tr_{ASt} = Kr_A$

(4.20) $S_H + S_U + S_{St} = S$

gilt

(4.21) $I + Kr_A = S$

Ergebnis 4.2:   *In einer Volkswirtschaft mit Staat und Außenhandel entspricht die gesamtwirtschaftliche Ersparnis am Ende einer Wirtschaftsperiode gerade den gesamtwirtschaftlichen Investitionen zuzüglich der Zunahme der Forderungen an das Ausland.*

Nationaleinkommen und Volkseinkommen beziehen sich auf die Inländer einer Volkswirtschaft, sie sind also personenbezogen. Wird dagegen eine räumliche Abgrenzung der volkswirtschaftlichen Leistung benötigt, so ist das Inlandsprodukt zu ermitteln. Der Übergang lässt sich mit Hilfe der folgenden Umrechnung durchführen:

Umrechnung:

         Nationaleinkommen (= Inländerprodukt)

+   Einkommen der Ausländer im Inland

-        Einkommen der Inländer im Ausland

=   Inlandsprodukt

Berechnung durch das Statistische Bundesamt

Das Statistische Bundesamt ermittelt zunächst die Beiträge der Wirtschaftsbereiche (= Untersektoren, Branchen) zur Bruttowertschöpfung, die ihrerseits aus den Bruttoproduktionswerten durch Abzug der Vorleistungen berechnet werden. Die Summe der Beiträge zur Bruttowertschöpfung (korrigiert um einige hier nicht relevante Beträge) ergibt das Bruttoinlandsprodukt. Die Verwendungsseite des Bruttonationaleinkommens ist in der folgenden Tabelle 4.1 aufgeschlüsselt.

Zieht man vom Bruttoinlandsprodukt die Erwerbs- und Vermögenseinkommen ab, die an die übrige Welt geflossen sind, und fügt umgekehrt die Erwerbs- und Vermögenseinkommen hinzu, die von inländischen Personen bzw. Institutionen aus der übrigen Welt bezogen wurden, so erhält man das Bruttonationaleinkommen. Obwohl das Bruttonationaleinkommen international als Messziffer für die Leistungskraft einer Volkswirtschaft Verwendung findet, ist diese Messgröße mit einigen statistischen Unsicherheiten behaftet (Bewertungs-, Abgrenzungsprobleme, z. B. bei Eigenleistungen, Tätigkeiten im Haushalt). Zusätzlich wird bemängelt, dass die aus dem Verbrauch an natürlichen Ressourcen folgende Schwächung der volkswirtschaftlichen Leistungskraft unberücksichtigt bleibt. So werden heute bereits zehn bis zwanzig Prozent des Sozialprodukts für „defensive Maßnahmen" zur Wiederherstellung erträglicher Umweltbedingungen ausgegeben.

Das Statistische Bundesamt hat die Einseitigkeit des Zahlenausweises in der VGR erkannt und fügt neuerdings auch Daten zur Umweltsituation in sein Rechenwerk ein (Umweltgesamtrechnung). Auf diese Weise ergibt sich ein Bild davon, inwieweit die Produktion von materiellen Gütern mit einer Verschlechterung an Umweltqualität erkauft worden ist.

Um schließlich das Volkseinkommen zu ermitteln, werden die Abschreibungen und die Produktionsabgaben vom Bruttonationaleinkommen abgezogen und die Subventionen addiert. Somit stellt das Volkseinkommen ein Maß für die inländischen Einkommen dar, die durch den Einsatz der Produktionsfaktoren erwirtschaftet wurden.

Tabelle 4.1: Bruttonationaleinkommen und andere Kenngrößen der VGR von 2003 bis 2006

Mrd. Euro			2003	2004	2005	2006
Konsum	C	C	1582,6	1723,1	1747,9	1783,4
priv. Konsum		C_{pr}	1196,8	1307,5	1326,4	1357,5
staatl. Konsum		C_{St}	385,8	415,6	421,5	425,9
Investitionen	I^{br}	I^{br}	439,4	377,1	383,3	412,4
Bauten			240,2	208,0	203,4	217,2
Anlagen, immaterielle Investitionen			199,8	179,3	187,4	199,9
Vorratsveränderungen			-0,6	-10,2	-7,5	-4,7
Inländische Nachfrage	$C + I^{br}$	$C+I^{br}$	2022,0	2100,2	2131,2	2195,8
Außenbeitrag		Ex-Im	8,0	111,0	113,3	126,4
Exporte		Ex	685,3	847,8	918,0	1046,5
Importe		Im	677,3	736,8	804,7	920,1
Bruttoinlandsprodukt	$= BIP$	BIP	2030,0	2211,2	2244,5	2322,2
Saldo der Primäreinkommen mit der übrigen Welt	S_{PE}		-8,8	-1,8	3,7	-3,4
Bruttonationaleinkommen	$BIP + S_{PE} = BNE$	BNE	2021,2	2209,4	2248,2	2318,8
- Abschreibungen	$-D$	D	302,2	326,9	334,3	334,4
Primäreinkommen	$= Y$	Y	1719,0	1882,5	1913,9	1984,4
(= Nettonationaleinkommen)						
+ (Subventionen - Produktionsabgaben)			-209,5	-215,4	-222,7	-233,2
Volkseinkommen		Y_f	1509,5	1667,1	1691,2	1751,2
Arbeitnehmerentgelte			1100,0	1137,1	1129,9	1149,4
Unternehmens- und Vermögenseinkommen			409,5	530,0	561,3	601,8

Quelle: Sachverständigenrat, 2007

4.3 Input-Output-Analyse

Das BIP umfasst alle innerhalb eines Jahres im Inland produzierten und mit seinen Marktpreisen bewerteten Endprodukte. Die produzierten Vorleistungen sind in den Endprodukten enthalten, so dass eine genauere Analyse der Vorleistungskette nicht notwendig ist. Allerdings bleiben dadurch wichtige Informationen über die sektorale Verflechtung einer Ökonomie unberücksichtigt. Die Input-Output-Rechnung stellt die Vorleistungsströme in den Mittelpunkt der Analyse und schließt somit die entstandene Informationslücke. Ausgangspunkt ist die in drei Quadranten unterteilte Input-Output-Tabelle.

Tabelle 4.2: Input-Output Tabelle 2004 zu Herstellungspreisen, in Mrd. Euro, (Quelle: Statistisches Jahrbuch 2007)

von	nach	Vorleistungen (I. Quadrant)				Endnachfrage (II. Quadrant)					Brutto-produktionswert
		Land-/ Forst-wirt-schaft	Produ-zieren-des Gewerbe	Dienst-leist-ungen	Ge-samt	Priv. Kon-sum	Staatl. Kon-sum	Inves-titi-onen	Ex-porte	Ge-samt	
Land- und Forstwirtschaft		7,5	34,4	3,2	45,1	19,1	0,0	1,3	6,6	27,0	72,1
Produzierendes Gewerbe		11,8	802,4	141,4	955,6	323,2	13,9	380,6	605,5	1323,2	2278,8
Dienstleistungen		10,1	318,6	655,5	984,2	797,1	405,3	65,7	107,8	1375,9	2360,1
Gesamt		29,4	1155,4	800,1	1984,9	1139,5	419,2	447,6	719,9	2726,2	4711,1
Gütersteuern ./. Gütersubvent.		1,0	11,0	39,9	51,9	127,3	4,2	30,3	-0,7	161,1	213,0
Gesamt		30,4	1166,4	840,0	2036,8	1266,8	423,4	477,9	719,9	2887,3	4924,1

Primäre Inputs (III. Quadrant)					
Arbeitnehmer-entgelt im Inland		8,1	371,7	757,7	1137,5
Zinsen, Mieten, Pachten, Gewinne		10,1	82,1	417,5	509,7
Abschreibungen		7,1	73,6	246,2	326,9
Prod.abgaben ./. Subventionen*		-1,7	5,4	15,2	18,9
Importe gleich-artiger Güter		18,1	579,6	83,6	681,3
Brutto-produktionswert		72,1	2278,8	2360,1	4711,1

handwritten annotations: Herstell-preis · Diagonale (↘) hat große Werte, weil ähnliche Bereiche benachbart liegen · Inputs zu Herstellkosten

* Ohne im ersten Quadranten berücksichtigte Gütersteuern bzw. Gütersubventionen

Der erste Quadrant zeigt die Lieferbeziehungen zwischen den Sektoren, der zweite die letzte Verwendung der Güter, und der dritte die Komponenten der Brutowertschöpfung. Die Analyse der Input-Output-Tabelle erfordert Matrizenrech-nungen wie sie in mathematischen Grundveranstaltungen gelehrt werden. Allerdings ist die ökonomische Interpretation der Ergebnisse auch ohne fundierte

Kenntnisse der Matrizenrechnung möglich, so dass wir hier auf eine detaillierte Beschreibung der Rechenwege verzichten.[7]

Tabelle 4.2 zeigt eine Input-Output-Tabelle für die deutsche Volkswirtschaft aus dem Jahre 2004. Die von der amtlichen Statistik ausgewiesenen 71 Produktionsbereiche wurden hierbei zu den drei Bereichen „Land- und Forstwirtschaft", „Produzierendes Gewerbe" und „Dienstleistungen" zusammengefasst.

Die Zeilen zeigen die Verwendung der erstellten Waren und Dienstleistungen auf. So produzierten beispielsweise die Land- und Forstwirtschaft Güter für die Weiterverarbeitung im produzierenden Gewerbe im Wert von 36,6 Mrd. Euro. An die privaten Haushalte gingen landwirtschaftliche Güter im Wert von 16,2 Mrd. Euro und der Wert der exportierten Güter betrug 5,6 Mrd. Euro. Da die Tabelle neben der inländischen Produktion auch die Importe berücksichtigt, sind gleichartige ausländische Vorleistungen bzw. Endprodukte im Wert von 17,4 Mrd. Euro (siehe vorletzte Zeile) in den Zeilenwerten enthalten. Die Summe aller im Laufe eines Jahres von einem Sektor produzierten Güter (letzte Spalte) ergibt den Bruttoproduktionswert. Für die Land- und Forstwirtschaft belief sich dieser auf 64 Mrd. Euro.

Im Gegensatz zur Berechnung des BIP wird die Produktion zunächst mit Herstellungspreisen bewertet. Durch die anschließende Addition des Postens „Gütersteuern abzüglich Gütersubventionen" (5. Zeile), sind die Kategorien der Endnachfrage dennoch mit den ermittelten Größen aus der VGR vergleichbar. So lässt sich das in Tabelle 4.1 berechnete BIP in Höhe von 2030 Mrd. Euro für das Jahr 2000 leicht aus der gesamten Endnachfrage (2655,2 Mrd. Euro) abzüglich der gesamten Importe (625,2 Mrd. Euro) ableiten.

In den Spalten stehen alle Inputs, die in die Produktion der Sektoren eingehen. Das produzierende Gewerbe benötigt beispielsweise Vorleistungen der Land- und Forstwirtschaft in Höhe von 36,6 Mrd. Euro und der Dienstleistungen in Höhe von 291,4 Mrd. Euro. Zudem bezieht der Sektor Vorleistungen aus dem produzierenden Gewerbe im Wert von 655,7 Mrd. Euro.

Neben den Vorleistungen, die häufig als intermediäre Inputs bezeichnet werden, gehen primäre Inputs in die Produktion ein. Zu diesen zählen die Arbeitskräfte (bewertet anhand der ausbezahlten Einkommen), die Kapitalnutzung (bewertet anhand der Abschreibungen), die Entlohnung der Unternehmer und Kapitalgeber (Gewinne, Zinsen, etc.) sowie die Produktionsabgaben abzüglich der Produktionssubventionen[8]. Zusammen bilden diese primären Inputs die Bruttowertschöpfung der Produktionsbereiche. Des Weiteren gelten auch die Importe als primäre Inputs. Aus der Summe der intermediären und der primären Inputs resultiert der Bruttoproduktionswert. Die Identität von Spalten- und Zeilensummen besagt, dass die gesamten Inputs eines Sektors den gesamten Outputs entsprechen.

---

[7] Für den mathematisch interessierten Leser erläutern wir die einzelnen Rechenschritte auf der folgenden Website: http://www.iww.uni-karlsruhe.de/makro/. Außerdem siehe z. B. von A. Karmann, Mathematik für Wirtschaftswissenschaftler (2003).

[8] Davon ausgenommen sind Gütersteuern und Gütersubventionen, die bereits in der 5. Zeile berücksichtigt werden.

In einigen Ländern (z. B. in den Niederlanden und in Österreich) bilden die Input-Output-Tabellen die Grundlage für alle weiteren Rechnungen im Rahmen der VGR. Trotz der Bedeutung für die VGR, verdankt die Input-Output-Rechnung ihre Popularität eher den vielfältigen Anwendungsmöglichkeiten im Rahmen wirtschaftspolitischer Analysen. Insbesondere lassen sich mit Hilfe der Input-Output-Analyse kurz- und mittelfristige Auswirkungen von Nachfrageänderungen auf die Produktionswerte, die Bruttowertschöpfung oder auch die Beschäftigung prognostizieren. Als Begründer der Input-Output-Analyse gilt Wassily Leontief, der bereits vor mehr als 50 Jahren die multiplikative Wirkung einer gestiegenen Endnachfrage formulierte. Für die allgemeine Darstellung einer Input-Output-Tabelle aggregieren wir die Kategorien der Endnachfrage zu einer Spalte und die Komponenten der Bruttowertschöpfung zu einer Zeile. Zur weiteren Vereinfachung sollen zudem die Gütersteuern und Gütersubventionen den jeweiligen Gütern zugeordnet sein, so dass diese Zeile entfällt.

Tabelle 4.3: Input-Output-Tabelle in allgemeiner Notation

von $\quad$ nach	Sektor 1	Sektor 2	...	Sektor n	End-nachfrage	Bruttopro-duktionswert
Sektor 1	x_{11}	x_{12}	...	x_{1n}	y_1	X_1
Sektor 2	x_{21}	x_{22}	...	x_{2n}	y_2	X_2
⋮	⋮	⋮		⋮	⋮	⋮
Sektor n	x_{n1}	x_{n2}	...	x_{nn}	y_n	X_n
Bruttowert-schöpfung	z_1	z_2	...	z_n		
Importe gleich-artiger Güter	m_1	m_2	...	m_n		
Bruttopro-duktionswert	X_1	X_2	...	X_n		

Für die weitere Analyse werden folgende Prämissen getroffen:

P1   Jeder Sektor produziert genau ein homogenes Gut, oder er produziert verschiedene (inhomogene) Güter, die in einem fixen Verhältnis zueinander stehen.

P2   Jeder Sektor benötigt für die Produktion einer Outputeinheit feste Anteile an Vorleistungen der anderen Sektoren.

P3   Der Output ist linear homogen in den Inputs, d. h. eine Veränderung aller Inputs um das r-fache wird auch eine Veränderung der Outputs um das r-fache bewirken.

Die erste Prämisse ist erfüllt, falls die Volkswirtschaft in ausreichend viele Produktionsbereiche unterteilt wird. Während eine hochaggregierte Unterteilung in drei Sektoren (Landwirtschaft, Produktion, Dienstleistungen) dieser Prämisse nicht gerecht wird, passt die in der offiziellen Statistik vorgenommene Unterscheidung in 71 Produktionsbereiche besser mit der Homogenitätshypothese zusammen.

Prämisse P2 besagt, dass sich die Inputstruktur für den Analysezeitraum nicht verändern darf. Dies ist vor dem Hintergrund von sich verändernden Technologien nur für einen Zeitraum von maximal 3 bis 5 Jahren gegeben.

Die letzte Prämisse kennzeichnet eine linear-limititionale Produktionsfunktion, bei der die Produktionsfaktoren nur in einem bestimmten Verhältnis effizient eingesetzt werden können. Die Erhöhung der Produktion ist demnach nur möglich falls alle benötigten Inputs in diesem Verhältnis steigen. Eine Substitution von Produktionsfaktoren ist dagegen nicht möglich. Diese Annahme ist für kurz- und mittelfristige Analysen akzeptabel.

Auf Grund der Prämissen P2 und P3 lässt sich die Inputstruktur eines Sektors k mit Hilfe der so genannten Input-Koeffizienten a_{ik} darstellen. Es gilt:

$$(4.22) \quad a_{ik} = \frac{x_{ik}}{X_k}$$

Definition: a_{ik} heißt Input-Koeffizient für Liefersektor i und Empfangssektor k. a_{ik} ist der Anteil des Inputs aus Liefersektor i am Output des Empfangssektors k.

Nach der Umformung

$$(4.23) \quad x_{ik} = a_{ik} * X_k$$

lässt sich die Vorleistungsmatrix unter Einbeziehung des Endnachfragevektors durch das folgende Gleichungssystem beschreiben:

$$(4.24) \quad \begin{array}{ccccccc} a_{11}X_1 & + & a_{12}X_2 & + \ldots + & a_{1n}X_n & + y_1 & = X_1 \\ a_{21}X_1 & + & a_{22}X_2 & + \ldots + & a_{2n}X_n & + y_2 & = X_2 \\ \vdots & & \vdots & & \vdots & \vdots & \vdots \\ a_{n1}X_1 & + & a_{n2}X_2 & + \ldots + & a_{nn}X_n & + y_n & = X_n \end{array}$$

Neben den Vorleistungen sind auch primäre Inputs (v_k) für die Herstellung des Outputs notwendig, daher gilt:

$$(4.25) \quad \sum_{i=1}^{n} a_{ik} < 1$$

falls

(4.26) $v_k > 0$ mit $v_k = z_k + m_k$

z_k: Bruttowertschöpfung in Sektor k
m_k: Importe gleichartiger Güter in Sektor k

Wird die Matrix der Input-Koeffizienten mit A, der Endnachfragevektor mit Y und der Vektor der Bruttoproduktionswerte mit X bezeichnet, so lässt sich das Gleichungssystem (4.24) wie folgt beschreiben:

(4.27) $AX + Y = X$

Die Bedeutung für die wirtschaftspolitische Analyse resultiert aus den Umformungen von Gleichung (4.27). Halten wir (gemäß Prämisse P2) A konstant, so ergibt sich die Endnachfrage bei bekannten Bruttoproduktionswerten gemäß Gleichung (4.28):

(4.28) $Y = (E-A) X$, mit E als Einheitsmatrix.

In der Regel sollen allerdings die gesamten Outputsteigerungen geschätzt werden, die bei einer (gegebenen) Erhöhung der Endnachfrage (z. B. durch einen erhöhten staatlichen Konsum) zu erwarten sind. Die Auswirkungen auf die Bruttoproduktionswerte (und daraus abgeleitet auch auf die Bruttowertschöpfung oder die Beschäftigung) lassen sich anhand Gleichung (4.29) ermitteln:

(4.29) $X = (E-A)^{-1} Y$, mit E als Einheitsmatrix.

Die inverse Matrix $(E-A)^{-1}$, die den Kern der Input-Output-Analyse darstellt, wird nach ihrem Begründer häufig als Leontief Inverse bezeichnet.

Ergebnis 4.3:   *Mit Hilfe der Input-Output-Rechnung lassen sich kurz- bis mittelfristige Prognosen durchführen. Ist bei gegebener Koeffizientenmatrix A der Vektor der Bruttoproduktionswerte bekannt (geschätzt), so lässt sich der Vektor der volkswirtschaftlichen Endnachfrage berechnen.*
Ist bei gegebener Koeffizientenmatrix A der Vektor der volkswirtschaftlichen Endnachfrage bekannt (geschätzt), so lässt sich der Vektor der Bruttoproduktionswerte berechnen.
Kennt man zusätzlich die Arbeitsproduktivitäten in den Sektoren (aus einer Schätzung), so kann man die Veränderung der Beschäftigung in den Sektoren berechnen, die bei einer Veränderung der volkswirtschaftlichen Endnachfrage zu erwarten ist.

4.4   Nominale und reale Betrachtung

Nationaleinkommen und Volkseinkommen werden als Indikatoren der gesamt-wirtschaftlichen Wohlfahrt benutzt. Werden allerdings die genannten Größen zu den Preisen des betrachteten Jahres („Berichtsperiode") bewertet, so kann es mög-lich sein, dass bei unveränderter Güterproduktion die Indikatoren dennoch einen Anstieg der Wohlfahrt feststellen. Dies bedeutet, dass die nominalen Bewegungen nur begrenzt aussagefähig sind.

Zur Beseitigung dieses Mangels können die nominalen Größen auf feste Ba-siswerte bezogen werden. Diesen Vorgang bezeichnet man als *„Deflationierung mit Hilfe eines Preisindex (PI)"*.

Bei Absolutgrößen (z. B. BIP) bedeutet die Deflationierung eine Division durch den Preisindex bei Veränderungsgrößen (z. B. BIP-Wachstum) eine Subtraktion der Veränderungsrate des Preisindex:

$$(4.30)\quad BIP_{real} = \frac{BIP_{nom}}{PI}$$

$$(4.31)\quad \frac{\Delta\, BIP_{real}}{BIP_{real}} = \frac{\Delta\, BIP_{nom}}{BIP_{nom}} - \frac{\Delta\, PI}{PI}$$

Die offizielle Statistik verwendet im Wesentlichen drei verschiedene Preisindices:
1.   Laspeyres-Preisindex
2.   Paasche-Preisindex
3.   Fisher-Preisindex

1.   Laspeyres-Preisindex
Der Laspeyres-Preisindex kommt zur Anwendung, falls die Preisentwicklung ei-nes im Basisjahr (0) festgelegten Warenkorbes im Mittelpunkt des Interesses steht. Somit eignet sich der Index beispielsweise, um die Entwicklung der Lebenshal-tungskosten zwischen dem Basisjahr (0) und dem Berichtsjahr (t) zu ermitteln.

$$(4.32)\quad PI_{0t}^{L} = \frac{\sum_{i=1}^{n} p_{it} x_{i0}}{\sum_{i=1}^{n} p_{i0} x_{i0}}\quad mit$$

p_{it}:   Preis des Gutes i im Berichtsjahr
p_{i0}:   Preis des Gutes i im Basisjahr
x_{i0}:   Menge des Gutes i im Basisjahr

 *Definition:*   *Der Laspeyres-Preisindex gibt an, um welchen Faktor sich die Preise eines im Basisjahr festgelegten Warenkorbs im Berichts-jahr gegenüber dem Basisjahr im Durchschnitt geändert haben.*

2.   Paasche-Preisindex

Der Paasche-Preisindex bezieht sich auf die Produktion im Berichtsjahr und wird daher für die Deflationierung des BIPs herangezogen.

$$(4.33) \quad PI_{0t}^P = \frac{\sum_{i=1}^{n} p_{it} x_{it}}{\sum_{i=1}^{n} p_{i0} x_{it}} \quad mit$$

p_{it}:   Preis des Gutes i im Berichtsjahr
p_{i0}:   Preis des Gutes i im Basisjahr
x_{it}:   Menge des Gutes i im Berichtsjahr

Definition: *Der Paasche-Preisindex gibt an, um welchen Faktor sich die Preise eines im Berichtsjahr festgelegten Warenkorbs gegenüber dem Basisjahr im Durchschnitt geändert haben.*

Ob der eine Indextyp dem anderen überlegen ist (Paasche vs. Laspeyres), kann ohne Bezug auf den jeweiligen Sachzusammenhang nicht entschieden werden. Bei der komparativen Deutung eines Laspeyres- und des analogen Paasche-Preisindex sind aber zusätzliche Aussagen möglich. So wird beispielsweise argumentiert, dass bei üblichem Verbraucherverhalten, bzw. bei üblichen Nachfragesituationen, der Index nach Laspeyres die Obergrenze der Veränderung von Preisen im Sinne des *„höchstens gestiegen"*, der entsprechende Paasche-Index hingegen die Untergrenze im Sinne von *„mindestens gestiegen"* angibt. Dies trifft bei üblichem Substitutionsverhalten von Nachfragern in Bezug auf die Preise auch zu: So hält man beim Laspeyres-Preisindex für die Lebenshaltung Gütermengen der Vergangenheit konstant. Haushalte werden aber bei steigenden Preisen in der Regel mehr Güter mit relativ schwächerem Preisanstieg kaufen. Da dieser Substitutionseffekt wegen der Konstanz des Mengengerüsts im Index nicht berücksichtigt wird, gibt er die maximale Preissteigerung an. Umgekehrt lässt sich die durch den Paasche-Index dargestellte Untergrenze in gleicher Weise erklären.

In der Indexliteratur hat man mehrfach versucht, die Aussagen beider Indizes durch ihre arithmetische Verknüpfung in einem Index zu „verschmelzen". Ein von *EUROSTAT* häufig verwendeter Index ist der Fisher-Index.

3.   Fisher-Preisindex

Der Fisher-Index bildet das geometrische Mittel aus Laspeyres- und Paasche-Preisindex:

$$(4.34) \quad PI_{0t}^F = \sqrt{\frac{\sum_{i=1}^{n} p_{it} x_{i0}}{\sum_{i=1}^{n} p_{i0} x_{i0}} \cdot \frac{\sum_{i=1}^{n} p_{it} x_{it}}{\sum_{i=1}^{n} p_{i0} x_{it}}} \quad mit$$

p_{it}:   Preis des Gutes i im Berichtsjahr
p_{i0}:   Preis des Gutes i im Basisjahr
x_{it}:   Menge des Gutes i im Berichtsjahr
x_{i0}:   Menge des Gutes i im Basisjahr

Es ist leicht erkennbar, dass die Ergebnisse für die vom Statistischen Bundesamt angewandten Laspeyres- und Paasche-Preisindizes wesentlich von der Wahl des Basisjahres abhängen. In der Vergangenheit wurde das Basisjahr alle fünf Jahre verändert. Zuletzt bezogen sich die Indizes auf das Jahr 2000. Im Zuge der europäischen Harmonisierung soll dieses Prinzip der Festpreisbasis durch ein fließendes (sog. floatendes) System ersetzt werden. Die reale Entwicklung wird dabei immer anhand der Vorjahresergebnisse ermittelt. Der Vorteil dieser Systematik liegt zum einen in der dadurch erlangten Aktualität der Warenkörbe (aus dem Basisjahr). Zum anderen ist der Abstand zwischen Basis- und Berichtsjahr immer gleich. Ein EU-weit harmonisiertes und aktualisiertes Vorgehen ist insbesondere vor dem Hintergrund des auf realen Größen basierenden Wachstums- und Stabilitätspaktes von Bedeutung.

Nachteilig wirkt sich diese Systematik für die Darstellung von Zeitreihen aus. Bisher ließ sich das reale Wachstum anhand der Preise eines gewählten Basisjahres darstellen. In Zukunft ist eine Beschreibung der realen Entwicklung mit deutlich mehr Aufwand verbunden.

Ein kurzes Beispiel verdeutlicht die Unterschiede der alten und neuen Methode. Nehmen wir an, von einer Volkswirtschaft, die genau zwei Güter produziere, und es seien folgende Daten gegeben:

Tabelle 4.4: Entwicklung einer 2-Güter-Ökonomie

	Preise in 2005	Produktion in 2005	Volumen-änderung 2005-2006	Preis-änderung 2005-2006	Volumen-änderung 2006-2007	Preis-änderung 2006-2007	Volumen-änderung 2007-2008	Preis-änderung 2007-2008
	Euro	Mengen-einheiten	in %		in %		in %	
Gut A	5	20	5,0	10,0	2,0	8,0	3,0	5,0
Gut B	10	30	10,0	-5,0	-10,0	5,0	-5,0	2,0

Aus den Daten lässt sich der Output für 2005 bis 2008 in jeweiligen Preisen berechnen:

Tabelle 4.5: Output in Euro und jeweiligen Preisen

	Output			
	2005	2006	2007	2008
Gut A	100,0	115,5	127,2	137,6
Gut B	300,0	313,5	296,3	287,1
Gesamt	400,0	429,0	423,5	424,7

Der Übergang zu realen Größen soll nun anhand der bisherigen Festpreismethode (in Preisen von 2005), sowie der neuen floatenden Methode dargestellt werden:

Tabelle 4.6: Output in Euro und realen Preisen

	Output							
	2005		2006		2007		2008	
	in Preisen des Vorjahres	in Preisen von 2005	in Preisen des Vorjahres	in Preisen von 2005	in Preisen des Vorjahres	in Preisen von 2005	in Preisen des Vorjahres	in Preisen von 2005
Gut A	./.	100,0	105,0	105,0	117,8	107,1	131,1	110,3
Gut B	./.	300,0	330,0	330,0	282,2	297,0	281,4	282,2
Gesamt	./.	400,0	435,0	435,0	400,0	404,1	412,5	392,5
$PI_{Laspeyres}$	./.	1,000	0,988	0,988	1,058	1,045	1,029	1,075

Für das Jahr 2006 stimmen beide Methoden überein, da der Festpreis gerade dem Vorjahrespreis entspricht. Bei steigenden Preisen wird die Festpreismethode mit zunehmender Entfernung vom Basisjahr geringere Werte ausweisen als bei einem Bezug auf das Vorjahr. Kommt es, wie im obigen Beispiel, aber auch zu Preissenkungen, können sich die Effekte ausgleichen, so dass keine der beiden Methoden systematisch größere oder kleinere Preisindizes liefert.

Signifikante Veränderungen (z. B. zwischen 2006 und 2007) sind bei der floatenden Methode einfacher einer bestimmten Wirtschaftsperiode zuzuordnen; sie werden nicht mehr über den gesamten Beobachtungszeitraum ‚mitgeschleppt'. Umgekehrt können diese einmaligen Effekte bei einer Analyse über einen längeren Zeitraum (im Gegensatz zur Festpreismethode, die alle Effekte kumuliert) leicht unterschätzt werden.

Neben der Wahl des Basisjahrs ist die Berücksichtigung qualitativer Veränderungen für die Preisberechnung von großer Bedeutung. Steigt etwa die Qualität eines Gutes, so ist ein höherer Preis durchaus gerechtfertigt, und es bedeutet keine Inflation. Dies ist leicht einsichtig wenn wir uns überlegen, dass wir zu bestimmten Anlässen bereit sind, mehr Geld für einen qualitativ hochwertigeren Wein auszugeben ohne dies als Inflation zu bewerten.

Die Statistischen Ämter der EU haben sich darauf verständigt, zukünftig Qualitätsänderungen stärker in die Preisberechnung einzubeziehen. Dabei sollen die Preise auch dann bereinigt werden, wenn der Konsument quasi zum Kauf eines qualitativ hochwertigeren Produktes gezwungen wird (da kein gleichartiges Produkt in geringerer Qualität mehr am Markt ist).

Sehr starke Qualitätsveränderungen waren in der Vergangenheit beispielsweise für PC-Ausrüstungen zu beobachten. Die bisherige Methode wies für diese Güter in den letzten Jahren einen durchschnittlichen Rückgang der Preise um ca. 4 % pro Jahr aus. Würden hingegen alle qualitativen Verbesserungen, insbesondere die Erhöhung des Speicherplatzes oder die Integration von DVD-Brennern etc. mit in die Preisberechnung eingehen, so würden relativ betrachtet noch weit stärkere Preisreduktionen berechnet werden.

Bei einer kontinuierlichen qualitativen Verbesserung eines Produktes identifiziert diese Berechnungsmethode einen über die Zeit konstanten Preis daher als Preisrückgang. Dies wirkt sich unmittelbar auf die Ermittlung des realen BIPs aus. Für die USA, die ihr Wirtschaftswachstum bereits seit einigen Jahren anhand dieses so genannten hedonischen Ansatzes ableiten, wird geschätzt, dass das reale Wachstum dadurch ca. 0,5-0,7 Prozentpunkte höher ausfällt als bei der traditionellen Messung. Dieser hohe Wert lässt sich durch die relativ große Bedeutung der amerikanischen Hardware-Industrie erklären. In Deutschland spielt dieser Sektor eine sehr viel kleinere Rolle, so dass die rechnerische Steigerungen des realen BIP-Wachstums deutlich geringer ausfallen würden.

 Ergebnis 4.4:   *Nominale ökonomische Größen werden auf Basis der Preise der Berichtsperiode ermittelt. Reale ökonomische Größen werden durch Deflationierung der nominalen Größen mit Hilfe eines Preisindex ermittelt.*

Aufgaben zu Kapitel 4

4.1   Auf einer Insel (ohne Anbindung an die Außenwelt) besteht die Ökonomie aus den Produktionsbereichen *Kokosnussverarbeitung* und *Computertechnologie*.
Nach Ablauf einer Periode stellt man folgende Jahresdaten fest (in Geldeinheiten):

Volkseinkommen: 2000   Investitionen Kokosnussverarbeitung: 20
Staatlicher Konsum: 400   Privater Konsum: 1500
Kindergeld: 100   Subventionen Kokosnussverarbeitung: 200
indirekte Steuern: 200   direkte Steuern der privaten Haushalte: 350

Die Bildungseinrichtungen seien öffentlich.

Stellen Sie die Volkswirtschaft als Kreislaufdiagramm dar. Ermitteln Sie die Kreditaufnahme des Staates, die Investitionen der Computerunternehmen und die Ersparnisse der privaten Haushalte. Nicht genannte Größen seien Null. Nehmen Sie vereinfachend an, dass vom Staat keine Gehälter an die Haushalte fließen.

4.2   Für eine Volkswirtschaft sind die folgenden Jahresdaten gegeben:

Staatliche Konsumausgaben: $C_{St} = 500$ Nettoinvestitionen: $I = 300$
Ersparnis der Unternehmen: $S_U = 50$ Ersparnis Staat: $S_{St} = 0$
Indirekte Steuern: $T_{ind} = 150$ Direkte Steuern: $T_{dir} = 200$
Export: $Ex = 200$ Importe: $Im = 100$
Transfers: $Tr = 100$ Subventionen: $Sub = 50$
Privat verfügbares Einkommen: $Y_{pr} = 1500$
Der Saldo der Primäreinkommen sowie der Übertragungen mit der übrigen Welt sei Null. Berechnen Sie das Primäreinkommen Y, den privaten Konsum C_{pr} sowie die Ersparnisse der privaten Haushalte S_H.

4.3   Für eine Volkswirtschaft liegen Ihnen folgende Angaben für einen Warenkorb vor:

	Jahr 2006 (t=0)		Jahr 2007 (t=1)	
	Preis	Menge	Preis	Menge
Brot	4	0,25	2	5
Milch	1	2	4	4
Wurst	2	0,5	1	2

Berechnen Sie mit diesen Angaben den Fischer-Preisindex und geben Sie nach diesem Index die Preissteigerung in % an.

4.4   Sie haben folgende unvollständige Tabelle vorliegen:

	Jahr 2006 (t=0)		Jahr 2007 (t=1)	
	Preis	Menge	Preis	Menge
Kaffee	4	25	6	y
Fahrräder	18	10	z	15
Diamanten	400	0,05	100	0,1

Der Paasche-Preisindex ist durch $PI_{01}^P = 1,00$ und

der Laspeyres-Preisindex durch $PI_{01}^L = 1,05$ gegeben.

Ermitteln Sie y und z.

5   Außenhandel und Zahlungsbilanz

Die bisherigen Kapitel haben gezeigt, dass eine Volkswirtschaft nicht isoliert von anderen Ökonomien existiert, sondern dass sich Inland und Ausland in einem gegenseitigen Abhängigkeitsverhältnis befinden. Im Folgenden soll dieses Abhängigkeitsverhältnis von zwei Seiten näher beleuchtet werden. Zunächst gehen wir der Frage nach, weshalb sich der Handel mit ausländischen Partnern überhaupt lohnt. Danach soll die Verflechtung zwischen In- und Ausland anhand der Zahlungsbilanz eines Landes aufgezeigt werden.

5.1   Komparative Kosten und Außenhandel

Die Geschichte des internationalen Handels reicht viele Jahrhunderte, wenn nicht sogar Jahrtausende, zurück. Wohl spürte man die Faszination der fremdländischen Güter, die volkswirtschaftliche Bedeutung des Handels blieb jedoch weitgehend unbeachtet. Erst im Zeitalter des Merkantilismus erkannten die Herrscher die Bedeutung des Außenhandels für die Staatskasse. Allerdings war ihr Bestreben meist einseitig auf die Stärkung des Exports ausgerichtet – Importe und somit ein wirklicher Warenaustausch, sollten nach Möglichkeit auf ein notwendiges Minimum begrenzt sein.

Das erste Handelsmodell stammt von dem englischen Nationalökonom David Ricardo. Ihm gelang es, die Bedeutung des freien Handels für eine freie Volkswirtschaft modellhaft aufzuzeigen. In den Zeiten der industriellen Revolution wollte Ricardo damit beweisen, dass selbst eine so starke Volkswirtschaft wie England vom Handel mit weniger starken Volkswirtschaften profitieren konnte. Sein Modell für zwei Länder basierte auf folgenden Annahmen:

- Die Produktionstechnologien beider Länder sind unterschiedlich.
- Das Tauschverhältnis zwischen physischen Einheiten eines Gutes gegen physische Einheiten eines anderen Gutes bestimmt den relativen Preis. (Geld spielt keine Rolle).
- Es herrscht Vollbeschäftigung der Produktionsfaktoren.
- Die Produktionsfaktoren sind national mobil und international immobil.
- In der Produktion werden konstante Skalenerträge erzielt.
- Transportkosten und Zölle treten nicht auf.

Als Beispiel für sein im Jahre 1817 entwickeltes Modell wählte Ricardo die beiden Volkswirtschaften Portugal und England, die jeweils Tuch und Wein produzieren sollten. Tuch galt damals als ein sehr hochwertiges Gut und stand stellvertretend für die Gruppe der Industriegüter. Wein wurde beispielhaft für die Gruppe der Agrargüter gewählt.

Anhand der damals ähnlichen Bevölkerungsstruktur schätzte Ricardo die verfügbare Arbeitszeit auf jeweils 120 Zeiteinheiten. Zur Produktion einer Mengeneinheit Wein benötigte England 1,33 und Portugal 2 Zeiteinheiten. Auch bei der Produktion von Tuch war England effizienter. Während die Herstellung einer Einheit Tuch in Portugal 4 Zeiteinheiten in Anspruch nehme, könne in England eine Einheit Tuch schon in 1,6 Zeiteinheiten produziert werden. Die absoluten Vorteile (in Arbeitszeit gemessen) lagen somit in beiden Fällen bei England. Ricardo argumentierte aber, dass nicht die absoluten Kosten, sondern die komparativen Kosten für den Handel relevant seien.

Die Transformationsgeraden in Abbildung 5.1 zeigen die Produktionsmöglichkeiten beider Länder sowie die Konsumpunkte (=Produktionspunkte) C ohne Außenhandel.

Abbildung 5.1: Transformationsgeraden für England und Portugal

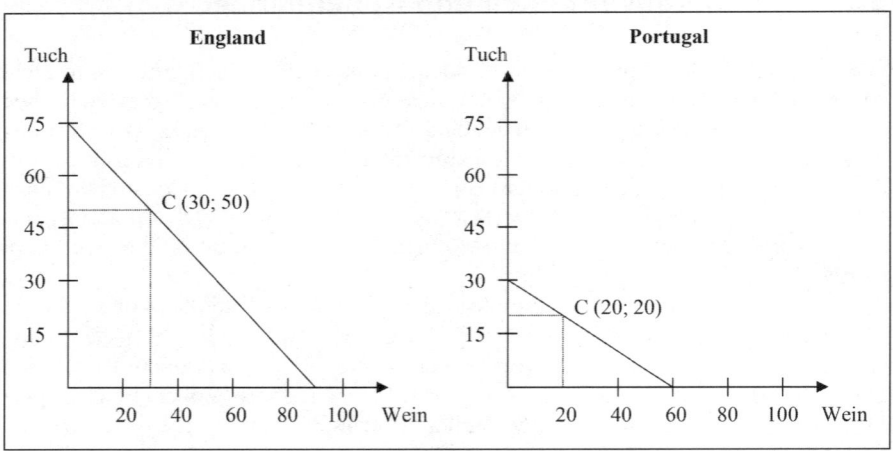

Die Transformationsgeraden zeigen, dass die maximale Tuchproduktion (bei völligem Weinverzicht) für England 75 und für Portugal 30 Einheiten beträgt. Für jede zusätzliche Einheit an Wein müsste England auf die Produktion von 75/90 bzw. 5/6 Einheiten Tuch verzichten. Diese realen Opportunitätskosten definieren die komparativen Kosten. Da Portugal für die Produktion einer Weineinheit nur 30/60 bzw. 1/2 Einheiten Tuch aufgeben muss, hat Portugal bei der Weinproduktion einen komparativen Vorteil gegenüber England. Vice versa ergibt sich automatisch ein komparativer Kostenvorteil Englands bei der Tuchproduktion.

Definition: *Die aufzugebenden Mengeneinheiten an Gut A bei der zusätzlichen Produktion einer Einheit von Gut B heißen komparative* *Kosten der Produktion von Gut B.*
Die Höhe der komparativen Kosten lässt sich anhand der Steigung der Transformationsgeraden ableiten.

Laut Ricardo können nun beide Länder profitieren, falls sie sich auf die Produktion desjenigen Gutes spezialisieren, bei dem sie einen komparativen Kostenvorteil besitzen und anschließend Handel betreiben.

Auf Grund der Annahme konstanter Skalenerträge kommt es im Beispiel zur völligen Spezialisierung. England würde demnach 75 Einheiten Tuch und Portugal 60 Einheiten Wein produzieren. In der Situation ohne Handel hingegen produzierten beide Staaten zusammen 70 (=50+20) Einheiten Tuch und 50 (=30+20) Einheiten Wein. In der Summe konnte durch die Spezialisierung tatsächlich eine Produktionssteigerung für beide Güter erzielt werden.

Abschließend sind die Terms of Trade zu definieren. Vereinfachend nehmen wir an, dass diese gerade den durchschnittlichen komparativen Kosten entsprechen. In England kostet eine Einheit Tuch gerade 1,2 und in Portugal 2 Einheiten Wein. Für den internationalen Handel wird daher ein Preis in Höhe von 1,6 (=(1,2+2)/2) Einheiten Wein festgelegt. Dieses Austauschverhältnis ist annähernd bei 36 Einheiten Wein und 23 Einheiten Tuch gegeben. Tabelle 5.1 zeigt die Situation beider Länder vor und nach dem Handel.

Tabelle 5.1: Produktion und Konsum vor und nach Handel

Land	Gut	Produktion		Konsum		Export	Import
		vor Handel	nach Handel	vor Handel	nach Handel		
England	Tuch	50	75	50	52	23	./.
	Wein	30	./.	30	36	./.	36
Portugal	Tuch	20	./.	20	23	./.	23
	Wein	20	60	20	24	36	./.
Gesamt	Tuch	70	75	70	75	23	23
	Wein	50	60	50	60	36	36

In Ricardos Beispiel ist es unmittelbar einsichtig, dass sich die Situation für beide Länder verbessert hat. Unter der Annahme, dass Tuch wertvoller als Wein ist, hätte es für Portugal auch zu einer Wohlfahrtssteigerung kommen können, falls sie für noch mehr Tuch auf eine bestimmte Menge an Wein verzichtet hätten. Die dazu nötigen Indifferenzkurven waren Ricardo allerdings noch unbekannt und wurden erst einige Jahre später von John Stuart Mill in das Modell eingefügt. Abbildung 5.2 zeigt die aus obigem Beispiel resultierende Wohlfahrtssteigerung für beide Länder anhand der Indifferenzkurven. Der Übergang vom alten Konsumpunkt C' ohne Handel auf den neuen Konsumpunkt C'' mit Handel ist für beide Länder mit dem Sprung auf eine höhere Indifferenzkurve und somit ein höheres Nutzenniveau verbunden.

Abbildung 5.2: Wohlfahrtssteigerung durch Handel

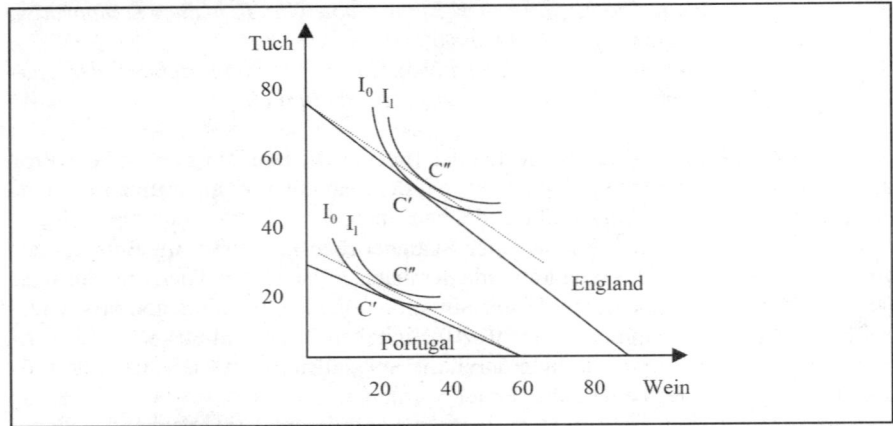

 Ergebnis 5.1:   *Unterscheiden sich die komparativen Kosten zur Erstellung zweier Güter im In- und Ausland, so können beide vom Handel mit diesen Gütern profitieren.*

5.2   Zahlungsbilanz

 Das Kontensystem der VGR erfasst die inländischen Zahlungsströme zwischen Unternehmen, Haushalten und Staat und zeigt zudem die Finanzströme zwischen Inland und Ausland. Letztere wurden in Kapitel 4.2 aus Gründen der Übersichtlichkeit jedoch nur sehr vereinfacht wiedergegeben. Gerade vor dem Hintergrund einer noch immer zunehmenden Internationalisierung der Wirtschaft erscheint uns eine genauere Analyse jedoch sinnvoll.

Für die Periode eines Jahres werden alle Transaktionen der inländischen Wirtschaftsakteure mit dem Ausland in einem gemeinsamen Kontensystem - der Zahlungsbilanz - erfasst. Zu den inländischen Wirtschaftsakteuren zählen der Staat sowie alle Haushalte und Unternehmen mit Sitz im Inland. Die Transaktionen umfassen Handels- und Finanzströme. Um die verschiedenartigen Verflechtungen mit dem Ausland besser darstellen zu können, unterteilt sich die Zahlungsbilanz in:
1.   Leistungsbilanz,
2.   Kapitalbilanz und
3.   Devisenbilanz.

1.   Leistungsbilanz
In die Leistungsbilanz geht zunächst der Austausch von Waren ein. Bei den in der Handelsbilanz erfassten Warenströmen übersteigen die deutschen Exporte traditionell die Importe. Ein negativer Saldo dagegen findet sich in der deutschen Dienstleistungsbilanz wofür vor allem die Reiselust der Deutschen verantwortlich

ist. Die in diesem Zusammenhang getätigten Ausgaben im Ausland gelten als Dienstleistungsimporte. Exporte gehen mit Zahlungseingängen einher. Allerdings können Zahlungen aus dem Ausland auch aus ausländischen Kapitalanlagen oder einem Arbeitsverhältnis im Ausland resultieren. Die damit verbundenen Kapitalerträge und Lohneinkommen gehen als Erwerbs- und Vermögenseinkommen ebenfalls in die Leistungsbilanz ein. Gleiches gilt, mit negativen Vorzeichen, für die Erträge und Einkommen, die im Laufe der Periode an ausländische Akteure gezahlt wurden.

Addieren wir den Saldo der Handelsbilanz mit dem Saldo der Dienstleistungsbilanz, so erhalten wir den Außenbeitrag zum Bruttoinlandsprodukt. Wird zudem der Saldo der Erwerbs- und Vermögenseinkommen berücksichtigt, ergibt sich der Außenbeitrag zum Bruttonationaleinkommen. Der Leistungsbilanzsaldo ergibt sich schließlich, indem noch die laufenden Übertragungen hinzugefügt werden. Hierbei handelt es sich um regelmäßige Zahlungen an das oder vom Ausland, für die kein direkter Gegenwert erkennbar ist. Neben der Entwicklungshilfe sind für Deutschland auch die monatlichen Transfers der Gastarbeiter an ihre Familien nicht zu unterschätzen.

Durch den traditionell negativen Saldo der laufenden Übertragungen war der Leistungsbilanzsaldo in den letzten Jahren regelmäßig kleiner als der Außenbeitrag. In manchen Jahren wurde unter Einbeziehung der laufenden Übertragungen aus einem positiven Außenbeitrag sogar ein negativer Leistungsbilanzsaldo. In den letzten Jahren konnte jedoch ein positiver Saldo und somit ein Leistungsbilanzüberschuss ausgewiesen werden. Dies bedeutet, dass die neu entstandenen Forderungen gegenüber dem Ausland größer waren als die hinzugekommenen Zahlungsverpflichtungen. Forderungen entstehen, falls die Transaktionen zu Zahlungseingängen führen (z. B. Warenexporte, Erträge aus ausländischen Kapitalanlagen). Zahlungsverpflichtungen resultieren aus Transaktionen, die zu Zahlungsausgängen führen. Neben den Importen zählen hierzu auch die laufenden Übertragungen.

2.   Kapitalbilanz

Ein Leistungsbilanzüberschuss in Höhe von ca. 48 Mrd. Euro, wie ihn die deutsche Wirtschaft im Jahre 2003 ausweisen konnte, bedeutet, dass Deutschland Zahlungseingänge bzw. Forderungszuwächse in Höhe von 48 Mrd. Euro verbuchen konnte. Da die Zahlungsbilanz am Ende einer Periode immer ausgeglichen ist, müssen sich die Zahlungseingänge durch Zahlungsausgänge in der Kapital- und Devisenbilanz ausgleichen.

Zahlungsausgänge sind beispielsweise mit deutschen Direktinvestitionen im Ausland, mit dem Kauf ausländischer Wertpapiere oder mit der Kreditvergabe inländischer Banken an ausländische Akteure verbunden. Umgekehrt resultieren Direktinvestitionen ausländischer Akteure in Deutschland ebenso wie deren Kauf von deutschen Wertpapieren oder die Vergabe ausländischer Kredite an deutsche Akteure in Zahlungseingängen. Für das Jahr 2003 überstiegen die Zahlungsausgänge die Eingänge um 55 Mrd. Euro, so dass ein Kapitalbilanzsaldo in Höhe von -55 Mrd. Euro ausgewiesen wurde. Ergänzt wird die Kapitalbilanz um die Vermögensübertragungen. Im Gegensatz zu den laufenden Übertragungen fallen diese Übertragungen einmalig oder zumindest unregelmäßig an.

3.   Devisenbilanz

Schließlich erfasst die Devisenbilanz die Änderung der Währungsreserven. Ein positives Vorzeichen deutet dabei auf ein Abnehmen der Reserven und ein negatives Vorzeichen auf ein Zunehmen der Reserven hin. Dies kann wiederum über die Logik von Zahlungsein- und -ausgängen erklärt werden. Möchte ein Land beispielsweise seinen Bestand an US-Dollars erhöhen, so muss es diese in seiner eigenen Währung bezahlen. Somit wird die Devisenbestandserhöhung durch einen Zahlungsausgang bei den Währungsreserven finanziert (detaillierte Ausführungen zu diesem Thema finden sich in Lehrbüchern zur Außenwirtschaft, z. B. *Internationale Wirtschaft* von Krugman und Obstfeld, 2004).

Theoretisch müsste die Summe aus erweitertem Kapitalbilanzsaldo und Devisenbilanzsaldo (bei entgegengesetztem Vorzeichen) gerade dem Leistungsbilanzsaldo entsprechen. In der Praxis ist diese Gleichheit nie gegeben, so dass eine Ausgleichsposition statistisch nicht aufgliederbarer Transaktionen eingeführt wurde. Tabelle 5.2 zeigt die Positionen der deutschen Zahlungsbilanz für die Jahre 1999 bis 2003.

Tabelle 5.2: Zahlungsbilanz für Deutschland in Millionen Euro

Zeit-raum	Saldo der Leistungsbilanz					
	insgesamt	Warenbilanz	Dienstleistungsbilanz		Saldo der Erwerbs- und Vermögens-einkommen	Saldo der laufenden Übertra-gungen
			insgesamt	darunter Reiseverkehr		
2002	+ 42 976	+ 124 236	- 35 728	- 32 765	- 18 019	- 27 514
2003	+ 40 931	+ 118 779	- 34 497	- 35 499	- 15 067	- 28 283
2004	+ 94 899	+ 139 106	- 29 419	- 31 432	+ 13 091	- 27 879
2005	+ 103 053	+ 139 678	- 28 880	- 30 215	+ 20 778	- 28 524
2006	+ 114 071	+ 140 323	- 22 430	- 28 064	+ 22 973	- 26 795

Zeit-raum	Saldo der Vermögens-übertra-gungen	Saldo der Kapital- und Devisenbilanz*				Saldo der statistisch nicht aufglieder-baren Trans-aktionen
		insgesamt	darunter			
			Direktin-vestitionen	Wertpapiertrans-aktionen	Veränderung Währungs-reserven zu Transaktions-werten**	
2002	- 212	- 38 448	+ 29 107	+ 43 072	+ 2 065	- 4 316
2003	+ 311	- 61 770	+ 23 500	+ 58 459	+ 445	+ 20 528
2004	+ 430	- 117 968	- 19 300	+ 14 400	+ 1 470	+ 22 639
2005	- 1 269	- 119 385	- 15 800	- 23 900	+ 2 182	+ 17 601
2006	- 192	- 140 732	- 29 100	+ 1 200	+ 2 934	+ 26 853

* Kapitalimport (-)   **Zunahme (-) / Abnahme (+)

Quelle: Deutsche Bundesbank, http://www.bundesbank.de/

In der Regel strebt die Wirtschaftspolitik eine zumindest ausgeglichene Leistungsbilanz an. Falls ein Leistungsbilanzdefizit vorliegt, so muss dieses durch einen Überschuss in der Kapitalbilanz ausgeglichen werden. Geschieht dies durch Kreditaufnahme, so wächst die Verschuldung gegenüber dem Ausland.

Aus Kapitel 4 wissen wir bereits, dass das privat verfügbare Einkommen wie folgt definiert ist (vgl. 4.15):

$$(5.1) \qquad Y_{pr} = (C_{pr}+I_{pr}) + (G\text{-}T) + (Ex\text{-}Im)$$

Des Weiteren ergibt sich die Ersparnis der privaten Haushalte gerade aus der Differenz von privat verfügbaren Einkommen und den privaten Konsumausgaben, so dass gilt:

$$(5.2) \qquad S_H = Y_{pr} - C_{pr} \Leftrightarrow Y_{pr} = C_{pr} + S_H$$

Durch einsetzen von (5.2) in (5.1) und isolieren der Nettoexporte ergibt sich:

$$(5.3) \qquad Ex\text{-}Im = (S_H\text{-}I_{pr}) + (T\text{-}G)$$

Nehmen wir vereinfacht an, dass der Saldo der Leistungsbilanz durch die Nettoexporte gegeben sei. Ein Leistungsbilanzdefizit ist dann durch negative Nettoexporte gekennzeichnet. Auf Grund der Gleichheitsbedingung muss dann auch mindestens ein Term auf der rechten Seite negativ sein.

Die Herbeiführung einer ausgeglichenen Leistungsbilanz ist daher nicht ohne einen Ausgleich der rechten Seite herbeizuführen. Dies ist allerdings nur möglich falls

- die privaten Ersparnisse zunehmen und/oder
- die privaten Investitionen zurückgehen und/oder
- die Steuereinnahmen zunehmen und/oder
- die Staatsausgaben zurückgehen.

Keine dieser Auswirkungen wird sonderlich geschätzt, da sie kurzfristig als konjunkturhemmend angesehen werden. Langfristig wäre die Zunahme der Ersparnisse und die Senkung der Staatsausgaben am ehesten mit anderen wirtschaftspolitischen Zielen vereinbar.

Aufgaben zu Kapitel 5

5.1   Land A und Land B stellen jeweils Erdbeeren und mobile Telefongeräte her. Land A kann mit seinen Produktionsmöglichkeiten maximal 120 Einheiten Erdbeeren bzw. 30 Einheiten Telefone herstellen. Der maximale Output für Land B beträgt bei Spezialisierung auf eines der Güter entweder 150 Einheiten Erdbeeren oder 50 Einheiten Telefone.

Stellen Sie die Transformationskurven beider Länder graphisch dar und erläutern Sie anhand der Steigungen den Begriff der komparativen Kosten.

Welches Land hat bei der Produktion von Erdbeeren und welches bei der Produktion von Telefonen einen komparativen Kostenvorteil und warum?

5.2   Gehen Sie für die Volkswirtschaften aus Aufgabe 5.1 von folgenden Nachfrageverhältnissen aus: In Land A werden 60 Einheiten Erdbeeren und 15 Einheiten Telefone nachgefragt (60;15). In Land B beträgt die Nachfrage 57 Einheiten Erdbeeren und 31 Einheiten Telefone (57;31). Nun nutzen beide Länder ihren jeweiligen komparativen Kostenvorteil und produzieren nur noch ein Gut. Sie behalten davon ihre ursprünglich nachgefragte Menge und exportieren den Rest in das jeweils andere Land. Der Nutzen $U_{A,B}$ sei für beide Länder wie folgt definiert:

$$U_{A,B} = 2 \cdot \text{Einheiten Erdbeeren} + 3 \cdot \text{Einheiten Telefone}$$

Berechnen Sie den Nutzen der beiden Länder im Ausgangszustand sowie nach dem Austausch der Waren.

5.3   Die Zahlungsbilanz lässt sich in drei Teilbilanzen untergliedern. Nennen Sie diese Teilbilanzen und erläutern Sie deren Zusammensetzung.

5.4   Erläutern Sie die Begriffe Kapitalimport und Kapitalexport

5.5   Diskutieren Sie wie es möglich ist, dass ein Land wie die USA über einen längeren Zeitraum hohe Leistungsbilanzdefizite aufweist. Welche Risiken sind damit verbunden? (ohne Lösungsvorschlag)

6 Geld und Kredit

6.1 Einführung

6.1.1 Funktionen des Geldes

„Geld ist was gilt." Auf diese Kurzformel bringt es Siebert in seinem Lehrbuch *Einführung in die Volkswirtschaftslehre.*[9] Im Wesentlichen erfüllt Geld drei Funktionen: die Tauschmittel-, Rechen- und Wertaufbewahrungsfunktion.

Die *Tauschmittelfunktion* ermöglicht den reibungslosen Austausch von Gütern. Bedenkt man, dass die offizielle Preisstatistik mehr als 5000 Gütergruppen in ihre Berechnungen einbezieht, so wird schnell deutlich, welche Bedeutung dem Geld als Tauschmittel zukommt. Ohne diese Funktion müssten die Akteure beständig über das richtige Tauschverhältnis, beispielsweise von Bananen zu Autoreifen, oder von Autoreifen zu einem Vier-Gänge-Menü, informiert sein. Dieses Beispiel zeigt, dass die hohe Diversifikation an Gütern sowie der damit verbundene hohe Grad der Arbeitsteilung eng an die Tauschmittelfunktion des Geldes gebunden ist.

Weiterhin dient Geld als *Recheneinheit*. Diese Funktion sorgt für die Transparenz und Vergleichbarkeit von Preisen. Gerade in Zeiten des Internet kommt der Vergleichbarkeit von Preisen eine hohe Bedeutung zu. So wird man bei größeren Anschaffungen, wie z. B. dem Autokauf, vorab die Angebote verschiedener Händler vergleichen. Dabei erschweren verschiedene Angebote bei der Inzahlungnahme des gebrauchten Fahrzeugs, bei Finanzierungsformen oder Serviceleistungen bereits den Vergleich. Entfiele auch noch das Geld als zentrale Recheneinheit, so wären die Angebote schlichtweg nicht mehr vergleichbar und ein funktionsfähiger Wettbewerb nicht möglich.

Tauschmittel- und Rechenfunktion spielen in erster Linie beim Kauf oder Verkauf von Gütern eine wichtige Rolle. Allerdings kann es sein, dass Käufer ihre Entscheidung nicht gleich treffen oder realisieren und das für den Kauf eingeplante Geld nicht sofort ausgeben. In diesem Fall dient Geld als *Wertaufbewahrungs-*

---

[9] Wir orientieren uns in Kapitel 6 an Sieberts Beschreibung des Geldmarkts und empfehlen dem interessierten Leser die detaillierten Ausführungen in der neuesten Auflage seines Lehrbuches von 2003.

mittel. Allerdings ist die Wertaufbewahrungsfunktion von einem stabilen Geldwert abhängig, wird also in Phasen inflationärer Tendenzen beeinträchtigt.

 Ergebnis 6.1:   *Geld dient im Wesentlichen drei Zwecken: Tauschmittel, Wertaufbewahrung und Recheneinheit.*

6.1.2 Währung

Geld ist in der Vergangenheit in verschiedener Gestalt aufgetreten: Perlen, Metalle oder andere Stoffe. Vielfach gab es innerhalb einer Region verschiedene Geldformen. Erst die Schaffung des *Münzgeldes,*   d. h. die Ausprägung von Metallgeld durch eine staatliche Stelle, sorgte für eine Vereinheitlichung der Zahlungsmittel. Schmückte das Wappen des Landesherrn die Münzen, so galt dies als Garantie für eine bestimmte Silber- oder Goldmenge. Den Ursprüngen des Geldes ist z. B. Bernhard Laum in *Heiliges Geld* (1924) auf der Spur.

Schließlich wurde das Metallgeld im Mittelalter durch erste Formen des Papiergeldes abgelöst. Siebert schildert diesen Übergang wie folgt:

„Geld in der Form des Goldes wurde in der Regel den sicheren Tresoren der Goldschmiede anvertraut. Die Goldschmiede stellten über die Einlage eine Quittung aus, in der sie sich zur Auszahlung einer Goldmenge verpflichteten. Anstatt bei einem Kauf das Gold bei dem Goldschmied herauszuholen und mit Gold zu bezahlen, bürgerte sich die Sitte ein, den Kaufpreis mit der Quittung des Goldschmieds zu begleichen, die ja eine Anweisung auf eine Goldmenge darstellte. Die Anweisung war also ein Vorläufer des Papiergeldes. Nach und nach bildeten sich aus den Goldschmiedeläden Banken heraus, die Anweisungen auf Goldeinlagen der Kunden ausstellten. Es zeigte sich bald, dass nicht alle Wirtschaftsakteure Gold für ihre Quittungen verlangten. Die Goldschmiede und Banken konnten also mehr Anweisungen auf Gold ausgeben als Gold bei ihnen deponiert war. Das von den Banken ausgegebene Papiergeld war damit nur teilweise gedeckt.

In der weiteren Entwicklung erkannte der Staat, dass die Papiergeldbeschaffung nicht den einzelnen Banken überlassen werden konnte. Deshalb entstanden Zentralbanken als staatliche Institutionen, die allein das Recht der Papiergeldherstellung und der Münzausgabe hatten.

Obwohl eine volle Deckung des Papiergeldes durch Gold nicht mehr erfolgte, blieb die Einlösepflicht des Papiergeldes in Gold lange Zeit erhalten. Die so genannte Goldkernwährung wurde erst zu Beginn des 20. Jahrhunderts aufgegeben, da sie eine autonome Konjunkturpolitik einzelner Länder nicht zuließ" (Siebert, 1996, S. 278).

Zwar verfügen die nationalen Zentralbanken, allen voran die Bank von England und die Federal Reserve Bank in den USA, noch immer über enorme Goldreserven, aber die heutige Papierwährung ist an diese Reserve in keiner Weise gebunden und stellt somit eine freie Währung dar. Ein 50-Euro-Schein ist nicht mehr als ein *allgemein als Zahlungsmittel akzeptiertes Stück Papier.* Eines der wichtigsten Ziele der Europäischen Zentralbank besteht daher darin, das Vertrauen der Akteure in die Währung, also ihren Geldwert, stabil zu halten.

Box 6.1: Währungsunion 1

Von der Deutschen Mark zum Euro

In Deutschland wurde nach dem Zweiten Weltkrieg die Deutsche Mark (DM) als Währung eingeführt. Mit Gründung der Währungsunion im Jahre 1999 haben zunächst 11 Staaten der Europäischen Union ihre nationalen Währungen zur neuen Einheitswährung, dem Euro, verschmolzen. Gleichzeitig wurde die Europäische Zentralbank (EZB) in Frankfurt eingerichtet.

Nachdem zunächst eine Verrechnungswährung, der ECU, eingeführt wurde, ist die Währungsunion mit dem Übergang zum Euro zum 1.1.2002 real in 12 Ländern vollzogen worden. Die Währungsparität zur – nunmehr nicht mehr als Zahlungsmittel fungierenden - DM betrug 1,95 DM/Euro. Der Zahlungsverkehr unter den Teilnehmerstaaten ist durch die einheitliche Währung leichter geworden, da die Bankgebühren für den Devisentausch sowie die Differenzen zwischen An- und Verkauf von Devisen entfallen sind.

Um der Währungsunion beizutreten mussten die Kandidaten eine niedrige Inflation, ein Budgetdefizit von weniger als 3 % des BIP und eine Schuldenquote von weniger als 60 % des BIP aufweisen können („Maastricht-Kriterien").

Zu den Gründungsmitgliedern zählen Belgien, Deutschland, Finnland, Frankreich, Irland, Italien, Luxemburg, die Niederlande, Österreich, Portugal und Spanien. Im Jahre 2001 kam Griechenland hinzu, wobei, wie heute bekannt ist, falsche Haushaltszahlen die Aufnahme ermöglicht haben. Dänemark, Schweden und Großbritannien zögern noch mit dem Beitritt und die 10 neuen EU-Länder müssen zunächst die Maastricht-Kriterien zur Haushaltsstabilität erfüllen, bevor sie einen Beitritt beantragen können. Im März 2005 haben die Regierungschefs im Europäischen Rat beschlossen, die Maastricht-Kriterien aufzuweichen, indem eine Reihe von Ausnahmetatbeständen definiert wurde. Die Europäische Zentralbank wie auch die Deutsche Bundesbank haben Bedenken gegen diese Änderung der Maastricht-Kriterien geäußert, weil nach ihrer Ansicht die Stabilität des Euro durch eine weniger disziplinierte Haushaltspolitik gefährdet wird.

Neuere Entwicklungen in Zusammenhang mit der Entwicklung des Internet zielen auf digitales Geld oder auch „Cyber-Money" ab, also Geld, das nicht in stofflicher Form vorliegt, sondern ausschließlich in elektronischen Schaltstellungen, den Bits. Dies entsteht dadurch, dass bei speziellen Institutionen „echtes" Geld gegen das „digitale" Geld eingetauscht wird. Mittlerweile befindet sich Cyber-Money in der Erprobungsphase.

6.2   Die Zentralbank und das Geldangebot

Während die Haushalte und Unternehmen Geld nachfragen und die Geldnachfrage aus dem Verhalten von Haushalten und Unternehmen zu erklären ist, wird das Geldangebot vom Bankensystem determiniert, also durch Zentralbank und Geschäftsbanken. Das Geldangebot einer Volkswirtschaft ist für den Wissenschaftler deshalb eine interessante Größe, da es wichtige gesamtwirtschaftliche Variablen und damit Zielwerte der Wirtschaftspolitik beeinflusst. So kann eine rasche Steigerung des Geldangebots inflatorische Tendenzen hervorrufen oder fördern. Weiter beeinflusst das Geldangebot die Höhe der Zinsen, und damit die Bereitschaft der Investoren neues Kapital zu bilden, oder der Konsumenten, sich zum Zweck des Güterkaufes zu verschulden. Im Folgenden wird zunächst der Begriff der Geldmenge diskutiert. Die Begriffe *Geldmenge und Geldangebot* werden *synonym* verwendet. Danach wird in einem zweiten Schritt untersucht, wie sich die Geldmenge bestimmen lässt.

6.2.1   Definitionen des Geldangebots

Die Abgrenzung des Geldangebots hängt von der jeweiligen Funktion des Geldes ab. Bezogen auf die Tauschmittelfunktion dient Geld in erster Linie als Zahlungsmittel. Folglich sollte das Geldangebot alle Zahlungsmittel umfassen, die für Tauschzwecke zur Verfügung stehen. Ausgangspunkt für die Definition des Geldangebots ist damit der Zahlungsmittelbestand der Nichtbanken (Haushalte, Unternehmen ohne Banken, Staat ohne Zentralbank).

Zu den Zahlungsmitteln zählen zum einen die gesetzmäßig als Zahlungsmittel definierten Zentralbankgeldbestände der Nichtbanken Z^N. Als Zentralbankgeld (Z) bezeichnen wir das von der Zentralbank geschaffene Geld. Neben dem Bargeld zählen dazu auch Sichtguthaben bei der Zentralbank.

Ein Teil des Zentralbankgeldes wird von den Banken gehalten (Z^B) und steht daher nicht für Tauschzwecke zur Verfügung. Der andere Teil, der von den Nichtbanken gehalten wird (Z^N), kann hingegen für Tauschzwecke eingesetzt werden.

$$(6.1) \qquad Z = Z^B + Z^N$$

Zum anderen haben die Nichtbanken uneingeschränkten Zugriff auf ihre Sichteinlagen (Depositen D) bei den Geschäftsbanken. Somit können sie Rechnungen auch per Überweisungen oder per Kartenzahlung begleichen. Betrachtet man nur diese kurzfristig verfügbaren Tauschmittel, so lässt sich die Geldmenge M_1 wie folgt definieren:

 *Definition:*   *Die **Geldmenge M_1** umfasst den Zentralbankgeldbestand der Nichtbanken (Z^N) und die Sichtguthaben der Nichtbanken bei den Geschäftsbanken (Sichtdepositen, D).*

$$(6.2) \qquad M_1 = Z^N + D$$

Im Gegensatz zu den Sichteinlagen gehen kurzfristige Termineinlagen nicht in M_1 ein. Allerdings können die Akteure ihre kurzfristigen Termineinlagen innerhalb einer recht kurzen Zeitspanne auflösen und zu Zahlungsmitteln machen. Schließt man die kurzfristigen Termineinlagen bei den Geschäftsbanken (T) in das Geldangebot ein, so resultiert daraus die Geldmenge M_2.

Definition: *Zur **Geldmenge** M_2 zählen der Bargeldumlauf bei den Nichtbanken (Z^N), die Sichteinlagen (D) und die kurzfristigen Termineinlagen der Nichtbanken bei den Geschäftsbanken (T).*

(6.3) $M_2 = Z^N + D + T$

Im weiteren Sinne können auch Spareinlagen als Zahlungsmittel gesehen werden. Denn je nach Fristigkeit ihrer Spareinlagen können die Menschen auch auf ihr Erspartes zurückgreifen, um Güter einzukaufen. Die entsprechende Definition der Geldmenge M_3 zielt folglich auch auf die Wertaufbewahrungsfunktion des Geldes ab.

Definition: *Die **Geldmenge** M_3 umfasst zusätzlich zu M_2 die Spareinlagen (S) der Nichtbanken bei den Geschäftsbanken.*

(6.4) $M_3 = Z^N + D + T + S$

Die EZB verwendet für ihren Geldmengenbegriff das erweiterte Aggregat M_3^{erw}. Dabei werden zur Geldmenge M_3 die Einlagen inländischer Nichtbanken bei Auslandsfilialen und Auslandstöchtern inländischer Kreditinstitute addiert. Hinzu kommen bestimmte Inhaberschuldverschreibungen im Umlauf bei inländischen Nichtbanken sowie von Nichtbanken gehaltene Anteile an Geldmarktfonds unter Bereinigung eventueller Doppelzählungen. Der Vorteil dieses Geldmengenkonzeptes liegt in seiner Marktnähe.

6.2.2 Die Funktion der Zentralbank

Wir haben bisher das Problem der Abgrenzung des Geldangebots beschrieben. Nun geht es um die Frage inwieweit die Zentralbank, insbesondere die *Europäische Zentralbank (EZB),* das Geldangebot kontrollieren kann.

Um diese Frage beantworten zu können, müssen wir zunächst untersuchen auf welche Weise die Zentralbank die Geldmenge beeinflussen, also Geld schaffen oder reduzieren kann.

Box 6.2: Währungsunion 2

Das Europäische System der Zentralbanken ESZB

Das ESZB setzt sich hauptsächlich aus den Zentralbanken der an der Währungsunion teilnehmenden Staaten und der EZB zusammen. Es existiert seit dem 1. Januar 1999, da an diesem Tag die Europäische Währungsunion begann und die Europäische Zentralbank ihre Arbeit aufnahm.

Die EZB ist die einzige Institution, die berechtigt ist, die Ausgabe von Banknoten zu genehmigen. Darüber hinaus ist sie verpflichtet, die Preisstabilität im „Euroraum" zu gewährleisten. Erst, wenn keine Beeinträchtigung dieses Zieles abzusehen ist, hat sie die Aufgabe, die allgemeine Wirtschaftspolitik der EU zu unterstützen. Dies sind ihre wichtigsten Funktionen und zugleich auch Ziele. Bezeichnend für die hohe Stellung der EZB ist, dass sie wie die Zentralbanken Europas nicht an politische Weisungen gebunden ist. Wohl sind aber die nationalen Zentralbanken an Weisungen der EZB gebunden.

Beschluss- und Ausführungsorgane sind der Rat der EZB und das Direktorium. Das Direktorium besteht aus dem Präsidenten, dem Vizepräsidenten und den vier Direktoren der EZB. Seine Aufgabe ist die Umsetzung der Geldpolitik des ESZB, wobei es die erforderlichen Weisungen an die nationalen Zentralbanken erteilt.

Der EZB-Rat setzt sich aus dem Direktorium der EZB und den Präsidenten der nationalen Zentralbanken zusammen. Seine Aufgabe ist die Festlegung der Geldpolitik des ESZB.

Grundsätzlich gilt: Zentralbankgeld kommt in Umlauf, indem die Zentralbank Aktiva von Geschäftsbanken und Nichtbanken erwirbt und diese mit Zentralbankgeld bezahlt. Aktiva sind *Refinanzierungskredite (R)* an die Geschäftsbanken, *Währungsreserven (W)* und *sonstige Aktiva (A)*, die nicht als Objekt der Geldpolitik verwendet werden.

Aktiva	Zentralbank		Passiva
Währungsreserven	W	Zentralbankgeld	Z
Refinanzierungskredite an die Geschäftsbanken	R		
Sonstige Aktiva	A		

Das Zentralbankgeld Z lässt sich somit wie folgt bestimmen:[10]

(6.5) $Z = R + W + A$

Refinanzierungskredite sowie Währungsreserven als wichtige Stellgrößen der Zentralbankpolitik sollen im Folgenden etwas näher beleuchtet werden.

---

[10]   Die Passivseite besteht aus dem Bargeld und den Reserven (Einlagen) der Banken.

1.   Refinanzierungskredite

Im Falle der Refinanzierungskredite räumt die Zentralbank den Geschäftsbanken einen unbaren Kredit ein, der auf der Aktivseite der Zentralbankbilanz als Forderung an die Geschäftsbank, z. B. in Höhe von 10.000 Euro, erscheint.

Den Forderungen steht auf der Passivseite ein entsprechendes Guthaben der Geschäftsbank in gleicher Höhe gegenüber. Sowohl bei der Zentralbank als auch bei den Geschäftsbanken verlängert sich somit die Bilanzsumme gerade um 10.000 Euro.

Δ Aktiva	Zentralbank		Δ Passiva
Neue Forderungen	10.000	Neue Verbindlichkeiten	10.000

Δ Aktiva	Geschäftsbank		Δ Passiva
Guthaben bei der Zentralbank	10.000	Verpflichtung gegenüber der Zentralbank	10.000

Der Europäischen Zentralbank stehen im Wesentlichen zwei Möglichkeiten zur Refinanzierung zur Verfügung:
a)   Offenmarktgeschäfte
b)   Ständige Fazilitäten

a)   *Offenmarktgeschäfte* (OM) werden als Hauptrefinanzierungsinstrument (Laufzeit zwei Wochen), aber auch als langfristige Refinanzierungsmöglichkeit (Laufzeit drei Monate) auf Initiative der EZB eingesetzt. Sie werden entweder als Pensionsgeschäfte oder als Pfandkredit durchgeführt. Welche Art eingesetzt wird, entscheiden die nationalen Zentralbanken für ihr Land.[11]

Beim Wertpapierpensionsgeschäft erhält die Geschäftsbank einen Kredit und übereignet der EZB dafür geeignete Wertpapiere. Gleichzeitig wird vereinbart, dass bei Auslaufen des Kredits die Wertpapiere rückübereignet werden.

Beim Pfandkredit erhält die Geschäftsbank einen Kredit, und die EZB erhält im Gegenzug ein durchsetzbares Sicherungsrecht an den Pfändern, die im Eigentum der Geschäftsbank verbleiben.

Darüber hinaus nutzt die EZB Offenmarktgeschäfte auch für ihre Feinsteuerungsoperationen und strukturellen Operationen.

b)   *Ständige Fazilitäten* stehen den Geschäftsbanken kontinuierlich zu Verfügung. Die Spitzenrefinanzierungsfazilität (SF) erlaubt es den Geschäftsbanken, sich über Nacht bis zum nächsten Tag zu einem Zins und gegen Sicherheiten Liquidität zu verschaffen.

---

[11]   Offenmarktgeschäfte werden als solche von der EZB definiert; sie müssen nicht notwendigerweise „am offenen Markt", also an der Börse, durchgeführt werden.

In diesem Zusammenhang ist auch die Einlagefazilität (EF) von Bedeutung. Diese stellt kein Refinanzierungsinstrument dar, sie kann hingegen von den Geschäftsbanken dazu genutzt werden, Finanzmittel über Nacht zu einem festgelegten Zinssatz anzulegen.

Für die Zinsen i von Offenmarktgeschäften und Fazilitäten gilt in der Regel:

(6.6) $i_{SF} > i_{OM} > i_{EF}$

2.   Währungsreserven

Neben der Kreditvergabe an die Geschäftsbanken kann Zentralbankgeld auch durch einen Eintausch von Devisen entstehen. Die Geschäftsbanken verkaufen in diesem Fall einen Teil ihrer Devisen an die Zentralbank und erhalten dafür Zentralbankgeld. Solche Transaktionen schließen häufig Devisen-Swap-Geschäfte ein.

 Im Kapitel zur Zahlungsbilanz (5.2) wurde bereits dargestellt, dass sich die Devisenbestände auch durch die Transaktionen mit dem Ausland verändern können. Exporte, z. B. aus dem Euroraum in die USA, müssen von den amerikanischen Abnehmern in Euro bezahlt werden. Zu diesem Zweck tauschen sie US-Dollars gegen Euros ein. Umgekehrt müssen die Importe aus den USA von den Europäern in Dollar bezahlt werden. Übersteigen die Exporte die Importe (Leistungsbilanzüberschuss), und unterstellen wir eine ausgeglichene Kapitalbilanz, so kommen mehr Dollars in den Euroraum als zur Finanzierung der Importe benötigt werden. Für den Fall, dass die Geschäftsbanken den Überschuss an US-Dollars bei der Zentralbank eintauschen, erhalten sie dafür Zentralbankgeld. Umgekehrt verringert sich die Zentralbankgeldmenge, falls ein Leistungsbilanzdefizit vorliegt.

Die vorstehende Aussage unterstellt ein System konstanter Wechselkurse, so dass die Zentralbank gezwungen ist, überschüssige Devisen aufzukaufen, um den Wechselkurs zu sichern. Bildet sich der Wechselkurs jedoch frei auf dem Markt, so ist der Saldo der Devisenbilanz ausgeglichen, und es kann kein externer Einfluss auf die Zentralbankgeldmenge des Inlandes stattfinden. In dem dargestellten Fall würde ein Impuls zur Aufwertung der Inlandswährung entstehen. Damit würden sich die Inlandsprodukte gegenüber den Produkten aus dem Ausland verteuern und es würde eine Tendenz zur Verringerung der Exportüberschüsse eingeleitet werden.

Ein höheres inländisches Geldangebot wird (von anderen Einflüssen abgesehen) zu einer Senkung der inländischen Zinsen führen.[12] Sinken die Zinsen im Vergleich zum Ausland, so führt dies zu einem Abfluss von Devisen und damit zu einer Reduzierung der Zentralbankgeldmenge. Eine Zinssenkung als „normale" Reaktion des Marktes würde also eine Gegenbewegung zur außenwirtschaftlich verursachten Geldmengenerhöhung bewirken und somit den Ausgangsimpuls – zumindest teilweise – kompensieren.

---

[12]   Dies entspräche einer „normalen" Reaktion der Anleger. Wir wissen aber, dass die Reaktionen auf den Geldmärkten spekulativ beeinflusst sein können, so dass diese Bewegungsrichtung nicht mit Sicherheit vorauszusagen ist.

Im Falle fester Wechselkurse hat die Zentralbank demnach keine Kontrolle über die inländische Geldmenge. Bei flexiblen Wechselkursen gelingt eine Steuerung, falls die Geldanleger „normal" reagieren. Sobald aber spekulative Bewegungen einsetzen, geht die „Marktautomatik" verloren, so dass die Zentralbank zusätzliche Instrumente zur Marktstabilisierung einsetzen muss. Hierzu hat der Internationale Währungsfond (IWF, engl. IMF, International Monetary Fund) Instrumente in Form von Sonderziehungsrechten geschaffen, mit denen sich Zentralbanken Devisen beschaffen können, die sie zum Ausgleich von spekulativen Bewegungen benötigen.

Die Ausführungen zu den Refinanzierungskrediten und Währungsreserven haben verdeutlicht, dass die Zentralbankgeldmenge nicht beliebig gesteuert werden kann. Kauft oder verkauft die Zentralbank Wertpapiere, so hängt das Angebots- und Nachfrageverhalten auf dem Wertpapiermarkt immer auch von den Preiskonditionen ab. Bei der Kreditierung kann die Notenbank Finanzierungsmöglichkeiten einräumen; sie kann aber nicht sicher sein, inwieweit diese Möglichkeiten auch genutzt werden. Auch bei den außenwirtschaftlichen Einflüssen ergeben sich Restriktionen. Grundsätzlich hat die Zentralbank aber einen großen Spielraum und zahlreiche Möglichkeiten, die Zentralbankgeldmenge zu steuern. Falls ihre eigenen Mittel erschöpft sind, kann sie über den Beistand des IWF ihre Stabilisierungsbemühungen verstärken. Für die Geldschöpfungskapazität einer Zentralbank gibt es keine prinzipielle Grenze, jedoch gibt es interne Zielvorgaben, wie die Preisstabilität und zusätzliche internationale Vereinbarungen, die eine Begrenzung der Geldmengenexpansion nahe legen. Seit Ende der siebziger Jahre verfolgen die meisten Zentralbanken eine strikte Kontrolle der Geldmengenexpansion. Hierzu hat vor allem die Theorierichtung des Monetarismus beigetragen.

6.3 Geldschöpfung und Geldvernichtung

In den bisherigen Kapiteln haben wir kennen gelernt, auf welche Weise die Zentralbank Einfluss auf die Zentralbankgeldmenge nehmen kann. Allerdings blieb dabei die Frage offen, ob auch die Geschäftsbanken Einfluss auf die Geldmenge nehmen können.

Es ist leicht einsichtig, dass die Geschäftsbanken nicht in der Lage sind, den Bargeldverkehr durch die Ausgabe eigener Banknoten zu beeinflussen. Allerdings können die Geschäftsbanken zusätzliches Buchgeld in Form von Sichtguthaben schaffen, z. B. indem sie Nichtbanken Kredite einräumen und ihnen entsprechende Guthaben eröffnen. Da die Sichteinlagen gemäß Definition zur Geldmenge zählen, wollen wir nun untersuchen inwieweit die Geschäftsbanken durch die Kreditvergabe Einfluss auf die Geldmenge nehmen können.

Um die Bargeldwünsche ihrer Kunden jederzeit erfüllen zu können, verfügen die Geschäftsbanken über Bar-Reserven. Da die Haltung dieser Bar-Reserven für die Geschäftsbanken keinen Zins bringt, werden sie versuchen, Bar-Reserven nur in möglichst geringem Umfang zu halten.[13]

Um die Zahlungsfähigkeit einer Bank zu gewährleisten, fordert die EZB die Geschäftsbanken im „Euroraum" auf, Mindestreserven an Zentralbankgeld auf Sichteinlagen, Termineinlagen und Spareinlagen zu halten. Die Differenz zwischen Bar- und Mindestreserven bezeichnet man als Überschussreserven. Diese können zur Kreditvergabe und somit zur Vermehrung der Geldmenge („Geldschöpfung") verwendet werden.

6.3.1 Geldschöpfungsmultiplikator ohne Einbeziehung der Barabzugsquote

Angenommen die A-Bank erhöht ihren Bestand an Zentralbankgeld durch den Verkauf von Devisen an die EZB um 10.000 Euro.[14] Während der Devisenbestand um 10.000 Euro abnimmt erhöhen sich Bar- und Überschussreserve der Geschäftsbank gerade um diesen Betrag. In der Folge kann die A-Bank nun einen neuen Kredit in dieser Höhe vergeben. In diesem Fall entstehen auf der Aktivseite entsprechende Forderungen der A-Bank an den Kreditkunden. Auf der Passivseite erscheinen die zusätzlichen Sichteinlagen des Kunden.

Δ Aktiva		A-Bank	Δ Passiva
Forderung aus Kreditvertrag	10.000	Sichteinlagen	10.000

Durch die Kreditvergabe erhöhen sich die Sichteinlagen der Nichtbanken. Da gleichzeitig die Zahlungsmittelbestände der Nichtbanken zunehmen, vermehrt sich die Geldmenge der Volkswirtschaft um 10.000 Euro. Würde der Kunde nicht über seinen Kredit verfügen, wäre der Prozess der Geldschöpfung an dieser Stelle beendet. Im Allgemeinen wird der Kreditkunde der A-Bank aber über seinen Kredit verfügen. In diesem Fall verliert die A-Bank Sichtguthaben in Höhe von 10.000 Euro.

Kauft sich der Kreditkunde beispielsweise ein neues Auto, und nehmen wir weiter an, der Autohändler habe sein Konto nicht auf der A- sondern auf der B-Bank, so honoriert die A-Bank die Überweisung des Kreditkunden und transferiert das Geld auf das Konto des Autohändlers bei der B-Bank. Die B-Bank erhöht also auf der Passivseite ihre Sichteinlagen und auf der Aktivseite ihre liquiden Mittel (Bar-Reserve) um jeweils 10.000 Euro. Allerdings resultiert der Anstieg der Bar-Reserve nicht aus einer Umschichtung der Aktiva, sondern aus der Kreditgewährung der A-Bank. Daher muss die B-Bank eine Mindestreserve auf Sichteinlagen

---

[13]   Man beachte, dass die Zentralbankgeldbestände der Geschäftsbanken nur zum kleinen Teil aus Münzen und Banknoten (Kasse) bestehen.

[14]   Der Verkauf der Devisen entspricht einer Umschichtung auf der Aktivseite der Geschäftsbank (vgl. Kapitel 6.2.2).

als zinsloses Guthaben bei der Zentralbank halten. Seit 1999 schreibt die EZB einen Mindestreservesatz in Höhe von 2 % vor, so dass sich für die B-Bank folgende Bilanz ergibt.

Δ Aktiva		B-Bank	Δ Passiva
Mindestreserve	200	Sichteinlagen	10.000
Überschussreserve	9.800		

Um Zinseinnahmen zu erhalten, wird die B-Bank nun Kredite in Höhe der Überschussreserve vergeben. Somit setzt sich der Prozess der Geldschöpfung, der bereits mit dem Aktivtausch bei der A-Bank begonnen hat, mit der erneuten Kreditgewährung durch die B-Bank fort. Durch den Abzug der Mindestreserve erhöht sich die Geldmenge aber lediglich um 9.800 Euro.

Wir ahnen bereits, dass der Prozess aber noch immer nicht beendet ist. Sobald der Kunde der B-Bank über seinen Kredit verfügt, verliert die B-Bank ihre Überschussreserve in Höhe von 9.800 Euro. Diese fließen der C-Bank auf der Aktivseite als neue Bar-Reserve zu, dem auf der Passivseite eine zusätzliche Sichteinlage in dieser Höhe gegenübersteht. Auch die C-Bank kann nicht in vollem Umfang über diese neue Sichteinlage verfügen, sondern muss eine Mindestreserve in Höhe von 196 Euro halten. Somit bleibt eine Überschussreserve in Höhe von 9.604 Euro, die von der C-Bank wiederum als Kredit vergeben werden kann.

Durch die Bereitstellung der Mindestreserve, werden die vergebenen Kredite mit jeder Runde kleiner und der Geldschöpfungsprozess kommt zum Ende. Addieren wir das in den einzelnen Runden geschaffene Buchgeld auf (10.000 + 9.800 + 9.604 + ...), so ergibt sich aus dem anfänglichen Aktivtausch der A-Bank im Wert von 10.000 Euro eine gesamte Buchgeldschöpfung in Höhe von 500.000 Euro. Die Geldmenge kann sich also bis um das 50-fache erhöhen.

Tabelle 6.1 zeigt die ersten Schritte des Geldschöpfungsmultiplikators:

Tabelle 6.1: Geldschöpfung

Periode	Δ Sichteinlagen	Δ Mindestreserven
	Aktivtausch	
0 (A-Bank)	10.000	
	Geldschöpfung	
1 (B-Bank)	10.000	200
2 (C-Bank)	9.800	196
3 (D-Bank)	9.604	192
:	:	:
Summe	500.000	10.000

Es stellt sich die Frage, wie dieser Effekt formal hergeleitet werden kann. Falls die Änderung der Bar-Reserve - die ja der Erhöhung der Zentralbankgeldmenge entspricht - mit ΔZ und die Änderung der Sichteinlagen mit ΔD bezeichnet wird, so besteht eine Abhängigkeit zwischen ΔD und ΔZ, die durch $\Delta D = f(\Delta Z)$ beschrieben werden kann. Da ΔD ein Vielfaches von ΔZ ergibt, sprechen wir von einem Geldschöpfungsmultiplikator. Der Wert des Multiplikators hängt mit dem Mindestreservesatz r zusammen und entspricht in diesem vereinfachten Fall gerade dessen Kehrwert $1/r$:

(6.7) $\Delta D = 1/r \; \Delta Z$

Aus einem Reservesatz in Höhe von 2 % (=1/50) resultiert somit ein Multiplikator von 50.

 Ergebnis 6.2:   *Die Geldmenge kann durch Aktivitäten der Geschäftsbanken erhöht werden, ohne dass die Zentralbank die Zentralbankgeldmenge (Geldbasis) erhöht.*

6.3.2 Geldschöpfungsmultiplikator unter Einbeziehung der Barabzugsquote

Im Folgenden gehen wir davon aus, dass ein Teil des Geldes in bar gehalten wird. Dieser Teil reduziert auf jeder Stufe der Geldschöpfung (außer dem ursprünglichen Aktivtausch) die Überschussreserven der Banken. Unter diesen Voraussetzungen lässt sich ein realistischerer Geldschöpfungsmultiplikator als in Gleichung (6.7) ableiten.

Wir wissen bereits, dass sich die Zentralbankgeldmenge (monetäre Basis) aus dem Zentralbankgeld des Bankensektors Z^B und des Nichtbankensektors Z^N zusammensetzt.

(6.1) $Z = Z^B + Z^N$

Unter Einbeziehung der Sichteinlagen D definiert Gleichung (6.2) die Geldmenge M_1:

(6.2) $M_1 = Z^N + D$

Die Banken sind verpflichtet, Mindestreserven als Zentralbankgeld (Z^B) in einem bestimmten Prozentsatz r der von ihnen geschaffenen Buchgeldmenge (D) zu halten:

(6.8) $Z^B = r \; D$

Zudem halten die Wirtschaftsakteure einen bestimmten Prozentsatz b der Geldmenge M_1 in Form von Bargeld (Z^N), so dass gilt: $b = Z^N/M_1$, oder

(6.9) $Z^N = b\,M_1$

Durch Einsetzen der Gleichungen (6.8) und (6.9) in Gleichung (6.1) ergibt sich

(6.10) $Z = r\,D + b\,M_1$

Aus Gleichung (6.2) folgt unter Beachtung von Gleichung (6.9)

(6.11) $M_1 = b\,M_1 + D$ bzw.
(6.12) $D = (1\text{-}b)\,M_1$

Schließlich kann (6.12) in (6.10) eingesetzt werden, so dass gilt:

(6.13) $Z = r\,(1\text{-}b)\,M_1 + b\,M_1$ bzw.
(6.14) $Z = [r+b(1\text{-}r)]\,M_1$ oder
(6.15) $M_1 = 1/[r+b(1\text{-}r)]\,Z$

Der Term $1/[r+b(1\text{-}r)]$ definiert den Geldschöpfungsmultiplikator. Sind sowohl Barabzugsquote b als auch Mindestreserve r bekannt, so lässt sich die multiplikative Wirkung einer erhöhten Zentralbankgeldmenge anhand Gleichung (6.16) berechnen:

(6.16) $\Delta M_1 = 1/[r+b(1\text{-}r)]\,\Delta Z$

Ergebnis 6.3:   *Der Geldschöpfungsmultiplikator gibt an, um welches Vielfache die Geldmenge M maximal steigen kann, wenn die Überschussreserve der Geschäftsbanken zunimmt.*

6.3.3 Grenzen der Geldschöpfung

Vor dem Übergang auf das ESZB spielten die Mindestreserven eine erhebliche Rolle bei der Geldmengensteuerung. Die Deutsche Bundesbank setzte die Mindestreserven für Sichtverbindlichkeiten bei 30 %, für Termineinlagen bei 20 % und für Spareinlagen bei 10 % an. Nach dem Inkrafttreten des ESZB ist die Bedeutung geringer. Die Bankinstitute müssen derzeit eine Mindestreserve in Höhe von 2 % auf die Mindestreservebasis halten. Dies impliziert einen immens hohen Geldschöpfungsmultiplikator. In der Realität sind die Möglichkeiten der Geschäftsbanken aber durch andere Faktoren stark eingeschränkt. Die rechtliche Grundlage für die Beaufsichtigung von Bankgeschäften (Bankenaufsicht) wird durch das *Gesetz über das Kreditwesen (KWG)* dargestellt. Dieses Gesetz gibt Regeln vor, die Bankinsolvenzen vorbeugen sollen, indem die Risiken der Kreditvergabe begrenzt werden. Die letzte Novelle des KWG ist stark durch die europäische Harmonisierung beeinflusst, um den freien Verkehr mit Bankgeschäften und Finanzdienstleistungen in der EU zu gewährleisten.

Darüber hinaus gibt es eine Vereinbarung unter den Kreditinstituten, um Instabilitäten im Finanzsektor durch Kreditrisiken zu vermeiden. Die jüngste Vereinbarung dieser Art wurde vom Basler Ausschuss für Bankenaufsicht initiiert und unter dem Kürzel „Basel II" bekannt. Im Zentrum stehen:

- eine risikoadäquate Eigenkapitalausstattung (Mindestkapitalanforderungen),
- neue Vorschriften für die Überprüfung durch die Bankenaufsicht und
- eine erweiterte Offenlegung der Kreditvergaben.

Basel II hat besondere Auswirkungen auf die Kreditvergabe an kleine und mittlere Unternehmen, die einem verschärften Kreditrating ausgesetzt sind.

Im Zusammenhang mit den Möglichkeiten der Geldschöpfung der Kreditinstitute ergibt sich durch Basel II eine starke Einschränkung über die Eigenkapitalsicherung. Solche Anforderungen wirken sich zur Zeit erheblich stärker auf die Möglichkeiten der Giralgeldschöpfung aus als die Mindestreservepolitik der EZB.

Aufgaben zu Kapitel 6

6.1   Definieren Sie die Geldmengenaggregate M_1, M_2 und M_3. Welche Definition ist Ihrer Meinung nach am besten zur Erfassung der Geldmenge geeignet?

6.2   Die Zentralbank kauft von der Geschäftsbank B1 Wertpapiere im Wert von 100.000 Euro. Die Geschäftsbank B1 stellt das erworbene Geld dem Kunden K1 als Kredit zur Verfügung. Der Kunde hebt 20.000 Euro ab und überweist den Rest an den Kunden K2, der bei der Bank B2 über ein Konto verfügt. Die Bank B2 räumt dem Kunden K3 mit dem erhaltenen Geld einen Kredit, gemäß den gesetzlichen Bestimmungen, in Höhe von 60.000 Euro ein. Dieser teilt den Betrag im selben Verhältnis wie Kunde K1, hebt den kleineren Betrag ab und überweist den Rest an den Kunden K4 der Bank B3. Diese räumt dem Kunden K5 wieder einen Kredit ein. Wie schon bei den Kunden K1 und K3 beträgt die Barabzugsquote auch bei Kunde K5 gerade 20 %.

Stellen Sie die ersten drei Stufen des Geldschöpfungsprozesses dar. Geben Sie jeweils Kreditsumme, Sichteinlagen, Barabzug und Mindestreserve an.

Wie hoch ist der Mindestreservesatz r und die Geldschöpfung in diesem Beispiel?

Wie hoch wäre die Geldschöpfung, wenn sich der Prozess unendlich oft wiederholt?

6.3   Wie kann die EZB Einfluss auf den Marktzins nehmen?

6.4   Wie viel Cent hält ein durchschnittlicher Haushalt in bar, wenn er einen Vermögenszuwachs in Höhe von einem Euro erhält?

Sie kennen den Geldschöpfungsmultiplikator (m=10) und wissen, dass die EZB die Mindestreservesätze auf 5 % festgesetzt hat.

III Ex ante – Makroökonomische Analysen

7 Gesamtwirtschaftliches Gleichgewicht

7.1 Wirtschaftliche Entscheidungen

Im Rahmen der ex post Analyse haben wir uns bislang mit den Ergebnissen wirtschaftlicher Entscheidungen beschäftigt. Diese schlagen sich in Güter- und Einkommensströmen nieder, die mit Hilfe der VGR erfasst und geordnet werden. Auf diese Weise ist es möglich, die volkswirtschaftliche Leistung mit Hilfe von Indizes (z. B. Bruttoinlandsprodukt) zu erfassen und im Vergleich zu Vorjahreswerten oder zu den Ergebnissen anderer Länder auszuweisen. Im Folgenden werden wir den Wirtschaftsprozess nicht vom Ergebnis her, sondern von den Ursachen seiner Entstehung ausgehend betrachten. Im Mittelpunkt stehen dabei wirtschaftliche Entscheidungen von Akteuren und deren Zusammentreffen auf den Märkten der Volkswirtschaft.

Die Grundlagen für die Untersuchung individueller wirtschaftlicher Entscheidungen werden in der Mikroökonomik gelegt, und es ist nützlich, diese auch zur Analyse makroökonomischer Phänomene zu benutzen. Man bezeichnet dies auch als Mikrofundierung der Makrotheorie. Erst wenn wir die Entscheidungsprozesse „im Kleinen" verstehen, können wir uns an die Analyse „im Großen" heranwagen, also die Aggregation auf gesamtwirtschaftliche Ebene beginnen.

7.1.1 Entscheidungen von Haushalten

Wir nehmen an, dass sich jeder Haushalt als „homo oeconomicus" verhält. Dies bedeutet, dass er alle verfügbaren Informationen einholt, alle Chancen sieht, alle ihm bekannten Grenzen berücksichtigt und dass er nach dem ökonomischen Prinzip entscheidet: er maximiert seinen Nutzen bei gegebenem Mitteleinsatz, oder er minimiert seinen Mitteleinsatz bei vorgegebenem Nutzen.

Mit dem Nutzen eines Haushalts bezeichnen wir die Bewertung seiner Ausstattung mit wirtschaftlichen Gütern. Insofern kann man den Nutzen eines Haushalts auch als Lebensqualität bezeichnen. In der präzisen Sprache des Analytikers ist der Nutzen ein dimensionsloser Ordnungsindex, der durch die Abbildung der Güterausstattung in die Menge der reellen Zahlen entsteht. Bezieht z. B. ein Haushalt zwei Güter in den Mengen x_1 und x_2, so lässt sich (unter bestimmten Voraussetzungen) diese Zuordnung als „Nutzenfunktion" schreiben:

(7.1) $u = u(x_1, x_2)$

u: Nutzenindex, $u \in IR_+$

x_i: Ausstattung mit Gut i [in Mengeneinheiten]

Die meisten Menschen fühlen sich besser, wenn sie über mehr Gütervorräte verfügen. Dies kommt analytisch dadurch zum Ausdruck, dass die partiellen Ableitungen der Nutzenfunktion nach allen Argumenten größer als Null sind. Gleichzeitig wird aber der Nutzenzuwachs immer kleiner. Dies ist durch die negativen Argumente der zweiten Ableitung beschrieben.

(7.2) $\dfrac{\partial u}{\partial x_i} > 0; \quad \dfrac{\partial^2 u}{\partial^2 x_i} < 0 \quad \forall i = 1,2$

In einer Welt, in der die Güter nicht zugeteilt werden, sondern mit Hilfe von Einkommen gekauft werden müssen, das durch die Arbeitsleistung verdient wurde, bekommt die Nutzenfunktion ein zusätzliches Argument, da nun das Wohlbefinden des Haushalts nicht nur vom Güterkonsum, sondern auch von der eingesetzten Arbeitsmenge abhängt. Berücksichtigt man, dass ein Haushalt am Ende der Betrachtungsperiode einen Geldbetrag M übrig behalten möchte, den er später verwenden kann, so hat die Nutzenfunktion folgende Gestalt:

(7.3) $u = u(x, l, \dfrac{M}{p})$

x: Ausstattung mit Gütern [in Mengeneinheiten]

l: Arbeitseinsatz [in Zeiteinheiten]

$\dfrac{M}{p}$ Geldbestand (Ersparnis), normiert

In dieser Darstellung sind alle Güter, die der betrachtete Haushalt bezieht, zu einem Güterausstattungsindex zusammengefasst. Neben der Güterausstattung beeinflusst nun auch der Arbeitseinsatz das Nutzenniveau u, wobei üblicherweise angenommen wird, dass ein Haushalt lieber weniger als mehr arbeitet:

(7.4) $\dfrac{\partial u}{\partial x} > 0; \quad \dfrac{\partial u}{\partial l} < 0; \quad \dfrac{\partial u}{\partial \frac{M}{p}} > 0$

Bei seiner Entscheidung über Güterkonsum und Arbeitsangebot hat ein Haushalt zu berücksichtigen, dass seine Wünsche durch das *Haushaltsbudget* begrenzt werden:

$$(7.5) \qquad p \cdot x + \frac{M}{p} = w \cdot l + \frac{M_0}{p}$$

p: Preisniveau für Güter

w: Lohnniveau für Arbeit

$\frac{M_0}{p}$: Anfangsvermögen, normiert

Unter der vereinfachenden Annahme, dass die Güter, die ein Haushalt benötigt, in jeder Wirtschaftsperiode verbraucht werden und somit für die kommende Wirtschaftsperiode neu beschafft werden müssen, so sind die Ausgaben für Güter mit $p \cdot x$ beschrieben. Das gesamte Einkommen aus Arbeitstätigkeit ergibt sich durch $w \cdot l$. Gibt der Haushalt nicht sein gesamtes Vermögen für Güter aus, so resultiert daraus am Ende der Planungsperiode eine Ersparnis in Höhe von M. Die Kaufmöglichkeiten des Haushalts vergrößern sich, wenn er über ein Anfangsvermögen M_0 verfügt, das aus Ersparnissen der Vorperiode, Schenkungen, Erbschaft oder anderen einseitigen Übertragungen stammen kann.

Wenn sich der Haushalt als homo oeconomicus verhält, so wird er versuchen, sein Entscheidungsproblem in der Weise zu lösen, dass er den Nutzenindex maximiert. Sowohl als Nachfrager auf dem Gütermarkt wie auch als Anbieter auf dem Arbeitsmarkt hat er dabei Beschränkungen zu beachten. Daraus ergibt sich das Entscheidungsproblem des Haushalts (EPH):

$$(7.6) \qquad \text{EPH:} \ \max_{x,l,M} [u(x,l,\frac{M}{p})]$$

unter den Nebenbedingungen:

(1) $p \cdot x + \dfrac{M}{p} = w \cdot l + \dfrac{M_0}{p}$

(2) $x \leq \overline{x}$

(3) $l \leq \overline{l}$

(4) $x, l, \dfrac{M}{p} \geq 0$

Die zu optimierenden Variablen dieses Problems sind die Güterausstattung x, der Arbeitseinsatz l und der Geldbestand M, der am Ende der Wirtschaftsperiode verfügbar sein soll (Ersparnis). Als erste Nebenbedingung ist die Budgetgleichung (1) zu beachten. Schließen wir die Möglichkeit einer Kreditaufnahme aus, so ist $M_0 \geq 0$ und der Haushalt kann nur über den Betrag disponieren, den er über sein Arbeitseinkommen verdient und den er als Anfangsvermögen aus anderen Quellen erhalten hat. Nebenbedingung (2) bringt zum Ausdruck, dass der Haushalt möglicherweise nicht seine gesamten Konsumwünsche in der Planungsperiode erfüllen kann. Während eine solche Kaufbeschränkung, die in (2) durch $\overline{x}$ beschrieben wird, in planwirtschaftlich organisierten Staaten zum Alltag gehört, bedarf diese Situation in einer Marktwirtschaft einer Erklärung. Besonders in Zeiten guter Konjunktur gibt es bei den Produzenten Auftragsbücher, Wartelisten und Anwartschaften, weil eine sofortige Lieferung wegen fehlender Produktionskapazitäten nicht möglich ist. Vor allem, wenn die Firmen nicht damit rechnen, dass eine aktuell hohe Nachfrage von Dauer ist, werden sie ihre Kapazitäten nur vorsichtig anpassen und einen Nachfrageüberhang auf dem Gütermarkt bevorzugen.

Die Nebenbedingung (3) ist dagegen vor allem in Zeiten schwächerer Konjunktur relevant. In solchen Zeiten gibt es Haushalte, die ihre Arbeitsleistung nicht oder nur zum Teil absetzen können. Haushalte, die einer Beschränkung $\overline{l}$ gegenüberstehen, sind somit unterbeschäftigt bzw. nicht beschäftigt.

Der Nutzen eines Haushaltes ist primär von seinem Bezug an materiellen Gütern abhängig. Mit wachsendem Wohlstand treten weitere Aspekte, wie soziale Gerechtigkeit und Schutz der Umwelt, hinzu. Das Bestreben, einen möglichst hohen Nutzen zu erzielen, wird durch folgende Gegebenheiten beschränkt:

1. Die verfügbaren Finanzmittel sind begrenzt. Diese ergeben sich aus dem Einkommen sowie dem ererbten und angesparten Vermögen.
2. Die Produktionsmöglichkeiten der Anbieter sind begrenzt. So kann zeitweise eine Übernachfrage nach bestimmten Produkten auftreten, die zu längeren Lieferzeiten führt.
3. Die Möglichkeiten, Einkommen zu erzielen, sind begrenzt. Dies liegt am Zustand des Arbeitsmarktes, der bei hoher Unterbeschäftigungsquote arbeitswilligen und -fähigen Personen über längere Zeit das Signal vermittelt, dass sie nicht mit einer Beschäftigung und nicht mit einem entsprechenden Einkommen rechnen können.

Die erste Beschränkung ist offensichtlich immer relevant. Es werden nur ganz wenige Haushalte existieren, bei denen die Einkommenssituation nicht beschränkend auf die Ausgabenplanung wirkt.

Die anderen Beschränkungen sind dagegen nicht genereller Natur, sondern situationsbezogen. Die zweite Situation kann eintreten, wenn

• Unternehmen die Nachfrage nach vielgefragten Produkten nicht richtig vorhergesehen haben und Zeit benötigen, um die Kapazitäten anzupassen,
• Unternehmen die Nachfrage zwar richtig einschätzen, aber eine Sicherheitsposition bevorzugen („risikoaverses Verhalten"), wenn die Nachfrage unsicher ist. Auch können Unternehmen daran interessiert sein, die Nachfrage durch das Abarbeiten von Auftragslisten für die Produktion zu glätten.

Im Falle der dritten Beschränkung hat es ein Haushalt nicht selbst in der Hand, Einkommen in einer Höhe zu erzielen, die ihm die Erfüllung seiner Wünsche gestattet. Wer arbeitslos geworden ist oder die Entlassung befürchtet, wird sich bei seinen Konsumplänen darauf einstellen. Haushalte, die zu dieser Gruppe gehören, werden also ein anderes Verhalten am Gütermarkt zeigen als solche, die kein Beschäftigungsrisiko befürchten. Es ist klar, dass für einen Haushalt nur die zweite *oder* die dritte Beschränkung wirksam sein kann.

Bei konkret vorgegebenen Preisen p, Löhnen w und Anfangsvermögen M_0 sowie wahrgenommenen Beschränkungen $\bar{x}$ und $\bar{l}$ ist das Entscheidungsproblem der Haushalte unter bestimmten mathematischen Voraussetzungen lösbar. Die Lösung ist in der Folge mit x* für den Güterbezug, 1* für das Arbeitsangebot und M* für die Geldhaltung bezeichnet.

Es ist wichtig festzuhalten, dass die Aktionsbeschränkungen auf Güter- und Arbeitsmärkten *Erwartungsgrößen* darstellen. Dies bedeutet, dass ein Haushalt, der für die folgende Wirtschaftsperiode plant, nicht genau über diese Aktionsbeschränkungen informiert ist.[15]

Definition: *Eine Güternachfrageplanung, die ohne Berücksichtigung der Beschränkungen (2) und (3) zu Stande kommt, heißt „ursprüngliche Güternachfrage".*

Eine Arbeitsangebotsplanung, die ohne Berücksichtigung der Beschränkungen (2) und (3) zu Stande kommt, heißt „ursprüngliches Arbeitsangebot".

Eine Güternachfrageplanung, die unter Berücksichtigung der Beschränkungen (2) und (3) zu Stande kommt, heißt „effektive Güternachfrage".

Eine Arbeitsangebotsplanung, die unter Berücksichtigung der Beschränkungen (2) und (3) zu Stande kommt, heißt „effektives Arbeitsangebot".

Die Verläufe von ursprünglichen und effektiven Güternachfrage- bzw. Arbeitsangebotskurven sind in der folgenden Abbildung 7.1 dargestellt. Preise und Löhne sind wie bisher mit p bzw. w beschrieben. Die nachgefragte Gütermenge ist mit x und der angebotene Arbeitseinsatz mit 1 bezeichnet. Die Kaufschranke für Güter ist durch $\bar{x}$ und die Verkaufsschranke für Arbeit durch $\bar{l}$ gegeben. Schließlich steht der Index $\varkappa$ für den Güter- und der Index l für den Arbeitsmarkt (z. B. $N^{\varkappa}$, A^{l}).

---

[15]   Erwartungen spielen in der Ökonomie eine bedeutende Rolle und werden ausführlich in Kapitel 11 besprochen.

Abbildung 7.1: Güternachfrage und Arbeitsangebot

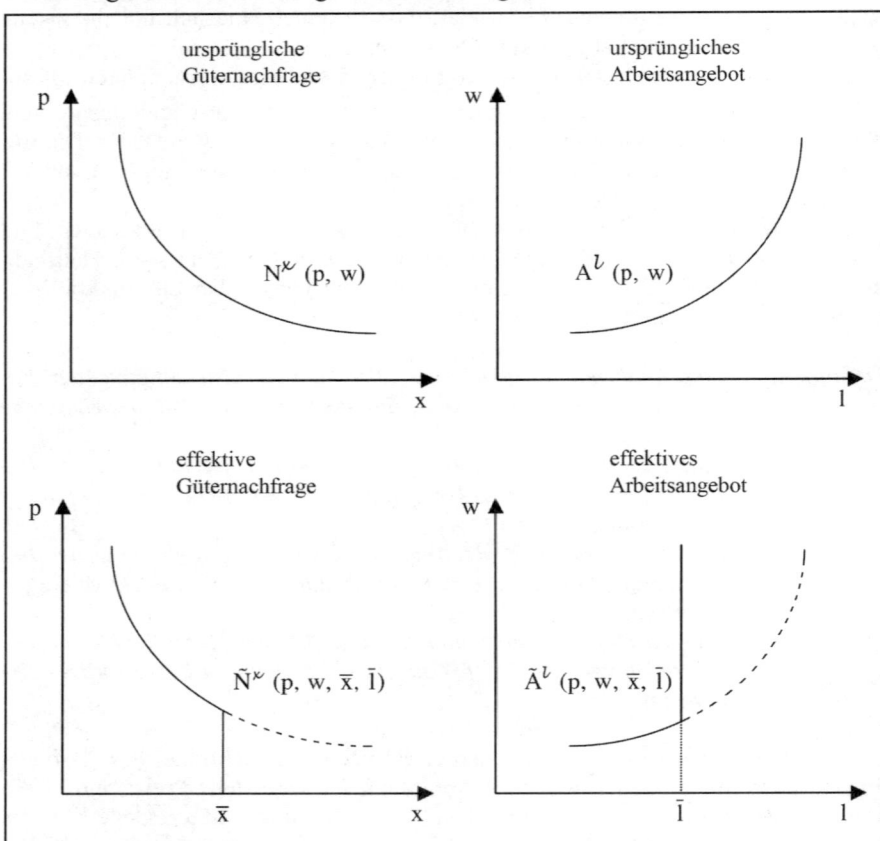

7.1.2   Entscheidungen von Unternehmen

Die Tätigkeit von Unternehmen besteht darin, Produktionsfaktoren (Inputs) zu beschaffen und diese mit Hilfe eines Produktionsprozesses in Güter (Outputs) zu transformieren. Dies lässt sich unter vereinfachenden Bedingungen als „Produktionsfunktion" beschreiben:

(7.7) $y = f(v_1, v_2)$

y: Produktionsmenge (in Mengeneinheiten)
v_i: Einsatz an Produktionsfaktor i (in Mengeneinheiten)

In (7.7) ist die Produktion in Abhängigkeit von zwei Produktionsfaktoren, z. B. Arbeit und Kapital, dargestellt. Mit Hilfe der Bedingungen (7.8) wird die Menge möglicher Produktionsprozesse beschränkt. So soll gewährleistet sein, dass zusätzliche Faktoreinsätze auch zu einer Erhöhung der Produktionsmenge führen. Häufig wird gefordert, dass die Steigung dieser Produktionsfunktion mit wachsendem Faktoreinsatz abnimmt, wie es in der zweiten Bedingung von (7.8) dargestellt ist:

(7.8) $\dfrac{\partial f}{\partial v_i} > 0 \, ; \quad \dfrac{\partial^2 f}{\partial^2 v_i} < 0 \quad \forall \, i = 1,2$

Ein ökonomisch rational handelnder Unternehmer wird versuchen, den Gewinn aus Produktions- und Verkaufstätigkeit zu maximieren. Dieser Gewinn ergibt sich aus der Differenz zwischen Umsatz und Kosten:

(7.9) $G = E(y) - K(z)$
G: Gewinn
E: Umsatz
K: Kosten

Der Umsatz E entsteht aus dem Verkauf der Produktion y zum Preis p. Die Kosten ergeben sich durch die Entlohnung von Arbeit und Kapital. Im Falle der Arbeit setzen sie sich aus der eingesetzten Arbeitsmenge z und dem Lohnsatz w zusammen. Die Kosten für das eingesetzte Kapital seien hier als fix angenommen und mit dem Symbol K_0 bezeichnet. Damit ergibt sich:

(7.10) $G = p \cdot y - w \cdot z - K_0$
K_0: Kapitalkosten (fix)
z: Arbeitseinsatz in der Produktion

Mit Hilfe der Bausteine (7.7) und (7.10) können wir das Entscheidungsproblem des Unternehmens (EPU) definieren:

(7.11)   EPU: $\max\limits_{y,z} [G(y,z) = p \cdot y - w \cdot z - K_0]$
unter den Nebenbedingungen:
(1) $y = f(z)$
(2) $y \leq \overline{y}$
(3) $z \leq \overline{z}$
(4) $y, z \geq 0$

Die Nebenbedingung (1) kennzeichnet die Produktionsfunktion unter der Voraussetzung, dass der Kapitaleinsatz konstant gehalten und nur der Arbeitseinsatz variabel ist. Dann hängt die Höhe der Produktion nur von der eingesetzten Arbeitsmenge ab. Die Nebenbedingungen (2) und (3) bringen zum Ausdruck, dass Unternehmen möglicherweise weitere Beschränkungen berücksichtigen müssen.

So kann es möglich sein, dass der Markt nicht die gesamte Produktion abnimmt, die das Unternehmen zu den herrschenden Bedingungen (Preis, Lohn, beschaffte Kapazität) anbieten möchte. Falls, wie in diesem Entscheidungsproblem angenommen, keine Möglichkeit der Lagerhaltung gegeben ist, muss die Produktion auf das Niveau der absetzbaren Menge zurückgefahren werden. Die Beschränkung (3) gibt an, dass das Unternehmen möglicherweise nicht die gesamte Menge an Arbeitseinsatz bekommt, die es zur Maximierung seines Gewinns gerne einsetzen würde. Dies kann auch bei bestehender Arbeitslosigkeit der Fall sein, wenn Unternehmen bestimmte Fachkräfte, die sie für ihre Produktionstechnologie benötigen, nicht in ausreichendem Maße auf dem Arbeitsmarkt finden. Auch in einem solchen Fall muss die Produktion zurückgenommen werden.

Die Motivation für Produktion und Vertrieb von Gütern besteht in der Gewinnerwartung. Der Gewinn (Umsatz minus Kosten) ist also die zu maximierende Zielgröße in der Unternehmensplanung. Während die Notwendigkeit der Gewinnerzielung in marktwirtschaftlichen Systemen unbestritten ist, gibt es über deren Strategien unterschiedliche Auffassungen (z. B. kurz- oder langfristige Gewinnmaximierung). Bei der Maximierung des Gewinns sind folgende Beschränkungen zu berücksichtigen:

1. Die bei der Anwendung der gewählten Produktionstechnik realisierbaren Produktionsprozesse beschränken den mit gegebenem Einsatz an Inputs erzielbaren Güteroutput.

2. Die am Markt absetzbare Gütermenge ist möglicherweise kleiner als die mit den Produktionsprozessen erzielbare. Ein risikoaverses Unternehmen wird seine Absatzchancen vorsichtig kalkulieren.

3. Die Menge der am Markt erhältlichen Produktionsfaktoren kann kleiner sein als die für den geplanten Produktionsprozess benötigten. Zum Beispiel kann es einen Mangel an gut ausgebildeten Fachkräften geben.

Die erste Beschränkung ist immer relevant. Grundsätzlich folgt aus der Wahl einer Produktionstechnik eine Begrenzung der mit Hilfe von Inputs erzielbaren Güteroutputs. Eine Änderung der Technik ist mit dem Einsatz anders qualifizierten Kapitals (Sachkapital, Humankapital) verbunden und verlangt Zeit für die Realisierung der Umstellungen. Die übrigen Beschränkungen gelten situationsbezogen.

Die zweite Situation kann eintreten, wenn:

• die beobachtbare Nachfrage tatsächlich geringer ist als die Produktionsmöglichkeiten des Unternehmens, oder

• Unternehmen aus Gründen der Risikoaversion die Nachfrage systematisch unterschätzen.

Die Beschränkung auf den Faktormärkten (3) ist möglich, wenn eine spezielle Technik benötigt wird, für die Lieferengpässe bestehen oder wenn speziell ausgebildete Fachkräfte eingesetzt werden müssen. Für ein Unternehmen kann nur entweder die zweite *oder* dritte Beschränkung wirksam sein.

Wie im Fall der wahrgenommenen Beschränkungen des Haushalts sind auch die Beschränkungen (2) und (3) des Unternehmens *Erwartungsgrößen*. So ist z. B.

der von der Nachfrageseite des Marktes determinierte Absatz für eine kommende Wirtschaftsperiode keineswegs sicher. Unternehmen haben sich hierzu mit Hilfe der verfügbaren Informationen und gegebenenfalls mit Hilfe ökonometrischer Verfahren ein Urteil zu bilden. So kann es möglich sein, dass nach einer längeren Phase schleppenden Absatzes Unternehmen die Absatzbeschränkungen $\bar{y}$ rational erwarten und auch im Fall einer objektiven Besserung der Absatzlage zunächst vorsichtig planen. Die übertriebene Vorsicht („Risikoaversion") von Unternehmen stellt daher ein Merkmal „psychologisch bedingter" Konjunkturkrisen dar.

Die Lösung des EPU ist in der Folge mit y* für die Güterproduktion, und z* für die Nachfrage an Arbeit bezeichnet.

Definition: *Eine Güterangebotsplanung, die ohne Berücksichtigung der Beschränkungen (2) und (3) zu Stande kommt, heißt „ursprüngliches Güterangebot".*
Eine Arbeitsnachfrageplanung, die ohne Berücksichtigung der Beschränkungen (2) und (3) zu Stande kommt, heißt „ursprüngliche Arbeitsnachfrage".
Eine Güterangebotsplanung, die unter Berücksichtigung der Beschränkungen (2) und (3) zu Stande kommt, heißt „effektives Güterangebot".
Eine Arbeitsnachfrageplanung, die unter Berücksichtigung der Beschränkungen (2) und (3) zu Stande kommt, heißt „effektive Arbeitsnachfrage".

Ergebnis 7.1:   *Wirtschaftliche Akteure möchten durch ihre Entscheidungen den höchsten Nutzen (bzw. Gewinn) erzielen. Diese Entscheidungen sind mit Beschränkungen verbunden. Folglich unterscheidet man zwischen einer ursprünglichen, ohne Beachtung der Beschränkungen getroffenen Entscheidung und einer effektiven, die Rahmenbedingungen berücksichtigende Entscheidung. In diesem Sinne sind ursprüngliche und effektive Nachfrage- und Angebotsplanungen zu unterscheiden.*

Die Verläufe von ursprünglichen und effektiven Güterangebots- und Arbeitsnachfragekurven sind, in Abhängigkeit der Preise p, Löhne w, der Verkaufsschranke für Güter $\bar{y}$ und der Kaufschranke für Arbeit $\bar{z}$, in Abbildung 7.2 dargestellt. Wiederum kennzeichnen die Indices $\varkappa$ und l den Güter- bzw. Arbeitsmarkt.

Abbildung 7.2: Güterangebot und Arbeitsnachfrage

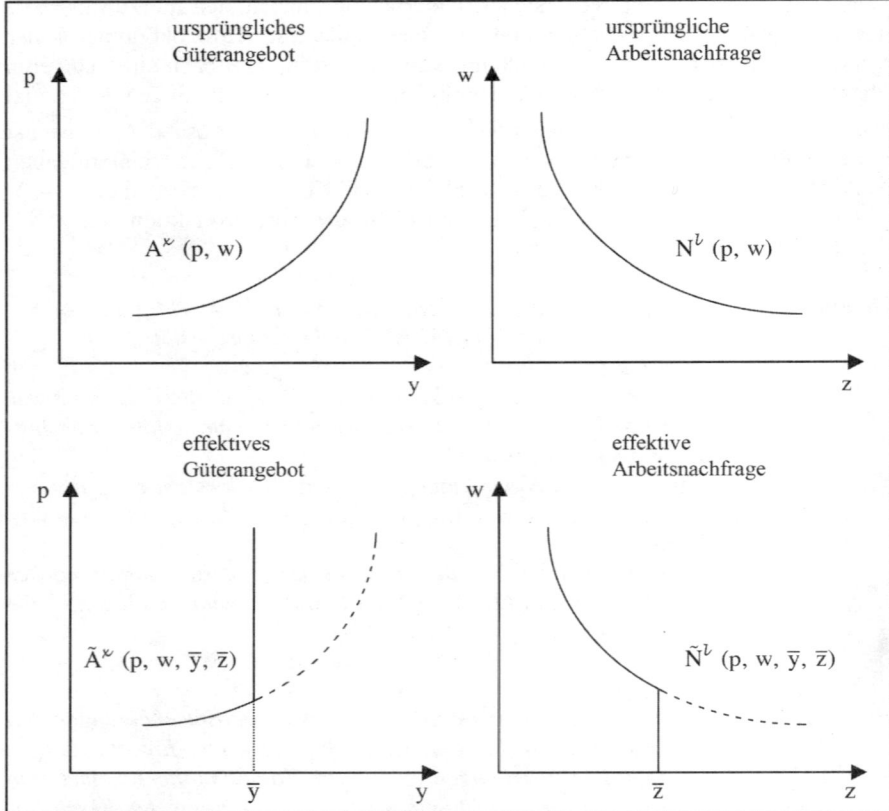

7.2   Gesamtwirtschaftliche Nachfrage und gesamtwirtschaftliches Angebot

Die individuellen Nachfrage- und Angebotskurven lassen sich zu gesamtwirtschaftlichen Aggregaten verdichten. Für unsere einfache Modellanalyse reicht es
aus, wenn wir annehmen, dass mit den dargestellten Entscheidungstypen die do-
minanten bzw. marktbestimmenden Verhaltensweisen beschrieben werden, so
dass die in den Abbildungen 7.1 und 7.2 dargestellten Angebots- und Nachfragekurven auch als gesamtwirtschaftliche Angebots- und Nachfragekurven interpretiert werden können.

7.2.1 Ein-Markt-Betrachtung

Falls auf einem Markt, z. B. einem Gütermarkt, ursprüngliche Güternachfrage und ursprüngliches Güterangebot aufeinandertreffen, so kommt es zu der in Abbildung 7.3 dargestellten Situation.

Abbildung 7.3: Marktgleichgewicht bei ursprünglicher Nachfrage und Angebot

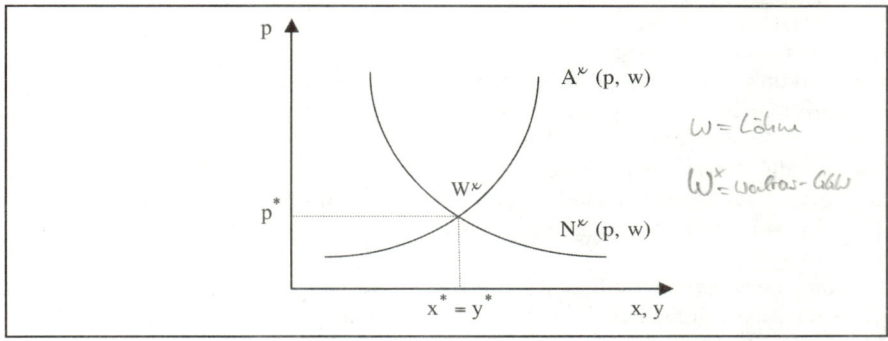

Angebots- und Nachfragekurve schneiden sich im Punkt $W^{\varkappa}$. Herrscht also auf diesem Markt der Marktpreis p*, so führt dieser dazu, dass die Nachfrager (Haushalte) Güter in Höhe von x* nachfragen und die Anbieter (Unternehmen) die Angebotsmenge y* an den Markt bringen. Beide stimmen überein, so dass trotz der gegensätzlichen Ziele ein Ausgleich der Planungen herbeigeführt wird. Für die Philosophie der Marktwirtschaft wäre es uninteressant, wenn der Preis p* nur durch Zufall oder zentrale Planung zu Stande käme. Daher ist ein großer Teil der wirtschaftswissenschaftlichen Intelligenz in die Untersuchung von Preisanpassungsmechanismen investiert worden. Preisanpassungen auf Grundlage der rationalen Erwartungen oder des Walras-Tâtonnements (vgl. Kapitel 11.1), bieten besonders günstige Voraussetzungen für eine gleichgewichtige Preisanpassung.

Ergebnis 7.2:   *Der Punkt „ $W^{\varkappa} = N^{\varkappa}(p,w) \cap A^{\varkappa}(p,w)$ " heißt Preisgleichgewicht (PG). Eine selbstregelnde Anpassung der Akteure an diesen Punkt setzt u. a. voraus, dass*

1. *vollständige Konkurrenz herrscht*
2. *die Preise beliebig flexibel sind*
3. *alle Anpassungen, durch Preissignale gesteuert, sehr schnell ablaufen und*
4. *nur im Gleichgewicht getauscht wird.*

Nehmen wir an, dass die grundlegende Voraussetzung für die Herstellung eines Preisgleichgewichts, nämlich die beliebige Flexibilität der Preise, nicht gegeben ist. Dies ist in erster Linie durch *unvollständige Information* der Marktteilnehmer zu begründen. Unternehmen können z. B. daran interessiert sein, die Preise für ihre Produkte solange wie möglich auf einem Niveau zu halten, weil der Preis für

die Nachfrage auch ein Qualitätssignal darstellt. Mit dem Verlassen eines Preissegments kann das Image eines Produktes betroffen sein. Preise können also in einer Welt der unvollkommenen Information Qualitätssignale werden. Die Starrheit von Preisen kann auch durch den Abschluss längerfristiger Verträge (im Falle von Lohnverhandlungen) oder bei hohen Umstellungskosten (Versandhandel, Katalogpreise) begründet sein. Schließlich können auch staatliche Einflüsse, wie z. B. auf dem Devisenmarkt mit der Einführung fester Wechselkurse im Europäischen Währungssystem (EWS), der Grund für vorübergehende Starrheiten von Preisen sein. Wenn wir im folgenden eine Situation untersuchen, bei der die Preise als starr und unbeweglich angenommen werden, so bedeutet dies nicht, dass die Preise langfristig auf einem Niveau bleiben sollen. Dies wäre für eine Marktwirtschaft sicherlich keine vernünftige Annahme. Aber es bedeutet, dass auf wichtigen Märkten die Preise nicht so unmittelbar und spontan reagieren, wie es zur Herstellung eines Preisgleichgewichts erforderlich wäre, so dass die Akteure ihre Kauf- und Verkaufsabsichten realisieren, bevor sich ein Gleichgewichtspreis etabliert hat.

Mögliche Situationen für eine Zeitphase mit festem Preis auf einem Gütermarkt sind für den einfachen Fall linearer Angebots- und Nachfrageverläufe in Abbildung 7.4 dargestellt.

Abbildung 7.4: Markt mit festem Preis

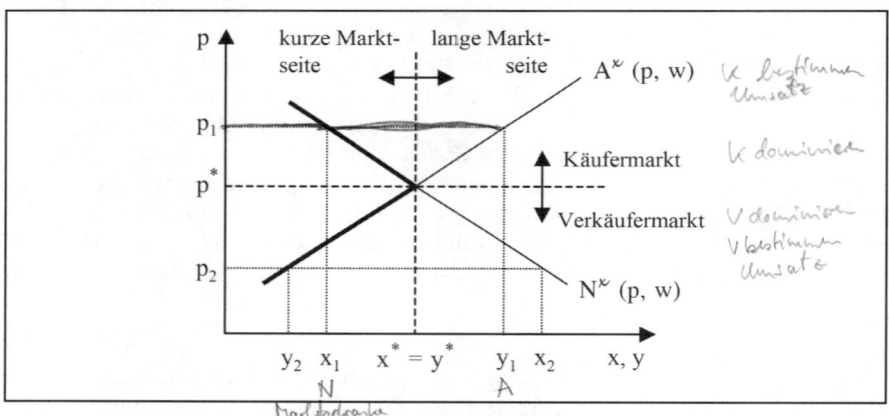

Für einen Preis p_1 erhielte man bei Durchführung der ursprünglichen Planungen ein Überangebot in Höhe von $y_1 - x_1$. Da hier die Nachfrage kleiner ist als das Angebot, spricht man von einem *Käufermarkt*, weil die Käufer den Marktumsatz diktieren. Über einen Preis von p_2 dagegen resultiert eine Übernachfrage in Höhe von $x_2 - y_2$, wenn die ursprünglichen Planungen aufrechterhalten bleiben. Da in diesem Fall das Angebot kleiner ist als die Nachfrage, spricht man von einem *Verkäufermarkt*, weil die Anbieter den Marktumsatz diktieren.

Die ursprünglichen Planungen der Marktteilnehmer, die nicht in Erfüllung gehen können, befinden sich auf der „langen Marktseite". Die kurze Marktseite ist definiert durch diejenige Marktpartei, welche die geringere Menge zu dem fixierten Preis handeln möchte. Da das Tauschen auf Märkten in einer Marktwirtschaft freiwillig ist, kann die Marktpartei auf der kurzen Marktseite nicht zur Änderung ihrer Mengenpläne gezwungen werden. *Die kurze Marktpartei diktiert somit den Marktumsatz bei festem Preis.*

Wenn die Anbieter nicht damit rechnen, dass sich der Preis p_1 auf absehbare Zeit ändert, so ist es für sie nicht rational, das Angebot y_1 auf den Markt zu bringen. Um Kosten durch Lagerung oder Warenverderb zu vermeiden, werden die Anbieter ihre Angebotsmenge so weit reduzieren, bis sie den Punkt des möglichen Marktabsatzes erreicht haben. Dieser ist beim Preis p_1 durch die Nachfragemenge x_1 gegeben. Die Menge x_1 bedeutet also bei einem festen Preis von p_1 eine Marktschranke für die Unternehmen, die wir mit $\overline{y}$ bezeichnet hatten. Daraus folgt, dass die effektive Angebotskurve für den Markt mit einem festen Preis p_1 an der Stelle $x_1 = \overline{y}$ nach oben abknickt. Der Schnittpunkt zwischen den effektiven Angebots- und Nachfragekurven liegt nun bei $R^{\varkappa}$.

Abbildung 7.5: Marktgleichgewicht bei effektiver Nachfrage und Angebot

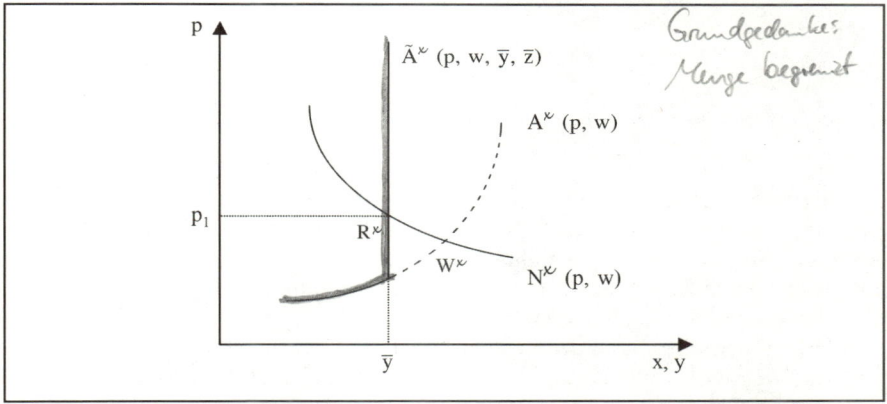

Mengengleichgewichte können dann entstehen, wenn Mengenanpassungen schneller ablaufen als Preisanpassungen. Solche Situationen sind durchaus nicht unrealistisch. In den letzten Jahren gab es beispielsweise immer wieder Perioden in denen ein stabiles Preisniveau mit deutlichen Reduzierungen der Produktionsmengen und entsprechenden Konsequenzen für den Arbeitsmarkt einherging. Dies zeigt, dass wir den Rückkoppelungsprozess zwischen den Märkten zu beachten haben, so dass wir in dem folgenden Abschnitt zusätzlich den Arbeitsmarkt einführen.

Ergebnis 7.3:   *Der Punkt* $R^{\varkappa} = N^{\varkappa}(p, w, \overline{x}, \overline{l}) \cap A^{\varkappa}(p, w, \overline{y}, \overline{z})$ *heißt* *Mengengleichgewicht (MG). Eine selbstregelnde Anpassung der Akteure an diesen Punkt kommt durch Mengenanpassungen der Marktpartei auf der langen Marktseite zu Stande.*

7.2.2   Zwei-Märkte-Betrachtung

Wir konstruieren nun eine Marktsituation mit zwei Märkten: Gütermarkt und Arbeitsmarkt. Alle Tauschaktionen sollen gegen Geld durchgeführt werden, wobei der Geldmarkt im Gleichgewicht bleiben soll, weil Geld in unserem einfachen Marktmodell nur für Tauschzwecke und zur Wertaufbewahrung von Ersparnissen verwendet werden soll, nicht aber für spekulative Zwecke.

Abbildung 7.6: Güter- und Arbeitsmärkte bei ursprünglicher Nachfrage und Angebot

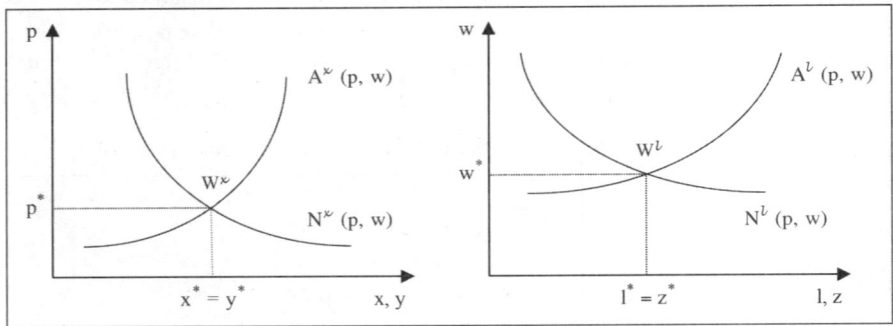

Falls die ursprünglichen Planungen realisiert werden können, so ergibt sich die Situation von Abbildung 7.6. Da Nachfrage und Angebot auf beiden Märkten sowohl auf Preise wie auch auf Löhne reagieren, ergibt sich das Gleichgewicht bei einer Lohn-Preis-Kombination (p*,w*), die sowohl auf dem Güter- wie auch auf dem Arbeitsmarkt Angebot und Nachfrage ins Gleichgewicht bringt. Mathematisch ergibt sich dies durch die Lösung von zwei Gleichungen (Angebot = Nachfrage auf dem Gütermarkt; Angebot = Nachfrage auf dem Arbeitsmarkt) mit den zwei Unbekannten p und w, die unter bestimmten mathematischen Voraussetzungen lösbar sind. Ergänzend zu Ergebnis 7.2 kommt also hinzu, dass das Preisgleichgewicht nun mit den Punkten $W^{\varkappa}$ *und* W^{l} definiert ist. Alle genannten Voraussetzungen bleiben bestehen.

Nehmen wir nun an, dass Preise und Löhne für die Betrachtungsperiode fest und unveränderlich seien. Dann kann sich eine Marktsituation entsprechend Abbildung 7.7 ergeben. In der dargestellten wirtschaftlichen Situation sind jeweils die Anbieter auf den Märkten „lang", während die Nachfrager den jeweiligen Marktsatz diktieren. Auf der Seite des Gütermarktes sind dies die Haushalte und auf der Seite des Arbeitsmarktes die Unternehmen. Die Marktpartner auf der langen Marktseite sind also gezwungen, ihre Tauschmengen $\bar{y}$ auf dem Gütermarkt, bzw. $\bar{l}$ auf dem Arbeitsmarkt, zu beschränken. Dadurch kommt es zu einem Mengengleichgewicht $\mathcal{R}$, das durch das Paar $(R_1^{\varkappa}, R_1^{l})$ beschrieben ist. Wir müssen unser Mengengleichgewicht (Ergebnis 7.3) somit nur um den zweiten Markt ergänzen. Diese Darstellung hilft uns zu verstehen, dass es auch bei festen Preisen und Löhnen Mechanismen gibt, die Veränderungen von einem auf den anderen

Markt übertragen. Diese wirken über die Anpassung an die wahrgenommenen Beschränkungen $\bar{y}$ und $\bar{l}$.

Abbildung 7.7: Güter- und Arbeitsmärkte bei effektiver Nachfrage und Angebot

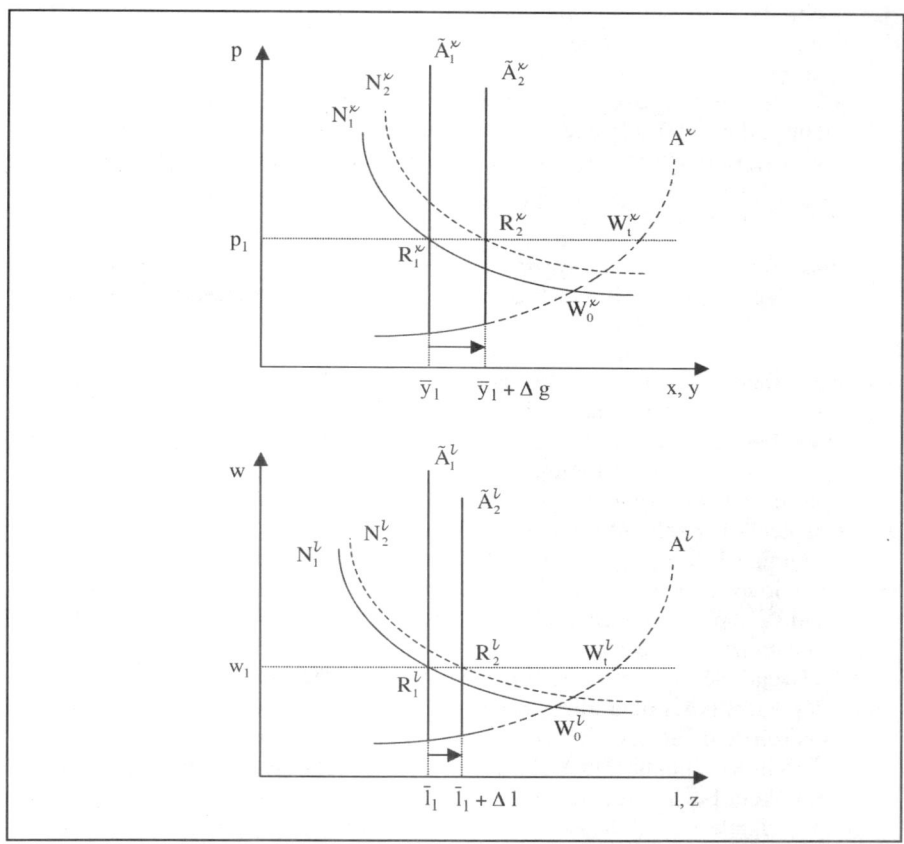

Stellen wir uns vor, auf dem Gütermarkt tritt der Staat als zusätzlicher Marktpartner auf und erhöht seine Nachfrage nach Gütern und Diensten um den Betrag Δg. Dann kommt es in diesem System zu folgenden Reaktionen:

1. Durch die Erhöhung der Gütermarktschranke von $\bar{y}$ auf $\bar{y} + \Delta g$ verschiebt sich die effektive Güterangebotskurve von $\tilde{A}_1^{\varkappa}$ nach $\tilde{A}_2^{\varkappa}$ (Abbildung 7.7 oben).

2. Die damit einhergehende höhere Produktion hat eine Erhöhung der Arbeitsnachfrage zur Folge. Die effektive Arbeitsnachfrage verschiebt sich von N_1^{l} nach N_2^{l} und es kommt

3.   zu einer Verschiebung der Schranke auf dem Arbeitsmarkt von $\bar{l}$ nach $\bar{l}$ +Δl (Abbildung 7.7 unten).Durch die Entlohnung der zusätzlich nachgefragten Arbeit steigt die Nachfrage auf dem Gütermarkt von $N_1^{\varkappa}$ auf $N_2^{\varkappa}$. Daraus resultiert

4.   eine weitere Verschiebung der Schranke auf dem Gütermarkt nach rechts und der Prozess beginnt von vorne.

Am Ende dieses Prozesses steht eine Erhöhung der Produktion und der Beschäftigung, die ein Vielfaches des Ausgangsimpulses Δg ausmacht. Einen solchen Prozess, der sich bei starren Preisen und Löhnen zum Gleichgewicht W mit dem Paar $(W_t^{\varkappa}, W_t^{l})$ hinbewegt, bezeichnen wir als *Multiplikatorprozess.*

 Ergebnis 7.4:   Multiplikatorprozesse sind nur möglich, wenn in einem Marktsystem mindestens zwei Märkte auf der gleichen Marktseite beschränkt sind.

Die Tatsache, dass solche Mengengleichgewichte mit Hilfe exogener Impulse derart verändert werden können, dass es allen Beteiligten nach Ablauf der Reaktionsketten besser geht, zeigt, dass Mengengleichgewichte mit gleichseitig beschränkten Märkten nicht optimal für die Volkswirtschaft sind. Die Frage stellt sich, warum ein Mengengleichgewicht temporär bestehen kann, obwohl es Verbesserungsmöglichkeiten für alle Beteiligten gibt. Der tiefe Grund liegt darin, dass unvollständige Information zu Informationsfehlern der Akteure führt, die durch die Geldwirtschaft manifestiert werden. Denn da nur Ware gegen Geld getauscht wird, und sich alle Preise am Geldmaßstab orientieren, bleiben die ursprünglichen Tauschrelationen verborgen.

Auf Grund der Gütervielfalt und der hohen Arbeitsteiligkeit der Wirtschaft kann der einzelne Akteur die gesamtwirtschaftlichen Folgen seines Verhaltens nicht überblicken. So ist die Freisetzung von Arbeitnehmern bei einer sich abzeichnenden Konjunkturflaute für jeden einzelnen Unternehmer eine rationale Notwendigkeit. Folgen aber andere Unternehmer diesem Beispiel, so kann aus der Konjunkturflaute eine tiefe Rezession entstehen. Die freigesetzten Arbeitnehmer werden weniger konsumieren, so dass sich die Nachfrageausfälle kumulativ verstärken.

7.3   Regimes der wirtschaftlichen Situationen

Aus den Entscheidungsüberlegungen der Haushalten können wir ableiten, dass die privaten Konsumausgaben aus einem autonomen Teil C_a und einem einkommensinduzierten Teil bestehen. Für die Modellrechnungen soll zudem gelten, dass die Lohnsumme L gerade dem Volkseinkommen Y_f und dem Inlandsprodukt Y entspricht. Für diesen Fall ergibt sich folgende Beziehung:

(7.12) $C = p \cdot x = C_a + c \cdot Y$

C: Konsumausgaben
C_a: autonomer Konsum
c: Anteil des für Konsumzwecke ausgegebenen Inlandsproduktes
Y: Volkseinkommen (= Inlandsprodukt)

Die Größe c bezeichnet man auch als marginale Konsumquote, d. h. sie bringt zum Ausdruck, welcher Anteil eines zusätzlich verdienten Euros für Konsumzwecke ausgegeben wird. Eine solche Funktion lässt sich mit Hilfe von Vergangenheitsdaten über Konsumausgaben und (privates verfügbares) Volkseinkommen statistisch schätzen. In Deutschland liegt die marginale Konsumquote zwischen 0,85 und 0,9. Aus dieser Schätzung folgt, dass die Haushalte in Deutschland etwa 85 % bis 90 % eines zusätzlich erhaltenen Euros für Konsumzwecke wieder ausgeben. Vereinfacht soll gelten, dass das Volkseinkommen der Lohnsumme entspricht:

(7.13) $Y = w \cdot z$ *Lohnsumme*

Ohne Berücksichtigung der Mengenschranken folgt:

(7.14) $x = x^* = y^*$

(7.15) $1 = 1^* = z^*$

z* gibt das Niveau der Vollbeschäftigung an (bei den herrschenden Löhnen und Preisen werden alle Arbeitsangebote auch nachgefragt) und y* ist der Vollbeschäftigungsoutput. Durch Einsetzen von (7.13), (7.14) bzw. (7.15) in Gleichung (7.12) ergibt sich:

(7.16) $p \cdot y^* = C_a + c \cdot w \cdot z^*$ *Arbeitsnachfrage*

Mit Hilfe von Gleichung (7.16) können schließlich alle Kombinationen von Löhnen (w) und Preisen (p) ermittelt werden, bei denen sich der Gütermarkt im Gleichgewicht befindet. Dazu ist es sinnvoll Löhne (oder Preise) zu isolieren. Eine Umformung von (7.16) ergibt:

(7.17) $w = \dfrac{y^*}{c \cdot z^*} p - \overline{C}_a \quad \text{mit} \quad \overline{C}_a = C_a \dfrac{1}{c \cdot z^*}$

Ergebnis 7.5:   *Die erhaltene Beziehung* $w = (y^* / c \cdot z^*) \cdot p - \overline{C}_a$ *bezeichnen wir*
als **Linie des Gütermarktgleichgewichts**. *Entlang dieser Linie sind alle Kombinationen von Lohn und Preis zu finden, bei denen die Haushalte gerade den gesamten Output nachfragen.*

Um die Seite der Produktion und des Arbeitsmarktes darzustellen, bedienen wir uns eines Beispiels von Edmond Malinvaud (1977), der die Produktionsfunktion y = f(z) in folgender Weise spezifiziert hat:

(7.18) $y = a \cdot z^{\alpha}$

z: Arbeitseinsatz in der Produktion
a > 0; 0 < α < 1

Setzen wir diese Beziehung in eine Gewinnfunktion der Unternehmen ein, die wir folgendermaßen formulieren:

(7.19) $G = p \cdot y - w \cdot z - K_0$

z: Arbeitseinsatz in der Produktion
K_0: Kapitalkosten, als fix angenommen

so erhalten wir die folgende Maximierungsaufgabe in der Entscheidungsvariablen z:

(7.20) $G = p \cdot a \cdot z^{\alpha} - w \cdot z - K_0$

Leitet man G nach z ab und setzt das Ergebnis gleich Null (notwendige Bedingung für ein Gewinnmaximum), so folgt bei Einsetzen der Vollbeschäftigung z* und Auflösung nach w:

(7.21) $w = p \cdot a \cdot \alpha \cdot z^{*\alpha-1}$

Ergebnis 7.6:   *Die erhaltene Beziehung* $w = p \cdot a \cdot \alpha \cdot z^{*\alpha-1}$ *bezeichnen wir als* **Linie des Arbeitsmarktgleichgewichts**. *Entlang dieser Linie sind alle Kombinationen von Lohn und Preis zu finden, bei denen die Haushalte gerade soviel Arbeitskraft anbieten wie die Unternehmen zur Erzeugung des Vollbeschäftigungsoutputs benötigen.*

Tragen wir die Gleichgewichtslinien für den Arbeitsmarkt und den Gütermarkt in ein Diagramm ein, so ergibt sich das in Abbildung 7.8 dargestellte Bild der *wirtschaftlichen Regimes*.

Die hier stark vereinfachte Darstellung des Malinvaud-Modells (Malinvaud 1977) geht zurück auf Rothschild (1998).

Abbildung 7.8: Regimes der wirtschaftlichen Situationen

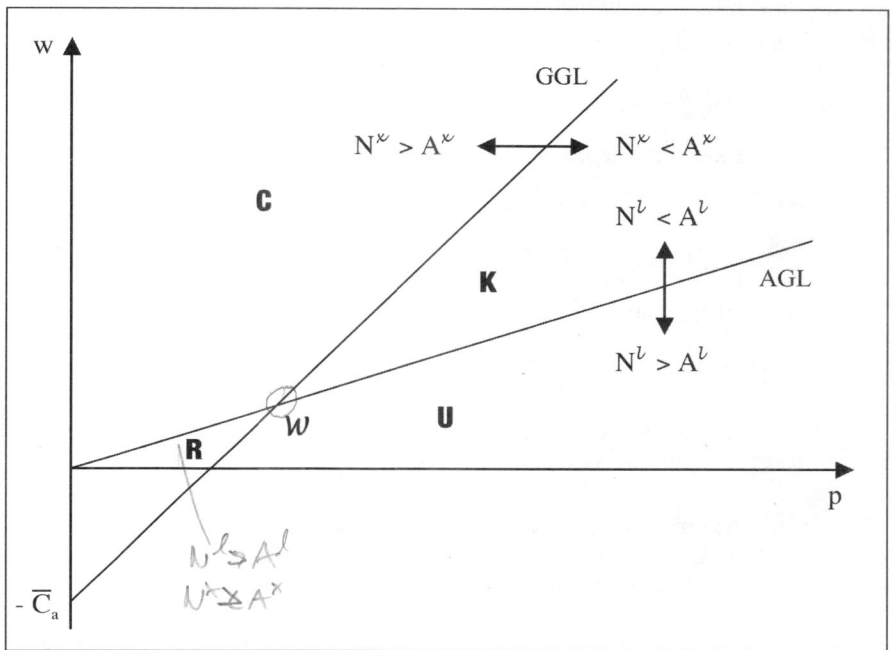

In einer Volkswirtschaft, die aus einem Gütermarkt, einem Arbeitsmarkt sowie einem gleichgewichtigen Geldmarkt besteht, können folgende Regimes auftreten:

W: *Preisgleichgewicht* („walrasianisches Gleichgewicht"); auf Güter- und Arbeitsmärkten werden die ursprünglichen Planungen realisiert.

C: *Klassische Unterbeschäftigung*; die Haushalte werden auf dem Güter- markt als Güternachfrager und auf dem Arbeitsmarkt als Arbeitsanbieter beschränkt. Die Unternehmen produzieren auf Grund der hohen Reallöh- ne weniger als die Haushalte ursprünglich nachfragen.

K: *Keynesianische Unterbeschäftigung*; die Unternehmen sind auf dem Gü- termarkt und die Haushalte auf dem Arbeitsmarkt als Anbieter be- schränkt. Kein Marktpartner kann auf beiden Märkten seine ursprüngli- che Nachfrage realisieren.

R: *Unterdrückte Inflation*; die Unternehmen sind auf dem Arbeitsmarkt und die Haushalte auf dem Gütermarkt beschränkt. Da auf beiden Märkten Überschussnachfrage im Sinne der ursprünglichen Planungen herrscht, ist die Voraussetzung für eine Lohn-Preis-Spirale nach oben gegeben.

U: *Unterkonsumption*; die Unternehmen sind auf dem Arbeitsmarkt als Nachfrager und auf dem Gütermarkt als Anbieter beschränkt. Eine solche Situation ist denkbar, wenn mit einer starken Steigerung exogener Nach- fragekomponenten (Staat, Ausland) gerechnet wird.

Die für die heutige Wirtschaftssituation besonders interessanten Regimes sind K und C und aktuell auf einigen Märkten R. Auf diese drei Situationen werden wir uns im folgenden Kapitel konzentrieren.

Aufgaben zu Kapitel 7

7.1   Ein Güter- und ein Arbeitsmarkt sind wie folgt definiert:

Güterangebot: $y = 3p - w - \frac{1}{2}\bar{z}$

Güternachfrage: $x = 30 - p + w + 2\bar{l}$

Arbeitsangebot: $l = 2w + p + \bar{x}$

Arbeitsnachfrage: $z = 15 - w + p - \bar{y}$

Wie lauten die relevanten Marktschranken, falls gilt:
Lohnniveau: $w = 1$ Preisniveau: $p = 1$

7.2   Gegeben seien ein Güter- und ein Arbeitsmarkt. Auf beiden Märkten seien die Anbieter beschränkt. Beschreiben Sie den Prozess, der entsteht, wenn die Nachfrage nach Gütern von staatlicher Seite erhöht wird.

7.3   Im unteren Diagramm sehen Sie eine ursprüngliche Angebots- und Nachfragekurve auf einem Gütermarkt. Wie verlaufen die effektive Angebots– und Nachfragekurven, wenn der Preis auf p_1 festgesetzt wird?

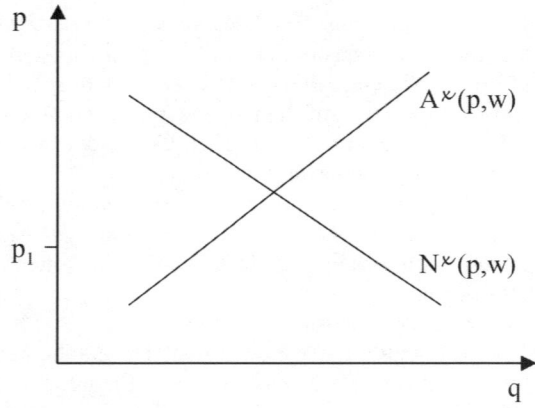

Liegt ein Käufer- oder Verkäufermarkt vor?

7.4   Welche Voraussetzungen sind notwendig, damit Preisgleichgewichte bzw. Mengengleichgewichte entstehen können?

8 Unterbeschäftigungstheorien

8.1 Keynesianische Unterbeschäftigung

8.1.1 Motivation und Grundlagen

Durch die Erfahrung der Weltwirtschaftskrise der 30er Jahre hat die staatliche Wirtschaftspolitik erkannt, dass Arbeitslosigkeit in marktwirtschaftlichen Systemen auftreten kann (vgl. Kap. 11.3, Box 11.4). Dies ist gesellschaftlich und politisch aus den folgenden Gründen nicht erwünscht:[16]

1. Individuelle Betroffenheit
2. Gesellschaftliche Betroffenheit
3. Ökonomische Betroffenheit

1. Individuelle Betroffenheit
Für den Betroffenen stellt der Verlust eines Arbeitsplatzes ein schweres Schicksal dar. Es bedroht seine ökonomische Basis und damit seine menschliche Existenz. Die Arbeitslosigkeit beraubt den einzelnen der Möglichkeit, sich in sinnvoller Weise an der gesellschaftlichen Arbeitsteilung zu beteiligen und damit seinen Beitrag zur Leistung einer Volkswirtschaft zu erbringen. In einer Gesellschaft, in deren Normensystem die Bereitschaft zur Arbeit und Arbeitsleistung positiv bewertet wird, muss dies für den Einzelnen zu einem schweren Konflikt führen.

2. Gesellschaftliche Betroffenheit
Auch für die Gesellschaft stellt eine hohe Arbeitslosigkeit ein erhebliches Problem dar. Der Einzelne ist nicht mehr in der Lage, die gesellschaftlichen Normen zur Arbeitsleistung aus objektiven Gründen zu erfüllen, und die persönlichen Frustrationen resultieren in sozialer und politischer Instabilität. Für das Überleben einer Gesellschaft ist deshalb die Lösung dieses Problems erforderlich.

3. Ökonomische Betroffenheit
Von der ökonomischen Dimension her liegen Arbeitskräfte brach, und das gleiche gilt für die anderen Produktionsfaktoren. Dies bedeutet, dass das Produktionspo-

---

[16] Siehe hierzu Siebert, 2003.

tential einer Volkswirtschaft nicht ausgeschöpft wird und damit die erstellte Gütermenge geringer wird als sie sein könnte.

 Aus diesen und anderen Gründen ist die Vollbeschäftigung ein allgemein akzeptiertes Ziel der Wirtschaftspolitik. John Maynard Keynes hat seine „Allgemeine Theorie der Beschäftigung, des Zinses und des Geldes", die 1936 erschien, unter dem Eindruck der Folgen der Weltwirtschaftskrise geschrieben. Er geht von der Grundposition aus, dass infolge eines starken Nachfrageeinbruchs auf dem Gütermarkt eine zu geringe Nachfrage herrscht, dass also die Anbieter auf dem Gütermarkt rationiert werden. Da die Nachfrage nach Arbeit bei sinkender Produktion ebenfalls nachlässt, entsteht als Folgewirkung Arbeitslosigkeit.

Eine zentrale Frage der keynesianischen Analyse ist also, ob die gesamtwirtschaftliche Nachfrage ausreichend ist, das Produktionspotential auszuschöpfen. In einer Situation, in der ein Teil der Produktionsfaktoren brach liegt und in der das Produktionspotential einer Volkswirtschaft nicht ausgeschöpft ist, muss die Frage, ob die Produktionsfaktoren Arbeit, Kapital und technisches Wissen, z. B. durch Bevölkerungswachstum, Kapitalbildung und Erfindungen vermehrt werden, notwendigerweise in den Hintergrund des Interesses treten. Die zentrale Frage lautet, warum die gegebenen Produktionsfaktoren nicht beschäftigt sind.

Zur Vereinfachung wird daher die Annahme eingeführt, dass das Produktionspotential einer Volkswirtschaft, d. h. die unternehmerischen Kapazitäten, gegeben und konstant bleibt. Es wird unterstellt, dass Arbeitsangebot, Kapitalbestand und technisches Wissen sich nicht verändern. Diese Annahme ist naturgemäß nur für eine kurzfristige Untersuchung zulässig. Nach Keynes hängt bei gegebenem Bestand von Faktoren die Höhe des Volkseinkommens von der Beschäftigungslage ab. Bei Vollbeschäftigung wird das Produktionspotential einer Volkswirtschaft voll ausgeschöpft. Liegt dagegen Arbeitslosigkeit vor, so stellt sich ein niedrigeres Volkseinkommen ein. Die Höhe der Beschäftigung und damit die Höhe des Volkseinkommens hängen nun von der Gesamtnachfrage ab.

Ist die aggregierte Nachfrage gering, so wird das Produktionspotential nicht voll ausgenutzt, d. h. es könnten mehr Güter hergestellt werden als tatsächlich erfolgt. Ist die Gesamtnachfrage größer als das Produktionspotential, so entsteht Überbeschäftigung. Das Volkseinkommen und damit die Beschäftigung werden also von der gesamtwirtschaftlich wirksamen Nachfrage bestimmt. Die *Analyse der Gesamtnachfrage wird damit zum zentralen Problem* der makroökonomischen Theorie.

8.1.2   Determinanten der gesamtwirtschaftlichen Nachfrage

Die gesamtwirtschaftliche Nachfrage setzt sich aus dem Konsum aller Wirtschaftsakteure zusammen. Ein Großteil des Konsums ist im keynesianischen Denkmodell abhängig vom erzielten Einkommen der Haushalte. Der Zusammenhang wird unter (1) Konsumfunktion beschrieben. Eine weitere wichtige Determinante stellen die Investitionen der Unternehmen dar. Wie unter (2) dargestellt wird, sind die Investitionen eine abhängige Größe des Zins. Schließlich spielt im keynesianischen Denkmodell der so genannte autonome Konsum eine wichtige

Rolle. Dieser unter (3) näher beleuchtete Teil des Konsums ist unabhängig von Einkommen und Investitionen und wird von anderen Faktoren bestimmt, wie z.B. von optimistischen oder pessimistischen Zukunftserwartungen.

(1)   Konsumfunktion
Würde die Planung eines Haushalts keinen Beschränkungen unterliegen, so wäre die Nachfrage nach Gütern, also der Konsum des Haushalts, von Löhnen und Preisen abhängig. Sobald aber Planungsbeschränkungen wirksam werden, so wird der Konsum eines Haushalts davon abhängig sein, wie viel Arbeit er am Arbeitsmarkt absetzen kann. Beträgt die Arbeitsmarktbeschränkung $\bar{l}$, so wird der Haushalt ein Einkommen $Y = w \cdot \bar{l}$ beziehen. Dieses Einkommen ist nunmehr die maßgebliche Größe für sein Konsumverhalten. Daher hat Keynes angenommen, dass in einer unterbeschäftigten Wirtschaft der Konsum allein vom Volkseinkommen abhängig ist. Dabei gehen wir vereinfachend davon aus, dass das Volkseinkommen Y_f gerade dem Inlandsprodukt Y entspricht,

(8.1) $C = C(Y)$ *C abhängig von Y folgt sofort aus der Rationierung der Haushalte*
C: Konsumausgaben
Y: Volkseinkommen

Im einfachsten Falle ist dies eine lineare Beziehung vom Typ (8.2):

(8.2) $C = C_a + c \cdot Y$
C_a: autonomer Konsum
c: marginale Konsumquote   *$0 < c < 1$*

Die Ersparnis ist im keynesianischen System als nicht ausgegebener Einkommensbetrag definiert. Dies bedeutet, dass mit der Höhe des Konsums auch die Höhe der Ersparnis feststeht:

(8.3) $S(Y) = Y - C(Y)$

Im linearen Falle ergibt sich damit die Sparfunktion:

(8.4) $S(Y) = -C_a + (1-c) \cdot Y$

Der Zusammenhang zwischen Konsum- und Sparfunktion wird in Abbildung 8.1 graphisch dargestellt. Im oberen Diagramm wird die Konsumfunktion mit ihrem autonomen Abschnitt C_a und der Steigung c eingetragen. Beim Schnittpunkt der Konsumgeraden mit der eingetragenen 45°-Linie entspricht der Konsum gerade dem Einkommen. An dieser Stelle ist also die Ersparnis Null. Dies ist im unteren Diagramm, in dem die Sparfunktion eingetragen ist, dadurch erkennbar, dass die Sparfunktion genau an diesem Punkt ihre Nullstelle aufweist. Gleichfalls wird deutlich, dass der autonome Abschnitt und die Steigung der Sparfunktion direkt durch die Konsumfunktion determiniert sind.

Abbildung 8.1: Konsum- und Sparfunktion

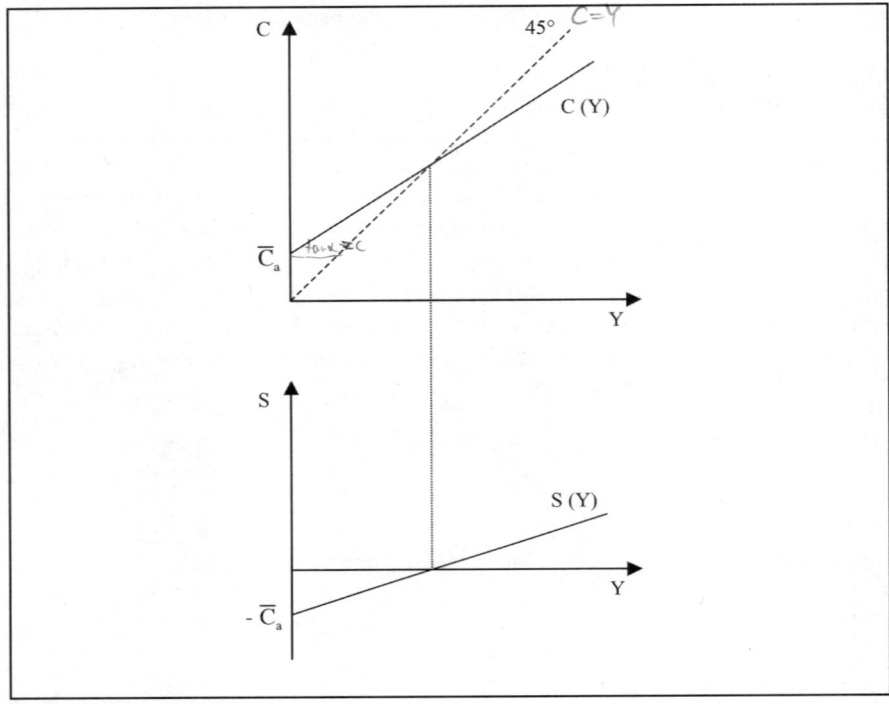

(2)   Investitionsfunktion

Nach Keynes hängt die Investitionsnachfrage vom Vergleich des Marktzinses mit dem „internen Zinsfuß" der Investitionsprojekte ab. Der Marktzins ist der Preis für die Überlassung von Geldkapital. Wie jeder Preis erklärt er sich durch Angebot und Nachfrage auf dem Kreditmarkt.

Der interne Zinsfuß – auch Grenzleistungsfähigkeit des Kapitals genannt – stellt die erwartete innerbetriebliche Verzinsung des Kapitals dar. Er gibt Aufschluss darüber, welchen Ertrag eine Investition in einem Betrieb erwirtschaftet. Um den internen Zins zu bestimmen, stellt ein Unternehmer die Ausgaben für und die Einnahmen aus einer Investition gegenüber. Die Ausgaben sind die Anschaffungskosten und die laufenden Kosten. Die Einnahmen sind die erwarteten laufenden Erlöse. Durch Gegenüberstellung der erwarteten laufenden Ausgaben und der erwarteten laufenden Einnahmen erhält man die erwarteten Nettoeinnahmen. Diese werden den Anschaffungsausgaben gegenübergestellt. Der interne Zins ist derjenige Zins r, für den gilt:

$$(8.5) \qquad A_0 = \frac{E_1}{(1+r)} + \frac{E_2}{(1+r)^2} + ... + \frac{E_n}{(1+r)^n}$$

A_0: Anschaffungskosten des Projektes = *Anfangsauszahlungen*
E_t: Nettoeinnahme in Periode t
r: interner Zinsfuß

Der interne Zinsfuß ergibt sich als Lösung der Gleichung (8.5).[17] Sei die Lösung für das Problem r*. Wenn der Marktzins mit i gegeben ist, gilt die Entscheidungsregel

$$(8.6) \qquad r^* > i \Leftrightarrow \text{Investition rentabel } \textit{fürs Unternehmen}$$

Je höher der Marktzins, desto weniger Projekte wird es geben, die nach dieser Entscheidungsregel rentabel erscheinen. Umgekehrt gilt, dass mit sinkendem Marktzins immer mehr Investitionsprojekte gefunden werden können, deren interner Zinsfuß den Marktzins übersteigt. Damit entsteht die keynesianische Form der Investitionsfunktion:

$$(8.7) \qquad I = I(i) \text{ mit } \frac{\partial I}{\partial i} < 0$$

Die Investitionshöhe ist also eine fallende Funktion des Marktzinses, wie in Abbildung 8.2 dargestellt.

Abbildung 8.2: Investitionsfunktion

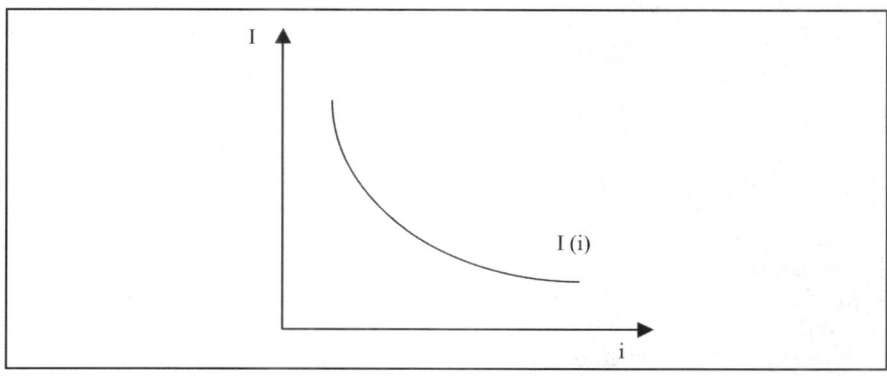

(3)   Autonome Nachfrage
Die Nachfragekomponenten, die nicht in einem Beziehungszusammenhang mit den unabhängigen Variablen Volkseinkommen und Zins stehen, bezeichnet man

---

[17] Mathematisch verlangt die Lösung von (8.5) die Anwendung eines Approximationsverfahrens, da ein Polynom n-ten Grades zu lösen ist.

⇒ alle Elemente der Nachfrage, die nicht von den Leitvariablen Y oder i abhängig sind. z.B.: C₀, I₀, A₀, Ex zusammengefasst als A₀ Na

in der Zusammenfassung als „autonome Nachfrage". So kann es eine autonome Komponente des Konsums geben, ebenfalls eine zinsunabhängige Komponente der Investition. Wir können, obwohl wir von einer detaillierten Einbeziehung des Staates und des Auslands absehen wollen, die autonomen Komponenten der Nachfrage dieser beiden Sektoren bereits hier berücksichtigen. Dann ergibt sich die Definitionsgleichung:

$$(8.8) \qquad C_a + I_a + A_{St} + Ex := N_a$$

Die Zusammenfassung dieser vier Komponenten zur autonomen Nachfrage hat den Vorteil, dass die Nachfragekomponenten gleicher Charakteristik hier sofort zusammengefasst werden, so dass bereits an dieser Stelle klar ist, dass diese vier autonomen Komponenten später nicht getrennt untersucht werden müssen. Gleichfalls können wir im Folgenden bereits die Wirkungen autonomer Staatsausgaben und Exporte miteinbeziehen, ohne Staat und Ausland explizit modelliert zu haben. Letztlich lassen sich auch psychologische Effekte, wie Zukunfts-optimismus oder –pessimismus über die Variation der autonomen Nachfrage ausdrücken.

8.1.3   Gleichgewicht auf dem Gütermarkt

Ein Gleichgewicht auf dem Gütermarkt ist gegeben, wenn das geplante Angebot der geplanten volkswirtschaftlichen Nachfrage entspricht. Das Angebot ist identisch mit dem Inlandsprodukt Y, das in einer einfachen Modellwirtschaft ohne Staat und Ausland dem Volkseinkommen entspricht. Die Nachfrage setzt sich zusammen aus den Bestandteilen: einkommensabhängiger Konsum, zinsabhängige Investition und autonome Nachfrage:

$$(8.9) \qquad Y = C(Y) + I\,(i) + N_a$$

 Ergebnis 8.1:   *Auf dem Gütermarkt herrscht Gleichgewicht, wenn das geplante Angebot der geplanten Nachfrage, bestehend aus einkommensabhängigem Konsum, zinsabhängiger Investition und autonomer Nachfrage entspricht.*

Die Investitionen spielen für das Gütermarktgleichgewicht eine bedeutende Rolle, da sie zum einen die Nachfrage in der aktuellen Periode und zum anderen die Produktionsmöglichkeiten in den zukünftigen Perioden beeinflussen. Die Bedeutung (1) der autonomen und (2) der zinsabhängigen Investitionen für das Gütermarktgleichgewicht soll daher etwas näher untersucht werden.

(1)   Gleichgewicht bei autonomen Investitionen
Zunächst betrachten wir ausschließlich *geplante*, autonome (also vom Zins unabhängige) Investitionen. Weiter abstrahieren wir an dieser Stelle völlig von staatlichen Ausgaben und Exporten. Dann lässt sich das Gleichgewicht durch die Beziehung (8.10) darstellen:

(8.10) $\quad Y = C(Y) + I_a$

Dieser Zusammenhang ist in Abbildung 8.3 graphisch dargestellt.

Abbildung 8.3: Gleichgewichtiges Volkseinkommen bei autonomen Investitionen

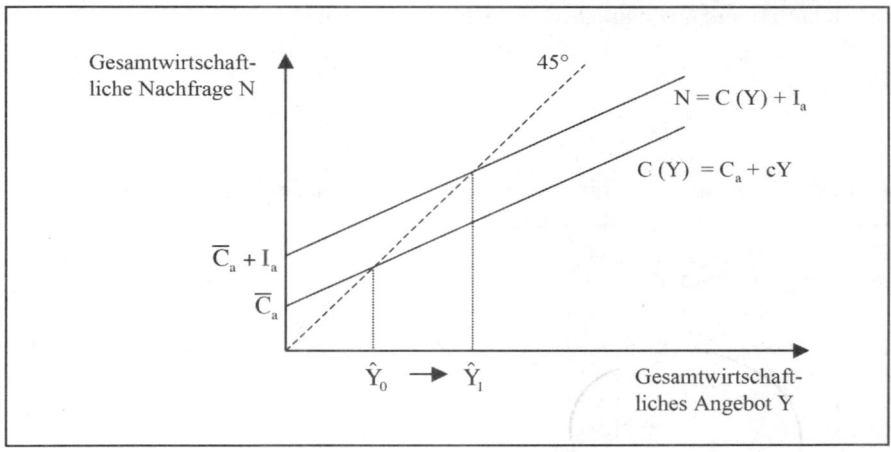

Ausgangspunkt ist die Konsumfunktion aus Abbildung 8.1. Werden die autonomen Investitionen zusätzlich berücksichtigt, so führt dies zu einer Parallelverschiebung der Konsumfunktion nach oben. Ohne Berücksichtigung von zinsabhängigen Investitionen, staatlichen Ausgaben und Exporten entsteht daraus die gesamtwirtschaftliche Nachfragefunktion N. Beim Schnittpunkt der gesamtwirtschaftlichen Nachfragefunktion N mit der eingetragenen 45°-Linie ist das Gleichgewicht (Angebot = Nachfrage) gegeben. Das gleichgewichtige Volkseinkommen ist durch die autonomen Investitionen von $\hat{Y}_0$ auf $\hat{Y}_1$ gestiegen.

Wir wissen bereits, dass sich Y auch durch die Summe aus Konsum und Ersparnisse beschreiben lässt. Die geplanten Investitionen müssen daher mit den Ersparnissen übereinstimmen. Die Identität

(8.11) $\quad I_a = S(Y)$

lässt sich mit Hilfe der Gleichungen

(8.3) $\quad S(Y) = Y - C(Y) \Leftrightarrow Y = C(Y) + S(Y)$

(8.10) $\quad Y = C(Y) + I_a$

herleiten.

Ergebnis 8.2:   *In einer Volkswirtschaft ohne Staat und Außenhandel herrscht Gleichgewicht, wenn die geplante volkswirtschaftliche Ersparnis der geplanten volkswirtschaftlichen Investition entspricht.*

In Abbildung 8.3 haben wir gesehen, dass die Steigerung des Volkseinkommens Y stärker ausgefallen ist als die ursprüngliche Erhöhung der Investitionen. Wir prüfen nun um das Wievielfache das Einkommen Y steigt, wenn sich die autonomen Investitionen um einen bestimmten Betrag erhöhen. Dazu gehen wir wiederum von der Gleichgewichtsbedingung (8.10) aus. Allerdings sind autonomer Konsum und autonome Investitionen zusammengefasst:

$$(8.12) \quad Y = c \cdot Y + N_a$$

$$N_a := C_a + I_a$$

Falls (8.12) erfüllt ist, so gilt die Gleichung auch für die Differenzen der Variablen:

$$(8.13) \quad \Delta Y = c \cdot \Delta Y + \Delta N_a$$

Die Auflösung von (8.13) nach ΔY ergibt:

$$(8.14) \quad \Delta Y = \frac{1}{1-c} \cdot \Delta N_a$$

Für den Fall, dass der autonome Konsum gleich bleibt, resultieren alle Veränderungen aus den gestiegenen Investitionen. Die Gleichungen (8.12) bis (8.14) bleiben allerdings auch gültig, falls wir die autonome Nachfrage um staatliche Ausgaben erweitern.[18]

Ergebnis 8.3:   *Erhöht sich die autonome Nachfrage in einer keynesianischen Ökonomie, so erhöht sich das Volkseinkommen um ein Vielfaches dieses Betrages („Multiplikatortheorem").*
Die Höhe des Keynes'schen Multiplikators ist durch den Quotienten 1/(1-c) gegeben.

Keynes sieht in der Investitionszurückhaltung der Unternehmen den wesentlichen Grund für die Unterbeschäftigung. So gibt es Wirtschaftsphasen, in denen die Unternehmen besonders pessimistisch sind und Kapazitätserweiterungen (jede Nettoinvestition, d. h. jede Investition, die über die Instandhaltung hinausgeht, führt ja zur Erweiterung der vorhandenen Produktionskapazitäten) unterlassen. Im Sinne unseres mikroökonomischen Erklärungsschemas aus Kapitel 7 kann man dies so ausdrücken, dass die Unternehmen versuchen, auf der kurzen Seite des Gütermarktes zu bleiben, um die Kosten der Überproduktion (Lagerhaltung, Waren-

---

[18] Der Multiplikatoreffekt ist auch bei Exporten zu beobachten. Allerdings muss in diesem Fall berücksichtigt werden, dass sich mit ansteigenden Exporten auch die Importe erhöhen. Geht man davon aus, dass auch die Importe eine Funktion von Y sind und ist die Importquote m bekannt so ist der Multiplikator durch den Quotienten 1/(1-c+m) gegeben.

verderb) zu vermeiden. Eine Veränderung der pessimistischen Einschätzungen der Unternehmen könnte in Richtung Vollbeschäftigungsgleichgewicht führen. Von sich aus kommen die Unternehmen laut Keynes jedoch nicht auf diese Idee, weil jeder Unternehmer richtig zu handeln glaubt, wenn er vorsichtig disponiert. Insgesamt kommt es dadurch ja auch zu einem Gesamtangebot in der Volkswirtschaft, das durch die Gesamtnachfrage abgenommen wird. Insofern glauben die Unternehmen, richtig zu handeln.

Um die Unterbeschäftigung zu beheben, ist es demnach erforderlich, dass eine Initialzündung von außen eingeleitet wird. Dies kann durch eine Erhöhung der staatlichen Ausgaben geschehen, die bereits einen Multiplikatoreffekt mit sich bringen. Keynes erhofft sich davon einen Umschwung bei den unternehmerischen Erwartungen, so dass in der Folge zusätzliche (autonomen) Investitionen getätigt werden. Aus der Initialzündung würde in diesem Fall ein *selbsttragender Aufschwung*, der im Idealfall nach n Perioden zum Vollbeschäftigungsgleichgewicht Y* führt. Abbildung 8.4 stellt diese Situation graphisch dar.

Abbildung 8.4: Nachfrageimpulse von Staat und privaten Investoren

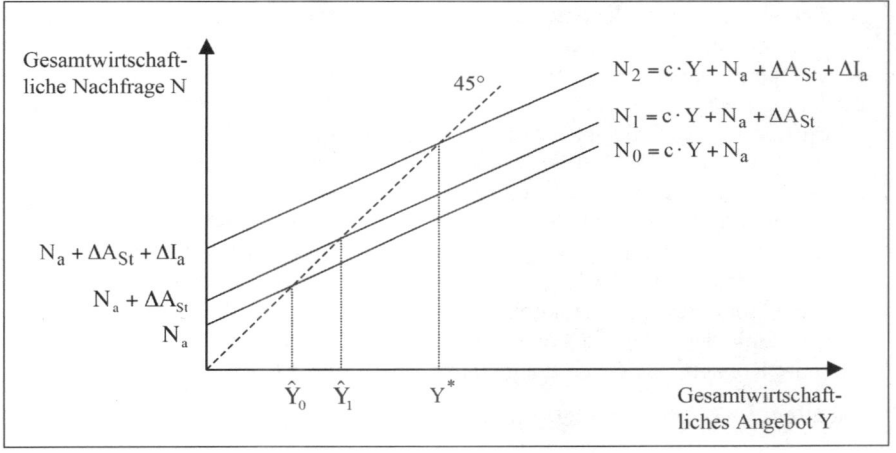

Wird das Optimum Y* durch die Nachfrage überschritten, so tritt ein Wechsel des wirtschaftlichen Regimes ein. Die Ökonomie gerät (gemäß Malinvaud) in das Regime der unterdrückten Inflation (siehe Kapitel 9). In diesem Falle ist es wirtschaftspolitisch erforderlich, Nachfrageimpulse in der umgekehrten Richtung auszuüben, d. h. die Staatsnachfrage zurückzunehmen, das Steueraufkommen möglicherweise nicht mehr komplett zu verausgaben, sondern Schulden zurückzuzahlen oder Rücklagen zu bilden. Insgesamt soll sich der Staat also jeweils anders verhalten als die privaten Investoren. In schlechten Zeiten soll er mehr ausgeben, als er einnimmt und in guten Zeiten einen Teil der Einnahmen zurücklegen. Dies bezeichnet man als *„antizyklische Fiskalpolitik"*.

Box 8.1: Keynes'scher Multiplikator

Beispiel

Betrachten wir folgendes Beispiel:

Konsumfunktion:$C(Y) = 0,75\ Y + 25$

Autonome Investitionen: $I_a = 12,5$

Die einzige unabhängige Variable des nun entstandenen Systems ist das Volkseinkommen Y. Wenn in diesem einfachen System autonome Investitionen in Höhe von 12,5 geplant sind, so bedeutet dies nicht, dass diese Planung auch in jedem Falle in Erfüllung geht. – Betrachten wir hierzu Tabelle 8.1. Gehen wir von einem Volkseinkommen von 0 aus, so würde der Konsum 25 betragen und die Ersparnis -25. Wir erkennen, dass die Ex post-Identität Y = C + I verlangt, dass unter dieser Voraussetzung ungeplante Investitionen in Höhe von -37,5 auftreten, nur dann liegt die tatsächliche Investition bei -25, so dass die Ex post-Identität aufgeht. Wirtschaftlich interpretiert heißt dies, dass bei einem Einkommen von Null nur dann ein Konsum von 25 realisiert werden kann, wenn zuvor produzierte Produkte im Wert von 37,5 vom Lager genommen werden, da neben dem Konsum von 25 auch noch eine autonome Investition von 12,5 als Nachfrage auf dem Gütermarkt wirksam ist.

Nehmen wir einen anderen Fall aus Tabelle 8.1: bei einem Einkommen von 200 betrüge der Konsum 175 und die Ersparnis 25. Geplante Konsum- und Investitionsnachfrage sind nicht ausreichend, um das Angebot abzunehmen. Daher müssen 12,5 auf Lager gelegt werden, was nichts anderes bedeutet, als dass ungeplante Investitionen in dieser Größenordnung auftreten. Es kommt nur eine Höhe des Volkseinkommens in Frage, die dazu führt, dass alle Planungen aufgehen. Dies ist bei Y = 150 der Fall. In diesem Falle beträgt der geplante Konsum 137,5 und die geplante Investition 12,5.

Tabelle 8.1: Gleichgewichtige und ungleichgewichtige Situationen

Y	C	S	I_a	$I_{ungeplant}$
-	25	-25	12,5	-37,5
50	62,5	-12,5	12,5	-25
100	100	0	12,5	-12,5
150	137,5	12,5	12,5	0
200	175	25	12,5	12,5

Wenn wir die Beispielwerte in die Gleichung (8.12) einsetzen, so gilt

$$Y = 0,75\ Y + 25 + 12,5 \Leftrightarrow 0,25\ Y = 37,5 \Leftrightarrow Y = 150$$

Nun sollen die autonomen Investitionen um 10 erhöht werden. Aus Gleichung (8.14) folgt, dass der Multiplikator bei c = 0,75 gerade 4 ergibt. Die gestiegenen Investitionen ziehen somit eine Erhöhung des Volkseinkommens um 40 nach sich.

Ein solcher Prozess ist in Tabelle 8.2 dargestellt. Es wird angenommen, dass die Produzenten um eine Periode zeitverzögert reagieren, also eine Nachfrageerhöhung in der betrachteten Periode mit einer gleich hohen Angebotserhöhung in der folgenden Periode beantworten. Der Prozess startet ausgehend vom Gleichgewicht, das bei 150 zu finden war und nimmt an, dass die autonomen Investitionen vom Niveau 12,5 auf das Niveau 22,5 angehoben werden. Auf die Erhöhung der Investitionsgüternachfrage um 10 in der Periode 1 reagieren die Unternehmen in der Periode 2 mit einer gleich hohen Angebotsausweitung. Da mit einer Ausdehnung der Produktion aber auch die Einkommen ansteigen, geht auch der Konsum nach oben, und zwar von 137,5 auf 145. Dies ist aber nur realisierbar, wenn Lager in Höhe von 7,5 aufgelöst werden, weil nun die Investitionsgüternachfrage bei 22,5 liegt. Wir sehen, dass sich dieser Prozess mit immer kleiner werdenden Schritten aufschaukelt, bis er gegen einen neuen Gleichgewichtszustand konvergiert.

Tabelle 8.2: Multiplikatoreffekt; Annahme: Produzenten reagieren um eine Periode zeitverzögert

Periode	Y	C	S	I_a	$I_{ungeplant}$
0	150	137,5	12,5	12,5	0
1	150	137,5	12,5	22,5	-10
2	160	145	15	22,5	-7,5
3	167,5	150,5	17	22,5	-5,5
.	.	.	.	.	.
$\to \infty$	190	167,5	22,5	22,5	0

(2)   Gleichgewicht bei zinsabhängigen Investitionen

Sehen wir von der Staatstätigkeit ab, so ergibt sich das volkswirtschaftliche Gleichgewicht unter Berücksichtigung der zinsabhängigen Investitionen gemäß:

(8.15) $Y = C(Y) + I(i)$ bzw.

(8.16) $S(Y) = I(i)$

Wir sehen, dass sich an der grundsätzlichen Gleichgewichtsaussage für eine geschlossene Volkswirtschaft ohne Staat nichts geändert hat. Die Gleichgewichtsbedingung enthält aber nun zwei Variablen, Y und i. Dementsprechend kann das Gleichgewicht auf dem Gütermarkt nicht mehr nur durch einen Punkt dargestellt werden, sondern durch eine Linie. Diese Gleichgewichtslinie wird mit Hilfe der Abbildung 8.5 abgeleitet.

Abbildung 8.5: Herleitung der IS-Kurve

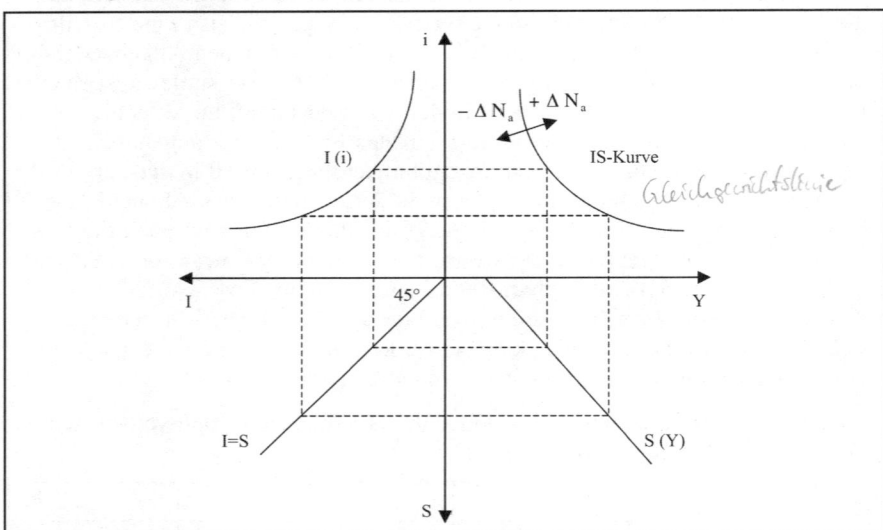

Abbildung 8.5 zeigt im zweiten Quadranten die Investitionsfunktion I(i) und im vierten Quadranten die Sparfunktion S(Y). Eine 45°-Linie im dritten Quadranten ermöglicht die Berücksichtigung der Gleichgewichtsbedingung I(i) = S(Y). Gemäß graphischer Konstruktion erhalten wir alle Kombinationen von i und Y, die ein Gleichgewicht auf dem Gütermarkt implizieren.

Definition: *Die Menge aller (i,Y)-Kombinationen, die zu einem Gleichgewicht auf dem Gütermarkt im Sinne von I(i) = S(Y) führen, heißt IS-Kurve.*

Die IS-Kurve verschiebt sich nach außen, wenn die autonome Nachfrage wächst. Sinkt dagegen die autonome Nachfrage, so bewegt sich die IS-Kurve in Richtung Koordinatenursprung des ersten Quadranten. Dies wird mit Hilfe der Pfeile im ersten Quadranten angedeutet. Um weitere Aussagen zum wirtschaftlichen Gleichgewicht treffen zu können, muss ein zusätzlicher Markt eingeführt werden, auf dem ebenfalls die Variablen Y und i eine marktregulierende Rolle spielen. Dieser Markt ist im keynesianischen System der Geldmarkt.

8.1.4   Gleichgewicht auf dem Geldmarkt

Die Akteure halten in erster Linie Geld, um damit Güter zu erwerben. Geld im Sinne von M_1 erleichtert in einer hochindustrialisierten Gesellschaft Tausch und Arbeitsteilung. So könnte ein Haushalt sein Einkommen auf ein Terminkonto überweisen lassen oder sich Anleihen kaufen, um Zinsen zu erhalten. Dies kann aber den Nachteil haben, dass er dann, wenn er etwas kaufen will, Anleihen verkaufen muss oder auf den Ablauf bestimmter Termine zu warten hat. Daher wird ein Haushalt immer einen bestimmten Vorrat an Bargeld und Sichtguthaben bereithalten, um Güter oder Dienste sofort erwerben zu können. Wir sprechen bei dieser Geldhaltung für Umsatzzwecke auch von der *„Transaktionskasse"*.

Mit wachsender Umsatztätigkeit in der Volkswirtschaft wird auch mehr Transaktionskasse benötigt. Zusätzlicher Umsatz bedeutet auch mehr Sozialprodukt bzw. Volkseinkommen, so dass in erster Annäherung die Höhe der Transaktionskasse direkt als von der Höhe des Volkseinkommens abhängig gesehen werden kann. Dies ist in Gleichung (8.17) und Abbildung 8.6 festgehalten. Die Steigung k entspricht dem Kassenhaltungskoeffizienten k.

(8.17) $L_T = L_T(Y) = k \cdot Y$

> Transaktionskasse vs. Spekulationskasse

L_T: Transaktionskasse

k: Kassenhaltungskoeffizient, mit $k > 0$

Abbildung 8.6: Transaktionskasse

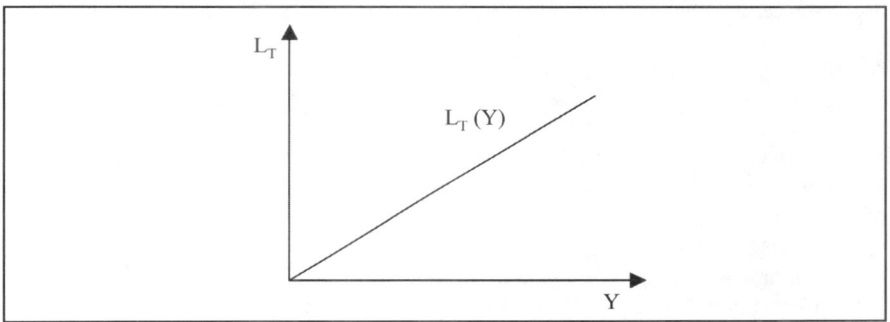

Hält ein Akteur Geld, verzichtet er darauf, Wertpapiere zu halten. Es entgeht ihm somit Zinseinkommen. Der Vorteil aus der Haltung einer Geldeinheit ist also mit dem Zinsverlust pro gehaltener Geldeinheit zu vergleichen. Der entgangene Zins stellt die Kosten der Geldhaltung dar (Opportunitätskosten). Ist der Zins hoch, so verliert der Haushalt ein relativ hohes Zinseinkommen. Mit hohem Wertpapierzins sind auch die Kosten der Geldhaltung hoch. Ist dagegen der Zins niedrig, so verliert der einzelne Akteur weniger Zinsen. Es lohnt sich daher, mehr Geld zu halten, da dann die Bequemlichkeit wächst.

Ein weiterer Grund für den Wunsch eines Haushalts oder eines Unternehmens, Geld als Kasse oder Sichtguthaben zu halten, ist das *Spekulationsmotiv*. Auch hier spielt die Höhe des Zinses eine entscheidende Rolle. Dies lässt sich wie folgt begründen: Investieren die Akteure in Wertpapiere, so sind Effektivzins (i), auch Rendite genannt, Nominalzins (r) und Kurs (K), zu dem das Wertpapier gekauft und verkauft wird, zu unterscheiden. Unter Verwendung dieser Variablen, lässt sich der Effektivzins eines Wertpapiers ermitteln:

$$(8.18) \quad i = \frac{r \cdot 100}{K}$$

Siebert beschreibt den Zusammenhang zwischen Wertpapierkursen und effektiven Zinsen wie folgt: „*Ist z. B. der Kurs eines Wertpapiers, das für 100 Euro ausgegeben wurde, 150 Euro und beträgt die Nominalverzinsung 6 % des Ausgabewertes, so ist die Effektivverzinsung i = 4 %. Kurs und Effektivzins verhalten sich also bei festverzinslichen Wertpapieren umgekehrt zueinander. Ist der Kurs eines Wertpapiers hoch, so muss der Anleger einen relativ großen Betrag an Liquidität aufgeben. Gleichzeitig ist aber der Effektivzins niedrig, d. h. das Zinseinkommen ist gering. Bei hohem Kurs und niedrigem Effektivzins ist die Anlage der Liquidität in festverzinslichen Wertpapieren kein allzu interessantes Geschäft. Der Kauf eines Wertpapiers wird insbesondere von den Erwartungen der Akteure über die Höhe des Kurses bestimmt. Bei gegebenem Nominalzins lohnt sich der Kauf eines Wertpapiers dann nicht, wenn der Verlust aus dem Kursverfall den Zinsgewinn übersteigt. Erwartet man sinkende Kurse, so wird man weniger geneigt sein, Wertpapiere zu kaufen. Sinkende Kurse bedeuten aber eine steigende Effektivverzinsung. Wir können auch sagen: erwartet man eine steigende Effektivverzinsung, so wird man weniger geneigt sein, Wertpapiere zu kaufen. Die Erwartung über die Effektivzinsen in der Zukunft wird auch im gegebenen Gegenwartszins bestimmt. Ist dieser niedrig, so erwarten die Wirtschaftssubjekte steigende Effektivzinsen (sinkende Kurse) und sie werden es vorziehen, keine Wertpapiere zu kaufen und auf günstigere Kurse zu warten. Folglich halten sie eine große ‚Spekulationskasse'. Ist der Gegenwartszins jedoch hoch, so nimmt die Wahrscheinlichkeit ab, dass man noch höhere Effektivzinsen in der Zukunft erwartet: die Kurse sind in diesem Moment günstig für den Erwerb von Wertpapieren, die Spekulationskasse ist gering"* (Siebert, 1996, S. 285).

Bei hohen Kursen und niedrigen Zinsen werden die Wirtschaftsakteure eine hohe Spekulationskasse halten, da sie weitere Wertpapierkäufe als nicht lohnenswert erachten. Bei hohen Zinsen und niedrigen Kursen dagegen, erwarten die Akteure zukünftig steigende Kurse und lösen daher ihre Spekulationskasse auf um in Wertpapiere zu investieren. Die Spekulationskasse ist damit abhängig von der Höhe des Effektivzinses i. Gleichung (8.19) und Abbildung 8.7 bringen die Abhängigkeit von Spekulationskasse und Effektivzins i zum Ausdruck:

$$(8.19) \quad L_S = L_S(i) \quad \text{mit} \quad \frac{\partial L_S}{\partial i} < 0$$

L_S: Spekulationskasse
i: Effektivzins (Marktzins)

Abbildung 8.7: Spekulationskasse

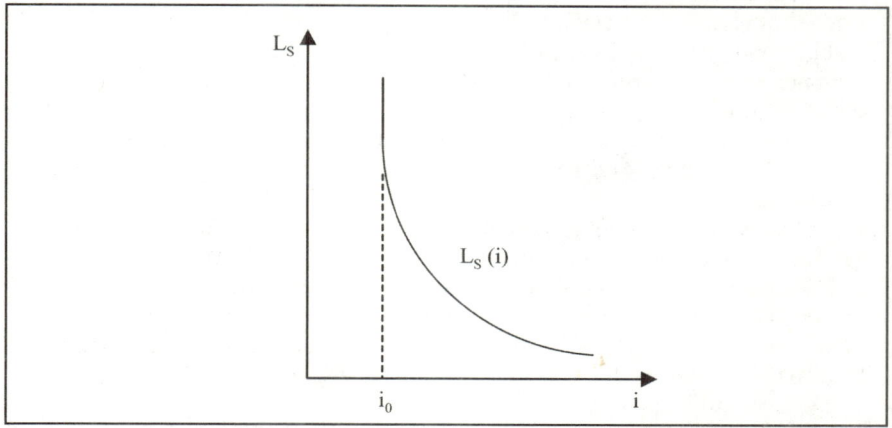

Abbildung 8.7 bringt zum Ausdruck, dass bei hohen Zinsen (niedrigen Kursen) die Spekulationskasse gegen Null geht. Umgekehrt steigt bei niedrigen Zinsen die Spekulationskassenhaltung. Es ist sogar möglich, dass die Akteure bei sehr niedrigen Zinsen ganz aus den Wertpapieren aussteigen und nur noch Spekulationskasse halten. Dies ist dann der Fall, wenn die Anleger der Werterhaltungsfunktion der Wertpapiere nicht trauen und so lieber Geld halten, das sie leicht in Sachgüter umtauschen können. In kritischen Zeiten können Geld und Sachgüter bessere Anlageobjekte sein als Wertpapiere. Dies ist in der Graphik beim Zins i_0 der Fall und wird von Keynes als *„Liquiditätsfalle"* bezeichnet.

Box 8.2: Alternative Anlageformen und „Liquiditätsfalle"

Das Spekulationsmotiv der Kassenhaltung ist durch die Ungewissheit der Erträge aus Vermögensanlagen begründet. Zur näheren Analyse wollen wir drei Formen der Vermögensanlage unterstellen: Geld, Wertpapiere (zur Vereinfachung sind Schuldverschreibungen und Aktien zusammengefasst) und Sachwerte (Gold, Immobilien). Bezeichnen wir die erwartete Zinsänderungsrate (=Kursverlustrate) mit u und die erwartete Preisänderungsrate mit v (vgl. Richter, Schlieper, Friedmann, 1998). Die erwarteten Wertänderungen der Vermögensanlagen betragen dann

Geld: -v
Wertpapiere: i-v-u
Sachwerte (im Idealfall)   0.

Entscheidet der Anleger nur nach dem Erwartungswert, so wird er sein gesamtes Vermögen in folgender Weise anlegen:

nur Wertpapiere, wenn $i - u > 0$,
nur Geld, wenn $i - u < 0$, $v \leq 0$,
nur Sachwerte, wenn $i - u < 0$, $v > 0$.

Dies bedeutet: Erwartet der Anleger, dass Kursverluste eintreten (u > i), so wird er alternative Anlageformen wählen. Sachwerte bilden dann die beste Wahl, wenn neben Kursverlusten auch steigende Preise zu erwarten sind. Kommen beide Erwartungen in größerem Umfang zusammen, so spricht man von der „Flucht in die Sachwerte". Der Goldpreis ist ein guter Indikator für diese Sicherheitsstrategie der Anleger, denn Gold gilt als sicheres Anlageobjekt in Krisenzeiten. Angst vor Rezession und Terror treiben den Goldpreis nach oben.

Allerdings kann der Anleger auch bei Sachwerten nicht sicher sein, ob sie ihren Wert behalten (wie oben im Idealfall angenommen). Auch Immobilien- und Goldpreise unterliegen spekulativen Bewegungen, so dass im Falle geringer Preisänderungen auch die Geldhaltung eine sinnvolle Alternative sein kann. Dies gilt umso mehr, wenn die Käufe von Gold oder Immobilien mit Transaktionskosten verbunden sind, was vor allem bei Immobilien eine fühlbare Größenordnung erreichen kann. Will der Anleger disponibel bleiben und rechnet er nur für eine begrenzte Zeit mit Kursverlusten, so wird er sein Portfolio in Geld halten („Flucht ins Geld" oder nach Keynes: *„Liquiditätsfalle"*). Keynes hat die Möglichkeit einer Liquiditätsfalle beschrieben, doch gleichzeitig ausgeführt, dass er kein historisches Beispiel hierfür kenne. Dennoch ist in der post-keynesianischen Literatur die Liquiditätsfalle ein stehender Begriff geworden. Graphisch wird die Liquiditätsfalle in der Regel so dargestellt dass bei einem niedrigen Zins (hohem Kurs des Wertpapiers) die Anleger nur noch Geld nachfragen und keine Wertpapiere mehr kaufen (siehe Abbildung 8.7). In einer solchen Situation würde die Vermehrung der Geldmenge durch die Zentralbank keine realwirtschaftlichen Effekte auslösen, weil die Geldinhaber keine Wertpapiere kaufen und somit den Investoren keine liquiden Mittel zuführen. Der monetäre Impuls der Zentralbank verschwindet dann bildhaft in der Liquiditätsfalle.

In praxi entscheiden die Anleger nicht allein aufgrund des Erwartungswertes sondern auch aufgrund der Varianz von Erträgen aus Anlageobjekten. Im Ergebnis werden sie ihr Portfolio aus allen Anlagemöglichkeiten zusammensetzen und nur in besonderen Extremfällen ausschließlich eine Anlageform halten. Empirisch gibt es keine Informationen darüber, wann das Phänomen der Liquiditätsfalle aufgetreten sein könnte, während Fluchtbewegungen in die Sachwerte in inflationären Zeiten häufig zu beobachten waren. Daher werden wir im Folgenden die Liquiditätsfalle trotz ihrer hervorgehobenen Bedeutung in der post-keynesianischen Literatur nicht weiter verwenden.

Die Gesamtnachfrage nach Geld ergibt sich durch Addition der Transaktions- und Spekulationskasse gemäß Gleichung (8.20).

$$(8.20) \quad L(Y, i) = L_T(Y) + L_S(i)$$

Das Angebot an Geld wird hier mit der Geldmenge M_1 definiert, also Summe aus Bargeld und Sichtguthaben des Nichtbankensektors. Nur das Geld, über das Haushalt und Unternehmen verfügen, kann der Geldnachfrage, bestehend aus Transaktions- und Spekulationskasse, gegenübergestellt werden. Dieses Geldangebot wird von der Zentralbank und den Geschäftsbanken bestimmt.[19]

Wir bezeichnen im Folgenden das Geldangebot mit M. Da die Preise für den betrachteten Zeitraum konstant gehalten werden, ist es nicht erforderlich, zwischen nominaler und realer Geldmenge zu unterscheiden. Das Gleichgewicht auf dem Geldmarkt ist erfüllt, falls das Geldangebot der Geldnachfrage entspricht:

$$(8.21) \quad M = L(Y,i)$$

Wie schon für den Gütermarkt ist auch das Gleichgewicht auf dem Geldmarkt unter Berücksichtigung der Variablen Y und i zu ermitteln. Die Gleichgewichtslinie wird mit Hilfe der Abbildung 8.8 hergeleitet.

Abbildung 8.8: Herleitung der LM-Kurve

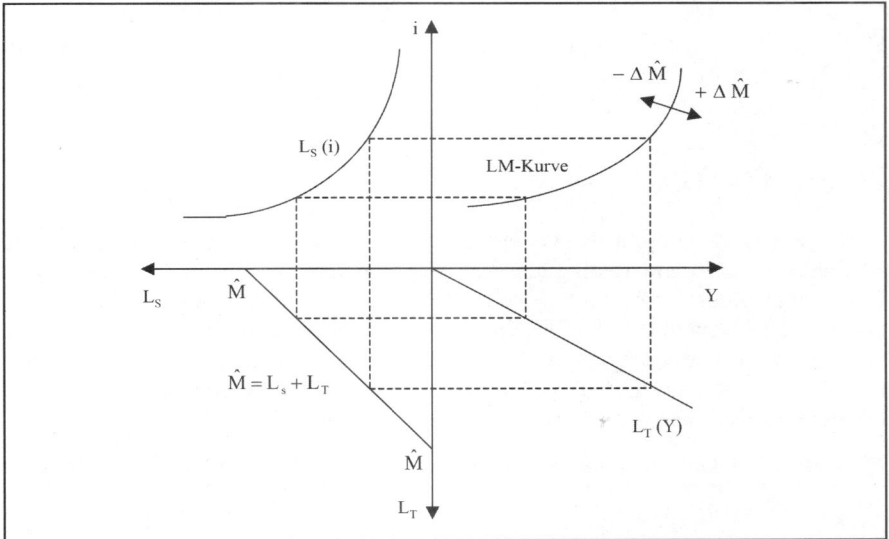

Wir ermitteln die Gleichgewichtskombinationen auf dem Geldmarkt, indem wir im zweiten Quadranten die Funktion für die Spekulationskassenhaltung und im vierten Quadranten die Funktion für die Transaktionskassenhaltung eintragen. Im dritten Quadranten wird die angebotene Geldmenge abgetragen. Wenn das Bankensystem die Geldmenge M anbietet, so kann diese entweder für Transaktionszwecke oder für Spekulationszwecke gehalten werden. Kombinationen zwischen diesen Extremwerten liegen auf der Verbindungsgeraden zwischen den M-Achsenabschnitten auf der L_S - und der L_T - Achse. Durch Verbindung der zueinander passenden Funktionswerte der Angebots- und Nachfragefunktion auf dem

---

[19] Ausführungen zum Geldangebot und zur Geldschöpfung finden sich in Kapitel 6.

Geldmarkt lassen sich Punkte im (i,Y)-Diagramm konstruieren, für die die Gleichheit von Geldangebot und Geldnachfrage erfüllt ist.

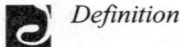 *Definition:*   *Die Menge aller Kombinationen von i und Y, die zum Gleichgewicht auf dem Geldmarkt im Sinne von Geldangebot = Geldnachfrage führen, heißt LM-Kurve. Die LM-Kurve ist eine aufsteigende Funktion.*

Wird die Geldmenge M angehoben, so verschiebt sich die LM-Kurve nach außen. Geht dagegen das Geldangebot zurück, so wandert die zugehörige LM-Kurve in Richtung auf die i-Achse. Dieses Verhalten ist durch die Pfeile im ersten Quadranten angedeutet.

8.1.5   Gesamtwirtschaftliches Gleichgewicht

Das gesamtwirtschaftliche Gleichgewicht ist nun durch die Bedingungen (8.15) und (8.21) beschrieben:

(8.15) $Y = C(Y) + I(i)$ bzw.

(8.21) $M = L(Y,i)$

Bedingung (8.15) gibt das Gleichgewicht für den Gütermarkt (ohne Staat und Ausland) an, während Bedingung (8.21) das Gleichgewicht auf dem Geldmarkt beschreibt. Unter Verwendung der graphischen Interpretationen können wir die beiden Bedingungen durch Gleichgewichtslinien repräsentieren. Fügen wir diese Gleichgewichtsbedingungen in einem Diagramm zusammen, so ist erkennbar, dass das gesamtwirtschaftliche Gleichgewicht durch den Schnittpunkt der IS- und LM-Kurven definiert ist.

Abbildung 8.9: Gesamtwirtschaftliches Gleichgewicht im keynesianischen System

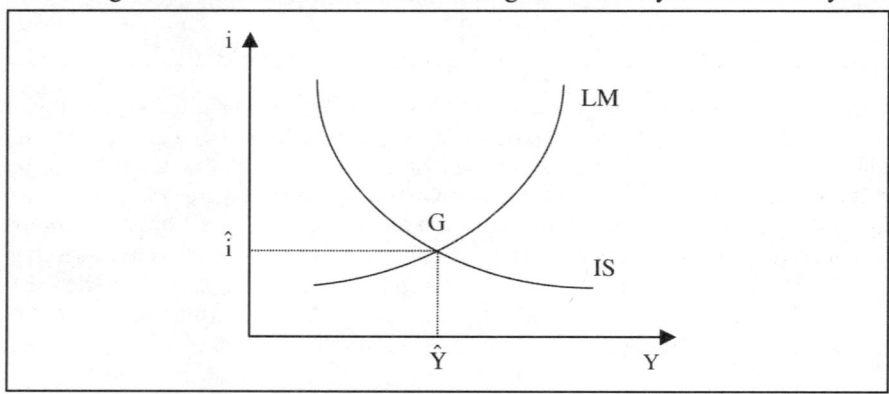

Abbildung 8.9 zeigt, dass die Lösung des Gleichungssystems [(8.15);(8.21)] als Schnittpunkt der IS- und LM-Kurven dargestellt werden kann.

Ergebnis 8.4:   *Das gesamtwirtschaftliche Gleichgewicht im keynesianischen Wirtschaftsmodell ist durch den Schnittpunkt von IS- und LM-Kurve beschrieben. Es besteht aus einem gleichgewichtigen Zins und einem gleichgewichtigen Volkseinkommen.*

Durch dieses Konzept wird deutlich, wie Unterbeschäftigung entsteht und wie sie beseitigt werden kann. Unterbeschäftigung entsteht durch eine zu geringe Güternachfrage, die gegebenenfalls durch zu geringe Versorgung der Wirtschaft mit Geld im negativen Sinne verstärkt worden ist. Um von der Unterbeschäftigungssituation wieder in Richtung Vollbeschäftigung zu gelangen, ist es erforderlich, die autonome Nachfrage nach oben zu führen und mit einer monetären Expansion zu begleiten. Dies ist in Abbildung 8.10 dargestellt.

Abbildung 8.10: Policy-Mix zur Herstellung von Vollbeschäftigung

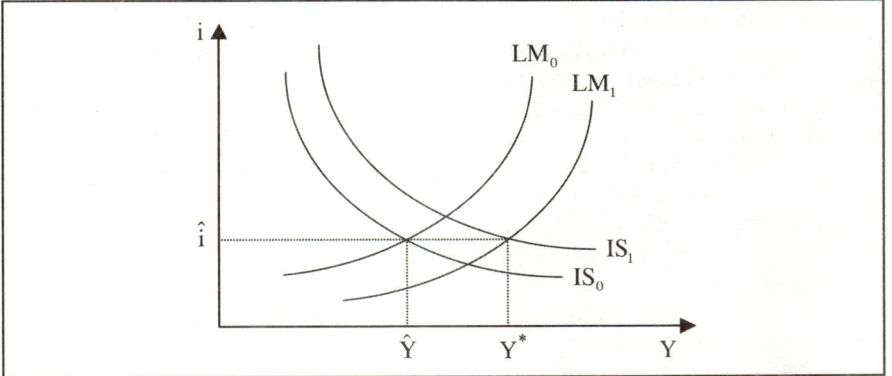

Die wahrscheinliche Steigerung der Zinsen im Anschluss an ein kreditfinanziertes staatliches Konjunkturprogramm hat eine massive Kritik der Monetaristen, an der Spitze von Milton Friedman, an diesem typisch keynesianischen Instrument der staatlichen Stabilisierungspolitik hervorgerufen. Das Problem besteht nicht allein darin, dass die zusätzliche Kreditaufnahme die Zinsen nach oben treibt. Vielmehr kommt ein Effekt hinzu, der aus Sicht der Monetaristen langfristig eine Verminderung der Leistungsfähigkeit der Volkswirtschaft herbeiführt: die Verdrängung der privaten Investitionen durch die Staatsnachfrage (*crowding-out effect*). Da der Staat aus Sicht der Monetaristen ein höchst ineffizienter Manager ist, verliert die Wirtschaft mit dem Ersatz von privaten durch staatliche Investitionen auf Dauer an Leistungskraft.

Expansive Ausgabenimpulse führen zu einer Verschiebung der IS-Kurve auf die Position IS_1. Der Vollbeschäftigungsoutput Y* wird aber nur dann ohne unerwünschte Zinssteigerungen erreichbar, wenn die Geldpolitik diese Bewegung unterstützt. Dann ist es möglich, durch kombinierte nachfrage- und geldpolitische

Aktionen die Wirtschaft in Richtung des Vollbeschäftigungsniveaus zu führen. Dabei ist zu beachten, dass Keynes davon ausgeht, dass genügend Kapazitäten für einen solchen Aufschwung vorhanden sind. Ist dies nicht der Fall, so kann es möglich sein, dass das Regime der keynesianischen Unterbeschäftigung im Zuge der Anpassungsbewegung verlassen wird und die Wirtschaft in den Zustand der klassischen Unterbeschäftigung gerät.

8.1.6   Löhne, Preise und Beschäftigung

Der aufgezeigte Zusammenhang bleibt im Kern erhalten, wenn Flexibilität der Preise unterstellt und der Produktionssektor in die Betrachtung eingefügt wird. Der Produktionssektor ist durch die Technologie (Produktionsfunktion) und die Input-Preise beschrieben, die sich (wegen unterstellter Konstanz des Kapitals) auf dem Arbeitsmarkt bilden.

Dieser Arbeitsmarkt funktioniert aber nach Auffassung von Keynes nicht nach den klassischen Regeln. Es verhandeln nicht viele kleine Einheiten in kurzen zeitlichen Abständen über den Lohn, sondern große Verbände (Arbeitgeberverbände, Gewerkschaften), die sich für längere Zeiträume (i. d. R.: 1 Jahr und länger) auf feste Tariflöhne einigen. Da in Zeiten der Unterbeschäftigung die effektiv gezahlten Löhne von den Tariflöhnen nicht wesentlich nach oben abweichen, sind somit die Nominallöhne im Anschluss an die Tarifverhandlungen festgelegt und nicht mehr in Abhängigkeit vom aktuellen Marktgeschehen veränderbar. Keynes behauptet sogar, dass sich die Tariflöhne in der Regel losgelöst von ihrer ursprünglichen ökonomischen Basis, nämlich den Arbeitsproduktivitäten, bilden. Er begründet dies damit, dass die einzelnen Gewerkschaften versuchen, ihre Position in der Lohnpyramide zu behaupten. Denn die Gewerkschaftsmitglieder werden den Erfolg des Wirkens ihrer Funktionäre daran ablesen, ob sie gegenüber anderen Berufsgruppen relativ besser oder schlechter gestellt werden. Lohnverhandlungen werden somit stark von verteilungspolitischen Argumenten dominiert. So werden die Arbeitnehmervertreter folgende Argumente im Vordergrund sehen:

- Relative Lohnposition ihres Klientels.
- Erhaltung/Verbesserung der gesamten Verteilungsposition, etwa ausgedrückt durch die Lohnquote (Anteil der Löhne und der Gehälter am Volkseinkommen).
- Regionaler Ausgleich, etwa Angleichung der Löhne und Gehälter in den neuen Ländern.
- Inflationsausgleich, Verbesserung der Realposition.

Die Arbeitgebervertreter werden dagegen auf

- Lohnstückkosten
- Wettbewerbsposition im Vergleich zum Ausland
- Produktivität der Löhne

verweisen. Da sie aber in den Verhandlungen Partei sind, wird hinter ihren Argumenten naturgemäß strategischer Pessimismus vermutet. Hierbei muss berücksichtigt werden, dass beide Parteien im Hinblick auf eine wirtschaftliche Zukunft verhandeln, deren Entwicklung sie nicht genau kennen. Sie müssen sich auf Tariflöhne einigen, ohne zu wissen, welche Produktionsergebnisse aus dem Arbeitseinsatz folgen.

Seinen Erfahrungen aus Großbritannien folgend hat Keynes angenommen, dass die verteilungspolitischen Argumente der Arbeitnehmerseite eine dominierende Rolle für das Verhandlungsergebnis spielen. S. Rosen hat dies besonders prägnant formuliert: „The labour market is more akin to the marriage market rather than to the bourse".

Im Ergebnis ist für Keynes der Nominallohn starr und nicht direkt abhängig von der Entwicklung der Arbeitsproduktivitäten. Ein Marktmechanismus mit Angebot, Nachfrage und Ausgleich durch einen Gleichgewichtslohn findet somit auf dem Arbeitsmarkt nicht statt. Dies ist nicht nur zeitweise auf Grund einer Marktstörung der Fall, sondern folgt daraus, dass die Arbeitskraft keine Ware ist, die den gleichen Gesetzmäßigkeiten wie bei materiellen Produkten unterliegt. Vor diesem Hintergrund lässt sich die Wirkungsmechanik im ökonomischen System in Kurzform so zusammenfassen:

Der festgelegte Nominallohn bewirkt bestimmte Positionen der IS- und LM-Kurven. Auf den Güter- und Geldmärkten bilden sich durch Mengenanpassungsprozesse die Gleichgewichtswerte für Volkseinkommen und Zins. Bei flexiblen Preisen gehört auch ein gleichgewichtiges Preisniveau dazu. Dieses Güter-/Geldmarktgleichgewicht bezeichnet Keynes als *aggregierte effektive Nachfrage*. In Abbildung 8.11 ist die aggregierte effektive Nachfrage über den Schnittpunkt der IS- und LM-Kurven determiniert. Mit der Höhe der aggregierten effektiven Nachfrage ist gleichzeitig die reale Produktionshöhe bestimmt. Sie beträgt $\hat{Y}/p$.

Dies folgt daraus, dass die Nachfrage im Falle der keynesianischen Unterbeschäftigung die Marktschranke für die Anbieter darstellt. *Die Produktion folgt somit der Nachfrage.*

Aus der Produktionstechnologie $f(z)$ folgt, wie viel Arbeitskraft z für die Produktion benötigt wird. Die Nachfragekurve nach Arbeit läuft eng mit der Produktionsfunktion zusammen.

Der Gewinn G ist wie folgt definiert:

(8.22) $G = p \cdot y - w \cdot z$ mit $y = Y/p$, bzw.

(8.23) $G = p \cdot f(z) - w \cdot z$ mit $y = Y/p = f(z)$

Unter Berücksichtigung der notwendigen Bedingung für ein Gewinnmaximum lässt sich folgender Zusammenhang erkennen

(8.24) $G_{max} \Leftrightarrow G' = 0 \Leftrightarrow p \cdot \dfrac{\partial f(z)}{\partial z} - w = 0 \Leftrightarrow \dfrac{\partial f(z)}{\partial z} = \dfrac{w}{p}$

Dies bedeutet, dass Unternehmen bei ihrer Arbeitskräftenachfrage dem Grundsatz: „Grenzproduktivität der Arbeit = Reallohn" folgen. Im keynesianischen System ergibt sich dieses Ergebnis am Ende der ökonomischen Reaktionskette. Erst dann hat sich ein gleichgewichtiger Preis herausgebildet (anders ausgedrückt: erst dann steht die Inflationsrate fest), so dass die Arbeitnehmer und Arbeitgeber wissen, was die Arbeitsstunde real gekostet hat. Der Reallohn ist also Ergebnis (nicht Ausgangspunkt) der gesamtwirtschaftlichen Anpassungsprozesse.

Abbildung 8.11: Keynesianischer Wirkungsmechanismus

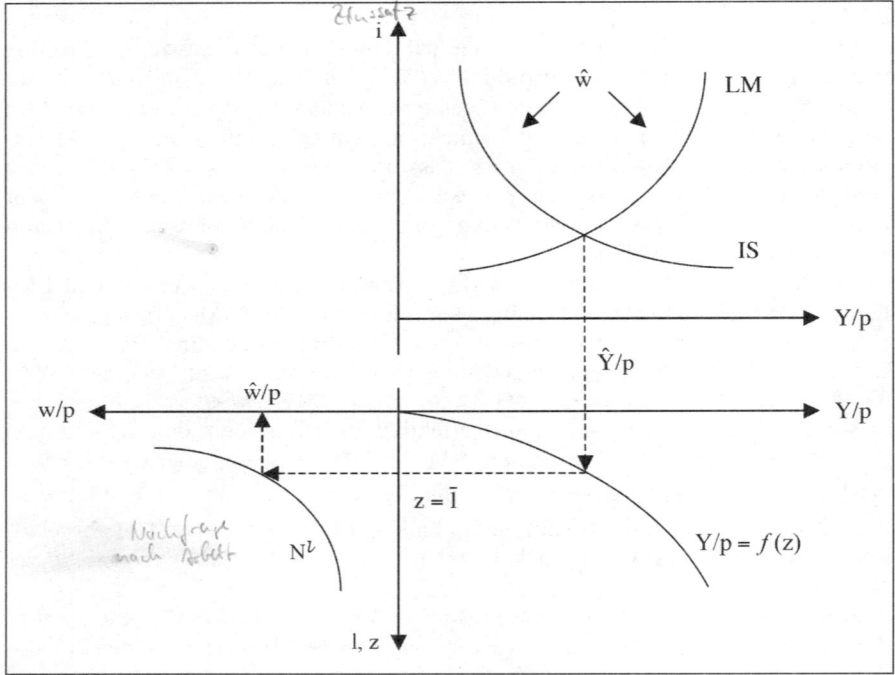

Der Nominallohn hat zwei Wirkungsebenen:
1.   Kaufkrafteffekt
2.   Lohnstückkosteneffekt

Eine Senkung der Löhne in einer Unterbeschäftigungssituation bewirkt zwar, dass die Lohnstückkosten sinken und von daher die unternehmerische Bereitschaft zur Mehrproduktion angeregt wird. Auf der anderen Seite ist aber die Nachfrage für diese Mehrproduktion nicht vorhanden, wenn der Nachfrage über die Lohnminderung Kaufkraft entzogen wird. Die Bekämpfung hartnäckiger Arbeitslosigkeit mit fortgesetzten Lohnsenkungen kann somit das Gegenteil des angestrebten Zweckes bewirken: die Unternehmen antworten nicht mit zusätzlichen Einstellungen wegen der verbesserten Kostenbedingungen, sondern mit zusätzlichen Entlassungen wegen fehlender Nachfrage. Damit kann eine Deflationsspirale in Gang gesetzt werden, die zu immer größerer Arbeitslosigkeit führt. Keynes rät daher davon ab, die Lohnpolitik zur Bekämpfung von Unterbeschäftigungssituationen einzusetzen.

8.2   Klassische Unterbeschäftigung

Die Vertreter der klassischen nationalökonomischen Lehre sind der Auffassung, dass die von Keynes diagnostizierten Informationsfehler in einer Marktwirtschaft allenfalls kurzfristiger Natur sind. Auf lange Sicht können sich die privaten Akteure in jeder Wirtschaftslage am besten selbst helfen, vorausgesetzt, dass die Rahmenbedingungen für eine flexible Anpassung über Löhne und Preise gegeben sind. Die Klassiker rechnen nicht mit Störungen, die vom Geldmarkt ausgehen. Ihrer Auffassung nach wird Geld nur für Transaktionszwecke benutzt und die Geldnachfrage ist eine langfristig stabile Funktion, die im Wesentlichen vom Sozialprodukt beeinflusst wird.

Den wirtschaftlichen Störenfried Spekulationskasse kennen die Klassiker nicht. Da wegen der Entscheidungssicherheit der Akteure keine Geldillusion entstehen kann, gilt das Say'sche Theorem in vollem Umfang: jedes Angebot schafft sich seine Nachfrage selbst.

Aus diesem Grunde konzentrieren sich die Klassiker ausschließlich auf die Angebotsseite der Volkswirtschaft. Deren Analyse liefert nach ihrer Auffassung den Schlüssel zum Verständnis einer Volkswirtschaft. Die Angebotsseite der Wirtschaft ist beschrieben durch den Produktionsapparat und die Faktormärkte, welche die Inputs für die Produktion liefern. Im Folgenden beschränken wir uns auf den Arbeitsmarkt und das Phänomen der Unterbeschäftigung, das im Mittelpunkt unseres Interesses steht.

Die Produktionstechnologie sei wiederum durch die bereits bekannte Produktionsfunktion

$$(8.25) \quad Y/p = f(z)$$

beschrieben. Das Preisniveau p wird in der Formulierung der Produktionsfunktion berücksichtigt, die das reale Produktionsergebnis durch den Einsatz von Produktionsfaktoren darstellt. Wir haben dies in der Gleichung (8.25) dadurch berücksichtigt, dass das nominale Produkt Y durch das Preisniveau p dividiert und so das reale Produkt erhalten wird. Der Arbeitsmarkt ist durch Nachfrage und Angebot an Arbeit gekennzeichnet. Beide hängen nach Ansicht der Klassiker vom Reallohn ab.

Es gilt daher:

$$(8.26) \quad A^L = A^L(w/p) \quad bzw. \quad N^L = N^L(w/p)$$

Wenn diese Verhaltensfunktionen den normalen Verlauf zeigen, so ist A^l eine steigende und N^l eine fallende Kurve. Das Gleichgewicht auf dem Arbeitsmarkt ergibt sich beim Schnittpunkt von A^l und N^l, welches für den Reallohn

$(w/p)^*$

erreicht wird. Diese Beziehung zeigt Abbildung 8.12.

Abbildung 8.12: Klassisch funktionierender Arbeitsmarkt

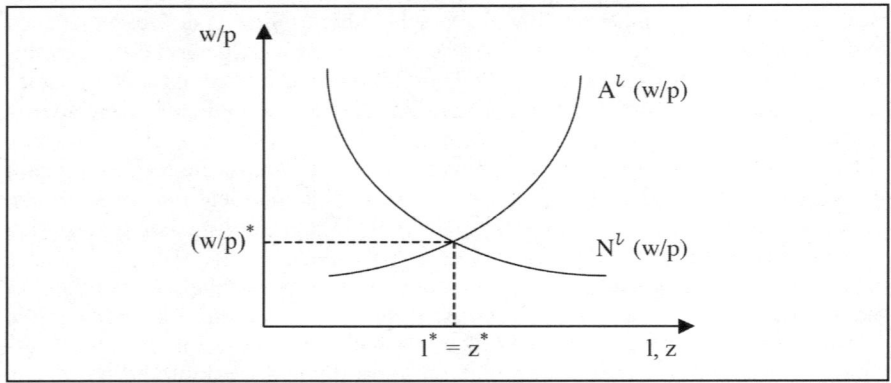

Die Nachfrage nach Arbeit hängt von der Produktionstechnologie ab. So gibt es mehr oder weniger arbeitsintensive Produktionstechnologien, wie dies durch die Produktionsfunktion (8.25) beschrieben wird. Für Unternehmen ist der Arbeitseinsatz optimal gewählt, wenn der Reallohn der Grenzproduktivität der Arbeit entspricht. Die Grenzproduktivität der Arbeit ist das zusätzliche Produktionsergebnis, welches mit dem Einsatz der letzten Arbeitseinheit erzielt wird. Die Nachfragekurve nach Arbeit ist nichts anderes als die Grenzproduktivitätskurve der Produktion im Unternehmenssektor. Abbildung 8.13 stellt den gesamten Angebotssektor mit Produktionstechnologie und Arbeitsmarkt dar. Die Abbildung zeigt, dass Produktion und Nachfrage nach Arbeit direkt miteinander zusammenhängen und dass es einen Punkt gibt, in dem die Produktionspläne der Unternehmen, die Nachfragepläne nach Arbeit und die Angebotspläne der Haushalte an Arbeit in Einklang stehen. Wegen des Say`schen Theorems, wonach sich jedes Angebot seine Nachfrage selbst schafft, müssen damit auch die Nachfragepläne der Haushalte auf dem Gütermarkt mit diesen Planungen kompatibel sein (Say, 1803). Folglich ist es nicht erforderlich, hierzu weitere Überlegungen anzustellen. Wenn die Unternehmen den Vollbeschäftigungsoutput gemäß Abbildung 8.13 herstellen, so wird dieser von den Nachfragern abgenommen.

Abbildung 8.13: Vollbeschäftigungsoutput

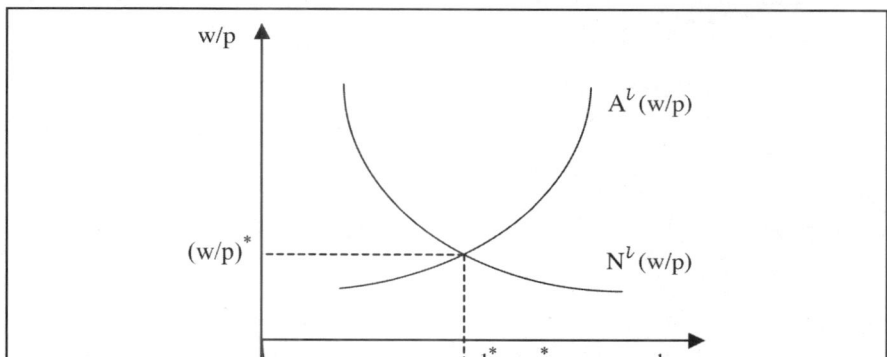

Der Zusammenhang zwischen nominaler und realer Seite der Wirtschaft ist trivial. Im klassischen System gilt die so genannte „Quantitätsgleichung":

(8.27) $M \cdot v = p \cdot (Y/p)$

M: Geldmenge
v: Umlaufgeschwindigkeit des Geldes

Die Vertreter der klassischen Nationalökonomie haben stets zu zeigen versucht, dass die Umlaufgeschwindigkeit des Geldes eine langfristig stabile Größe in der Volkswirtschaft darstellt, die für jedes Land entsprechend der dort herrschenden Zahlungssitten eine nahezu konstante Größenordnung annimmt. Ist v konstant, so lässt sich die Ex post-Identität für den Geldmarkt als Gleichgewichtsbedingung interpretieren, da in diesem Fall gilt, dass die Geldmenge eindeutig das Preisniveau bestimmt. Denn das reale Produkt Y/p wird bereits durch den Angebotssektor der Volkswirtschaft determiniert.

Auch der Nominalzins bestimmt sich auf dem Kapitalmarkt durch Angebot und Nachfrage, losgelöst vom realen Produkt. Damit gibt es keinen Mechanismus, der Störungen von Geld- und Kapitalmärkten in den realen Bereich des Angebotssektors überträgt. Den Wirkungsmechanismus des klassischen Systems mit dem von Keynes vergleicht Abbildung 8.14.

Abbildung 8.14: Klassischer Wirkungsmechanismus

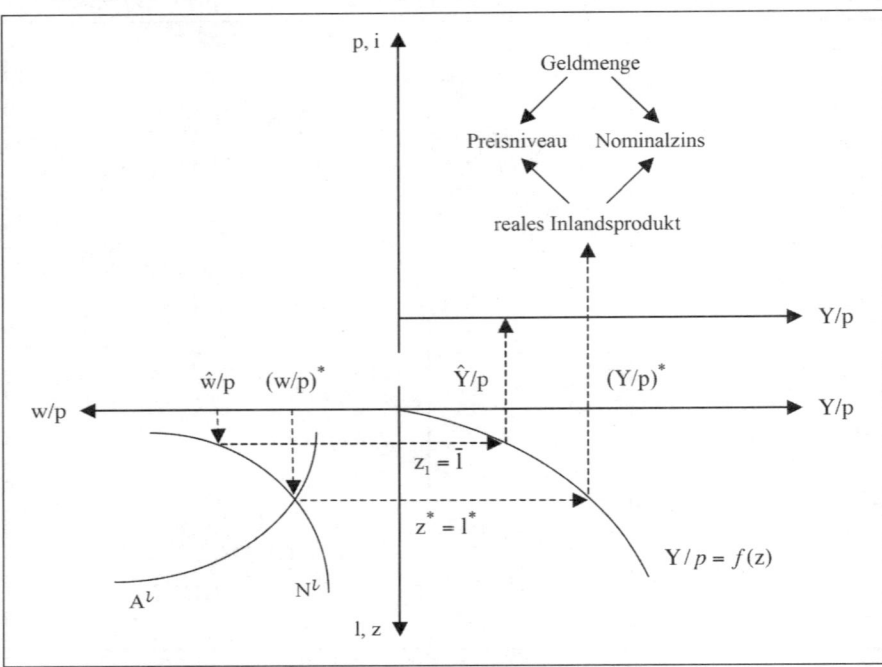

Der entscheidende Unterschied zwischen klassischer und keynesianischer Denkvorstellung besteht darin, dass die Angebotsseite der klassischen Schule, hier dargestellt durch die Produktionsfunktion und den Arbeitsmarkt, das reale Ergebnis der Wirtschaft determiniert. Die Vorgänge auf Geld- und Kapitalmärkten beeinflussen lediglich das Preisniveau und den Nominalzins. Dies führt zu keinerlei Rückschlägen auf den realen Bereich. *„Money is a veil"* hat Arthur C. Pigou zu dieser klassischen Vorstellung kommentiert. *Geld ist ein Schleier,* ein Mantel, der sich über den realen Bereich legt, dessen Größe und Struktur aber nicht zu beeinflussen vermag.

Damit haben wir den Schlüssel zum Verständnis der Unterbeschäftigung. Wenn auf dem Arbeitsmarkt Angebot und Nachfrage nicht nach den Marktgesetzen frei ausgependelt werden können, so ist ein entscheidender Baustein des Marktsystems empfindlich gestört. Wenn durch Tarifvereinbarungen, also durch institutionelle Prozesse, die zwischen Verbänden ablaufen, ein Nominallohn von $\hat{w}$ fest vereinbart wird, resultiert daraus ein Reallohn $\hat{w}/p$ wie dies in Abbildung 8.14 dargestellt ist. Liegt dieser Reallohn oberhalb des gleichgewichtigen Reallohns, so impliziert dies Unterbeschäftigung. Das daraus resultierende Produkt ist kleiner als der Vollbeschäftigungsoutput, und die Vorgänge auf Geld- und Kapitalmärkten können an diesem Ergebnis nichts ändern. Die einzigen Möglichkeiten zur Beeinflussung dieser Situation bestehen in der Senkung der Löhne sowie der Veränderung der Produktionstechnologie (Erhöhung der Arbeitsproduktivität).

Hieraus wird ersichtlich, weshalb wir das nordwestliche in Kapitel 7 (Abbildung 7.8) als „klassische Unterbeschäftigung" bezeichnet haben. Es ist zu sehen, dass in diesem Bereich die Reallöhne höher sind als in den anderen Regimes. Da die Klassiker zu hohe Löhne als wesentliche Ursache für Unterbeschäftigung ansehen, hat Malinvaud den Ausdruck „classical underemployment" für eine solche Wirtschaftssituation geprägt. Entscheidend ist, dass die Unternehmen in dieser Situation nicht auf Marktschranken stoßen. Sie produzieren zu den herrschenden Bedingungen (allerdings bei hohem Reallohn) genau ihren gewinnoptimalen Output. Dieser reicht allerdings nicht aus, um Vollbeschäftigung herzustellen. Vollbeschäftigung liegt nicht im Interesse der Unternehmen, denn eine Ausweitung der Produktion zu den herrschenden Bedingungen (hohen Lohnkosten) würde keine Gewinnsteigerung bringen. Hier liegt der Unterschied zur keynesianischen Unterbeschäftigung, bei der sich die Unternehmen wegen mangelnder Nachfrage in der Produktion zurückhalten müssen, obwohl sie weitere Kapazitäten hätten und diese gewinnsteigernd nutzen könnten.

8.3   Monetarismus

Der Monetarismus wurde seit den 1960er Jahren von der „Chicagoer Schule" um Milton Friedman entwickelt. Im Mittelpunkt steht die Ablehnung der keynesianischen Interventionspolitik über Staatsausgaben, Steuern und Geldmenge, damit die Planungen der Akteure nicht durch inflatorische Entwicklungen gestört werden. In einer stabilen Wirtschaftsumgebung planen die Akteure langfristig. So hat Friedman für die Konsumplanung die „permanente Einkommenshypothese" entwickelt, die besagt, dass der Konsum vom langfristig erwarteten Durchschnittseinkommen abhängt und nicht, wie bei Keynes, vom aktuellen Einkommen.

Die folgenden Punkte sind zentral:
1.   Die Geldmenge ist die wesentliche wirtschaftspolitische Stellgröße. Dies folgt aus der Quantitätsgleichung $M \cdot v = p \cdot (Y/p)$, wenn die Umlaufgeschwindigkeit des Geldes als konstant angenommen wird ($v = const$).
2.   Löhne und Preise sind flexibel und Marktgewichte nach klassischem Muster möglich.
3.   Der private Wirtschaftssektor ist stabil.

Aus den Annahmen (2) und (3) resultiert, dass der Angebotssektor der Volkswirtschaft die Höhe des realen Sozialprodukts Y/p bestimmt.
4.   Im Unterschied zur klassischen Theorie kann es zu Störungen des Marktgeschehens kommen, nämlich dann, wenn inflatorische Tendenzen die Planung der Akteure erschweren.

In seinem 1980 erschienen Artikel „Why inflation is like alcoholism" vergleicht Milton Friedman die Inflation mit dem Alkoholismus: der Beginn macht

Spaß, aber die Folgen sind schmerzlich und die Entziehungskur qualvoll (vgl. Kapitel 9.3.1). Aus diesem Grunde muss über die Geldmenge M das Preisniveau p kontrolliert werden, was wegen v = const gelingt.

Die Unterbeschäftigungstheorie der Monetaristen hat zwei einfache Kerne: die natürliche Unterbeschäftigungsrate und die Lohninflexibilität. Auch in einer funktionsfähigen Marktwirtschaft wird es keine Arbeitslosenquote von Null geben können.

Dies liegt an folgenden Faktoren:
1. Strukturänderungen in der Produktion. Dadurch werden Arbeitsplätze in rückläufigen Branchen abgebaut und in aufstrebenden Branchen geschaffen. Dieser Übergang geht nicht nahtlos.
2. Räumliche Immobilität der Arbeitnehmer. Bei Umstrukturierungen der Wirtschaft kommt es zu ungleichgewichtigen Entscheidungen im Raum. Wenn Arbeitnehmer eine geringe Bereitschaft zum Ortswechsel haben, so können die Arbeitsmarktungleichgewichte über einen längeren Zeitraum andauern.
3. Fehlende Arbeitsqualifikation. Neu aufstrebende Branchen haben häufig Schwierigkeiten, genügend Fachkräfte zu bekommen. Die Arbeitslosenquote ist bei den schlecht ausgebildeten Kräften am höchsten.
4. Suche nach besseren Jobs. Ein geeigneter Job findet sich in der Regel nicht in wenigen Tagen. Dabei ist zu berücksichtigen, dass auch Ansprüche an die Arbeits- und Wohnumgebung gestellt werden, die der Arbeitnehmer in seine berufliche Entscheidung einbezieht.

Die natürliche Arbeitslosigkeit ist mit Hilfe der Fiskal- und Geldpolitik nicht zu beeinflussen. Laut Friedman stehen die Regierungen aber ständig unter dem Druck von Gewerkschaften und sozialpolitischen Parteiflügeln, welche die Arbeitslosenquote durch Staatsinterventionen herabdrücken möchten. Ein solcher Versuch führt jedoch nur zu inflationären Reaktionen, während sich am realen Produkt und an der Beschäftigung langfristig durch solche Maßnahmen nichts ändern kann.

Der zweite Kern betrifft die Inflexibilität der Löhne. Friedman greift in diesem Zusammenhang vor allem die Mindestlohnpolitik in den Vereinigten Staaten an, die seines Erachtens unsozial war und Arbeitsplätze vernichtete (unter der Regierung Reagan wurden die Mindestlöhne aufgehoben). Ferner führte sie zu regionalen Disparitäten, weil sich die Mindestlöhne im Süden der USA, wo die Landwirtschaft ein starker Wirtschaftszweig ist, stärker produktionsbeschränkend auswirkten als im industrialisierten Norden. Arbeit ist eine Ware wie jede andere und der Lohn ist ein Preis wie jeder andere daher wirkt jede Inflexibilität auf dem Arbeitsmarkt störend für den gesamten Marktmechanismus und führt zu unnötiger Arbeitslosigkeit. Der Abbau dieser unnötigen Arbeitslosigkeit gelingt mit der Rücknahme marktbeschränkender Regularien für den Arbeitsmarkt.

Weitere Punkte, auf die Monetaristen hinweisen, betreffen:

1. Die Unmöglichkeit, staatliche Konjunkturpolitik zur richtigen Zeit in der richtigen Dosierung durchzuführen (Informationsmängel, langwierige Gesetzgebungsverfahren) und

2. Die übertriebene staatliche Regulierung auf einigen Märkten (z. B. Energiewirtschaft, Telekommunikation, Verkehr, Entsorgung).

Die Behebung der Arbeitslosigkeit gelingt ausschließlich für den nicht natürlichen Anteil. Die Maßnahmen dürfen dabei nicht direkt ansetzen (keine Beschäftigungsprogramme), sondern müssen sich auf die Herstellung funktionsfähiger Märkte beziehen.

8.4   Schlussbemerkung zur Unterbeschäftigung

Traditionell hatte ein Nationalökonom, der einer bestimmten Denkschule, also der keynesianischen oder der klassischen, angehörte, auf das Problem der Unterbeschäftigung sofort die für ihn richtige Antwort parat. Als Keynesianer forderte er eine aktive Nachfragepolitik des Staates, als Klassiker unbedingte Lohnzurückhaltung der Gewerkschaften bei den Tarifverhandlungen und als Monetarist die Kontrolle der Geldmenge zur Sicherung der Währung.

Die Unterbeschäftigungstheorie von Malinvaud lehrt uns dagegen, dass es zunächst auf eine sorgfältige Diagnose des wirtschaftlichen Zustandes ankommt, bevor man eine Therapie entwirft. Ein wichtiges Instrument zu dieser Diagnose ist die Prüfung der Auslastung des Produktionspotentials. Ist das Produktionspotential stark ausgelastet, obwohl Arbeitslosigkeit herrscht, so ist die Unterbeschäftigung eher klassischen Ursprungs und muss kurzfristig über Löhne sowie langfristig über Änderung der Technologie behandelt werden. Ist dagegen das Produktionspotential stark unterausgelastet, so indiziert dies eine keynesianische Form der Unterbeschäftigung. In diesem Falle ist der Staat zur aktiven Stabilisierungspolitik aufgerufen. Allerdings sind mögliche Spätfolgen einer solchen Stabilisierungspolitik zu beachten, vor allem müssen inflatorische Tendenzen begrenzt werden, indem der Staat sich dann zurückhält, wenn seine expansiven Maßnahmen zu greifen beginnen.

Strukturelle Arbeitsmarktprobleme lassen sich nicht mit Konjunkturprogrammen beheben. Die klassisch/monetaristische Position, funktionsfähige Märkte zu schaffen, ist hier die Grundlage einer langfristig angelegten Beschäftigungspolitik. Zudem können Bildungs- und Technologiepolitik dazu beitragen, den Strukturwandel zu beschleunigen und den Übergang zu wachstumsintensiven und dennoch umwelt- und sozialverträglichen Produktionen zu fördern.

Aus der Darstellung der wirtschaftlichen Regimes im Kapitel 7 kann man wichtige Schlüsse zu möglichen Konjunkturverläufen ziehen. In der traditionellen Vorstellung spielt sich der Konjunkturverlauf als Wechsel zwischen einem Unterbeschäftigungsregime und einem Vollbeschäftigungsregime ab, also z. B. zwischen K (keynesianische Unterbeschäftigung) und R (unterdrückte Inflation). Das Regime K steht für unterausgelastete Produktionskapazitäten und Arbeitslosigkeit (Depression), während in R alle Produktionsfaktoren ausgelastet sind und Überhitzungserscheinungen, wie z.B. eine dauerhafte Auslastung der Faktoren an der Kapazitätsgrenze, beobachtet werden.

In Japan, Deutschland und anderen Ländern Europas gibt es lang andauernde Phasen der Unterbeschäftigung, die Konjunkturzyklen überdauern. Diese können offenbar nicht mehr mit dem traditionellen Konjunkturschema erklärt werden. Die Analyse der wirtschaftlichen Regimes bietet dagegen eine Erklärungsmöglichkeit für dieses Phänomen. Gehen wir davon aus, dass sich die Unternehmen risikoavers verhalten, also nicht den Erwartungswert der Nachfrage sondern ein geringeres Volumen zur Grundlage ihrer Investitionspläne machen. Um bei geringerem Produktionsvolumen Gewinne zu erzielen müssen die Kosten gesenkt werden, was durch starke Rationalisierungsanstrengungen möglich ist. Im Ergebnis erhält man ein Unterbeschäftigungsregime vom klassischen Typ, bei dem die Unternehmen ihre Planungen realisieren, während die Haushalte ihre Beschäftigungswünsche nicht umsetzen können.

Ein Gleichgewicht im Regime der klassischen Unterbeschäftigung kann nicht dauerhaft sein, da nunmehr die Haushalte ihre Nachfrage angesichts der Unterbeschäftigung und fehlender Zukunftsaussichten zurückfahren. Es entsteht eine Konsumzurückhaltung und eventuell sogar das paradox erscheinende Ergebnis, das die Sparquote ansteigt. Letzteres ist aus der Risikoaversion der Haushalte zu erklären, die in der Phase der Unterbeschäftigung nicht darauf setzen, dass sich die Situation bald verbessert, sondern dass es eventuell noch schlimmer wird. Damit bewegt sich die Ökonomie in Richtung der keynesianische Unterbeschäftigung, die bekanntlich die Nachfrageschwäche als dominierende Ursache kennt.

Wenn die Unternehmen auf die schwächere Nachfrage wiederum durch Anpassung der Investitionen reagieren und ihre Rationalisierungsbemühungen verstärken, so bewegen sie die Ökonomie wieder vom Regime der keynesianischen Unterbeschäftigung in Richtung der klassischen Unterbeschäftigung. Im Ergebnis erhalten wir Konjunkturzyklus, der den Bereich der Unterbeschäftigung nicht verlässt, teilweise keynesianische, teilweise klassische Merkmale aufweist und somit den Vertretern beider Theorien aus ihrer Sicht empirische Belege für ihre Positionen liefert.

Abbildung 8.15 beschreibt das traditionelle Bild vom Konjunkturverlauf (Wechsel zwischen K und R) und den Konjunkturverlauf bei dauerhafter Unterbeschäftigung (Wechsel zwischen K und C). Die temporären Gleichgewichtspositionen in K und C, die in der Graphik mit GG_1 bzw. GG_2 bezeichnet sind, kann man als labile Gleichgewichte interpretieren, die keine Ruhezustände der Ökonomie darstellen und sofort Bewegungen in die Gegenrichtung auslösen. Eine Bewegung in Richtung des gesamtwirtschaftlichen Optimalzustandes W kommt aus den inneren Antriebskräften nicht zu Stande.

Abbildung 8.15: Temporäre Gleichgewichte

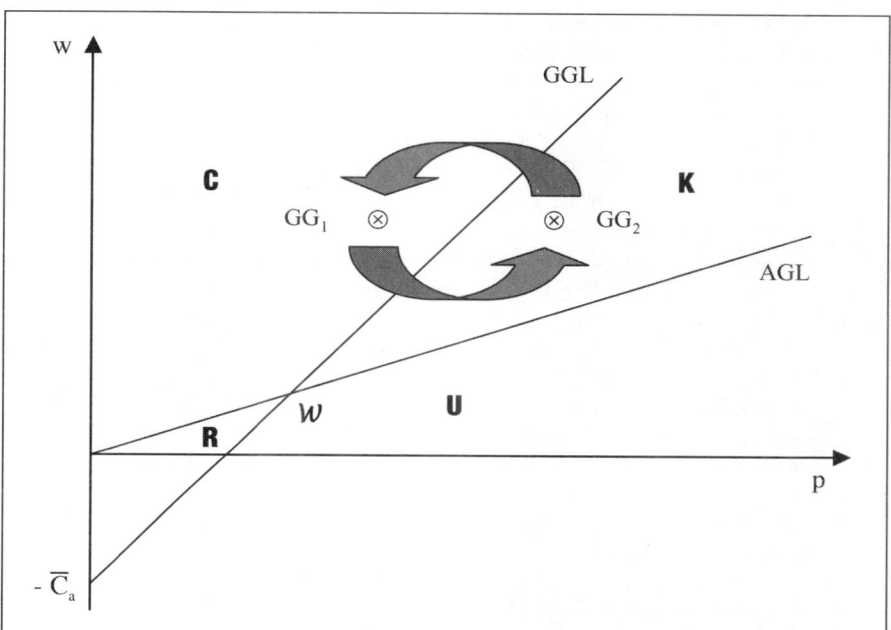

Eine bedeutende Gemeinsamkeit dieses Unterbeschäftigungszyklus ist die bei Unternehmen und Haushalten vorherrschende starke Risikoaversion. Es gilt das Vertrauen von Unternehmen und Haushalten in eine Besserung der Konjunktur wieder herzustellen. Dies gelingt nur, wenn die strukturellen Probleme, die zu dem Vertrauensverlust geführt haben, beseitigt werden können. In Deutschland lassen sich hier anführen:

- Lösung der Langfristprobleme für Renten, Sozialfürsorge und Gesundheitswesen,
- Verringerung der Belastungen des Faktors Arbeit,
- Verbesserung der Bedingungen für die Reinvestition von Gewinnen,
- Stabiles Verhalten des Staates als Nachfrager und Investor, z. B. bei den Infrastrukturen.

Box 8.3: Beitrag zur Lohndebatte

Quelle: Die ZEIT, 05.01.2006, Wolfgang Uchatius

Arbeiter sind keine Artischocken
Arbeiter sind nicht anders als Artischocken. Oder Autos. Oder Brötchen. Sie sind eine Ware. Auch sie unterliegen den Marktkräften. Auch für sie gilt das Gesetz von Angebot und Nachfrage. Jeder Politiker, jeder Gewerkschafter, der sich dieser unangenehmen Wahrheit verschließt, ist mit schuld am größten

Problem der Bundesrepublik Deutschland: der Arbeitslosigkeit.

So oder so ähnlich argumentiert die Mehrzahl der deutschen Wirtschaftswissenschaftler. Klingt ja auch logisch: Wenn es auf dem Gemüsemarkt zu viele Artischocken gibt, muss der Preis sinken, dann verschwindet das Überangebot. Wenn auf dem Arbeitsmarkt ein Überangebot besteht, muss der Lohn sinken. Dann verschwindet die Arbeitslosigkeit. [...]

Warum fällt es der Öffentlichkeit so schwer, dem Kurs der Lohnkürzungen dauerhaft zu folgen? Warum sehen die Leute nicht ein, dass Arbeit ein Produkt ist wie jedes andere auch? Weil das nicht stimmt.

Die Gleichsetzung von Arbeitskraft mit jedem beliebigen anderen Produkt entspringt dem Wunsch der Wirtschaftswissenschaftler, so exakt zu arbeiten wie Naturwissenschaftler. Sie wollen eindeutige Aussagen und Prognosen liefern. Also haben sie mit Hilfe mathematischer Gleichungen eine Modellwelt von beeindruckender Klarheit geschaffen. In ihr existiert nichts außer Mengen und Preisen. Es gilt: Wenn der Preis eines bestimmten Produkts höher liegt, als es den Marktkräften entspräche, wird es zwar von vielen Leuten angeboten, aber nur von wenigen nachgefragt. Die Bäcker und Gemüsehändler bleiben dann auf ihrer Ware sitzen. Erst wenn der Preis des Produktes sinkt, nimmt die Zahl der Anbieter ab, die Zahl der Käufer steigt, der Markt gelangt wieder ins Gleichgewicht.

Diese Theorie entspricht durchaus der Realität. Allerdings nur, wenn es um Artischocken oder Brötchen geht.

Denn Gemüse hat keinen Stolz. Es will sich nicht selbst verwirklichen. Es muss auch keine Familie ernähren. Auf dem Arbeitsmarkt aber spielen solche Dinge eine wichtige Rolle. Vor allem, wenn es um die Frage geht, wie viele Leute eine Arbeit suchen. [...]

Ein Facharbeiter, der plötzlich kein Weihnachtsgeld mehr bekommt, müsste gemäß der ökonomischen Theorie weniger arbeiten, nach dem Motto: „Es lohnt sich ja nicht mehr so wie früher." In der Realität aber hat dieser Arbeiter eine Frau und vielleicht zwei oder drei Kinder. Er wird deshalb nicht weniger, sondern sogar noch mehr arbeiten als früher, um den Verdienstausfall auszugleichen. Er wird sich zum Beispiel bei einer Wachfirma für einen Nebenjob bewerben und dort so manchen Ungelernten verdrängen, der dann auf der Straße steht. Lohnzurückhaltung kann also das Arbeitsangebot und damit die Arbeitslosigkeit noch erhöhen, statt sie zu senken. [...]

Die meisten Industrieunternehmen lassen im Zweifel lieber weniger und dafür motivierte Leute für sich arbeiten, denen sie einen einigermaßen fairen Lohn zahlen, als möglichst viele Mitarbeiter zu möglichst niedrigen Tarifen zu beschäftigen. Auch daran liegt es, dass die Unternehmen zwar gute Gewinne schreiben, dass aber trotzdem nicht alle Leute einen Job finden. Trotz Lohnzurückhaltung. Arbeit ist eben anders als alle anderen Waren, und das simple Drehen an der Lohnschraube hilft nicht weiter, auch wenn viele hiesige Ökonomen das nicht wahrhaben wollen. [...]

Er (Nobelpreisträger Robert Solow) drückte es so aus: „Arbeiter sind keine Artischocken."

Aufgaben zu Kapitel 8

8.1   Welchen Zusammenhang bildet die IS-Kurve ab?
Leiten Sie die IS-Kurve graphisch her und deuten sie an, wie sich die IS-Kurve verändert, falls der Staat die autonomen Investitionen erhöht.
Achten Sie auf eine korrekte Beschriftung aller Achsen, Kurven und Größen.

8.2   Stellen Sie graphisch die Auswirkung einer Verringerung der Geldmenge (von M_1 auf M_2) auf die LM- Kurve dar. Leiten Sie dazu die LM-Kurven für die Geldmengen M_1 und M_2 her.
Achten Sie auf eine korrekte Beschriftung aller Achsen, Kurven und Größen.

8.3   Der Schnittpunkt von IS- und LM-Kurve stellen im Keynes'schen Wirtschaftsmodell das gesamtwirtschaftliche Gleichgewicht dar. Welche fiskal- bzw. geldpolitischen Maßnahmen führen in diesem Modell zu einer Erhöhung des Volkseinkommens, ohne dass es gleichzeitig zu Zinssteigungen kommt?

8.4   Wie lässt sich Unterbeschäftigung im Modell der klassischen nationalökonomischen Lehre bekämpfen?

8.5   In einer Volkswirtschaft wird ausschließlich Bier produziert und konsumiert. Es soll nun das gesamtwirtschaftliche Gleichgewicht bestimmt werden.
Für den Gütermarkt gelten dabei folgende Angaben:
Konsumfunktion:
$C(Y) = 10 + 0,5Y$
Der nicht für Bier ausgegebene Teil des Einkommens wird gespart. Die Investitionen in neue Brauanlagen lassen sich durch folgende Investitionsfunktion beschreiben:
$I(i) = 90 - 1000i$
Für den Geldmarkt gelten folgende Angaben:
Das Geldangebot beträgt 1000 GE.
Die Haushalte halten immer 50 % ihres Einkommens als Bargeld.
Spekulationskasse: $L_s(i) = 975 - 500i$
Die Geldnachfrage setzt sich aus Transaktionskasse und Spekulationskasse zusammen.
Berechnen Sie mit diesen Angaben das gesamtwirtschaftliche Gleichgewicht, zu dem ein gleichgewichtiger Zins und ein gleichgewichtiges Volkseinkommen gehören.

9 Inflation und Inflationstheorie

Ein Regime des Malinvaud-Schemas (Abbildung 7.8) ist die unterdrückte Inflation. Wir erinnern uns, dass die Regimes unter der Voraussetzung klassifiziert wurden, dass Löhne und Preise temporär starr sind. Unterdrückte Inflation bedeutet in diesem Zusammenhang, dass aufgrund des Nachfrageüberhangs auf Güter- und Arbeitsmarkt in der nächsten Wirtschaftsphase mit einem Ansteigen von Löhnen und Preisen zu rechnen ist. Wir haben im Zusammenhang mit der Unterbeschäftigung bereits drei wichtige Theorieansätze kennen gelernt, die umfassend angelegt sind, also sowohl die Phänomene der Unterbeschäftigung wie auch der Inflation erklären möchten: Klassik, Monetarismus und Keynesianismus. Diese wollen wir auch als Ausgangspunkte für die Theorie der Inflation heranziehen. Zunächst geht es aber um die empirische Beschreibung.

9.1 Statistisch gemessene und gefühlte Inflation

Definition: **Inflation** *bedeutet, dass die Anzahl der Geldeinheiten, die erforderlich ist, um eine Gütereinheit zu erwerben, mit der Zeit zunimmt. Unter Benutzung des Begriffs des Preisindex (siehe Kapitel 4) heißt dies analog: In einer Phase der Inflation steigt der Preisindex für das Bruttoinlandsprodukt. Oder mit anderen Worten: Der Wert des Geldes sinkt.*

Die Preissteigerungsrate = Inflationsrate wird durch den Vergleich der Ausgaben für einen definierten Warenkorb zwischen dem Basisjahr und dem Berichtsjahr ermittelt (vgl. Abschnitt 4.4). Für Zeit- oder Ländervergleiche wählt man in der Regel den Preisindex für das Bruttoinlandsprodukt (Paasche-Index) oder den Preisindex für die Lebenshaltung (Laspeyres-Index). Dabei vergleicht man entweder die Preise für einen ausgewählten Monat („Monatsvergleich", z.B. November 2007 gegenüber 2006) oder bildet einen Durchschnitt über die Preisentwicklung eines Jahres („jahresdurchschnittliche Preisentwicklung").

Ist die Inflationsrate, gemessen durch Steigerung des Preisindex für das Bruttoinlandsprodukt, niedrig, so herrscht Preisstabilität, d.h. ein wichtiges Ziel der Wirtschaftspolitik und das wichtigste Ziel der Zentralbank ist erfüllt. In den westlichen Industrieländern sind jährliche Inflationsraten von bis zu 10 % in Zeiten wirtschaftlicher Normalität zu beobachten. In den Transformationsländern Mitteleuropas, in Russland sowie in einigen Schwellenländern liegen die Inflationsraten noch deutlich höher, ohne dass dies eine ökonomische Krise indizieren würde. So ist zum Beispiel die Wirtschaft in Lettland im Jahr 2006 um real 11,9 % gewachsen, während die Inflationsrate auf der anderen Seite bei etwa 13 % lag.

Abbildung 9.1: Entwicklung des Preisniveaus in Deutschland, Japan und den USA

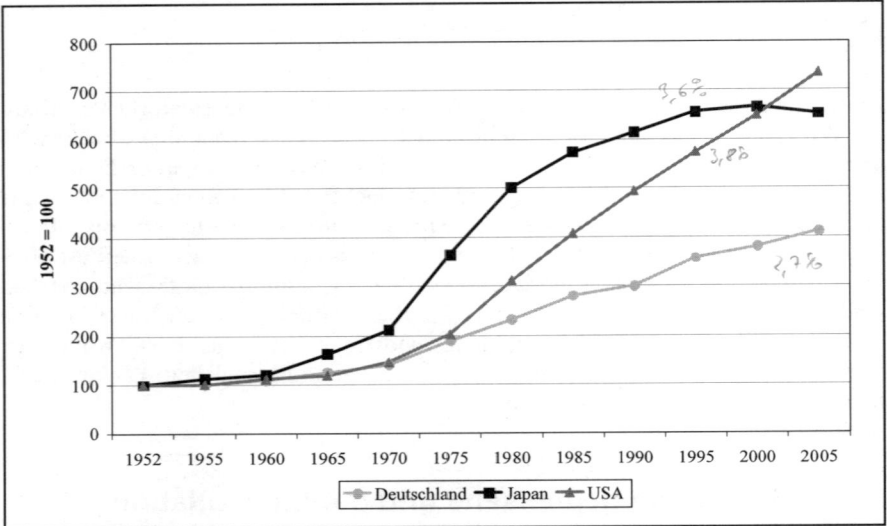

Wie aus Abbildung 9.1 zu entnehmen ist, liegt Deutschland im internationalen Vergleich mit einer durchschnittlichen Inflationsrate von 2,7 % über die letzten 5 Jahrzehnte relativ niedrig, während die Inflationsraten von Japan (3,6 %) und den USA (3,8 %) deutlich höher gewesen sind. Dies hat den Ruf von Deutschland als Land mit hoher Währungsstabilität und der Deutschen Mark als stabiler Währung begründet.

Abbildung 9.2 zeigt, dass es in Deutschland in Anschluss an die Deutsche Einheit im Jahr 1990 einige Jahre mit höheren Preissteigerungsraten bis zu 5 % gab. Seit Mitte der neunziger Jahre liegen die Preisbewegungen im unkritischen Bereich unterhalb von 2 %. Im Jahr 2007 haben die Preise wieder angezogen und zum ersten Mal seit 1994 den jahresdurchschnittlichen Wert von 2 % überschritten. Die Verbraucherpreise stiegen sogar im Vergleich zwischen November 2007/2006 um 3,1 % an. Im Jahresvergleich stiegen vor allem die Preise für
- leichtes Heizöl um 23,7 %
- Kraftstoffe um 18,8 %
- Strom um 8,3 %
- Speisefette und –öle um 26,2 % und
- Butter um 46,1 %.

Zu berücksichtigen ist dabei, dass zum 1.1.2007 die Mehrwertsteuer von 16 auf 19 % erhöht wurde.

Abbildung 9.2: Entwicklung der Inflationsrate in Deutschland 1990-2007 (2007 vorläufige Schätzung)

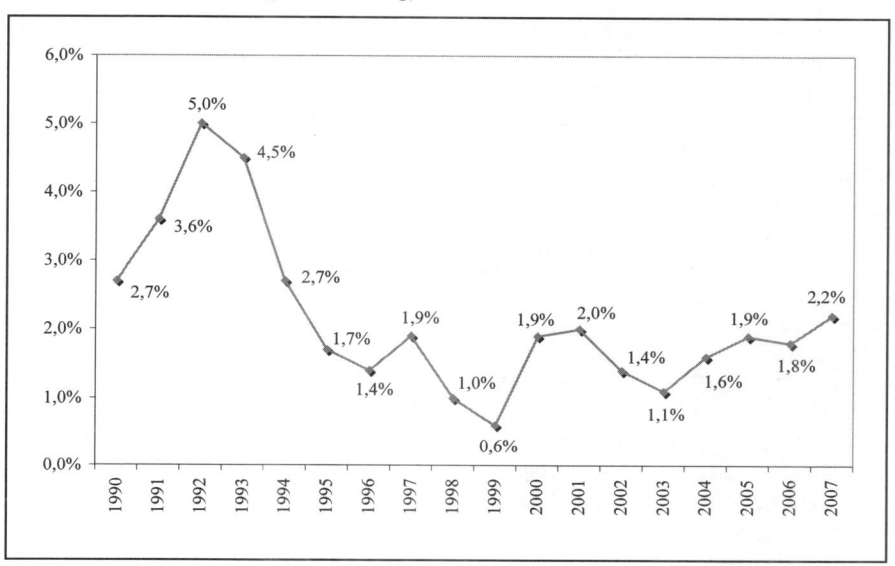

Eine ähnliche Entwicklung gibt es im Bereich der Europäischen Union, in den USA (+4,4 % im Jahresvergleich) oder in China, wo die Verbraucherpreise von Oktober 2006 bis 2007 um 6,5 % (im Jahresdurchschnitt 2007 um 4,5 %) angestiegen sind.

Die „gefühlte Inflation" kann von der statistisch gemessenen stark abweichen. Dies liegt daran, dass im statistisch definierten Warenkorb Güter und Dienste enthalten sind, welche die Verbraucher in größeren Zeitabständen kaufen. Vor allem im Anschluss an die Einführung des Euro im Januar 2002 sah sich die amtliche Statistik mit dem Problem konfrontiert, dass die von ihr festgestellte Veränderung der Verbraucherpreise moderat war, während die von der Bevölkerung empfundene Teuerung weit höher ausfiel („Euro als Teuro"). Der Grund liegt darin, dass die Statistik den Warenkorb mit den durchschnittlichen Kostenanteilen der Produkte am Jahresbudget gewichtet, während sich die Konsumenten an den Häufigkeiten von Käufen orientieren. So nimmt der Konsument kaum wahr, dass sich Computer oder Wäschetrockner verbilligt haben. Wird aber Gemüse, Butter oder Benzin teurer, so registriert dies der Käufer sofort, weil er diese Produkte mehrmals im Monat kauft. Aus diesem Grunde hat Brachinger (2005) vorgeschlagen, neben dem Verbraucherpreisindex auch einen „Käuferpreisindex" zu messen, um die gefühlte Inflation auszuweisen – ähnlich dem Wetterbericht, der neben der gemessenen Lufttemperatur auch die gefühlte Temperatur berichtet oder prognostiziert.

9.2 Hyperinflation

Mit dem Begriff der Hyperinflation beschreibt man einen Prozess der Geldentwertung von ganz anderer Dimension als in Abschnitt 9.1 beschrieben. Die Preise galoppieren, zwingen zu Preisänderungen in kurzen Abständen wie Monaten, Wochen oder gar Tagen und erreichen ein astronomisches Niveau. Die in Abbildung 9.3 dargestellt Briefmarke wurde im Jahr 1923 in Deutschland für 20 Mrd. Reichsmark verkauft und hatte aus heutiger Sicht einen Wert von ca. 50 cts. Sie ist das Symbol für die Endphase einer Hyperinflation, die mit dem Ersten Weltkrieg im Jahre 1914 begann und sich nach dessen Ende beschleunigt fortsetzte. Bereits im Jahre 1914 hatte die Deutsche Reichsbank den Umtausch von Notengeld in Gold eingestellt (zuvor war etwa ein Drittel der Geldmenge durch Gold gedeckt), nachdem in Erwartung des Kriegsausbruchs immer mehr Anleger Gold halten wollten. In den Kriegsjahren verfünffachte sich die Geldmenge, weil die Notenpresse zur Kriegsfinanzierung benutzt wurde.

Nach 1918 kamen die Kriegsfolgelasten (Reparationen) hinzu und beschleunigten den Geldentwertungsprozess. Im Jahr 1923 wurden eine gewaltige Kapazität an Druckmaschinen von der Reichsbank und den Kommunen (zum Druck von „Notgeld") eingesetzt, der Geldschein mit dem höchsten Wert lautete auf 100 Billionen Reichsmark.

Abbildung 9.3: Deutsche Briefmarke von 1923

Im November 1923 kam es zur Währungsreform und zum Ersatz der Reichsmark durch die Rentenmark, wobei der Kurs eines US-Dollar von 4,2 Bill. Reichsmark auf 4,20 Rentenmark herabgesetzt wurde.

Mit der Hyperinflation ging nicht nur ein Verfall des Geldes, sondern auch eine Senkung der Reallöhne auf ca. 40 % des Vorkriegsniveaus einher. Die Nachfrage brach aufgrund fehlender realer Kaufkraft ein, mit der Folge von Arbeitslosigkeit und politischen Krisen. Nach der Währungsreform wurde der folgende Aufschwung („Die goldenen Zwanziger Jahre") vor allem durch die Einsicht der Alliierten ermöglicht, dass ein wirtschaftliches Ausbluten von Deutschland auch ihnen wirtschaftlichen Schaden zufügt, so dass mit dem „Dawes-Plan" die erforderliche Stützung der Wirtschaftssanierung in Deutschland gewährleistet wurde.

Auch in jüngerer Zeit sind in einigen Transformations-, Schwellen- und Entwicklungsländern hohe Inflationsraten von 100 % und mehr pro Jahr verzeichnet worden, so in Argentinien, Venezuela oder Russland in den neunziger Jahren. In Russland konnte die Inflation auf eine Höhe von ca. 12 % im Jahr 2007 zurückgeführt werden, wobei das politische Ziel bei 8 % lag. In Argentinien hat die Inflation wieder eine Größe von 14 % 2007 erreicht, mit steigender Tendenz und in Venezuela wird derzeit die höchste Inflationsrate mit jahresdurchschnittlich ca. 20 % verzeichnet (nach einem Spitzenwert von 194 % in den neunziger Jahren).

[handschriftlich: ⇒ Currency-Board: Kopplung an den Dollar (1:1) in Venezuela — Nachteile: kein eigener Spielraum, Abhängig vom Dollar]

9.3   Inflationstheorien

9.3.1   Neoklassik und Monetarismus

Beide Theorien basieren auf der Quantitätsgleichung des Geldes als formale Grundlage, kommen aber zu sehr verschiedenen Interpretationen über die Bedeutung der Inflation und die Notwendigkeit ihrer Bekämpfung. Die Quantitätsgleichung beschreibt einen direkten Zusammenhang zwischen der Geldmenge und dem Preisniveau (siehe Abschnitt 8.2)

[handschriftlich: Umlaufgeschwindigkeit / reales Volkseinkommen; V = 3-6 = const.]

$$(8.27) \quad M \cdot v = p \cdot Y_r \, ; \, Y_r = Y/p \, .$$

[handschriftlich: Geldmenge, Absatzvolumen]

Dabei wird vorausgesetzt, dass die Umlaufgeschwindigkeit des Geldes eine konstante Größe ist, die zwar in jedem Land aufgrund der jeweiligen Zahlungssitten verschieden sein kann, sich aber mittelfristig nicht ändert. Da die Unternehmen nach Ansicht der Neoklassik das Bestreben haben, das Produktionspotential bestmöglich auszunutzen, ist das reale Volkseinkommen in Abhängigkeit der verfügbaren Produktionsfaktoren als effizientes Produktionsergebnis bestimmt und es bleibt die lineare Beziehung zwischen M und P. Damit bestimmt nach Auffassung der Neoklassik die Geldmenge das Preisniveau und Inflation ist einfach durch ein zu hohes und wachsendes Geldangebot erklärbar.

Der Monetarismus geht in der Interpretation von (8.27) einen wichtigen Schritt weiter. Geld ist nicht nur Währungseinheit und Verrechnungsschema, die sich wie ein Mantel über das reale Produktionssystem der Volkswirtschaft legen (der zu groß sein kann, ohne dass dies den darunter befindlichen Produktionskörper verändert). Die Geldwertstabilität beeinflusst vielmehr die realen Dispositionen von Produzenten und Konsumenten in der Weise, dass die Planungen mit wachsender Inflation immer unsicherer werden. Die Inflation frisst einen Teil der geplanten Wertzuwächse weg, manchmal fallen, wie bei der Hyperinflation von 1923 in Deutschland, die realen Löhne und Gewinne drastisch, weil die Preise schneller galoppieren. Insofern ähnelt das Verhalten von Akteuren in Inflationszeiten dem der Alkoholiker: Sie fühlen sich kurzzeitig besser, verlieren aber den zunehmend Überblick und enden in einer Lebenskrise. Wie beim Alkoholismus setzt die Beendigung der zyklischen Fehlentwicklung eine Entziehungskur voraus, die deswegen so schmerzhaft ist, weil sie von den besonders Geschädigten, nämlich Arbeitnehmern und Rentnern, weiter Opfer verlangt. Aus diesem Grund ist die Inflation für den Monetarismus die Risikoquelle schlechthin für die Marktwirtschaft und

[handschriftlich: Neoklassik: Y_r exogen durch $Y_r = c \cdot K^a A^b$ gegeben und als const angenommen — hängt also nicht von Geldmenge ab (Money is only a veil) — endogen sind daher M und p (abhängig, variabel) — Steigt M, so steigt auch p (und umgekehrt, u.w.) — Inflationsbekämpfung durch Veränderung von M]

muss durch den Staat, beziehungsweise durch die Zentralbank permanent kontrolliert werden. Milton Friedman hat mit seinem Artikel über die optimale Geldmenge (Friedman, 1974) einen Orientierungspunkt für die Geldpolitik gesetzt, um unerwünschte inflatorische Tendenzen auszuschließen.

 Ergebnis 9.1:　Monetaristische Regel: Steigt die Geldmenge nicht stärker als das reale Bruttoinlandsprodukt, so ist die Stabilität der Währung gesichert.

Dieses Ergebnis des Monetarismus bildet bis heute die Grundlage der Geldmengenpolitik der Zentralbanken in den USA und in Europa. Zwar ist das reale Bruttoinlandsprodukt nicht die alleinige Orientierungsmarke, doch versuchen die Zentralbanken, bei drohender Inflationsgefahr die Geldmenge einzuschränken. Die EZB setzt zur Zeit das Preisstabilitätsziel bei etwa 2 % Preissteigerung des Bruttoinlandsprodukts an. Dies bedeutet, dass diese Zielmarke im Jahr 2007 überschritten wurde und mit einer stärker restriktiven Geldpolitik der EZB zu rechnen ist.

9.3.2　Keynesianismus

In der Keynes'schen Theorie ist die Inflation das Spiegelbild zur Keynes'schen Unterbeschäftigung. Ist letztere durch Überangebote auf Güter- und Arbeitsmärkten gekennzeichnet, so sind es bei der Inflation die Übernachfragen, die auf dem Gütermarkt das Preisniveau und auf dem Arbeitsmarkt das Lohnniveau in die Höhe treiben. Betrachten wir nur den Gütermarkt, so lässt sich eine Inflationsphase durch die Abbildung 9.4 graphisch darstellen.

Abbildung 9.4: Inflatorische Lücke

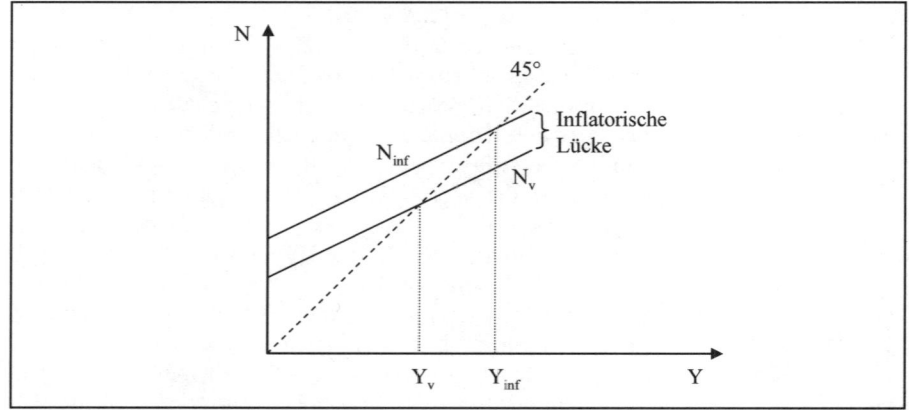

Gehen wir davon aus, dass mit den vorhandenen Ressourcen an Arbeit und Kapital das Vollbeschäftigungs-Volkseinkommen Y_v produziert werden kann. Wird

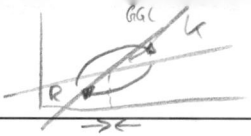

dieses gerade nachgefragt (untere Nachfragekurve N_v), so befindet sich die Wirtschaft in einem Vollbeschäftigungsgleichgewicht. Geht jedoch die Nachfrage über dieses Niveau hinaus (N_{inf}), so kann die Produktion nicht folgen und es entsteht eine inflatorische Lücke, die zu einem Anstieg des Preisniveaus in Höhe von $(Y_{inf}-Y_v)/Y_v$ führt.

Damit ist sofort erkennbar, wodurch die Inflation kontrolliert werden kann. Es geht darum, die autonome Nachfrage zurückzuführen. Da die privaten Akteure in der Inflationsphase zu optimistisch eingestellt sind, kann von ihnen kaum eine Zurückhaltung erwartet werden, so dass der Staat die Vorreiterrolle übernehmen muss und seine Nachfrage einzuschränken hat.

Das Gedankenmodell der inflatorischen Lücke lässt sich mit Einführung des Geldmarktes leicht in das IS/LM-Schema (siehe Abschnitt 8.1) übertragen. Es ist dann leicht zu sehen, dass der Multiplikatoreffekt bei kontraktiver Fiskal- und Geldpolitik in die negative Richtung führt und den Nachfrageüberhang abbaut. Zur Erinnerung: Güter- und Arbeitsmarkt sind auf der gleichen Seite beschränkt (in diesem Falle: auf der Nachfrageseite), so dass der Multiplikatoreffekt in die negative Richtung funktioniert.

Ergebnis 9.2: *Keynes'sche Regel: Eine inflatorische Lücke lässt sich durch kontraktive Fiskal- und Geldpolitik abbauen.*
Daraus folgt unmittelbar die
Regel der antiyklischen Fiskal- und Geldpolitik: die Fiskal- und Geldpolitik müssen in Inflationsphasen kontraktiv und in Unterbeschäftigungsphasen expansiv ausgerichtet werden.

Im Idealfall bildet der Staat in Inflationsphasen die finanziellen Reserven, die in Phasen der Unterbeschäftigung für die Ankurbelung der Konjunktur benötigt werden. Dieser Leitgedanke ist einfach, aber aus zwei Gründen schwer durchsetzbar:

(1) Es ist schwierig, zu definieren, wann sich Inflation oder Unterbeschäftigung anbahnen. Ebenso schwierig ist es, die notwendigen Instrumente auf der Seite der Geld- und Fiskalpolitik richtig zu dosieren.

(2) Die Inflationsbekämpfung durch Rücknahme der Staatsnachfrage stößt an Grenzen, da der Staat Löhne und Gehälter an die Staatsbediensteten zu zahlen hat, die in einer Inflationsphase gleichfalls nach oben gehen. Eine antizyklische Investitionspolitik ist ebenfalls nicht beliebig durchführbar, da die staatliche Investitionsplanungen langfristig festliegen.

9.3.3 Die Phillipskurve

Der britische Nationalökonom A.W. Phillips stellte in einer im Jahr 1958 publizierten Langfristuntersuchung für die Jahre von 1861 bis 1957 fest, dass es in Großbritannien eine negative Beziehung zwischen der Änderungsrate der Nominallöhne und der Arbeitslosenquote gab. Diese „Phillips-Hypothese" wurde von den späteren Nobelpreisträgern P. Samuelson und R. Solow auf die USA und den

Zeitraum von 1900 bis 1960 übertragen. Anstelle der Lohnänderungen wählten Samuelson und Solow die Inflationsrate, so dass das in Abbildung 9.5 stilisierte Ergebnis entstand.

Abbildung 9.5: Phillips-Kurve

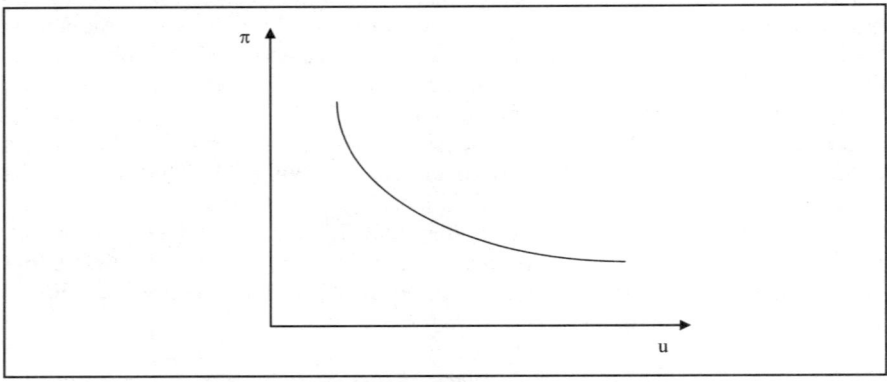

Vereinfacht und linear formuliert entspricht dieser Zusammenhang der Gleichung

(9.1) $\pi_t = \mu - \alpha u_t$

π_t : Inflationsrate
u_t : Arbeitslosenquote
μ, α: Parameter.

Dieser Zusammenhang ist als wissenschaftlicher Nachweis der Schlüssigkeit der lange bekannten „Lohn-Preis-Spirale" betrachtet worden. Denn er ist mit dem folgenden Mechanismus kompatibel (siehe Blanchard/Illing, S. 241):

- Niedrige Arbeitslosigkeit führt zu einem hohen Nominallohn.
- Höhere Nominallöhne erhöhen die Kosten und die Unternehmen reagieren mit Preiserhöhungen.
- Die Preiserhöhungen nehmen den Arbeitnehmern einen Teil der Lohnerhöhungen real wieder weg und die Gewerkschaften verlangen in der nächsten Verhandlungsrunde weitere Lohnerhöhungen.

Dieses einfache Erklärungsschema vom Lohn/Preis-Mechanismus beherrschte die ökonomische Grundlagenliteratur bis in die siebziger Jahre. Seit dieser Zeit ist der Phillips – Zusammenhang nicht mehr zu beobachten, was auf drei Gründe zurückzuführen ist:

(1) Die Rohstoffkrise zu Beginn der siebziger Jahre hat zu einem kräftigen Preisschub geführt und gleichzeitig die Arbeitslosigkeit erhöht.

(2) Die Verhandlungspartner beziehen neben Inflation und Beschäftigungssituation weitere Faktoren in die Lohnbildung ein, wie zum Beispiel die internationale Wettbewerbsfähigkeit auf den globalen Märkten.

(3) Arbeitsmarktverträge enthalten zunehmend Nicht-Lohn-Elemente, wie zum Beispiel Arbeitszeiten, betriebliche Zusatzleistungen zur Rentenversicherung oder Gewinnbeteiligungen.

Box 9.1: Inflation und Arbeitslosigkeit

Quellen: Milton Friedman, The Role of Monetary Policy, 03/1968, American Economic Review, 581, S. 1-17, Deutsche Übersetzung aus Blanchard und Illing, 2004, S. 250.

Milton Friedman und die Phillipskurve
Milton Friedman bestritt bereits 1968, zu einem Zeitpunkt als viele Ökonomen und Politiker an die ursprüngliche Phillipskurve glaubten, deren Existenz:

„Phillips schrieb seinen Artikel für eine Welt, in der jedermann erwartete, dass die nominalen Preise stabil seien und in der diese Erwartungen und unveränderlich aufrechterhalten würden, unabhängig davon, was mit den tatsächlichen Preisen und Löhnen geschah. Nehmen wir im Gegensatz dazu an, dass jedermann erwartet, dass die Preise mit einer Rate von mehr als 75 % pro Jahr steigen – wie es beispielsweise die Brasilianer vor ein paar Jahren taten. Dann müssen die Löhne mit der gleichen Rate steigen, um die realen Löhne unverändert zu lassen. Ein Überschussangebot an Arbeit wird sich in einem weniger starken Anstieg der Nominallöhne widerspiegeln, nicht in einem absoluten Rückgang der Löhne." [...]

„Um meine Schlussfolgerung anders auszudrücken: Es gibt immer einen temporären Trade-off zwischen Inflation und Arbeitslosigkeit; es gibt keinen permanenten Trade-off. Der temporäre Trade-off leitet sich nicht aus der Existenz von Inflation per se ab, sondern aus der Existenz steigender Inflationsraten." [...]

„Sie werden fragen, wie lang ist „temporär" eigentlich ? ... Ich kann, basierend auf eigenen Untersuchungen der empirischen Fakten, höchstens die persönliche Einschätzung wagen, dass der anfängliche Effekt einer höheren unerwarteten Inflationsrate etwa zwei bis fünf Jahre andauert, dass dieser anfängliche Effekt dann umgekehrt wird und dass die völlige Anpassung der Beschäftigung an die neue Inflationsrate solange dauert, wie die der Zinssätze, sagen wir, ein paar Jahrzehnte."

9.3.4 Importierte Inflation

Preissteigerungen bei ausländischen Produkten können aufgrund der internationalen Handelsverflechtungen auf das Inland übertragen werden. Vor allem die Abhängigkeit von bestimmten Rohstoffen macht ein Land anfällig für den Inflationsimport. Prominentester Rohstoff ist dabei das Erdöl, bei dem zur Zeit die Preiselastizität sehr gering ist, weil sich dieser Rohstoff nur begrenzt durch andere Energiequellen ersetzen lässt. Der Erdölpreis stieg im Jahr 2007 um 57 %, gemessen in US $/Barrel[20]. Davon wurden ca 12 % durch den steigenden Euro-Kurs gegenüber dem US $ abgefedert, so dass netto etwa 45 % Preissteigerung zu verkraften waren. Diese finden sich in den höheren Preisen für Kraftstoffe, Heizöl und Kunststoffe wieder. Für das nächste Jahr rechnen die meisten Experten mit einer Fortsetzung des Preisauftriebs auf dem Rohölmarkt, nachdem die Preise zu Jahresbeginn am 3.1.2008 die Schwelle von 100 US $ je Barrel überschritten hat.

 Auch die Finanzmärkte können für Inflationsübertragung sorgen, wie dies am Beispiel der Krise um die US-Hypotheken-Papiere veranschaulicht wird (siehe dazu Abschnitt 11.3). Um größere Turbulenzen auf den Finanzmärkten zu verhindern haben die großen Zentralbanken, darunter die US Federal Reserve Bank und die EZB, in großem Umfang Zentralbankgeld in den Markt gebracht. Auf diese Weise wurden die Geschäftsbanken, denen kurzfristig ein wichtiges Refinanzierungsinstrument abhanden gekommen war, mit Liquidität versorgt. Mittelfristig wird dies zum Preisauftrieb führen, wenn die Zentralbanken nicht versuchen, die aufgeblähte Geldmenge wieder abzubauen. Die EZB hat gegen Ende Dezember 2007 mit dieser Gegensteuerung begonnen.

Innerhalb der Europäischen Währungsunion gibt es keine Möglichkeit der Bekämpfung von importierter Inflation. Daher sind die Einhaltung der Maastricht-Kriterien für die Haushaltsdisziplin (öffentliche Schulden kleiner als 60 % des BIP, Schuldenneuaufnahmen kleiner als 3 % des BIP, Inflationsrate maximal 1,5 Prozentpunkte über derjenigen der drei preisstabilsten Mitgliedsländer) und die aktive stabilitätsorientierte Geldpolitik der EZB (maximal 2 % Preissteigerung) wesentliche Eckpfeiler der gemeinsamen Stabilitätspolitik.

 Ergebnis 9.3:   Inflation ist aufgrund des starken Handels- und Finanzverflechtungen zunehmend ein internationales Problem, das internationale Lösungen verlangt. Die Hyperinflationen der Vergangenheit wären bei konzentriertem Verhalten der Zentralbanken und Koordinierung der Fiskalpolitik in den betroffenen Ländern vermeidbar gewesen.

9.3.5 Mindestlohn

Die Stabilität kann auch dadurch gefährdet werden, dass die Inflexibilität der Löhne durch die Einführung von Mindestlöhnen weiter gesteigert wird. Diese monetaristische Sichtweise soll im folgenden Abschnitt näher untersucht werden.

Im Durchschnitt sind die Löhne in der Bundesrepublik seit dem Jahr 2000 real um 0,3 % gesunken. In manchen Berufszweigen mit geringer Qualifikation sind die Löhne sogar so stark nach unten gegangen, dass das Existenzminimum nicht

---

[20] Ein Barrel entspricht 159 Liter.

mehr erreicht wird[21]. Dies hat zu einer Debatte um die Einführung von Mindestlöhnen geführt.

Im bestehenden Lohngefüge lässt sich der Mindestlohn auf drei Wegen verankern. Als erste Möglichkeit können Branchen, in denen die tarifgebundenen Unternehmen mindestens 50 % der vom Tarifvertrag betroffenen Arbeitnehmer beschäftigen einen Antrag auf Allgemeinverbindlicherklärung ihres Tarifvertrages einschließlich der darin vereinbarten unteren Lohngruppe stellen. Stimmt der Tarifausschuss, der aus je drei Vertretern der Arbeitgeberverbände und der Gewerkschaften besteht, dem Antrag zu, so sind die Vereinbarungen für alle Beschäftigten dieser Branche verbindlich – also auch für Beschäftigte tarifungebundener Unternehmen. Zwar können jederzeit höhere Löhne als vereinbart bezahlt werden, die Löhne müssen aber mindestens so hoch wie vereinbart sein.

Für den Fall, dass der Tarifausschuss kein Votum abgibt, oder die Befürworter wenigstens zwei der möglichen sechs Stimmen aufweisen, kann der Arbeitsminister ein Mindestlohn-Verordnungsverfahren einleiten, wonach die Zustimmung des Tarifausschusses dann nicht mehr notwendig ist. Allerdings muss der Minister, wie auch bei Zustimmung des Ausschusses, den Nachweis führen, dass der Mindestlohn „im öffentlichen Interesse geboten" erscheint.

Der zweite Weg bezieht sich auf ein Gesetz aus den fünfziger Jahren, in dem die Mindestarbeitsbedingungen festgesetzt wurde. Danach soll ein unabhängiges Expertengremium analysieren, ob in einem weitgehend tariflosen Zustand Mindestlöhne als Mindestarbeitsbedingungen zur Geltung kommen müssen. Falls der aus sieben Experten bestehende Ausschuss zum Schluss kommt, dass ein Mindestlohn eingeführt werden muss, so entscheidet ein Fachausschuss über die Höhe des Mindestlohns. Diese Fachausschüsse sind paritätisch mit Vertretern der Arbeitgeber- bzw. Arbeitnehmerseite besetzt.

Eine dritte Möglichkeit zur Einführung eines Mindestlohns wäre ein eigenständiges Gesetz, das einen Mindestlohn für alle Branchen vorschreibt. Falls der Mindestlohn die Sicherung des Existenzminimums zum Ziel hat, gibt es keinen Grund, einen Mindestlohn nur für ausgewählte Branchen einzuführen. Durch ein solches Gesetz wäre auch eine sehr schwierige mögliche Abgrenzung der genauen Tätigkeiten einer Berufsgruppe nicht mehr notwendig – die Frage, ob beispielsweise die Verteiler von Werbeprospekten tatsächlich Briefzusteller sind (und somit einen Anspruch auf einen Mindestlohn bei Postdiensten haben) wäre dann obsolet. Der Mindestlohn müsste dann aus heutiger Sicht etwas oberhalb des Existenzminimums, also bei ca. sieben Euro pro Stunde liegen.

Ergebnis 9.4:   *Ein allgemeiner Mindestlohn in der Nähe des Existenzminimums kann die Stabilität nicht gefährden, weil die Löhne darunter zu Kompensationsleistungen des Staates führen müssten (z.B. in Form von Kombi-Löhnen). Branchenbezogene Mindestlöhne, die*

---

[21] Die Bundesregierung hat das steuerfreie Existenzminimum für Ehepaare im Jahr 2008 auf 12.276 Euro, für Alleinstehende auf 7.140 Euro festgelegt. Dies entspricht ungefähr einem Stundenverdienst (bei Verheirateten) von 6,50 Euro.

deutlich über dem Existenzminimum liegen, können Branchen-monopole stützen und so presitreibend wirken.

Box 9.2: Mindestlohn bei den Postdienstleistungen

Auszug aus dem Jahresgutachten zur Wirtschaftlichen Entwicklung 2007, S. 366-368

Mitte August 2007 beschlossen Spitzenpolitiker der Regierungsparteien, im Einvernehmen mit den Tarifvertragsparteien zu prüfen, inwieweit ein Mindestlohn bei den Postdienstleistungen eingeführt werden könne.
...
Anfang September verständigten sich der neugegründete Arbeitgeberverband Postdienste e.V., dessen Mitgliedsunternehmen hauptsächlich Töchter oder Ausgründungen der Deutschen Post AG sind, und die Dienstleistungsgewerkschaft ver.di auf einen Tarifvertrag zum Mindestlohn für „Briefdienstleister", der am 1. Oktober 2007 in Kraft getreten ist und frühestens zum 30. April 2010 gekündigt werden kann, es sei denn, bis Ende 2007 sei dem Antrag auf Erklärung der Allgemeinverbindlichkeit nicht entsprochen worden. Dem erhalten „Briefzusteller" in Westdeutschland einen Mindestlohn in Höhe von 9,80 Euro (Ostdeutschland: 9,00 Euro), während für Beschäftigte in den Sortierzentralen und andere Hilfskräfte 8,40 Euro (Westdeutschland) beziehungsweise 8,00 Euro (Ostdeutschland) vereinbart wurden. Der Bundesminister für Arbeit und Soziales kündigte an, die nächsten Schritte zur Allgemeinverbindlicherklärung einzuleiten.
...
Besonders eklatant sticht die Absicht ins Auge, mit einem Mindestlohn die Deutsche Post AG und ihre Töchter und Ausgründungen von lästigem Konkurrenzdruck zu befreien. Sichtbarer Ausdruck für dieses Motiv ist das Bedauern des Arbeitgebers (!) Deutsche Post AG über einen aus ihrer Sicht zu niedrigen Tarifvertrag, weil der dort vereinbarte Mindestlohn noch unterhalb des betreffenden Haustarifs der Deutschen Post AG liege. Klagen über zu niedrige Tariflohnabschlüsse kamen bisher in der Regel von Seiten der Arbeitnehmer. Letztlich soll damit das Anfang 2008 entfallende Briefmonopol der Deutschen Post AG durch die Hintertür wieder eingeführt werden, wozu die nur für dieses Unternehmen, nicht aber für seine Konkurrenten geltende Befreiung von der Umsatzsteuer ebenfalls beiträgt, die als Ausgleich für die flächendeckende Bedienung auch schwerer erreichbarer Kunden dienen soll. Wettbewerber der Deutschen Post AG werden massiv bedrängt und verdrängt und neue Konkurrenten abgewehrt. Die Arbeitsplätze bei der Deutschen Post AG werden geschützt, die bei ihren Konkurrenten gefährdet und das Entstehen neuer erschwert. Im Gegenzug entrichten die Nutzer von Briefdienstleistungen einen erhöhten Preis. Worin vor diesem Hintergrund das gesetzlich vorgeschriebene „öffentliche Interesse" einer Allgemeinverbindlicherklärung

der unteren Lohngruppe der Briefdienstleister bestehen soll, hat die Bundesregierung bisher nicht schlüssig dargelegt, sie kann es auch nicht, weil sie sich in erster Linie vor den Karren von Partikularinteressen spannen lässt. Daher rät der Sachverständigenrat dringend davon ab, die Pläne zur Einführung dieses Mindestlohns weiter zu verfolgen.

Aufgaben zu Kapitel 9

9.1   Kann es im Regime der Unterdrückten Inflation zu Multiplikatorprozessen kommen? Erläutern Sie wie es oder warum es nicht zu einem solchen Prozess kommt

9.2   Erläutern Sie knapp die unterschiedlichen Inflationstheorien der Neoklassiker, Monetaristen und Keynesianer.

10 Wachstum und Konjunktur

Die wirtschaftlichen Indikatoren, wie Bruttoinlandsprodukt (BIP), Beschäftigung oder Kapital, ändern sich mit der Zeit. Wenn wir einen Indikator, z. B. das BIP (Y), über einen Zeitraum von t-1 bis t beobachten, so können wir folgendes feststellen:

1. Falls $Y_t > Y_{t-1}$, so kennzeichnet dies ein Wachstum des BIP.
2. Dies kann auch ausgedrückt werden durch:
   $g_Y = (Y_t - Y_{t-1})/Y_{t-1} \approx (\partial Y/\partial t)/Y_{t-1} > 0$, wobei die zweite Schreibweise unterstellt, dass das Zeitintervall sehr klein ist. g_Y beschreibt das prozentuale Wachstum und wird als Wachstumsrate des BIP definiert.
3. Ist das betrachtete Zeitintervall groß, so gibt die Wachstumsrate eine durchschnittliche Entwicklung an, hinter der Schwankungen nach oben und unten stehen können.
4. Sind die betrachteten Zeitintervalle sehr klein, so zeichnet die Wachstumsrate alle Schwankungen des BIP im Beobachtungszeitraum auf.

Für eine Betrachtung längerer Zeiträume, wie z. B. der Jahrhunderte vor und nach der industriellen Revolution (18./19. Jahrhundert) oder der Jahrzehnte vor und nach der politischen Wende in Europa (1900), sind Durchschnitte oder Trends der Entwicklung nützliche Informationen. Geht es dagegen um die Beurteilung der Auswirkungen von Ölpreisbewegungen auf die Wirtschaftsentwicklung des nächsten Jahres, so ist die detaillierte Beschreibung des Zeitverlaufs wichtig, um politische Entscheidungen zu unterstützen (Beispiel: Umfang der nationalen Ölreserven, Abfedern von Preisschocks durch Steuererleichterungen).

Die längerfristige Perspektive mit großen Zeitintervallen ist Gegenstand der Wachstumstheorie und -politik, während die Konjunkturtheorie und -politik sich mit Bewegungen ökonomischer Indikatoren in kurzen Zeitintervallen beschäftigt.

10.1 Wachstumstheorie in der Neoklassik

10.1.1 Produktion und Produktionspotential

Wirtschaftliches Wachstum lässt sich aus den Kennzahlen der VGR ableiten. Dabei unterscheiden wir zwischen der durchschnittlichen Wachstumsrate für einen bestimmten Zeitraum und der jahresdurchschnittlichen Wachstumsrate. Die durchschnittliche Wachstumsrate g_Y für einen Zeitraum von n Jahren sowie die jahresdurchschnittliche Wachstumsrate g_{Ya} ergeben sich aus:

(10.1) $g_Y = (Y_t - Y_{t-n})/Y_{t-n}$

(10.2) $g_{Ya} = (Y_t / Y_{t-n})^{1/n} - 1$ (abgeleitet aus: $Y_{t-n}(1+g_{Ya})^n = Y_t$)

Eine Analyse der weltweiten Wachstumsraten im Zeitraum von 1997 bis 2007 zeigt, dass die Wirtschaftsdynamik in den USA stärker als in Europa und deutlich stärker als in Japan war. Abbildung 10.1 zeigt die Entwicklung des jeweiligen BIP sowie der jahresdurchschnittlichen Wachstumsraten.

Abbildung 10.1:   Reales Wirtschaftswachstum in Japan, USA und der EU (25) zwischen 1997 und 2007

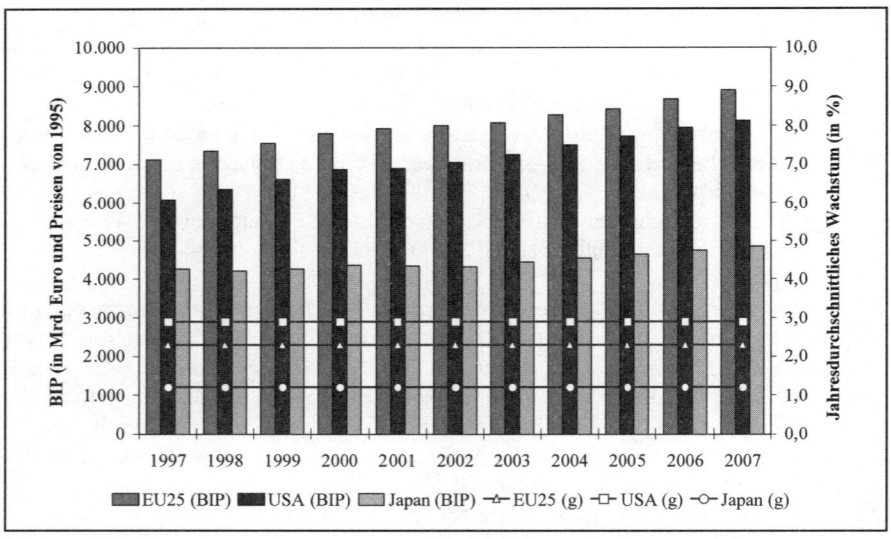

Quelle: Jahresgutachten (verschiedene Jahrgänge)

In den Modellen zum wirtschaftlichen Wachstum stellt man eine Verbindung zwischen dem wirtschaftlichen Leitindikator, dem BIP, und den Produktionsfaktoren her, die zu seiner Herstellung beigetragen haben. In der Modelldarstellung gelingt dies durch Einführung einer Produktionsfunktion, z. B. der vielfach benutzten Cobb-Douglas Produktionsfunktion:

$g_y = \dfrac{Y_t - Y_{t-1}}{Y_{t-1}}$ kurzfristig

$g_y = \dfrac{Y_{t+1} - Y_{t-1}}{Y_{t-1}}$ mittelfristig

$g_y = \dfrac{Y_{t+n} - Y_t}{Y_t}$ langfristig

$g_{Ya} = \left(\dfrac{Y_{t+n}}{Y_t}\right)^{\frac{1}{n}} - 1$ langfristige jahresdurchschnittliche Wachstumsrate

(10.3) $Y^{POT} = F(K, L) = A \cdot K^\alpha \cdot L^\beta$ *Produktionspotenzial (Modell der EZB)*

Y^{POT}: Produktionspotential
K: Kapitaleinsatz
L: Arbeitseinsatz
A: Produktivitätsfaktor
α, β: Produktionselastizitäten[22]

Produktionsfunktionen bilden den Einsatz von Produktionsfaktoren in den damit effizient herstellbaren Output ab. Insoweit steht Y^{POT} nicht für ein tatsächlich erzieltes oder erwartetes, sondern für ein potentiell erzielbares Produktionsergebnis. Dieses bezeichnen wir als Produktionspotential. Das Produktionspotential einer Volkswirtschaft entspricht der maximalen Produktion, die ohne zusätzlichen Inflationsdruck produziert werden kann.[23] Unter „*Wachstum*" im theoretischen Modell ist entsprechend die längerfristige *Veränderung des Produktionspotentials* in der Zeit zu verstehen.

Die Organisation für wirtschaftliche Zusammenarbeit und Entwicklung (OECD) und die Europäische Zentralbank verwenden einen Ansatz, der zur empirischen Bestimmung der Gleichung (10.3) dient.

Der Ansatz umfasst zwei Schritte: Zunächst wird die formulierte Produktionsfunktion auf der Grundlage von Vergangenheitszeitreihen geschätzt. Im Ergebnis erhält man die Parameterwerte für A, α und β. Anschließend werden die trendmäßigen Veränderungen der Faktorproduktivität A und die potentiellen Einsatzmengen der Produktionsfaktoren Arbeit und Kapital ermittelt. Die Obergrenze der Einsatzmengen ist dort anzunehmen, wo weitere Steigerungen zu Preiserhöhungen bei den Faktoren führen. Mit der Ausnahme Griechenlands zeigt Abbildung 10.2 die Entwicklung des Produktionspotentials nach Definition der OECD und des tatsächlichen BIP für die Eurozone und den Zeitraum von 1982 bis 2007. Während der achtziger Jahre verläuft das Produktionspotential weitgehend oberhalb des tatsächlichen BIP. Zu Beginn der neunziger Jahre gibt es einen Boom, nicht zuletzt ausgelöst durch die Deutsche Einheit. Dieser ebbt jedoch gegen Mitte der neunziger Jahre ab und das tatsächliche BIP verläuft dann bis zum Jahr 2007 wieder unterhalb des Produktionspotentials. Allerdings ist ein Angleichen der beiden Kurven zu beobachten.

---

[22] Die partiellen Produktionselastizitäten zeigen die relative Bedeutung eines Produktionsfaktors auf. Sie geben näherungsweise an wie stark sich das Produktionspotential bei einer marginalen Änderung des Faktoreinsatzes ändert. Ihre quantitative Bestimmung basiert in der Regel auf Regressionsanalysen.

[23] Diese Definition wird z.B. vom Internationalen Währungsfond verwendet. Der Sachverständigenrat zur Begutachtung der wirtschaftlichen Entwicklung in der Bundesrepublik Deutschland verwendet einen anderen Ansatz. Siehe:
http://www.sachverstaendigenrat-wirtschaft.de/

Abbildung 10.2: Entwicklung des Produktionspotentials und tatsächlichen BIP im Euroraum (ohne Griechenland) 1982-2007

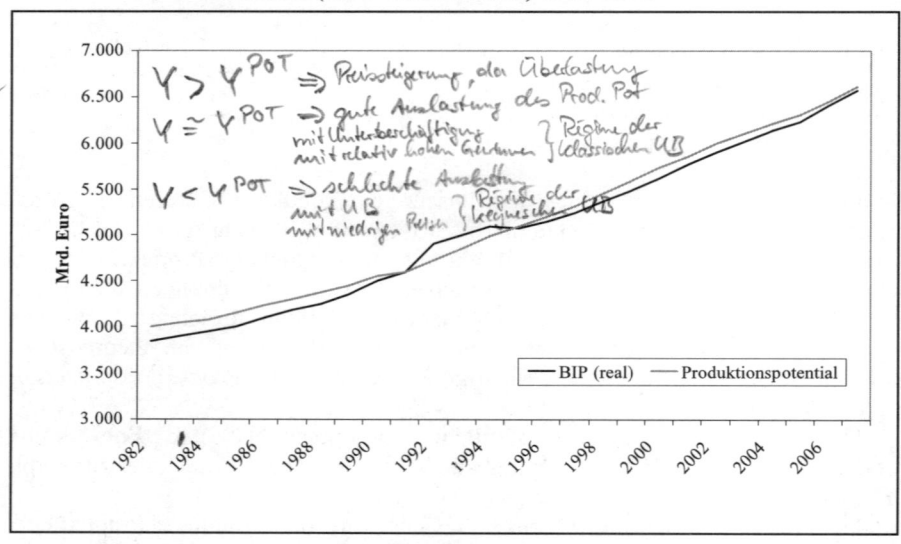

Quelle: Monatsberichte der EZB (verschiedene Jahrgänge)

10.1.2 Gleichgewichtiges Wachstum

In diesem Abschnitt behandeln wir den von der ökonomischen Neoklassik entwickelten Ansatz zur Erklärung eines gleichgewichtigen Wachstums. Gleichgewicht bedeutet dabei zweierlei: Erstens sollen die Produktionsfaktoren optimal ausgelastet sein und die Produktionsprozesse effizient ablaufen zweitens soll sich die Wirtschaft störungsfrei auf einem kontinuierlichen Zeitpfad befinden, so dass die Akteure sicher oder unter rationalen Erwartungen (siehe Abschnitt 11.1) planen können. Die Neoklassik unterstellt dabei für die Produktionsseite unter anderem folgende Annahmen:

- Effizienz der Produktionsprozesse,
- konvexe Technologien (Produktionsverlauf mit abnehmenden Ertragszuwachs),
- weitgehende Teilbarkeiten von Produktionsfaktoren und Gütern,
- Verfügbarkeit aller Produktionsfaktoren, d. h. keine Begrenztheit von Ressourcen. Spezielle Annahme: Lineare Homogenität (Verdoppelung aller Inputs führt zu einer Verdoppelung des Outputs).

Unter diesen Voraussetzungen ermöglicht ein von Solow und Swan entwickeltes Modell die Erklärung langfristigen Wachstums (Solow, 1956). Zunächst lässt sich die Produktion mit Hilfe der Produktionsfunktion (10.3) beschreiben. Wegen der Effizienzhypothese gilt, dass

(10.4) $Y^{POT} = Y_r \cdot p$ mit Y_r: reales BIP.

Dividiert man beide Seiten der Produktionsfunktion durch die Beschäftigung L, so entsteht

(10.5) $y = f(k)$ mit

y: Y_r/L (reales BIP pro Beschäftigten)

k: K/L

Das reale BIP (Y_r) pro Beschäftigten hängt also von der Kapitalintensität k ab.

Wachstum der Beschäftigung

Um die Modellwelt einfach zu halten, nehmen wir an, dass die Erwerbsquote (Anteil der Beschäftigten an der Bevölkerung) konstant ist. Dann wächst die Beschäftigung proportional zur Bevölkerung. Damit wird das Wachstum der Beschäftigung vollkommen exogen erklärt, d. h. es folgt aus der Wachstumsrate der Bevölkerung (Geburten, Todesfälle und Migration).

Dann folgt die Beschäftigtenentwicklung, ausgehend von einem Stand L_0 in einer Anfangsperiode, der folgenden Gleichung:

(10.6) $L_t = L_0 \cdot e^{g_L \cdot t}$ mit

(10.7) $g_L = \dfrac{L_t - L_{t-1}}{L_{t-1}}$ (Wachstumsrate der Bevölkerung bzw. Beschäftigung).

Zusammenhang zwischen Kapital, Investition und Ersparnis

Die Kapitalbildung vollzieht sich als Prozess über die Zeit. Neue Investitionen erhöhen das Kapital, während verbrauchtes Kapital verschwindet und in Form von Abschreibungen den Kapitalstock schmälert. Der Kapitalstock wächst damit jährlich um die Nettoinvestitionen (Bruttoinvestitionen minus Abschreibungen).

(10.8) $\dfrac{\partial K}{\partial t} = I_t$

Aus der makroökonomischen Gleichgewichtsanalyse in Kapitel 7 wissen wir, dass in einer geschlossenen Volkswirtschaft ein gesamtwirtschaftliches Gleichgewicht vorliegt, wenn gilt:

(10.9) $I_t = S_t$

S_t: Ersparnis.

Unter der Annahme, dass die Ersparnis von Y_r abhängt, ergibt sich:

(10.10) $I_t = S(Y_{r,t}) = s\, Y_{r,t}$

s: Sparquote

Damit ergibt sich der Zusammenhang:

$$(10.11) \quad \overset{\circ}{K} = \frac{\partial K}{\partial t} = I_t = S_t = s \cdot Y_{r,t} = s \cdot F(K_t, L_t)$$

$\overset{\circ}{K}$: Zuwachs des Kapitalstocks

Gleichgewicht für Kapitalintensität und Arbeitsproduktivität

Die Kapitalintensität ist mit k = K/L definiert. Logarithmiert man diese definitorische Beziehung und bildet anschließend das Differential, so gilt:

$$(10.12) \quad \ln k_t = \ln K_t - \ln L_t$$

$$(10.13) \quad \overset{\circ}{k}/k = \frac{\partial k / \partial t}{k} = \frac{\partial K / \partial t}{K} - \frac{\partial L / \partial t}{L}$$

$\overset{\circ}{k}$: Zuwachs an Kapitalintensität

Im Gleichgewicht entspricht $\partial K / \partial t \; (= I_t)$ gerade der Ersparnis $s \cdot Y_{r,t} \; (= S_t)$. Da die Wachstumsrate der Beschäftigung in Gleichung (10.7) bereits mit g_L bezeichnet wurde, lässt sich die Beziehung (10.13) auch wie folgt formulieren:

$$(10.14) \quad \overset{\circ}{k}/k = \frac{s \cdot Y_r}{K} - g_L$$

Die Division von Y_r und K durch L führt schließlich zu

$$(10.15) \quad \overset{\circ}{k}/k = \frac{s \cdot f(k)}{k} - g_L.$$

Ein Gleichgewicht stellt sich ein, wenn

$$(10.16) \quad \overset{\circ}{k} = 0.$$

Ein solches Gleichgewicht, das für ein optimales k^* erfüllt ist, bezeichnen wir als „Steady State". Es kennzeichnet eine „Ruhelage", gegen die die Entwicklung des Wirtschaftssystems von einer beliebigen Ausgangslage anstrebt. Der Wert für die Kapitalintensität k, für den der Gleichgewichtszustand eintritt, lässt sich aus (10.15) und (10.16) berechnen. Es folgt:

$$(10.17) \quad k^* = f(k^*) \cdot \frac{s}{g_L}.$$

Erreicht also die Kapitalintensität den Wert k*, so stoppen die Anpassungsprozesse, die mit $\overset{o}{k}$ beschrieben sind. Aus (10.17) lässt sich der gleichgewichtige Output je Beschäftigtem y^* durch Umformung berechnen:

(10.18) $y^* = f(k^*) = k^* \cdot \frac{g_L}{s}$, mit $y^* = Y_r^*/L^*$.

[handwritten: GGW-Bedingung feste Beziehung zu g_L und Wachstumsrate im GGW- y]*

Ergebnis 10.1: Gleichgewichtiges Wachstum tritt im Grundmodell der neoklassischen Wachstumstheorie dann ein, wenn die Arbeitsproduktivität f(k) mit der Kapitalintensität k, gewichtet mit dem Quotienten aus Wachstumsrate der Beschäftigung g_L und Ersparnis s, übereinstimmt.
Ausgehend vom Gleichgewicht wächst die Wirtschaft mit der Rate g_L. Alle Größen, wie Produktion, Konsum oder Kapitalstock, wachsen mit dieser Rate.

Abbildung 10.3: Gleichgewichtiges Wachstum

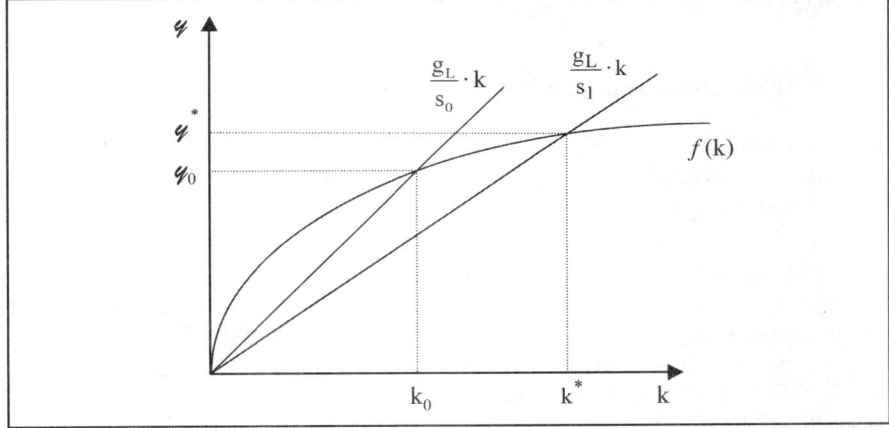

Die Sparquote spielt für das Niveau des Gleichgewichts eine zentrale Rolle, wie man anhand der Abbildung 10.3 nachvollziehen kann. Angenommen, die Sparquote liege im Ausgangszustand bei s_0 und steige auf s_1. Dann sinkt die Steigung der durch $(g_L/s) \cdot k$ beschriebenen Geraden und es wird ein Gleichgewichtspunkt mit höheren Werten für die y^* und k* erreicht.

Ergebnis 10.2: Mit steigender Sparquote verlagert sich das Gleichgewicht auf ein höheres Niveau.

[handwritten: Erhöhung der Produktion mit der Zeit verlangt höhere Inputs an Arbeit und Kapital. Mehr Kapital setzt Ersparnis voraus. Konsequenz: Höhere Sparquote ⟹ höheres Niveau des GGWs]

Zwei Anmerkungen zu diesem Ergebnis:

1. Während ein Absinken der Sparquote die Konjunktur beflügeln kann, weil der Konsum entsprechend ansteigt und die Nachfrage erhöht, ist dies schädlich für das langfristige Wachstum. Denn der Aufbau des Kapitalstocks, der für ein dauerhaft hohes Produktionsniveau erforderlich ist, verlangt Investitionen und diese müssen wiederum aus Sparkapital finanziert werden. Die gleichgewichtige Wachstumsrate ist allerdings von der Sparquote unbeeinflusst.

2. Für eine geschlossene Inselwirtschaft ist es ein ehernes Gesetz, dass ein dauerhaft hohes Produktionsniveau auch hohe Investitionen und somit eine entsprechende Sparbereitschaft voraussetzt. In einer offenen Volkswirtschaft mit vielfältigen internationalen Verflechtungen ist dies nicht mehr zwingend. Denn das Sparkapital, das ein Land benötigt, um seine Investitionen durchzuführen, kann auch aus dem Ausland kommen.

Prominentes Beispiel für (2) ist die Wirtschaft der USA. Die USA haben die niedrigste Sparquote unter den Industrieländern (zwischen 1 % und 2 %) und dennoch ein erheblich höheres Wachstum als Europa oder Japan. Dieses ist nur durch massive Kapitalströme aus dem Ausland möglich und wird durch die hohen Erwartungen der Kapitalanleger bezüglich der US- Wirtschaftsdynamik angetrieben.

10.1.3 Wachstum unter Einbeziehung des technischen Fortschritts

Die Ergebnisse 10.1 und 10.2 sind empirisch jedoch sehr fraglich. Graphik 10.3 zeigt die Schwierigkeit von Grenzbetrachtungen des neoklassischen Wachstumsmodells wenn $g_L \to 0$ geht, also Beschäftigung und Bevölkerung stagnieren. Aus der Wirtschaftsstatistik wissen wir, dass der Kapitalstock in entwickelten Ländern wesentlich schneller wächst als die Bevölkerung, was der These gleicher Wachstumsraten für alle Variablen widerspricht. In manchen Ländern wird es mittel- und langfristig sogar zu einer Stagnation oder Schrumpfung der Bevölkerung kommen, was für das Modell eine Stagnation der Wirtschaft implizieren würde. Um einen Schritt näher zur wirtschaftlichen Realität zu kommen, ist das in Abschnitt 10.1.2 entwickelte Modell zu erweitern.

Zu diesem Zweck führen wir den technischen Fortschritt ein. Dieser bewirkt, dass auch ohne Erhöhung des Einsatzes an Kapital und Arbeit über die Zeit mehr produziert werden kann. Technischer Fortschritt kann also arbeits- oder kapitalvermehrend interpretiert werden. Wir werden der Einfachheit halber den technischen Fortschritt nur auf den Arbeitseinsatz beziehen. Verdoppelt sich z. B. der Produktivitätsfaktor A (siehe Gleichung 10.3), so kann das gleiche Produktionsergebnis bei konstantem Kapitaleinsatz mit der Hälfte an Arbeitskräften realisiert werden. Oder umgekehrt: Bei gleichem Einsatz an Produktionsfaktoren würde sich das Produktionsergebnis verdoppeln.

Die Wachstumsrate der Produktivität (des technischen Fortschritts) ist definiert mit:

$$(10.19) \quad g_A = \frac{(A_t - A_{t-1})}{A_{t-1}}$$

Unter Berücksichtigung des Produktivitätsfaktors A kann die Produktionsfunktion wie folgt umgeschrieben werden:

$$(10.20) \quad Y_r = F(K, E) \quad \text{mit } E = A \cdot L$$

[handwritten: E = „effiziente Arbeit" = Arbeit, gewichtet mit Produktivität]

Der Arbeitseinsatz L wird nun in jeder Periode mit dem Produktivitätsfaktor A multipliziert. Das Ergebnis E bezeichnen wir als effektiven Arbeitseinsatz. Die Produktion wird nun gemäß (10.20) als Ergebnis aus dem Einsatz von Kapital und effektiver Arbeit dargestellt. Diesen Zusammenhang können wir auf den effektiven Arbeitseinsatz beziehen und erhalten:

$$(10.21) \quad Y_r / E = F(K/E) \quad \text{bzw.}$$

$$(10.22) \quad y_e = f(k_e); \qquad \text{Index e: in Effizienzeinheiten gemessen.}$$

Während die Entwicklung der Beschäftigung im oben entwickelten Modell nur von der Wachstumsrate g_L abhing, so gilt nun für den effektiven Arbeitseinsatz:

$$(10.23) \quad E_t = L_t \cdot e^{g_A \cdot t} = L_0 \cdot e^{g_L \cdot t} \cdot e^{g_A \cdot t} = L_0 \cdot e^{(g_L + g_A) \cdot t}$$

Der effektive Arbeitseinsatz steigt also mit der Wachstumsrate $g_L + g_A$.

Analog zur Ableitung im Modell ohne technischen Fortschritt betrachten wir nun die Veränderung der Kapitalintensität in Effizienzeinheiten k_e:

$$(10.24) \quad \overset{\circ}{k_e} / k_e = \overset{\circ}{K}/K - \overset{\circ}{E}/E$$

[handwritten: mit e indiziert → mit Effizienzeinheiten gemessen ...]

Durch einsetzen erhalten wir:

$$(10.25) \quad \overset{\circ}{k_e} / k_e = \frac{s \cdot f(k_e)}{k_e} - (g_L + g_A)$$

Im Gleichgewicht muss $\overset{\circ}{k_e} / k_e = 0$ sein. Dies führt zu

$$(10.26) \quad \frac{s \cdot f(k_e^*)}{k_e^*} = (g_L + g_A), \text{ oder}$$

$$(10.27) \quad y_e^* = f(k_e^*) = \frac{k_e^* \cdot (g_L + g_A)}{s}$$

[handwritten: Gleichgewicht]

[handwritten right margin: Treiber des Wachstums: • Bevölkerungswachstum • techn. Fortschritt GGW-Höhe • primär von s abhängig, der Sparquote • wächst s, ⇒ höhere GGW-Lage s = Sparquote]

Ergebnis 10.3:   Gleichgewichtiges Wachstum tritt im erweiterten neoklassischen Wachstumsmodell dann ein, wenn die Arbeitsproduktivität in Effizienzeinheiten $f(k_e)$ mit der Kapitalintensität in Effizienzeinheiten k_e, gewichtet mit dem Quotienten aus Wachstumsraten $(g_L + g_A)$ und Ersparnis s, übereinstimmt.

Ausgehend vom Gleichgewicht wächst die Wirtschaft mit der Rate $g_L + g_A$. Alle Größen, wie Produktion, Konsum oder Kapitalstock, wachsen mit dieser Rate. Einzige Ausnahme bildet die Beschäftigung, die nur mit der Rate g_L wächst.

Abbildung 10.4: Gleichgewichtiges Wachstum unter Einbeziehung des technischen Fortschritts

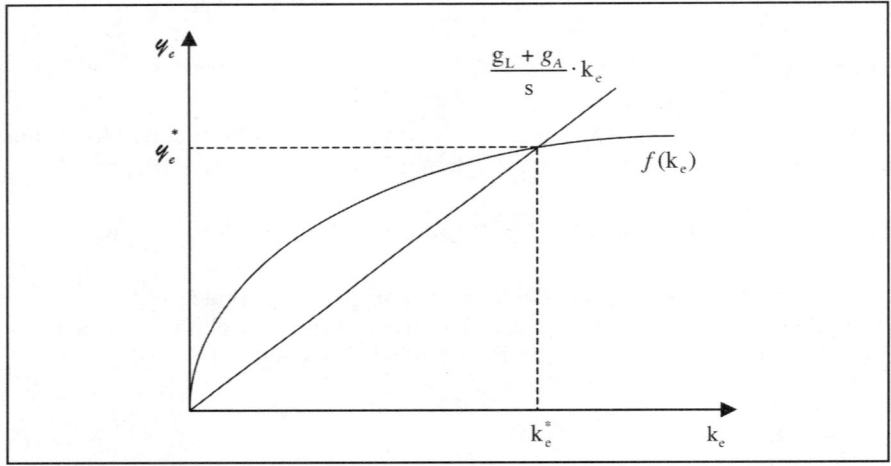

Ergebnis 10.2 bleibt erhalten, d. h. in jedem Falle bewirkt eine höhere Ersparnis ein höheres Niveau der gleichgewichtigen Produktion. Auf diesem höheren Gleichgewichtsniveau wachsen die ökonomischen Größen mit der Summe der Wachstumsraten aus Beschäftigung und technischem Fortschritt. Nunmehr kann die Wirtschaft auch wachsen, wenn die Beschäftigung (Bevölkerung) stagniert.

 Ergebnis 10.4:   Bei konstanter Beschäftigung (Bevölkerung) wächst die Wirtschaft mit der Rate des technischen Fortschritts.

Wir haben damit herausgearbeitet, dass der technische Fortschritt die beherrschende Rolle für das Wirtschaftswachstum spielt. Im Mittelpunkt des technischen Fortschritts stehen Innovationen, also neue Verfahren und neue Produkte. Diese sind das Ergebnis von Forschungs- und Entwicklungsanstrengungen.

Box 10.1: Technischer Fortschritt

F&E-Ausgaben im internationalen Vergleich

Ein Blick in die Geschichte der Wirtschaftsentwicklung verschiedener Länder und ihrer F&E-Ausgaben zeigt jedoch, dass keine direkte Beziehung zwischen F&E-Ausgaben und Produktivitätsentwicklung besteht. Insbesondere gilt dies im Vergleich zwischen den USA, Japan und europäischen Ländern. Dennoch haben die USA seit Mitte der neunziger Jahre ein wesentlich höheres Produktivitätswachstum gehabt, so dass dort auch das BIP wesentlich schneller gewachsen ist. Dies wird von den meisten Autoren damit erklärt, dass die Unternehmen in den USA auf Grund des Wettbewerbsdrucks einerseits und der wettbewerblichen Freiheiten andererseits (weniger Regulierung, Bürokratie) schneller auf neue Verfahren und Produkte setzen.

Ein Beispiel ist der Sektor der Informations- und Kommunikationstechnologien. Bei Hard- wie auch Software haben Unternehmen der USA eine führende Rolle gespielt und Märkte an sich gebunden (z. B. Intel oder Microsoft). Auch die Anwendung dieser Techniken in den „neuen Märkten" der Informationswirtschaft (Medien, Kommunikationsnetze) lief in den USA wesentlich schneller ab, so dass Wettbewerbsvorsprünge erzielt werden konnten. Die Spätstarter in Europa und Japan hatten dann sehr stark mit der Krise der neuen Märkte nach dem Jahr 2000 zu kämpfen und konnten nicht mehr von der rapiden Expansion in den neunziger Jahren profitieren. Für einen Erfolg beim Wettbewerb um die inkrementalen Innovationen spielt also offenbar die Schnelligkeit der Reaktion auf neue technische Optionen eine Rolle (vgl. Fokus-Beispiel in Blanchard und Illing, 2004: „Die Neue Ökonomie und das Produktivitätswachstum", S. 369 ff.).

Es hat sich gezeigt, dass begrenzte Fortschritte (inkrementale Innovationen) mit Hilfe gezielter F&E-Einsätze systematisch erreicht werden können. Analog zu der Produktionsfunktion (10.3) könnte man eine Funktion für den begrenzten technischen Fortschritt aufbauen und diesen Teil des technischen Fortschritts neoklassisch erklären. Allerdings lässt sich wirtschaftliches Wachstum nicht alleine durch materiellen und technischen Fortschritt in der Produktion erklären. Investitionen, z. B. in das Bildungswesen und die Verkehrsinfrastruktur, tragen gleichermaßen zu Produktivitätssteigerungen bei. Im nächsten Abschnitt wollen wir uns daher mit der wirtschaftlichen Bedeutung dieser Faktoren auseinandersetzen.

10.1.4 Weiterentwicklung der neoklassischen Wachstumstheorie

Bisher haben wir ausgeführt, dass wirtschaftliches Wachstum auf technischem Fortschritt und gezieltem Einsatz von Arbeit und Kapital beruht. Unter Verwendung dieser Faktoren lässt sich das Produktionspotential anhand einer Cobb-Douglas-Produktionsfunktion beschreiben.

Alternativ dazu kann das Produktionspotential aber auch mit Hilfe so genannter Potentialfaktoren ermittelt werden. Im Gegensatz zu den klassischen Produktionsfaktoren sind Potentialfaktoren

- *immobil*, d. h. sie lassen sich nicht oder nur schwer an einen anderen Standort transformieren.
- *unteilbar*, d. h. sie können nur als Ganzes effizient genutzt werden. So kann eine nur zum Teil fertig gestellte Brücke nicht etwa zum Teil, sondern gar nicht genutzt werden.
- *polyvalent*, d. h. sie sollen nicht einzelnen Unternehmen oder Wirtschaftszweigen, sondern möglichst vielen Produktionsbereichen zugute kommen.
- *nicht oder bedingt substituierbar*, d. h. eine geringe Verfügbarkeit eines Faktors lässt sich nicht oder nur bedingt durch eine hohe Verfügbarkeit eines anderen Potentialfaktors kompensieren.

In vielen Fällen ist die Bereitstellung von Potentialfaktoren auf Grund der Größenordnung und der beschriebenen Charakteristiken mit hohem Risiko behaftet, so dass sie in der Regel vom Staat zur Verfügung gestellt werden. Zu den wichtigsten Potentialfaktoren zählen die Verkehrsinfrastruktur, Telekommunikationsnetzwerke und das allgemeine Bildungsniveau.

Die Nutzungsmöglichkeiten der Potentialfaktoren hängen sowohl von quantitativen als auch von qualitativen Merkmalen ab. Die Ausstattung mit Verkehrsinfrastruktur beruht beispielsweise auf der Netzlänge sowie den Straßen- bzw. Schienentypen. Die Verfügbarkeit hochwertiger Infrastruktur (Autobahn, Anschluss an das Bahnhochgeschwindigkeitsnetz) wird entsprechend höher gewichtet als die Ausstattung mit herkömmlicher Infrastruktur (Landstraße, untergeordnetes Schienennetz). In der Regel werden die Potentialfaktoren für mehrere gleichartige, z. B. städtische oder ländliche, Regionen ermittelt. Unter Verwendung einer Quasi-Produktionsfunktion vom Cobb-Douglas Typ lässt sich dann das Produktionspotential einer Region ($Y^{POT.Reg.}$), für jede Region wie folgt herleiten:

(10.28) $Y^{POT.Reg} = F(I,T,B,R,S) = A \cdot I^{\alpha} \cdot T^{\beta} \cdot B^{\chi} \cdot R^{\delta} \cdot S^{\varepsilon}$

I: Ausstattung mit Verkehrsinfrastruktur,
T: Ausstattung mit Telekommunikationsnetzwerken,
B: Bildungsniveau,
R: Natürliche Ressourcen (Umweltqualität),
S: Ausstattung mit *soft factors* (z. B. Kulturangebot),
A: Produktivitätsfaktor,

α, β, χ, δ, ε: Produktionselastizitäten der Potentialfaktoren.

Der Ansatz lässt sich zur Abschätzung von Maßnahmen der regionalen Wirtschaftsförderung verwenden. Zum einen deuten Produktionselastizitäten auf die absolute Bedeutung der Potentialfaktoren (und deren Förderung) hin. Zum anderen ermöglicht diese Vorgehensweise die Identifikation von Engpässen bei der Ausstattung mit Potentialfaktoren.

Am Ende der Periode kann nun das tatsächlich realisierte Regionalprodukt $Y^{Reg.}$ empirisch ermittelt und mit dem modellmäßig kalkulierten Produktionspotential $Y^{POT.Reg.}$ verglichen werden. Dabei ergeben sich zwei Lösungsbereiche:

1. $Y^{POT.Reg.} > Y^{Reg.}$

2. $Y^{POT.Reg.} \leq Y^{Reg.}$

Erwirtschaftet die Region ein tatsächliches Regionalprodukt, das unter dem potentiellen Produkt liegt (1), so werden die vorhandenen Potentialfaktoren im Vergleich zu anderen Regionen unterdurchschnittlich effizient genutzt. Öffentliche Investitionen, die zu einer höheren Ausstattung mit diesen Faktoren führen sind daher keine Garantie für wirtschaftliches Wachstum. Es besteht sogar die Gefahr, dass die zusätzlichen Investitionen wirkungslos bleiben. Ziel muss daher zunächst eine effizientere Ausnutzung der vorhandenen Faktoren sein.

Weist die Region dagegen ein tatsächliches Regionalprodukt auf, das dem potentiellen Produkt entspricht oder es sogar übersteigt, so werden die verfügbaren Potentialfaktoren bereits effizient genutzt oder zu stark beansprucht. Unter dieser Voraussetzung kann es zu Engpässen wie beispielsweise der Überlastung von Hauptverkehrsadern kommen. Zusätzliche Investitionen in die verkehrliche Infrastruktur können in diesem Fall zusätzliches Wachstum initiieren.

Ergebnis 10.5:   *Das regionale Wachstum lässt sich dadurch fördern, dass Engpässe bei der Ausstattung mit Potentialfaktoren abgebaut werden.*

10.2 Evolutorische Ökonomik

10.2.1 Einführung

Die ökonomische Klassik liefert mit dem Gleichgewichtszustand die Beschreibung für eine Situation, in der eine Volkswirtschaft mit dem bestehenden Ressourcenbestand ein Optimum an Produktion und Güterverteilung erreicht (vgl. Abschnitt 10.1). Die Wettbewerbswirtschaft wird somit als statisches Gebilde dargestellt, in dem sich die Akteure an Marktverhältnisse, Rahmenbedingungen und andere exogene Faktoren anpassen, die sie selbst nicht beeinflussen können. Da alle Marktteilnehmer vollständige Informationen besitzen, Güter homogen sind und Unternehmen sowie Märkte als gegeben betrachtet werden, lohnt es sich nicht, aus bestehenden Strukturen auszubrechen. Eine Dynamik in dem System wird nur durch exogene Schocks erzeugt, welche ein neues Gleichgewicht bestimmen zu dem sich die Märkte hin entwickeln. Märkte befinden sich somit entweder bereits im Gleichgewicht oder streben dorthin, falls nicht sogar von unendlich schneller Anpassung ausgegangen wird. Die Arbeiten von Léon Walras, auf den die moderne neoklassische Gleichgewichtstheorie zurückgeht, waren darauf gerichtet, eine reine theoretische Ökonomik „als naturwissenschaftlich-mathematische Disziplin wie die Mechanik oder die Hydrodynamik" zu entwickeln. Ganz analog zu der physikalischen Vorstellung Newtons, dass aus dem Zusammenspiel mechanischer Kräfte ein Gleichgewicht resultiert, betrachtet die neoklassische Ökonomik in der walrasianischen Tradition den Markt unter dem Gesichtspunkt des Gleichgewichts gegeneinander strebender ökonomischer Kräfte (vgl. Abschnitt 11.1.1). Auch die Erweiterung durch Berücksichtigung der Wirtschaftsdynamik führt in den neoklassischen Wachstumsmodellen entsprechend zu Ruhelagen der Wirtschaft in Form von gleichgewichtigen Wachstumspfaden, auf denen alle ökonomischen Kenngrößen mit der gleichen Rate wachsen („golden age-Modelle").

Allerdings werden bereits seit langem von Seiten der dynamischen Wirtschaftsforschung Zweifel angemeldet, ob die strenge Orientierung an einem Gleichgewichtszustand dem Forschungsgegenstand einer „life-science" wie den Wirtschaftswissenschaften wirklich angemessen sein kann. Bereits Alfred Marshall, der die neoklassische Theorie in ihre heute bekannte Lehrbuchform gebracht und damit zu ihrer Verbreitung maßgeblich beigetragen hat, deutete in der Einleitung zu seinen „Principles of Economics" die eigenen Vorbehalte gegen die theoretischen Anleihen bei der Mechanik an, indem er dort feststellte: *„The Mecca of the* *economist lies in economic biology"* (Marshall, 1890, S. xii). Dies führt zu der Vorstellung der Wirtschaft als Meta-Organismus.

Box 10.2: Wirtschaft als Ökosystem und Meta-Organismus

Auszug aus einem Interview der Zeitschrift THINK ACT mit der Berkeley-Ökonomin Homa Bahrami (Ausgabe Februar 2005)

„Wie im Regenwald"
Unsere Wirtschaft ist ein Ökosystem, das sich selbst reguliert, lautet der Glaubenssatz der Bionomics-Jünger. Was aber können Unternehmen tatsächlich von den Organisationsprinzipien der Natur lernen? Sehr viel, meint Berkeley-Ökonomin Homa Bahrami.

THINK ACT (TA): Mitte der neunziger Jahre hat Michael Rothschild vom Biometics Institute Prinzipien der Biologie auf die Wirtschaftswelt übertragen und die Ökonomie als Ökosystem bezeichnet. Wie aktuell sind diese Thesen heute noch?
Homa Bahrami (HB): *Es handelt sich um einen Paradigmenwechsel, der unverändert Geltung beanspruchen kann. Metaphorisch ausgedrückt: Überholt ist das Bild einer Wirtschaftsmaschine, deren Räderwerk nach starren Prinzipien funktioniert. Es wurde abgelöst von der Vorstellung eines sich stetig entwickelnden Ökosystems, das mit seiner Spezialisierung, seinen Selbstregulierungsmechanismen eher einem tropischen Regenwald gleicht.*
TA: Solche biologischen Konzepte gelten oft als neoliberal, ja darwinistisch.

HB: *Nein, es geht hier keineswegs um das Für und Wider staatlicher Eingriffe in den Wirtschaftsprozess, sondern um sehr vernünftige Erklärungsversuche für ökonomische Systeme. Netzwerke erscheinen mir in der Tat als einzige Organisationsform, die der Pluralität und Vielschichtigkeit unseres technologiebestimmten digitalen Zeitalters gerecht wird. Das ist insofern darwinistisch, als es das Überleben der Fähigsten voraussetzt. Und fähig bedeutet, dass man sich Veränderungen anpassen kann.*

TA: Welche Erkenntnisse folgen daraus für die Organisation eines Unternehmens?

HB: *Unser ökonomisches Umfeld ist sehr komplex und dynamisch, was einen superflexiblen Ansatz bei Strategieentwicklung, Organisationsdesign und Führung voraussetzt. Sehr ausgeprägt zeigt sich dieser Wandel in Branchen wie Hochtechnologie, Verlagswesen und Finanzdienstleistungen. Die Herausforderungen von Anpassung und Neudefinition zu bewältigen wird zur zentralen Führungsaufgabe und potentiellen Existenzfrage für viele Unternehmen. [...]*

TA: Lässt sich so eine superflexible Organisation überhaupt noch managen?

HB: *Mehr denn je kommt es heute darauf an, eine Fähigkeit zur Selbststeuerung zu entwickeln. Denken Sie an einen Vogelschwarm, in dem sich unzählige Individuen mit Leichtigkeit durch die Lüfte bewegen und irgendwie von einer unsichtbaren Hand geleitet zu scheinen. Entscheidungsträger müssen sich sowohl auf „physische Infrastrukturen" wie auch auf „klimatische Konditionen" konzentrieren, wo sich die Selbstregulierung vollzieht.*

TA: Ein Unternehmen muss sich heute also ähnlich dezentral und flexibel formen wie ein Vogelschwarm?

HB: *Vollkommen richtig. Viele Konzerne sind ja immer noch wie mittelalterliche Burgen aufgebaut, umgeben von hohen Festungsmauern. In Zukunft werden wir einen offeneren Wissensaustausch erleben, bei dem ständig Menschen, Informationen und Ideen zirkulieren – wie in einem Ökosystem. Hier im Silicon Valley gibt es heute schon tausende Firmen, deren Mauern extrem durchlässig sind. Mitarbeiter wechseln andauernd den Job, Konkurrenten werden über Nacht zu Partnern, ehemalige Lieferanten zu Kunden. Insofern scheint mir dieser ganze Landstrich wirklich ein Labor für das globale Miteinander von Unternehmen zu sein.*

TA: Wieso sollte ausgerechnet das Silicon Valley eine Blaupause für die Unternehmensorganisation der Zukunft liefern? Den Niedergang der New Economy hat es bis heute nicht überwunden. Und ein neues Jobwunder ist nicht in Sicht.

HB: *Silicon Valley war und ist immer noch ein durchgehend anpassungsfähiges Ökosystem des Wissens. In den letzten 30 Jahren hat das Valley schon viele Höhen und Tiefen erlebt – und schaffte immer wieder den Umbruch. Derzeit schickt es sich an, ein Zentrum für Life-Sciences, Biotechnologie und medizinische Hightechinnovationen zu werden. [...]*

TA: Der immense Talentpool des Silicon Valley als blubbernde Ursuppe?

HB: *Ein schönes Bild. Bedenken Sie: Märkte bestehen letztlich aus einzelnen*

> *Organisationen, die Organismen ähneln und sich im Sinne der Evolution ihrer Umwelt anpassen müssen – oder untergehen. Wirtschaftsführer müssen den Kontext oder das Klima herstellen, in dem sich Individuen sowie Einheiten selbst regulieren und steuern können. [...]*

10.2.2 Kernelemente der evolutorischen Ökonomik

Die evolutorische Ökonomik baut zu einem großen Teil auf den Arbeiten von Joseph Schumpeter auf und zielt darauf ab, aus dessen Ideen eine umfassende Theorie zu entwickeln. Aus dem Begriff der Evolutorik wird bereits deutlich, dass u.a. Parallelen aus der Biologie herangezogen werden, um Bewegungen des ökonomischen Systems zu erklären. Die evolutorische Ökonomik konzentriert sich auf endogene Prozesse, die zu Veränderungen ökonomischer Systeme führen, und untersucht die Auswirkungen auf Firmen und Industrien, Produktion, Handel, Beschäftigung und Wachstum. Die zentralen Fragen sind: Warum und wie verändern sich Wissen, Präferenzen, Technologien und Institutionen in einem historischen Prozess und welche Auswirkungen haben diese Veränderungen auf ökonomische Systeme? Dabei nutzt die evolutorische Ökonomik Ansätze aus verschiedenen Wissenschaften von der Biologie über die moderne Physik bis hin zur (Sozial-)Psychologie. So können die Kernfragen nach der Entstehung und Diffusion von Neuem beispielsweise mit Hilfe der darwinistischen Vorstellung von den Grundprinzipien der Entwicklung der Arten, nämlich Selektion und Mutation, analysiert werden.

Analog zum biologischen System hat auch das wirtschaftlich/soziale System eine Geschichte, von der es sich nicht lösen kann und welche die Folgeentwicklung maßgeblich beeinflusst. Gleichfalls analog zum biologischen System wiederholt sich Geschichte nie in gleicher Weise, d. h. Gleichgewichtspfade, wie sie die Neoklassik in Form von sich ständig wiederholender Entscheidungen beschreibt, sind Laborkonstrukte, aber nicht die Wiedergabe der Realität. Entwicklungen folgen vielmehr eingeschlagenen Pfaden und finden in historischer Zeit statt, d.h. die Zeit lässt sich nicht zurückstellen und Prozesse wiederholen sich nicht in identischer Weise. Verantwortlich dafür ist die Veränderung der Umwelt durch Natur und Produktionstätigkeit sowie der beständige Zuwachs an neuem Wissen, der aus evolutorischer Sicht auf zwei Arten erklärt werden kann.

1.   Neues Wissen als Folge von Lernprozessen (*Selektion*)
Akteure können auf unterschiedliche Art und Weise lernen. Einerseits können sie ihren eigenen Erfahrungen auswerten. Aus Handlungen, die sich im Nachhinein als richtig oder falsch erweisen, können Rückschlüsse auf zukünftige Vorgehensweisen geschlossen werden. Dieser Erklärungsansatz entspricht dem aus der amerikanischen Literatur bekannten Prinzip „Learning by doing", in dem die Entdeckung neuer Problemlösungen als Ergebnis akkumulierter Erfahrungen gesehen wird. In Analogie zur Biologie sprechen wir hier von einem selektiven Prozess (Selektion).

Außerdem können Akteure das Verhalten und die daraus resultierenden Ergebnisse anderer Akteure beobachten und daraus Rückschlüsse für ihr eigenes zukünftiges Verhalten ziehen. Dieses Lernen eröffnet die Möglichkeit aus den Fehlern anderer Akteure zu lernen, ohne diese Fehler selbst machen zu müssen. Gerade beim Lernen durch Beobachtung kann es durch Übertragungsfehler und Wahrnehmungsprozesse dazu kommen, dass der Beobachter neue Handlungsmöglichkeiten und Verhaltensweisen entwickelt. Des Weiteren sind Menschen in der Lage neue Handlungsalternativen durch zielgerichtete Überlegungen und kognitive Prozesse aktiv zu entwickeln und diese auch vorab auf ihre Nutzbarkeit zu prüfen.

2.   Neues Wissen als Folge des Zufalls (*Mutation*)
Nach diesem Ansatz ist eine Erfindung nicht das Resultat von akkumulierter Erfahrung, sondern ist entweder der zufälligen Inspiration eines Genies oder einer zufälligen Verkettung günstiger Umstände zu verdanken („genialer Einfall"). Das plötzliche Auftauchen neuer Lösungen, das in Analogie zur Biologie Mutation genannt wird, ist mit einem Quantensprung vergleichbar, der die Entwicklung in einem oder mehreren Bereichen mit einem „Sprung" erkennbar vorantreibt.

Neues Wissen bietet die Möglichkeit kleiner oder radikaler Verhaltensänderungen. Allerdings besteht die Gefahr, dass sich eine neue Verhaltensweise nicht verbreitet, wenn sie in ihrer Radikalität zu groß ist und die Umwelt die Akteure nicht zu drastischen Verhaltensänderungen zwingt. Grundsätzlich erfolgt die Verbreitung von Neuem durch Lernprozesse: Rückkopplungen führen zu einer reduzierten oder verstärkten Nutzung bestimmter Alternativen und veraltete Produkte oder Prozesse werden durch neue ersetzt.

Entscheidungsverhalten von Haushalten und Unternehmen
Eine der Grundannahmen des neoklassischen Gleichgewichtsmodells ist die eines jederzeit perfekt rational handelnden homo oeconomicus, der über alle Informationen verfügt und in der Lage ist, diese zu filtern und somit (sofort) nutzenmaximierende Entscheidungen zu treffen. Als Alternative zu der Modellierung des Menschen als nimmermüdem Nutzenkalkulierer betrachtet die Evolutorik den Menschen als biologisches und soziales Geschöpf, welches durch Lernprozesse beeinflusst wird. Menschliches Verhalten ist demnach das Ergebnis von Vererbung, eigenen Erfahrungen, sozialen Lernprozessen, Kultur, Normen und Moralvorstellungen. Eine solche Umorientierung verlangt nicht, dass die Ökonomie die Grundannahme von einem selbstinteressierten, vorteilsorientierten menschlichen Verhalten aufgibt. Allerdings ist es notwendig, das Modell eines perfekt rationalen Nutzenmaximierers durch das Modell eines vorteilsorientierten Regelbefolgers, der Entscheidungsprozesse auf der Grundlage ererbter, erlernter und erfahrungsgetesteter Verhaltensregeln angeht, zu ersetzen.
Die Akteure entscheiden dann nicht mehr permanent mit vollständiger Information und Voraussicht auf Basis von Optimierungskalkülen, vielmehr ist ihr Verhalten geprägt von Routinen und kontinuierlichen Lernprozessen bei denen die Akteure in Interaktionen mit anderen Akteuren stehen. Aus diesen Interaktionen

ergeben sich ständig neue Zustände des Wirtschaftssystems, die sich in zyklischer Form über die Zeit fortsetzen. Ruhezustände im Sinne der neoklassischen Wachstumstheorie gibt es nicht, dafür aber Phasen schneller und langsamer Bewegung. Ökonomische Systeme sind somit immer dynamisch, obwohl sie potentiell einem Gleichgewicht entgegen streben können, erreichen sie dieses nie, da sich das Gleichgewicht vorher erneut verschoben hat. Das Wirtschaftssystem kann auf Schocks unterschiedlich disponiert sein, wie der menschliche Organismus bei einem Virenbefall. In Phasen hoher Sensitivität reichen kleine Parameteränderungen aus, um große und schnell ablaufende Änderungsprozesse auszulösen (z. B. Krisen).

10.2.3 Die Ansätze von v. Hayek, Nelson & Winter und Schumpeter

Im Rahmen der evolutorischen Ökonomik werden im Folgenden drei Ansätze skizziert, die - im Gegensatz zur Klassik und zur Neoklassik - keinen Prozess hin zu einem Gleichgewicht unterstellen: Einmal ist dies die, maßgeblich von v. Hayek beeinflusste, Denkschule, derzufolge Individualität, Freiheit und Wettbewerb die wesentlichen Elemente einer Marktwirtschaft sein müssen, während die Bedingungen, die zur Herleitung der klassischen Wettbewerbstheorie erforderlich sind, nicht zu ernst genommen werden sollten. Der zweite Ansatz beruht auf den Arbeiten von Nelson und Winter und behandelt Entscheidungsroutinen in Firmen. Die dritte Denkschule baut auf den Gedanken von Schumpeter auf, der die Rolle des Unternehmers in den Mittelpunkt seiner Theorie stellt. Die Unternehmer haben die Fähigkeit eine starke Innovationsdynamik zu generieren. Auch temporäre Monopole und eine gewisse Marktkonzentration werden nicht als Hindernis, sondern als Grundlage für den leistungsfähigen Wettbewerb betrachtet. Nach diesen Darstellungen gehen wir auf die Auswirkungen dieser Ansätze auf die zyklische Entwicklung von Märkten ein.

 Von Hayeks Wettbewerbsphilosophie
Friedrich von Hayek hat sich kritisch mit den Bedingungen auseinandergesetzt, welche die klassische Theorie für den vollkommenen Wettbewerb verlangt. Dies sind vor allem:

- homogene Güter, die von sehr vielen Käufern und Verkäufern gehandelt werden, von denen keiner erwartet, dass seine Handlung einen Einfluss auf den Preis oder das Verhalten anderer Akteure hat;
- freier Zutritt zu den Märkten mit keinerlei Beschränkungen bei den Produktionsfaktoren und Preisen;
- vollständige Information über alle relevanten Marktfaktoren bei allen Marktpartnern.

Von Hayek zeigt, dass diese Bedingungen im realen Wirtschaftsleben praktisch nirgendwo erfüllt sind. Seine zentrale These besteht darin, dass der Wettbewerb diese Voraussetzungen überhaupt nicht braucht. Die Argumente für ein Funktionieren des Wettbewerbs sind seines Erachtens unabhängig von den Vollkommenheitsbedingungen: „....a much bigger gulf divides competition from no competition than perfect from imperfect competition" (von Hayek 1948, S. 105). Es ist für ihn nicht wesentlich, ob Marginalbedingungen bei Produktion und Tausch erfüllt sind. Wesentlich ist viel mehr das Marktergebnis, das aus den bestehenden Faktorinputs Güter zu günstigsten Preisen an den Markt gebracht werden: „....more serious than prices not corresponding to marginal costs is that prices are too high" (von Hayek 1948, S. 105).

Wettbewerb vollzieht sich als permanenter Prozess von Vorstoß und Verfolgung, dessen Ergebnis nie vollständig prognostiziert werden kann („voyage into the unknown"). Individualität und Freiheit der Akteure sind dabei die Grundvoraussetzungen einer erfolgreichen Wirtschaftsentwicklung.

Ergebnis 10.6:   *Individualität und Freiheit sind die wichtigsten Voraussetzungen für die Ausbildung geeigneter Entscheidungsroutinen in einem funktionsfähigen Wettbewerb.*

Theorie der Firma und Entscheidungsroutinen nach Nelson & Winter
Nelson und Winter haben die allgemein formulierten Annahmen früherer Ökonomen über das Entscheidungsverhalten von Haushalten und Unternehmen präzisiert und in Modelle integriert, die bis heute als Prototypen evolutorischer Modellierungen für Firmenwachstum und –verhalten gelten (Nelson und Winter, 1982). Besonders interessant sind ihre Vorstellungen vom Entscheidungsverhalten und von den Rollenspielen, die in interaktiven Prozessen zwischen den Unternehmen am Markt ablaufen.

Die wirtschaftlichen Entscheidungen werden auf Grundlage von Routinen getroffen. Routinen sind standardisierte, erlernte oder übernommene Verhaltensweisen, die sich auf drei Ebenen beziehen:

1.   Ebene der operativen Entscheidungen (day-to-day business)
2.   Ebene der faktischen und strategischen Entscheidungen (Investitionen, Produkte, Verfahren, Markteintritt, Marktaustritt)
3.   Ebene der Entscheidungen über Routinen.

Auf allen Ebenen spielen Erfahrungen und Lernen für die Bildung und Auswahl der geeigneten Routinen die beherrschende Rolle. Anlass für eine Änderung der Routinen (Ebene 3) entsteht erst dann, wenn negative Erfahrungen (z.B. nicht mehr zufriedenstellende Umsätze) die Eignung bislang ausgeübter Routinen in Frage stellen.

Unternehmen können sich dann einen Vorteil verschaffen, wenn sie kostengünstigere Produktionsverfahren finden (hierauf beschränken sich die Nelson/Winter-Modelle), d.h. es finden keine Produktinnovationen statt. Dazu starten sie Suchprozesse und investieren in F&E (Innovationsroutinen). Falls sie erfolgreich sind, werden sie durch übernormale Gewinne in der Einführungsphase neuer Verfahren belohnt, anderenfalls bleiben sie auf den Kosten sitzen. Andere Unternehmen beschränken sich darauf, die Konkurrenten zu beobachten und im Falle von Innovationen nachzuziehen (Imitationsroutinen, Strategie des „watchful second"). Sie müssen zwar auf die übernormalen Gewinne der Innovatoren verzichten, haben dafür aber ein geringeres Risiko.

Verhaltensänderungen werden über eigene Misserfolge gesteuert, d. h. Innovatoren können nach einiger Zeit zu Imitatoren werden und umgekehrt. Gleichfalls können Unternehmen aus dem Markt ausscheiden und andere eintreten, so dass das Bild eines pulsierenden Prozesses auf der Angebotsseite des Marktes entsteht.

 Ergebnis 10.7:   Haushalte und Unternehmen entscheiden auf Basis von Routinen. Es gibt Routinen für operative Bereiche und strategische Entscheidungen, die in Abhängigkeit von Misserfolgen verändert werden.

 Schumpeters Theorie der „Schöpferischen Zerstörung"
Technischer Fortschritt ist nach Schumpeter zum Einen von der Idee/Erfindung selbst (Invention) und zum Anderen von der Durchsetzung der Erfindung am Markt (Innovation) abhängig. Erweist sich die Innovation als vielversprechend, so werden die Wettbewerber versuchen, diese zu kopieren (Imitation). Somit vollzieht sich der Wettbewerb als Prozess von Vorstoß und Verfolgung. Dabei ist es von technologischen und psychologischen Bedingungen abhängig, ob ein Unternehmen die Rolle des Innovators oder des Imitators einnimmt.

Eine Innovation ist ein signifikantes Ereignis auf der Angebotsseite des Marktes, das durch die Eigenschaften

- Neuheit
- Radikalitätsgrad
- Prozesscharakter

beschrieben werden kann. Dies kann sich auf

- Produkte und
- Produktionsverfahren

beziehen.

Die *Neuheit* kann objektiv sein oder subjektiv als solche empfunden werden. Objektiv neu ist eine Technologie dann, wenn sie eine zuvor nicht bekannte Funktionalität bietet. Empfindet der Kunde ein Produkt als neu, wenn alte Funktionalität in anderer Form oder unter anderer Bezeichnung angeboten wird, so wird ist die Neuheit nur subjektiv empfunden.

Der *Radikalitätsgrad* beschreibt den Bedeutungsgehalt, also den Sprung gegenüber bestehenden Technologien. Radikal-Innovationen öffnen in der Regel neue Technik-Felder und schaffen eine Fülle von Optionen für inkrementelle Innovationen. Letztere stellen Folgeentwicklungen auf Basis des bekannten technischen Wissens dar.

Der *Prozesscharakter* besagt, dass mit Innovationen keine statischen Niveauänderungen (Zustand vorher/nachher) verbunden sind, sondern die Einleitung neuer Entwicklungspfade in einem System dynamischer Rückkopplungen.

Ferner ist es wichtig, zwischen *Technik-Innovationen und Markt-Innovationen* zu unterscheiden. Eine neue Funktionalität kann technisch begründet sein, z. B. wird eine Magnetschwebebahn technisch völlig anders geführt und angetrieben als eine Eisenbahn. Für den Kunden kommt es dagegen darauf an, schnell, sicher, komfortabel und preiswert zu reisen, d. h. seine Maßstäbe der Funktionalität sind andere als die der Entwicklungsingenieure. Für einen Markterfolg sind letztlich nur die Funktionalitäten entscheidend, die der Kunde bewertet, gleichgültig, ob ein Verkehrssystem rollt, schwebt oder fliegt.

Schumpeters unternehmerische Regime
In seinen Hauptwerken zur Theorie der wirtschaftlichen Entwicklung (1912, 1952) und zu Konjunkturzyklen (1939, 1961), geht Schumpeter von zwei unterschiedlichen unternehmerischen Regimen aus. Das erste Regime hat kreative, individuelle Unternehmer als Kern, wohingegen dem zweiten Regime ein „reifer Kapitalismus" zugrunde liegt, in dem Großunternehmen die zentrale Rolle spielen. Es zeigt sich, dass beide Regime zur gleichen Zeit in unterschiedlichen Industrien aufzufinden sind und dass sich eine Industrie über die Zeit von dem einem in das andere Regime entwickeln kann. In beiden Regimen sind temporäre Monopole und eine gewisse Marktkonzentration die Grundlage für leistungsfähigen Wettbewerb und weitere Innovationsaktivitäten.

Dem ersten Regime liegt die Annahme zugrunde, dass unternehmerische Fähigkeiten – wie viele andere Eigenschaften – in einer ethnisch homogenen Bevölkerung annähernd normal verteilt sind: Einige Menschen haben wenig unternehmerisches Talent, die meisten haben ein mittleres Maß, einige ein hohes Maß dieser Fähigkeiten. Vor allen Dingen die Menschen mit hohem Talent stellt Schumpeter als den idealtypischen Unternehmer heraus, der allein zur Durchsetzung neuer Kombinationen fähig ist. Er zeichnet sich durch besondere Persönlichkeitsmerkmale und Motivation aus, die ihn unabhängig vom Kapitalbesitz deutlich von den übrigen „Verwaltern"/Managern und „Wirten schlechtweg" unterscheiden. Nicht Kreativität und Erfindungsreichtum geben dabei den Ausschlag, da Schumpeter eine strikte Trennung zwischen Invention, Innovation sowie Imitation vornimmt:

„Der Führer als solcher ‚findet' oder ‚schafft' die neuen Möglichkeiten nicht. Die sind immer vorhanden, reichlich angehäuft von Leuten im Laufe ihrer gewöhnlichen Berufsarbeit, oft auch weithin bekannt und ... auch propagiert ... Die Führerposition besteht darin, sie lebendig, real zu machen, durchzusetzen." (Schumpeter, 1952, S. 102)
Die Motivation bezieht ein Unternehmer erstens aus ureigensten Antrieben zur Selbstverwirklichung und zweitens aus der Aussicht auf temporäre Unternehmer- bzw. Gründergewinne.

In diesem Regime geht somit ein Großteil der Innovationsaktivitäten von kleinen oder neugegründeten Unternehmen aus.

Regime 2 zeichnet sich dadurch aus, dass im Laufe der Zeit die weniger leistungsfähigen bzw. weniger innovationsfreudigen Firmen vom Markt ausselektiert wurden, wohingegen die innovativen Unternehmen zu Großunternehmen herangewachsen sind. Diese Großunternehmen haben die Fähigkeit zu großer Industrie-dynamik und ersetzen den „Entrepreneur" durch den „Manager". Entscheidungen werden durch Manager getroffen und der Innovationsprozess wird bürokratisiert und langfristig geplant. In diesem Regime ist der Anteil der kleinen Firmen an den Innovationsaktivitäten gering.

Zyklische Dynamik in den Regimen
Ähnlich wie Karl Marx sieht auch Joseph Schumpeter die Kernproblematik des kapitalistischen Systems in seiner Dynamik. Zyklische Prozesse in Form eines ständigen Wechsels zwischen Prosperität und Depression sind inhärente Elemente der Marktwirtschaft (siehe Abschnitt 10.3.1). Im Gegensatz zu Marx ist Schumpe-ter aber nicht der Meinung, dass sich die Krisen über die Zeit so weit aufschaukeln müssen, bis das kapitalistische System zerbricht. Im Gegenteil. Er sieht in der Kri-se die Voraussetzung und den Ausgangspunkt für die Erneuerung der Strukturen. Im Prozess der *„Schöpferischen Zerstörung"* gehen alte, nicht überlebensfähige Strukturen unter und neue Strukturen werden geschaffen, die zur nächsten Phase einer wirtschaftlichen Prosperität überleiten.

Dieser Prozess ist nicht als zufälliges Rauschen um einen Gleichgewichtspfad herum zu verstehen, im Gegenteil: Schumpeter argumentiert, dass ein System, das zu jedem gegebenen Zeitpunkt seine Möglichkeiten voll ausnutzt, dennoch auf lange Sicht einem System unterlegen sein kann, das dies zu keinem gegebenen Zeitpunkt tut, weil diese Unterlassung eine Bedingung für das Niveau oder das Tempo der langfristigen Entwicklung sein kann. Anders ausgedrückt: Die Unvoll-kommenheit des wirtschaftlichen Systems (unvollkommene Märkte, Information, Entscheidungen) befördert dessen Dynamik und die Entstehung von Neuem.

Da das Risiko einer Innovation von den Unternehmern getragen wird, kommt diesen bei Schumpeter eine wichtige Rolle in den Schlüsselphasen der Konjunk-turzyklen zu, da sie bereit sind das Risiko zu tragen und permanent versuchen neue Kombinationen am Markt durchzusetzen. Befindet sich die Wirtschaft am Ende einer Abschwungphase, so können Risiken wieder verlässlicher kalkuliert werden oder Akteure sind bereit Risiken einzugehen, da ihnen Alternativen fehlen. Darüber hinaus unterstützen niedrige Löhne und Zinsen Investitionsentscheidun-gen. Die fähigsten Unternehmer (Pioniere) werden Innovationen verwirklichen, d. h. Erfindungen nutzen, die wie „Blaupausen" bereits vorhanden sind. Dadurch kann der innovative Unternehmer kurzfristige überdurchschnittliche Gewinne rea-lisieren und den Konkurrenzdruck senken. Dies motiviert allerdings Konkurren-ten, gleichfalls zu innovieren oder zu imitieren, um ebenfalls zu profitieren. Dieser Wettbewerb verringert die Gewinnspannen, was wiederum Anreize für neue Inno-vationen schafft, so dass der Wettbewerb von Vorstoß und Verfolgung intensiver wird und in eine Aufschwungphase überleitet. Das Wechselspiel von Innovation und Imitation, welches durch die Unternehmer in Gang gehalten wird, führt so-wohl zu wirtschaftlichem als auch technologischem Fortschritt. Wenn sich dage-gen in der Spätphase der Hochkonjunktur abzeichnet, dass Überkapazitäten ge-schaffen wurden und der Markt die Produktion nicht mehr voll abnimmt, so werden die Unternehmen gezwungen, ihre Kapazitäten zurückzufahren. Da die Nachfrage negative Signale meldet, werden in dieser Phase nur wenige Unternehmen mit Innovationsstrategien gegensteuern, sondern Rationalisierung, Kapazitätsabbau und Entlassungen werden die üblichen Strategien sein, um den Abschwung zu überleben- wobei gerade diese Prozesse den Abschwung noch verstärken. Wenn die Unternehmer am Ende des Abschwungs wieder Chancen für Innovationen sehen und realisieren, startet der Zyklus wieder neu.

Ergebnis 10.8:   *Krisen sind Wesensmerkmale von Marktwirtschaften. Sie dienen* *im Prozess der schöpferischen Zerstörung dazu, alte Strukturen abzuschaffen und neue Strukturen aufzubauen.*
Dem unternehmerischen Verhalten kommt die Schlüsselrolle bei den Konjunkturzyklen zu. Risikobehaftete Innovationen werden primär am Ende einer Abschwungphase getätigt, wenn Zinsen und Löhne niedrig sind.
Die Wirtschaftsevolution lässt sich durch zeitliche Abfolge von radikalen und inkrementellen Innovationen, sowie von Vorstoß und Verfolgung, verstehen.

10.2.4 Zyklische Bewegungsmuster der Wirtschaft

Schumpeter unterscheidet drei Arten von zyklischen Bewegungen in der Wirtschaft:

1. *Kurzfristzyklen*, die auch nach ihrem Entdecker „Kitchin-Zyklen" genannt werden, haben eine Zyklenlänge von 3 bis 4 Jahren. Als Ursachen werden primär Schwankungen bei der Lagerhaltung in den Unternehmen genannt.

2. *Mittelfristzyklen* mit einer Zyklenlänge von 7 bis 11 Jahren. Sie werden nach dem Entdecker von Konjunkturzyklen, dem französischen Arzt und Statistiker Clement Juglar, auch „Juglar-Zyklen" genannt. Die Ursachen solcher Wellen liegen in Schwankungen der Zinsen auf den Kreditmärkten und periodischen Überinvestitionen mit entsprechenden Kontraktionsphasen.

3. *Langfristzyklen*. Die „langen Wellen" bzw. „Kondratieff-Zyklen" haben eine Zyklenlänge von 40-60 Jahren. Sie basieren auf empirischen Untersuchungen von Nikolai Kondratieff (1946), der Schumpeter dazu inspirierte, die Theorie der langen Wellen mit der Leitvorstellung der Evolutorik zu verbinden, wonach sowohl endogene Prozesse in Systemen als auch die Reaktion auf externe Störungen für die Entwicklungen von natürlichen Systemen verantwortlich sind. Die langen Wellen kommen entsprechend dieser Leitidee durch die Entstehung von Neuheit in Form von radikalen Innovationen zu Stande. Diese sind nicht vorhersagbar, weil sie auf Technologien beruhen, die zum Zeitpunkt der Prognose noch nicht bekannt sein können. Es kann auch sein, dass vorhandene technische Möglichkeiten plötzlich ins Bewusstsein treten und über eine Folge von inkrementellen Innovationen die Märkte durchdringen.

Schumpeter selbst identifiziert empirisch drei lange Wellen:

1787 - 1842:   industrielle Revolution (Baumwoll- und Eisenindustrie, wirtschaftliche Nutzung der Dampfkraft)

1842 - 1897:   Eisenbahnbau, Entwicklung der Stahlindustrie

1897 - ~1935:   Expansion der Chemie-, Elektro- und der Automobilindustrie.

Auch in der Folgezeit gab es dominante Wirtschaftssektoren, in denen Innovationen stattfanden, die eine breite Ausstrahlung hatten. So sehen manche Autoren eine Fortsetzung bis zum 5. Kondratieff- und stellen Vermutungen über den 6. Kondratieff-Zyklus an.

1935 - 1975:   Maschinenbau, Elektroindustrie, Automobilindustrie, Luftfahrt

Seit 1975:   Mikroelektronik, Durchbruch der Informationswirtschaft, neue Werkstoffe (Verbundstoffe), Dienstleistungen (Logistik).

In der Literatur gibt es eine Reihe von Spekulationen zum „Sechsten Kondratieff". Besonders bekannt sind die Thesen von Nefiodow (2001), denen zufolge vier Bereiche den nächsten Langfristzyklus dominieren werden: Umwelttechnologie, Biotechnologie, optische Technologien und Gesundheitstechnologie (siehe Box 10.2). Darüber hinaus werden aber auch noch weitere Technologien wie beispielsweise die Fusionsenergie oder die Nanotechnologie genannt. Dies deutet bereits auf ein Problem der Theorie der Langfristzyklen hin: sie sind schwer zu prognostizieren und können nur *ex post* identifiziert werden. Aber auch diese Identifizierung ist teilweise schwierig, da die Daten in langen Zeitreihen vorliegen und über die Zeit vergleichbar sein müssen.

Die Schwäche der technischen Fortschrittsentwicklung seit dem Ende der siebziger Jahre wird von manchen Autoren als Hinweis darauf gedeutet, dass nur wenige bahnbrechende (radikale) Innovationen umgesetzt wurden. Auch haben sich die Fortschritte in der Informationswirtschaft und in der Mikroelektronik in hohem Maße im Bereich der Rationalisierung von bestehenden Prozessen durchgesetzt, ohne damit radikal-neue Produkte und Märkte zu schaffen. Daher wird gefolgert, dass ein durchgreifender Aufschwung nur möglich ist, wenn radikale Innovationen auf der Produktseite zu neuen Dimensionen beim Konsum führen und somit dauerhafte Nachfrageimpulse auslösen.

Ergebnis 10.8:   Die wirtschaftliche Entwicklung verläuft in zyklischen Mustern, die vom Wirtschaftssystem endogen erzeugt werden. Die kurz- und mittelfristigen Wellen folgen aus Informations- und Anpassungsfehlern. Die langen Wellen sind die Folge von radikalen technologischen Innovationen, die nicht vorhersehbar sind.

10.3 Konjunktur

10.3.1 Konjunkturphasen

Unter Konjunkturen versteht man die Schwankungen der wirtschaftlichen Aktivität mit ihrem Wechsel zwischen Aufschwung- und Abschwungphasen wie sie in Abbildung 10.5 auf der nächsten Seite dargestellt sind.
Zum ersten Mal wird im alten Testament von sieben guten Jahren berichtet, auf die im Anschluss sieben schlechte Jahre folgen sollten. Heute werden in der Regel vier Phasen eines Konjunkturzyklus unterschieden:

1. *Prosperität* (Phase der Hochkonjunktur): Starke Auslastung der Kapazitäten, Engpässe bei Produktionsfaktoren, Preis- und Zinssteigerungen, Steigerung der Löhne (Lohn-Preis-Spirale), übersteigerte Erwartungen bei Anlegern, Produzenten und Haushalten.

2. *Rezession* (Abschwungphase): Platzen erster Erwartungsblasen (Börse, Immobilienmärkte), Nachlassen der Nachfrage nach Gütern und Diensten, Rücknahme von Produktionsplänen, Steigen von Lagerbeständen, Fortsetzung von Preis- und Zinssteigerungen auf Grund von Rückkoppelungsmechanismen, erste Entlassungswellen. Statistische Definition: Rückgang des BIP über zwei Quartale hintereinander.

3. *Depression* (Talsohle): Merkmale: Rückgang der Wirtschaftsleistung, Bereinigung von Produktionsplänen und Lagerhaltung, massive Entlassungswellen, hohe Arbeitslosigkeit. Eine länger anhaltende und kräftige Rezession bezeichnet man als Depression. Hier kann es zur Deflation (sinkende Preise und Löhne) und zu Krisenerscheinungen kommen (siehe Abschnitt 10.4).

4. *Erholung* (Aufschwungphase): Steigende Auftragsbestände, Verbesserung der Auslastung von Produktionsanlagen, Sinken der Arbeitslosigkeit, sich stabilisierender Optimismus bei Produzenten und Verbrauchern.

Abbildung 10.5: Phasen eines Konjunkturzyklus

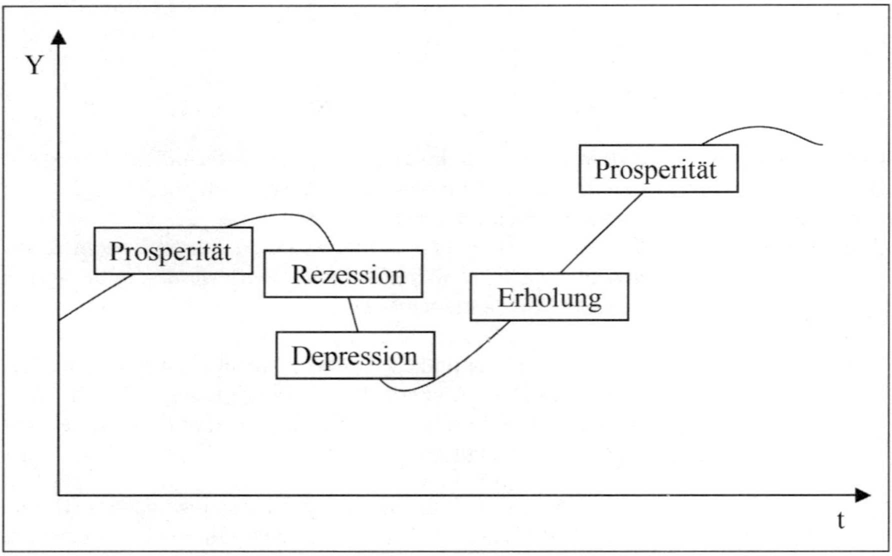

10.3.2 Konjunkturtheorien

Konjunkturelle Schwankungen lassen sich auf vielfältige Art und Weise erklären. Dass sich exogene Störungen, wie z. B. Naturkatastrophen, auf die Konjunktur einer betroffenen Volkswirtschaft auswirken, ist intuitiv verständlich. Aber es können auch systemimmanente Ursachen sein, die zu Schwankungen der Wirtschaftstätigkeit führen.

Exogene Störungen
Das Phänomen der Konjunkturschwankungen ist seit langem bekannt (die Folge von „sieben guten und sieben schlechten Jahren" wird bereits in der Bibel erwähnt). Die klassischen und neoklassischen wirtschaftswissenschaftlichen Theorien haben dies mit exogenen Störungen begründet, wie z. B. Kriege, Naturkatastrophen oder Witterungseinflüsse (Missernten).

Besonders bekannt ist in diesem Zusammenhang die Theorie der Sonnenflecken von Jevons, in welcher zyklische Schwankungen der Wirtschaftstätigkeit statistisch mit dem Sonnenfleckenzyklus korreliert wurden.

Box 10.3: Historische Wirtschaftszyklen

Quelle: Jöhr, W. A. 1952, Die Konjunkturschwankungen. Mohr, Tübingen.
Die Sonnenfleckentheorie von Jevons

Im Jahre 1875 ermittelte Jevons eine durchschnittliche Dauer der Preisschwankungen von 11 Jahren, „die sehr schön mit der damaligen herrschenden Auffassung eines Sonnenfleckenzyklus von 11,1 Jahren harmonierte". Jevons Pech war es, dass die weitere Erforschung der Sonnenfleckentätigkeit eine Reduktion der Zyklusperiode von 11,1 auf 10,45 Jahre erzwang. Dies machte ein Anpassen der eigenen Ergebnisse notwendig. Und tatsächlich schaffte es Jevons, einen neuen Durchschnitt der Konjunkturschwankungen von 10,47 Jahren statistisch zu belegen. „Um dieses gewünschte Ergebnis errechnen zu können, ließ er absichtlich zwei der bisher aufgeführten Krisen aus und führte eine neue ein, die andere Schriftsteller noch nicht entdeckt hatten" (Jöhr, 1952, S. 28)

Psychologische Theorien
Nach Keynes können sich Erwartungshaltungen der wirtschaftlichen Akteure auf einem suboptimalen Niveau stabilisieren. Zum Beispiel können Unternehmen übertrieben pessimistisch sein und ihre Investitionen risikoavers planen. Dies führt zu einem verhaltenen Ausbau der Produktionskapazitäten mit der Folge von Arbeitslosigkeit. Arbeitslosigkeit wiederum führt zu einer schwachen Binnennachfrage, welche die unternehmerischen Planungen weiter dämpft. Die Arbeitslosigkeit kann sich auf längere Zeiträume verhärten, wenn keine massiven positiven Signale von außen kommen (Exporte, Staat). Es können Konjunkturzyklen entstehen, welche die Arbeitslosigkeit über längere Zeit nicht mehr abbauen (siehe: Abschnitt 8.1).

Monetäre Überinvestitionstheorien
Konjunkturen werden diesen Theorien folgend maßgeblich vom Zins gesteuert. In der Aufschwungphase ist der Zins niedrig und viele Investitionen lohnen sich, weil ihr interner Zinsfuß größer ist als der Kapitalmarktzins. In der Phase der Hochkonjunktur ist der Kapitalmarkt angespannt, die Zinsen steigen mit der Folge rückläufiger Investitionen. Auf Grund der eingetretenen Preissteigerungen glauben die Zentralbanken, mit weiteren Zinserhöhungen die Inflation bekämpfen zu müssen und beflügeln den Abschwungprozess zur Rezession. F. von Hayek beschreibt diesen Prozess wie folgt: „Es müssen so viele Unternehmen unrentabel gemacht werden, als solche erst durch zusätzliche Kredite ins Leben gerufen wurden" (von Hayek, 1977).

Kosten- und Wettbewerbstheorien
Ausschlaggebend für das Produktionsniveau sind die Produktionskosten, da die Unternehmen auf dem Markt (insbesondere in der Außenwirtschaft) nur dann wettbewerbsfähig sind, wenn sie zu günstigen Preisen anbieten können. Die Kos-

ten werden durch Schwankungen bei der Produktivität und bei den Löhnen beeinflusst. Zu hohe Lohnabschlüsse, mangelnde technische Erneuerung sowie das Zurückbleiben im Innovationswettlauf der Produkte können die Ursache sein. Generell begünstigt eine Phase guter Konjunktur die Durchsetzung hoher Löhne und macht die Unternehmen gleichzeitig „schlafmützig" auf der Ebene von Rationalisierung und Innovation. Aus diesem Grunde müssen die nicht wettbewerbsfähigen Strukturen abgebaut werden, was nur in Rezessionsphasen nachhaltig gelingt (Prozess der schöpferischen Zerstörung nach Schumpeter).

Marxistische Theorien
Ziel der marxistischen Wirtschaftstheorie ist es, mit Hilfe der Dialektik des historischen Materialismus nachzuweisen, dass der Kapitalismus zum Untergang verurteilt ist. Dazu dienen wesentliche Bausteine wie das „Gesetz von der abnehmenden Profitrate", welches innere Widersprüche in der marktwirtschaftlichen Philosophie aufzeigt oder das „Gesetz von der Konzentration des Kapitals", das die Entwicklung zum Monopolkapitalismus belegen soll. Schließlich beschreibt die Krisentheorie die sich verschärfenden Krisen des Kapitalismus, die aus der Unterkonsumption durch die Armut der Massen hervorgerufen wird. Zwischenzeitliche Phasen der Hochkonjunktur werden als „Sturmvögel" der kommenden Krisen gewertet, die sich über die Zeit verstärken und in der Selbstzerstörung des Kapitalismus enden. „Das Kapitalmonopol wird zur Fessel der Produktionsweise, die mit und unter ihm aufgeblüht ist. Die Zentralisation der Produktionsmittel und die Vergesellschaftung der Arbeit erreichen einen Punkt, wo sie unerträglich werden mit ihrer kapitalistischen Hülle. Sie wird gesprengt. Die Stunde des kapitalistischen Privateigentums schlägt. Die Expropriateure werden expropriiert" (Marx, 1867, S. 803).

Multiplikator- und Akzelerator-Theorie
Im Mittelpunkt steht die Hypothese, dass die Unternehmen ihre Investitionsplanung nach dem in der Vergangenheit realisierten Konsum richten. Durch die zeitverzögerte Anpassung kann es zu schwingungsförmigen Verläufen des BIP kommen.
Während das Multiplikatortheorem den Vervielfachungseffekt beschreibt, den eine Veränderung der autonomen Nachfrage auf das Einkommen nach sich zieht (Einkommenseffekt), bezieht sich die Akzeleratorhypothese auf die Anpassung der Investitionstätigkeit auf Veränderungen des Konsums. Das Akzelerationsprinzip ist bereits im Jahre 1917 von J. M. Clark veröffentlicht worden. Der Akzelerator (lat.: Beschleuniger) dient dabei als Kennziffer, welche die Zunahme der Investitionen bei einer gestiegenen gesamtwirtschaftlichen Nachfrage aufzeigt. Gemäß dem Akzelerationsprinzip kann es daher zu einer Selbstverstärkung wirtschaftlicher Impulse kommen. Dieser Prozess basiert auf der Annahme, dass es infolge der gestiegenen Nachfrage zu Kapazitätsengpässen kommt, denen die Unternehmen mit einer Ausweitung der Kapazitäten (Investitionen) begegnen.
Beide Elemente, Multiplikator und Akzelerator, wurden von Samuelson und Hicks aufgegriffen, um eine formal-analytische Theorie der Konjunkturwellen zu begründen (Samuelson, 1939). Diese Wellen entstehen endogen durch zeitverzögerte

Anpassungen der Akteure an Marktdaten. Die Ursache für Konjunkturzyklen kann damit in Informationsfehlern liegen, die keiner der Marktbeteiligten bemerkt, weil jeder glaubt, sich an den richtigen Marktdaten auszurichten. Denn sowohl Konsumenten wie Investoren orientieren sich an den realisierten Größen von Einkommen und Konsum, was im Zustand der Unsicherheit über Zukunftsentwicklungen durchaus rational erscheint. Das Modell hat fünf Lösungsbereiche, die in Abbildung 10.6 dargestellt sind.

Abbildung 10.6: Lösungsbereiche des Samuelson-Hicks-Modells

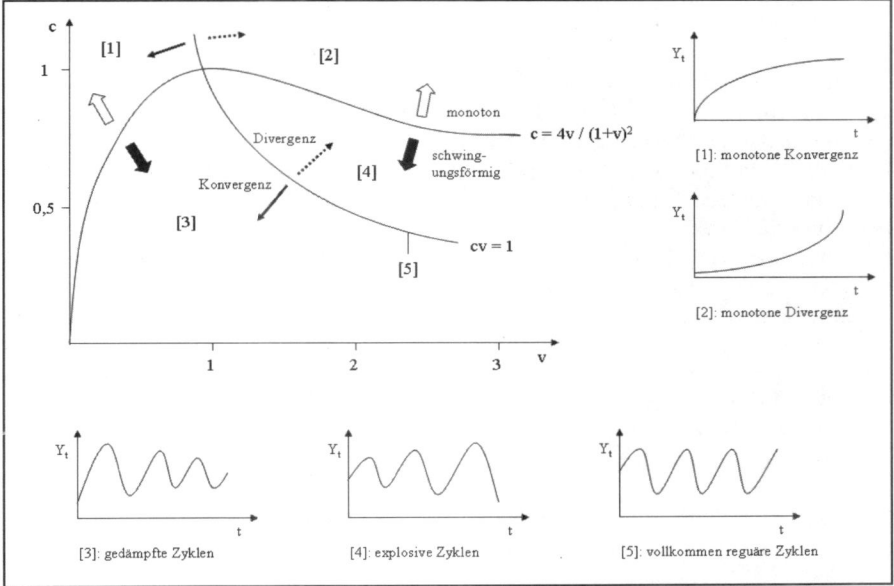

Man sieht, dass die Parameterkonstellationen von marginaler Konsumquote (c) und Akzelerator (v) die Lage des Wirtschaftssystems bestimmen. Diese kann stabil sein und sich entweder monoton oder zyklisch in der Zeit entwickeln. Es ist aber auch möglich, dass Instabilität vorliegt und das System sich monoton oder zyklisch vom Gleichgewicht wegbewegt.

Die Lösungsbereiche ergeben sich anhand der folgenden Grenzlinien (siehe auch Modellgleichungen (10.39) bis (10.41)):

$$(10.29) \quad c \cdot v = 1 \Leftrightarrow c = \frac{1}{v}$$

$$(10.30) \quad c = \frac{4 \cdot v}{(1 + v)^2}$$

Die erste Grenze (10.29) entscheidet, ob sich der Prozess zum Gleichgewicht hin ($c \cdot v < 1$, Bereiche [1], [3]) oder vom Gleichgewicht weg ($c \cdot v > 1$, Bereiche

[2], [4]) bewegt. Die zweite Grenze (10.30) bestimmt den Prozessverlauf. Im Falle einer Parameterkonstellation, in der c oberhalb der Grenze liegt ($c > (4v/(1 + v)^2)$), kommt es zu monotonen Verläufen (Bereiche [1], [2]). Ansonsten verläuft der Prozess zyklisch (Bereiche [3], [4], [5]). Der Lösungsbereich [5] stellt dabei einen Sonderfall dar. Da c unterhalb der zweiten Grenze liegt, Gleichung (10.29) aber gerade erfüllt wird, kommt es zu vollkommen regulären Zyklen, d. h. der Prozess bewegt sich weder zum Gleichgewicht hin noch vom Gleichgewicht fort. Vielmehr kommt es zu einem Prozess der mit gleich bleibender Amplitude um das Gleichgewicht schwingt.

Wir begnügen uns mit diesem Wissen um verschiedene Prozesse und verzichten daher auf eine ausführlichere Interpretation der Grenzen. Eine wesentlich ausführlichere Darstellung des Samuelson-Hicks-Modells findet sich in Lehrbüchern zur mathematischen Wirtschaftstheorie (z. B. im Lehrbuch *Volkswirtschaftslehre* von Samuelson und Nordhaus, Neuauflage 2005).

Falls Modelle, wie das von Samuelson und Hicks, linear konstruiert sind, so erwecken sie den Eindruck, dass die Ökonomie im Falle der Instabilität in den Abgrund fährt (explodierende Bewegungen vom Gleichgewicht weg). In der Realität sind aber viele Beziehungen nicht linear. Dies führt zu einer anderen, realistischeren Vorstellung von instabilen Prozessen. So kann man sich bereits mit drei nichtlinearen dynamischen Gleichungen Prozesse erzeugen, die permanent um Gleichgewichte kreisen oder zwischen diesen pendeln, die Gleichgewichte selbst aber nie annähern. Instabilität heißt somit allgemein, dass es keine Ruhelage in dem Sinne gibt, dass sich ein System ohne Anstöße von außen permanent in gleicher Weise reproduziert. In diesem Sinne ist die permanente Instabilität von Wirtschaftssystemen eine durchaus realistische Vorstellung.

Ergebnis 10.9:   *Konjunkturzyklen galten lange Zeit als exogen verursacht. Heute betrachtet man sie als systemimmanentes Merkmal von Marktwirtschaften.*

Die marxistischen Konjunkturtheorien sagen voraus, dass sich Konjunkturzyklen und die in ihnen vorkommenden Krisen verschärfen und der Kapitalismus daran zu Grunde geht.

Die nicht-marxistischen Konjunkturtheorien führen das Phänomen unter anderem auf Schwankungen der Lagerhaltung oder der Zinsen zurück. Die keynesianische Konjunkturtheorie betont die Rolle der schwankenden Risikoaversion von Investoren.

Das bekannteste Konjunkturmodell ist das von Samuelson und Hicks. Es erzeugt konjunkturförmig verlaufende Zeitpfade für die Wirtschaft mit Hilfe der Annahme von zeitverzögerten Anpassungen der Konsumenten (Multiplikator-Effekt) und Investoren (Akzelerator-Effekt).

10.4 Simulation der Wirtschaftsdynamik

Die grundlegenden Zusammenhänge der Wirtschaft lassen sich mit Hilfe von stark aggregierten Modellen darstellen. Dabei geht es in der Regel um prinzipielle Aussagen (z. B. um die Bedeutung der Ersparnis für das Wachstum oder die hohe Empfindlichkeit der Konjunktur auf Schwankungen der Binnennachfrage und der Exporte). Sobald man versucht, die Modelle der Realität anzunähern, steigt die Komplexität stark an. Komplexe Modelle jedoch verlangen spezielle Methoden der Mathematik, um Theorien ableiten zu können. Das in Abschnitt 10.3.2 dargestellte Konjunkturmodell von Samuelson und Hicks setzt bereits fundierte Kenntnisse der Theorie der Differenzengleichungen voraus und führt zu aufwendigen Rechnungen, um die dynamischen Verläufe für alle Parameterbereiche von Multiplikator und Akzelerator zu bestimmen.

Es gibt aber Methoden, mit denen man das Verhalten größerer dynamischer Systeme untersuchen kann, ohne eine exakte Lösung anzustreben. Hierzu zählen die Verfahren der mathematischen Simulation. Insbesondere die *System Dynamics* Ansätze haben eine weite Verbreitung – auch außerhalb der Wirtschaftwissenschaften – gefunden und sollen im Folgenden dazu dienen, Phänomene wie Konjunkturbewegungen oder das Zusammenspiel von Konjunktur und Wachstum besser zu verstehen.

10.4.1 System Dynamics Modellierung

Für realitätsnahe Abbildungen von wirtschaftlichen Zusammenhängen gibt es drei Ansätze:

1. ökonometrische Gesamtmodelle (Gleichungssysteme bestehend aus statistisch geschätzten Gleichungen);
2. allgemeine Gleichgewichtsmodelle (computed general equilibrium models; im Mittelpunkt steht die Bestimmung von Gleichgewichten und deren Veränderung durch exogene Anstöße);
3. System Dynamics Modelle.

Die Aufstellung ökonometrischer Gesamtmodelle bzw. allgemeiner Gleichgewichtsmodelle erfordert fundierte Kenntnisse der Statistik bzw. der Gleichgewichtstheorie. Eine detaillierte Beschreibung ökonometrischer Modelle liefert beispielsweise von Auer in seinem einführenden Buch *Ökonometrie* (2005). Einen Einblick in die Welt der allgemeinen Gleichgewichtsmodellierung geben z.B. Heer und Maußner (2005) oder Böhringer und Löschel (2003).

Wir konzentrieren uns bei der Darstellung der wirtschaftlichen Zusammenhänge auf die System Dynamics Modelle, da

- der Einstieg sehr einfach und intuitiv ist,
- in der Realität häufig vorkommende dynamische Rückkoppelungsprozesse sehr gut abgebildet werden können,

- das Grundmodell leicht in Richtung auf große Systeme zu erweitern ist und sich auch andere Bereiche (z. B. betriebliche Entscheidungen, Umweltökonomie, Produktionswirtschaft) für die Anwendung anbieten.

Der System Dynamics Ansatz beruht auf vier Grundlagen:

1. *Kybernetik (Informations-Feedback-Theorie)*: Die Dynamik eines Systems wird durch Rückkoppelungsschleifen hergestellt. Damit lassen sich dämpfende oder verstärkende Effekte über die Zeit, aber auch Trendbrüche (Wechsel bei dominierenden Rückkoppelungsschleifen) darstellen. Entwicklungen sind somit nicht von vornherein vorgezeichnet, wie etwa in linearen Gleichungssystemen, sondern können auch chaotisch verlaufen.

2. *Entscheidungstheorie*: In dynamischen Systemen können Ziele nicht nur darin bestehen, eine Leitgröße (Inlandsprodukt, Beschäftigung, etc.) zum Maximum zu führen. Auch die Robustheit oder Anpassungsfähigkeit eines Systems können relevante Ziele sein, da die Zukunft nie vollständig bekannt sein kann und exogene Störungen aus der Systemumwelt nicht vorhersehbar sind.

3. *Experimentelle Computersimulation*: Da die Zukunftsunsicherheit ein beherrschendes Merkmal ökonomischer Systeme ist, wird die Ermittlung von Gleichgewichten oder Optimalpunkten weniger gewichtig für politische Entscheidungen als das Vordenken möglicher Entwicklungen in Form von Szenarienbildern. Hier liefern computergeschützte Simulationstechniken die Möglichkeit, die Entwicklung von großen Systemen über längere Zeiträume abzuschätzen und die entscheidenden Einflussgrößen zu identifizieren.

4. *Mentale Problemlösungstechniken und Experten-Ratings*: Im Gegensatz zu ökonometrischen Modellen und Gleichgewichtsansätzen können System Dynamics Modelle auch Informationen verarbeiten, die auf subjektiven Einschätzungen von Experten basieren. Dies hat den Vorteil, dass Systemzusammenhänge vollständig dargestellt werden können, d. h. im Falle fehlender statistischer Belege lassen sich immer noch Bausteine konstruieren, die das Modell vollständig machen. Daneben besteht aber auch die Gefahr, dass ein Modellierer seine persönlichen Einschätzungen und Werturteile in das Modell eingibt und auf diese Weise seine subjektiven Visionen zahlenmäßig bestätigt. Ein gutes Beispiel hierfür ist das erste Weltmodell von Dennis Meadows für den Club of Rome, das seine Kapitalismuskritik dadurch unterstützt, dass das Wirtschaftssystem im Modell langfristig durch unkontrollierte Ausbeutung von Ressourcen an seine Grenzen fährt.

Box 10.4: Limits to Growth

Quelle: *Die Zeit* vom 11. April 2002
Zum dreißigsten Geburtstag des Club of Rome

Ende der 60er Jahre des vergangenen Jahrhunderts wurden zum ersten Mal kritische Fragen über den Zusammenhang von Wirtschaftswachstum und den

Folgen für die Umwelt gestellt. Insbesondere die Endlichkeit der natürlichen Ressourcen kristallisierte sich als Diskussionsthema heraus. Um diese und andere Fragen zu untersuchen, wurde der „Club of Rome" gegründet. Der Club hat heute exakt 100 Mitglieder aus 50 Ländern.

Zu Beginn der Einrichtung stand ein Vorhaben, das sich „The predicament of mankind: quest for structured responses to growing world-wide complexities and uncertainties" nannte. Dies war eine höchst vage und undurchsichtige Forschungsaufgabe, so dass schnell Einsicht darüber herrschte, mit einem besser formulierten Thema schneller zu nachvollziehbaren Ergebnissen gelangen zu können. [...]

Es war Jay W. Forrester vom Massachusetts Institute of Technology (MIT) in Cambridge/USA, der wenige Jahre zuvor ein kybernetisches Modell entwickelt hatte, mit dem man komplexe, dynamische Entwicklungen simulieren sowie Wirtschafts- und Urbanisierungsprozesse analysieren konnte. [...]

Die eigentliche Leistung hatte ein Schüler Forresters inne: der noch nicht dreißigjährige Dennis Meadows.

Meadows und 17 weitere Forscher aus verschiedenen Disziplinen und Nationalitäten machten zunächst nach der von Jay Forrester entwickelten Methode der Systemdynamik fünf bedeutsame Entwicklungen mit globalen Folgen aus: die beschleunigte Industrialisierung, die Ausbeutung der Rohstoffreserven, die Zerstörung des Lebensraumes, das rapide Bevölkerungswachstum und die weltweite Unterernährung.

Nach Forresters Ansatz ist die Struktur eines Systems für das Verhalten des Gesamtsystems oftmals von ähnlicher Bedeutung wie die einzelnen Faktoren, aus denen es sich zusammensetzt. Diese These im Hinterkopf, arbeitete das Forscherteam in den Räumen des MIT an einer Modellkonstruktion in vier Schritten: Zunächst legten sie, unterstützt von erfahrenen Ökonomen, Demographen, Ökologen, Geologen und Ernährungswissenschaftlern, die entscheidenden kausalen Beziehungen zwischen den fünf genannten Grundgrößen. Als zweiten Schritt definierten sie alle Beziehungen zwischen den fünf Entwicklungen und beschrieben die Wechselwirkung zwischen diesen Parametern in rückgekoppelten Regelkreisen, wobei die Beziehung zwischen zwei Größen entweder positiv, also sich gegenseitig verstärkend, oder negativ sein konnte. Dabei sammelten sie, soweit greifbar, weltweit vorhandene Daten und fütterten im dritten Schritt den Computer. Dieser berechnete das Zusammenwirken der definierten Beziehungen über einen gewissen Zeitraum. Schließlich untersuchten sie die Folgen, die sich aus diesen Berechnungen ergaben.

Nach nur 18 Monaten, im März 1972, hatte das Team um Dennis Meadows seine Arbeit beendet. Den monumentalen Schlussbericht mit allen Daten und Analysen fassten die Forscher in einem knappen, verständlichen Text zusammen: 160 Seiten, die es in sich hatten. [...] Der Titel war so prägnant wie der Inhalt und wurde zum Menetekel an der Wand: *Limits to Growth – Die Grenzen des Wachstums*. [...]

Die Studie schockierte mit der These, dass das geschlossene System Erde innerhalb der kommenden hundert Jahre, spätestens im Jahr 2100, an die Grenzen des Wachstums stoße, ja diese sogar überschreite, wenn der ungebremsten Industrialisierung nicht Einhalt geboten würde. Ein Prozess des Umdenkens sei notwendig, Wachstumsbeschränkung hieß das Zauberwort. Dazu kamen so genannte „technologische Maßnahmen": Wiederverwendung von Abfällen, Kontrolle der Umweltverschmutzung, verlängerte Nutzungsdauer von Investitionsgütern und anderen Kapitalarten, auch sollten unfruchtbare oder erodierte Böden wieder urbar gemacht werden.

Die Modelle und exponentiellen Wachstumskurven des Buches prägen sich Lesern in aller Welt ebenso ein wie Meadows Gleichnis vom Lilienteich: „Wie rasch exponentielles Wachstum gegen endgültige Grenzgrößen stößt, zeigt ein französischer Kinderreim: In einem Gartenteich wächst eine Lilie, die jeden Tag auf die doppelte Größe wächst. Innerhalb von dreißig Tagen kann die Lilie den ganzen Teich bedecken und alles andere Leben in dem Wasser ersticken. Aber ehe sie nicht mindestens die Hälfte der Wasseroberfläche einnimmt erscheint ihr Wachstum nicht beängstigend; es gibt ja noch genügend Platz, und niemand denkt daran, sie zurückzuschneiden, auch nicht am 29. Tag; noch ist die Hälfte des Teiches frei. Aber schon am nächsten Tag ist kein Wasser mehr zu sehen.

Am erschreckendsten aber klang das Fazit des Berichts: Wenn die Ausbeutung der natürlichen Rohstoffe anhielte, die Industrie ungehemmt wüchse, die Umweltverschmutzung weiterhin zunähme und die Weltbevölkerung expandierte, sei ein Kollaps unvermeidlich, und noch vor dem Jahr 2001 würde es zu ersten Rohstoffkrisen und Hungersnöten kommen.

Die Konstruktion eines System Dynamics Modells geschieht in vier Phasen: Definition des Systems, Beziehungen und Regelkreise, Übertragung in Gleichungssysteme und schließlich die Computersimulation.

Phase 1: Definition des zu untersuchenden Systems und Abgrenzung von seiner Umwelt

Ein System besteht aus einer Menge von Elementen und den zwischen diesen bestehenden Beziehungen. Dabei sind zwei Bereiche zu unterscheiden:

1. Der *endogene* Bereich, welcher den Ausschnitt der Realität umfasst, der in seinen Wechselbeziehungen untersucht werden soll und
2. der *exogene* Bereich, in dem sich alle Einflussfaktoren befinden, die Einflüsse auf den endogenen Bereich ausüben, aber selbst keine empfangen.

Häufig wird der endogene Bereich als „System" und der exogene Bereich als „Umwelt des Systems" bezeichnet.

Abbildung 10.7: Endogener Bereich (System) und exogener Bereich (Umwelt)

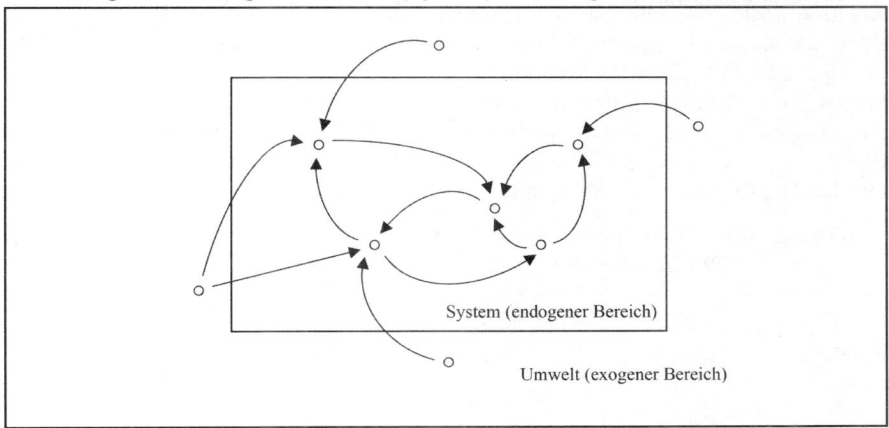

System (endogener Bereich)

Umwelt (exogener Bereich)

Die Abgrenzung eines Systems von seiner Umwelt ist ein besonders schwieriger Abschnitt des Verfahrens. So gibt es Weltmodelle, die möglichst viele Einflussfaktoren endogen beschreiben wollen und sich auf stark aggregierte Beziehungen beschränken. Ein Beispiel ist das in Box 10.4 beschriebene Weltmodell des Club of Rome, das zu Beginn der siebziger Jahre von Meadows entwickelt und zwanzig Jahre später aktualisiert und verfeinert wurde. Je nach Zielsetzung kann es aber auch sinnvoll sein, nur einige wenige Einflussfaktoren zu endogenisieren. In ein Marktmodell fließen beispielsweise nur Angebots- und Nachfragebeziehungen für einen ausgewählten Markt ein. Alle übrigen Einflussgrößen sind exogen definiert.

Phase 2: Beziehungen und Regelkreise

Die Beziehungen zwischen den Elementen eines Systems können statisch oder dynamisch sein. Eine statische Beziehung besteht z. B. zwischen dem Nettoeinkommen, dem verfügbaren Einkommen der Haushalte und den Steuern. Die dazugehörige Gleichung lautet:

(9.31) $Y_{pr} = (1-f)Y$ mit f als durchschnittlichem Steuersatz.

Die statischen Gleichungen bestimmen Struktur und Zustand eines Systems mit. Das Verhalten eines Systems in der Zeit wird dagegen von den inneren Rückkoppelungs-Mechanismen bestimmt. Im Anschluss an die Definition eines Systems und seiner Umwelt sind deshalb im zweiten Schritt alle Rückkoppelungsschleifen (Feedback-Loops) zu identifizieren. Diese bestehen aus zwei Klassen: den negativen (1) und den positiven (2) Feedback-Loops.

(1)   Die *negativen Feedbacksysteme* sind zielsuchend. Sie reagieren auf Zielabweichungen und tendieren zu einem Gleichgewicht. Anhand der Preisanpassung des Walras-Auktionators, die ausführlich in Kapitel 11.1.1 beschrieben wird, lässt

sich eine solche negative Rückkoppelung gut beschreiben. Liegt in der Ausgangssituation t_0 ein Überschussangebot vor, so ruft der Auktionator einen neuen niedrigeren Preis aus. Daraufhin fällt die angebotene und steigt die nachgefragte Menge, so dass sich in der nächsten Runde eine geringere Überschussnachfrage ergibt. Wiederum ruft der Auktionator einen geringeren Preis aus. Je kleiner die Differenz zwischen Angebot und Nachfrage, desto kleiner setzt der Auktionator den Preissprung zwischen zwei Runden fest. Der Prozess endet bei normalen Verläufen der Angebots- und Nachfragekurven im Gleichgewicht.

Abbildung 10.8: Negative Rückkoppelung bei der Preisanpassung des Walras-Auktionators

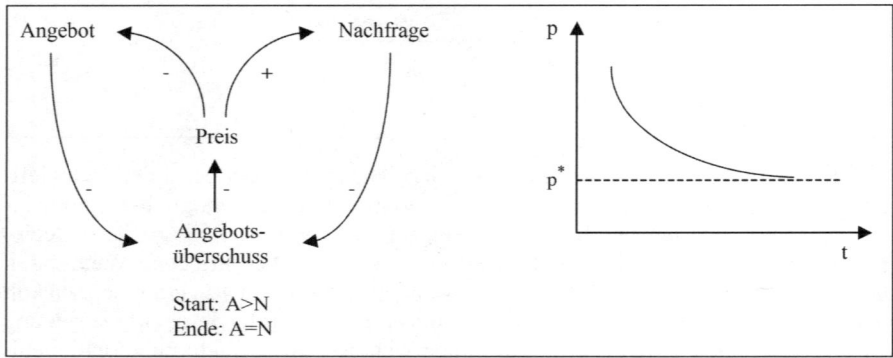

(2)   Die *positiven Feedback-Loops* erzeugen Wachstums- oder Schrumpfungsprozesse. Die Elemente einer Rückkopplungsschleife beeinflussen sich so, dass sie sich gegenseitig verstärken. Die Lohn-Preis-Spirale ist ein Beispiel für einen positiv rückgekoppelten Regelkreis. Lohnerhöhungen oberhalb des Produktivitätsfortschritts führen zu Inflationstendenzen, die sich in Preissteigerungen und anschließend der Forderung nach noch höheren Löhnen fortsetzen. In einem Regime der unterdrückten Inflation können die zusätzlichen Lohnforderungen durchgesetzt werden und treiben den Prozess der Lohn-Preis-Spirale weiter an.

Abbildung 10.9: Positive Rückkoppelung und Verstärkungseffekt

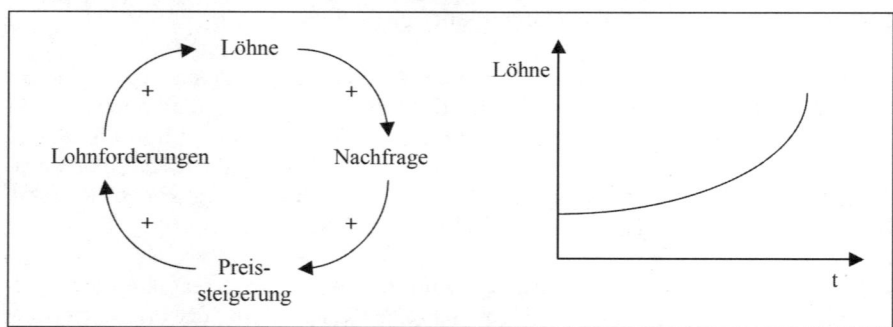

Phase 3:   Übertragung in Gleichungssysteme

Die Systembeschreibung dient dazu, die Übersetzung in einen mathematisch behandelbaren Zusammenhang vorzubereiten. Denn das Ziel von System Dynamics besteht darin, die Bewegung eines Systems in der Zeit zu verfolgen und seine Reaktion auf exogene Einflüsse quantitativ zu beschreiben. Das aufzubauende Modell besteht aus einer Menge dynamischer Gleichungen, welche die Feedback-Mechanismen beschreiben und die Entwicklung des Gesamtsystems und seiner Teilsysteme über einen längeren Zeitraum nachbilden. Darüber hinaus gibt es statische Gleichungen, welche die Zusammenhänge abbilden, die zu einem Zeitintervall bestehen. Schließlich dienen Parameter dazu, Startwerte oder Reaktionsstärken zu quantifizieren.

(1)   Zustands- und Flussvariable
Die Darstellung der Regelkreise erfolgt mit so genannten Zustands- und Flussvariablen. Die Werte der Zustandsvariablen (Reservoir oder engl. levels) sind das Ergebnis von abgelaufenen Prozessen der Systemvergangenheit. Algebraisch sind Zustandsvariablen das Ergebnis der Integration von Flussvariablen (engl. flows), welche die Veränderungen in der Zeit beschreiben.

Eine Zustandsgleichung repräsentiert ein Reservoir zur Akkumulation von Flüssen. Diese können das Reservoir füllen oder entleeren. Die Zustandsvariable gibt die Füllung des Speichers zu einem Zeitpunkt an. Das Vermögen eines Haushalts ist z.B. ein solches Reservoir, in das Einkommen zufließt und Ausgaben abfließen. Per Saldo wird das Reservoir durch Ersparnis vergrößert und Verschuldung verkleinert. Der neue Wert des Systemzustandes wird errechnet, indem man die während der Lösungsintervalle stattgefundene Änderung zum alten Wert addiert oder von diesem subtrahiert. Ein Systemzustand wird - unter Benutzung der Schreibweise von J. Forrester (1962) - durch folgende Gleichung charakterisiert:

(10.32) Z.K = Z.J + (ZR.JK - AR.JK) (DT)

>   Z: Zustandsgröße (Einheiten)
>   Z.K: Neuer Wert der Zustandsgröße zum Zeitpunkt K (Einheiten)
>   Z.J: Wert der Zustandsgröße zum Zeitpunkt J (Einheiten)
>   DT: Länge des Zeitintervalls zwischen J und K (Zeit)
>   ZR: Zufluss für den Fluss R (Einheiten als Funktion der Zeit)
>   AR: Abfluss für den Fluss R (Einheiten als Funktion der Zeit)
>   K: Aktueller Zeitpunkt
>   J: Vorgänger-Zeitpunkt

Mathematisch stellt (10.32) eine Differenzengleichung dar. Als Differentialgleichung geschrieben ergibt sich

(10.33) $Z(t) = Z_0 + \int_0^t (ZR(\tau) - AR(\tau))d\tau$

Für den Start in die Systemdynamik benötigen wir noch kein Wissen um die mathematische Lösung von Differenzen- oder Differential-Gleichungssystemen. Im fortgeschrittenen Umgang mit dynamischen Systemen ist dies aber unerlässlich. Von besonderem Interesse sind in diesem Zusammenhang Verfahren der mathematischen Simulation, z. B. der numerischen Integration, die in weiterführenden Lehrveranstaltungen der Mathematik eingeführt werden (Buchempfehlung: Bossel, 1994).

(2)   Flussvariable (flows)
Die Flussgleichungen (auch Bewegungsgleichungen genannt) legen fest, wie sich die Zustände der Zustandsgrößen im System ändern. Inputgrößen der Flussgleichungen sind Systemzustände und Parameter, die ihrerseits zeitabhängig sein können (etwa in Form exogener zeitlicher Entwicklungen der jeweiligen Parameter). Der Output einer Flussgleichung kontrolliert den Fluss zu, von und zwischen den Zustandsgrößen.
Eine Flussgleichung für den Fluss R hat die Form:

(10.34)   R.JK = f (Zustände, Parameter, Zeit) = f(Z, c)

JK: Zeitperiode zwischen den Zeitpunkten J und K

Flussgleichungen können technische Zusammenhänge widerspiegeln, z. B. den Durchfluss einer Flüssigkeit in einem Rohr, der von der Ventilstellung und dem Flüssigkeitsdruck abhängt. Sie können aber auch die Reaktion von Menschen auf eine Konstellation äußerer Bedingungen beschreiben. Um komplizierte Zusammenhänge – häufig das Zusammenspiel mehrerer technischer Einflussfaktoren – einfach darstellen zu können, lassen sich die Flussgleichungen aufspalten und durch eine Menge von Hilfsgleichungen beschreiben.

Phase 4:   Computersimulation

Das Zusammenspiel der Gleichungen im dynamischen Modell wird mit Hilfe mathematischer Simulationsverfahren berechnet. Der „Trick" von Forrester, große dynamische Systeme zu behandeln, besteht darin, dass er die explizite Lösung des Gleichungssystems gar nicht anstrebt. Vielmehr wird das Gleichungssystem sequentiell abgearbeitet, also Intervall für Intervall, wobei ein Intervall t-1 die Ausgangswerte für das Intervall t liefert.

Systemskizze

Die Analyse eines Systems beginnt mit einer Skizze der Systembeziehungen und der Abgrenzung des Systems von seiner Umwelt. In einem zweiten Schritt werden die skizzierten Beziehungen in ein Gleichungssystem übersetzt. Die Softwarepakete zu System Dynamics erleichtern diesen Schritt, indem sie eine Symbolsprache mit wenigen intuitiv verständlichen Elementen anbieten, aus denen man ein System zusammensetzen kann. In Abbildung 10.9 ist ein Beispiel für eine solche Symbolsprache angeführt.

Zustände werden durch Kästen, Flüsse durch Ventile und Parameter durch Kreise dargestellt. Pfeile stellen die Verbindung zwischen diesen Elementen her. Das einfache graphische Modell zeigt wie Dynamik entsteht. Der Zustand, auch Reservoir genannt, wird durch einen Zufluss vergrößert und durch einen Abfluss verkleinert. Ist der Zufluss größer als der Abfluss, so wächst das Reservoir, im anderen Falle schrumpft es. Die Quantitäten von Zu- und Abflüssen werden durch die Zu- und Abflussraten geregelt.

Abbildung 10.10: System Dynamics Darstellung

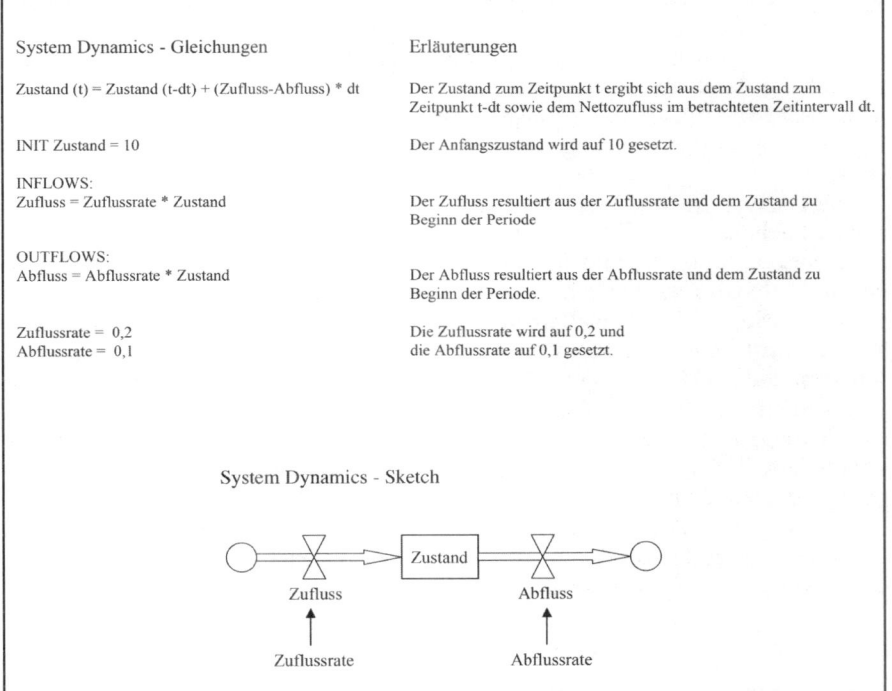

Box 10.5: Verfügbare Software

Forrester hat zu Ende der sechziger Jahre einen Compiler zur numerischen Bearbeitung von System Dynamics-Problemen entwickelt. Auf diesem Compiler basieren die Software-Pakete STELLA und ITHINK. Heute werden neben ITHINK die Software-Pakete SIMPAS, POWERSIM und VENSIM angeboten. Für den Nachbau der Modelle empfehlen wir die gratis erhältliche Grundversion VENSIM PLE, die über http://www.vensim.de erhältlich ist. Eine Anleitung zur Erstellung der hier aufgeführten Wachstums und Konjunkturmodelle finden Sie unter: http://www.iww.uni-karlsruhe.de/makro/.

10.4.2 Modellsimulation von Wachstum und Konjunktur

Darstellung in Gleichungsform

Die Verwendung von Systems Dynamics bietet einen wichtigen Vorteil: Wachstum und Konjunktur können innerhalb eines Systems dargestellt werden, so dass die sonst nötige Trennung in Wachstums- und Konjunkturmodell entfällt. Dies wird dadurch möglich, dass das Zeitintervall dt auf eine Länge eingestellt werden kann, die Analysen der Konjunktur erlaubt. In den folgenden Beispielen stellen wir dt auf ein Vierteljahr (0,25) ein, so dass die in der Konjunkturanalyse üblichen Quartalsdaten erzeugt werden können. Wählen wir einen Zeitraum der Gesamtanalyse von 20 Jahren oder mehr, so sind auch Wachstumsprozesse und ihre Beeinflussung durch die Politik erkennbar. Auf Grund der Leistungsfähigkeit der numerischen Simulation stößt man nicht gleich an Grenzen der Rechenbarkeit, wie dies bei exakten Lösungen von dynamischen Gleichungssystemen der Fall wäre.

Die Darstellung von Wachstum und Konjunktur innerhalb eines Systems hat auch erhebliche Vorteile für die Analyse der engen Verbindung zwischen beiden Phänomenen. So ist die Entwicklung des Kapitalstocks eine wichtige Einflussgröße für das Niveau des wirtschaftlichen Wachstums, denn sie geht multiplikativ in die Produktionsfunktion zur Berechnung des Produktionspotentials ein. Der Kapitalstock wird seinerseits durch die Nettoinvestitionen gebildet, die in jeder Wirtschaftsperiode getätigt werden. Die Nettoinvestitionen wiederum unterliegen konjunkturellen Einflüssen; sie sind in Aufschwungphasen hoch und in Abschwungphasen niedrig. Damit ist klar, dass der Pfad des Wachstums keine kontinuierlich steigende Kurve sein kann, sondern dass es Phasen von Wachstumsschüben und Phasen der Stagnation, ja sogar der Schrumpfung, geben kann.

Beginnen wir mit der Produktionsseite, welche die Entwicklung des Produktionspotentials beschreibt. Wenn wir die Zeit berücksichtigen und mit dem Index t beschreiben, so ergibt sich die Produktionsfunktion:

(10.35) $Y = N \cdot A(t) \cdot K_t^{\alpha} \cdot L_t^{\beta}$

Y: Bruttoinlandsprodukt
A(t): (totale) Faktorproduktivität als Funktion der Zeit
K_t: Kapitalstock in der Zeitperiode t
L_t: Arbeitseinsatz in der Zeitperiode t
N: Niveaufaktor (Konstante)
α, β: Produktionselastizitäten

Die Einflussgrößen A, K und L sind nun zu quantifizieren. Wenn wir die Differenzenschreibweise benutzen, wie sie in System Dynamics Modellen üblich ist, so lassen sich auf Basis der Ausführungen im Abschnitt 10.1.2 die folgenden Annahmen treffen:

(10.36) $\Delta A/A_{t-1} = (A_t - A_{t-1})/A_{t-1} = g_A$ *techn. Fortschritt*

(10.37) $\Delta L/L_{t-1} = (L_t - L_{t-1})/L_{t-1} = g_L$ *Bevölkerung wachsten*

(10.38) $\Delta K = K_t - K_{t-1} = I_t =$ im Gleichgewicht $= s\, Y_t$

Gleichung (10.36) besagt, dass die Faktorproduktivität mit einer konstanten Rate g_A (Rate des technischen Fortschritts) wächst. Diese nehmen wir hier als exogen gegeben an. In Abschnitt 10.1 wurde ausgeführt, dass die wirtschaftliche Innovationstätigkeit eine große Rolle für die Entwicklung des technischen Fortschritts spielt, d. h. in größeren Modellen wird man versuchen, die Antriebskräfte für die Innovationstätigkeit (z. B. Ausgaben für Forschung und Entwicklung) konkret zu formulieren und in die Systemdynamik zu integrieren.

In Gleichung (10.37) wird die Bevölkerungsentwicklung abgebildet. Wenn die Bevölkerung mit konstanter Rate wächst und der Anteil der Erwerbstätigkeit an der Bevölkerung über die Zeit gleich bleibt, so kann man die Wachstumsrate der Bevölkerung als Eingangsgröße verwenden, wie hier praktiziert. Größere Modelle verwenden eigene Modelle des Bevölkerungswachstums (Kohorten-Modelle, für die sich System Dynamics sehr gut eignet) und der Arbeitsnachfrage, so dass im Gegensatz zu unserer einfachen Darstellung auch Arbeitslosigkeit explizit abgebildet werden kann.

Gleichung (10.38) ist eine Definitionsgleichung für die Kapitalbildung. In jeder Wirtschaftsperiode vergrößern die Bruttoinvestitionen den Kapitalstock, während die Abschreibungen den Kapitalstock verringern. Per Saldo sind es also die Nettoinvestitionen (Bruttoinvestitionen minus Abschreibungen), welche die Erhöhung des Kapitalstocks ausmachen. Wie in Abschnitt (10.1) ausgeführt, entspricht die Kapitalbildung in einem Langfristgleichgewicht der Ersparnis. Die Höhe der Ersparnis beeinflusst folglich das Niveau der Gleichgewichtslage.

Wenn nur die Angebotsseite der Volkswirtschaft die Entwicklung beeinflussen würde, so bekämen wir ein langfristiges Wirtschaftswachstum mit der Rate $g_A + g_L$, während die Sparquote s die Investitionen und damit die Lage des Wachstumspfades bestimmt.

Die Seite der Nachfrage können wir mit dem Konjunkturmodell von Samuelson und Hicks beschreiben.

(10.39) $Y_t = C_t + I_t$

(10.40) $C_t = C_a + c\, Y_{t-1}$

(10.41) $I_t = v(C_t - C_{t-1})$

Gleichung (10.39) gibt die Entwicklung des tatsächlichen BIP an (also die effektive Nachfrage in der Definition von Keynes, im Gegensatz zum Produktionspotential in der Produktionsfunktion auf der Angebotsseite). Der Konsum reagiert gemäß Gleichung (10.40) zeitverzögert um eine Periode auf Änderungen des BIP, wobei c die marginale Konsumquote angibt. C_a ist der autonome Konsum.

Gleichung (10.41) beschreibt die Akzelerationshypothese, die zur Folge hat, dass die Nettoinvestitionen zeitverzögert auf die Veränderung des Konsums reagieren. v ist dabei der Akzelerator, der die Bewegungen des Konsums in die Investitionsplanung der Unternehmen umsetzt.

Umsetzung in System Dynamics

Die meisten Software-Pakete verwenden englische Begriffe. Daher verwenden wir auch für die Zustands- und Flussvariablen englische Begriffe bzw. Abkürzungen. Die deutschen Bezeichnungen sind im Abkürzungsverzeichnis nachzulesen.

a)   Das Wachstumsmodell (10.36) – (10.38)

Abbildung 10.11 zeigt die Umsetzung des Wachstumsmodells in die System Dynamics Umgebung.

Abbildung 10.11: System Dynamics Darstellung des einfachen Wachstumsmodells

System Dynamics - Gleichungen	Erläuterungen
APROD (t) = APROD (t-dt) + DELTAPROD * dt	APROD entspricht dem Produktivitätsfaktor A in Gleichung (9.3). APROD ergibt sich aus der Produktivität zum Zeitpunkt t-dt sowie deren Veränderung im Zeitintervall dt.
INIT APROD = 1	Der Produktivitätsfaktor zu Beginn des betrachteten Zeitraums ist 1.
INFLOWS: DELTAPROD = g_A	Die Veränderung der Produktivität ist durch die Wachstumsrate des technischen Fortschritts bestimmt.
CAP (t) = CAP (t-dt) + INV * dt	Der Kapitalstock CAP zum Zeitpunkt t resultiert aus dem Kapitalstock zum Zeitpunkt t-dt und den im jeweiligen Zeitintervall getätigten Investitionen INV.
INIT CAP = 5000	Der Kapitalstock zu Beginn des betrachteten Zeitraums ist 5000.
INFLOWS: INV = SAVE	Die Investitionen entsprechen den Ersparnissen.
LAB (t) = LAB (t-dt) + DELTALAB * dt	Das Arbeitsvolumen LAB (t) resultiert aus dem Volumen in t-dt sowie den Veränderungen des Arbeitsvolumens im Zeitintervall dt.
INIT LAB = 400	Das Arbeitsvolumen zu Beginn des betrachteten Zeitraums ist 400.
INFLOWS: DELTALAB = LAB * g_L	Die Veränderung des Arbeitsvolumens ist durch die Wachstumsrate des Arbeitsvolumens gegeben.
ALPHA = 0.5	Produktionselastizität α des Kapitals (vgl. 9.3)
BETA = 0.2	Produktionselastizität β der Arbeit (vgl. 9.3)
N = 10	Niveaufaktor
g_A = 0.03	Wachstumsrate des technischen Fortschritts
g_L = 0.001	Wachstumsrate des Arbeitsvolumens
PRODPOT = N * APROD * CAP^{ALPHA} * LAB^{BETA}	Bestimmung des Produktionspotentials anhand der Produktionsfunktion 9.3 und unter Verwendung des Niveaufaktors N.
SAVE = 0.051 * PRODPOT	Die Ersparnis steigt linear mit dem Produktionspotential.

System Dynamics - Sketch

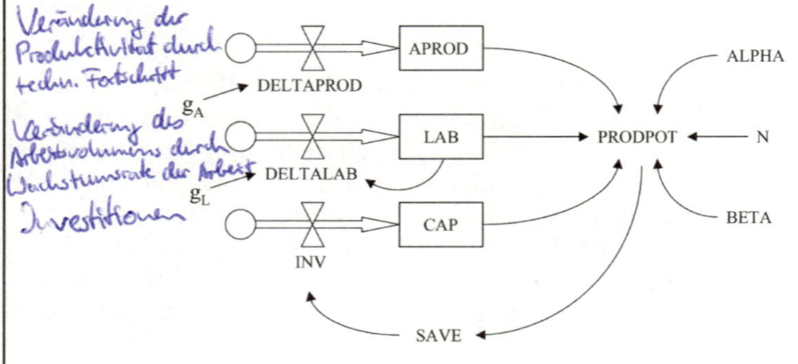

Im Ergebnis (Abbildung 10.12) ist das Wachstum stetig und erreicht nach vielen Wirtschaftsperioden (im Beispiel nach etwa 35 Perioden bzw. 5 Jahren) eine gleichgewichtige Situation, bei der die Wachstumsrate des Produktionspotentials der Summe der Raten des technischen Fortschritts und des Bevölkerungswachstums entspricht.

Da das Bevölkerungswachstum im Beispiel fast bei Null liegt, ist es allein der technische Fortschritt, der die Dynamik vorantreibt. Wegen der Gleichgewichtsbedingung I = S vergrößert sich das Produktionspotential mit steigender Ersparnis. Die Parameterwerte sind so gewählt, dass sie in den Dimensionen empirischer Messungen liegen. Wegen der starken Vereinfachungen hat das Modell aber ausschließlich didaktischen Charakter. Abbildung 10.12 zeigt die Entwicklung des Produktionspotentials und der Wachstumsraten bis zur 35. Periode.

Abbildung 10.12: Entwicklung des Produktionspotentials und der Wachstumsraten

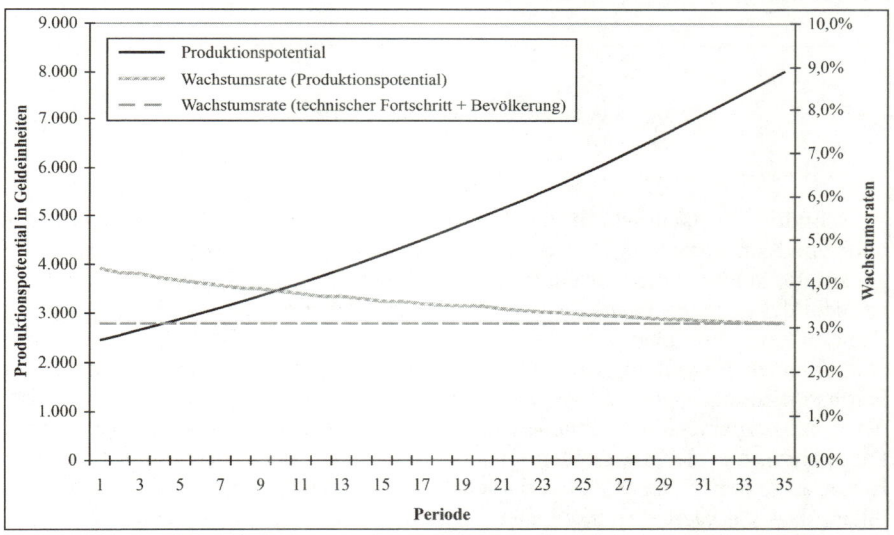

b)   Konjunkturmodell (10.39 - 10.41)

Wir haben bereits erwähnt, dass System Dynamics Modelle keine explizite Lösung eines Gleichungssystems anstreben. Vielmehr werden die Gleichungen sequentiell, also Intervall für Intervall, abgearbeitet, wobei ein Intervall t-1 die Ausgangswerte für das Intervall t liefert. Die charakteristische Dynamik entsteht somit aus den zeitversetzten Reaktionen. Daher gibt es für das GDP drei zeitliche Zustände: GDP_T: GDP am Ende der Periode, GDP_{T-1}: GDP am Ende der Vorperiode; GDP_{T-2}: GDP am Ende der Vor-Vorperiode (vgl. Abbildung 10.13).

Abbildung 10.13: Vereinfachtes Schema einer sequentiellen Berechnung des GDP im System Dynamics Konjunkturmodell

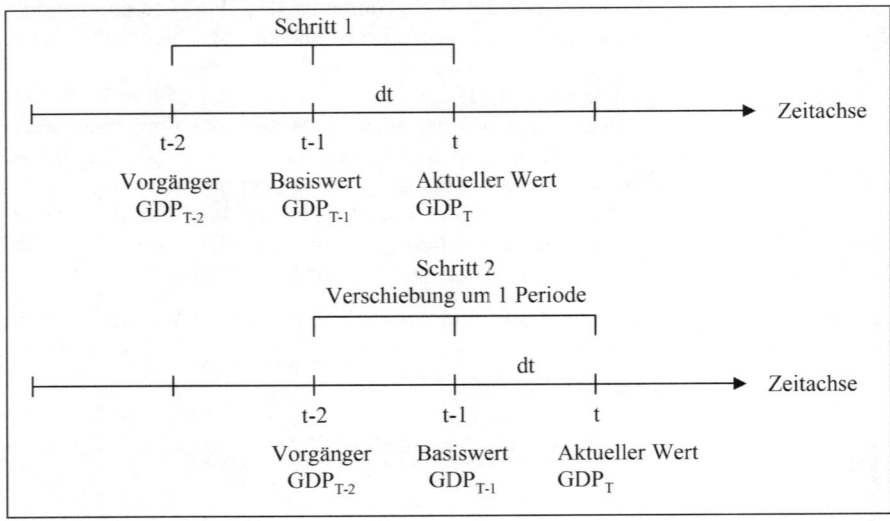

Abbildung 10.14 beschreibt die System Dynamics Version des Konjunkturmodells von Samuelson und Hicks. Die Parameter sind dabei so eingestellt, dass eine gedämpfte Schwingung entsteht (vgl. Lösungsbereich [3] in Abbildung 10.6). Dies ist nicht der einzige Lösungsbereich des Modells, aber der für die Darstellung von Konjunkturen besonders interessante. Obwohl die System Dynamics Version nur einen kleinen Ausschnitt aus der Vielfalt der Konjunktureinflüsse herausgreift, ist bereits erkennbar, dass gute Konjunkturmodelle einen sehr hohen Aufwand erfordern und permanent mit aktuellen Daten getestet werden müssen. Bei manchen Parametern, hier der marginalen Konsumquote c und dem Akzelerator v, gibt es Bereiche, in denen das Modellverhalten kippt. Daraus lässt sich die Erkenntnis ableiten, dass das ökonomische System in bestimmten Phasen sehr empfindlich auf kleine Änderungen von Verhaltensweisen (Investoren, Konsumenten) oder auf exogene Störungen (Außenhandel, Rohstoffpreise) reagieren kann.

Abbildung 10.14: System Dynamics Darstellung des einfachen Konjunkturmodells

System Dynamics - Gleichungen

GDP_{T-1} (t) =
GDP_{T-1} (t-dt) + (CONS+ INV + NA - GDP_T) * dt

INIT GDP_{T-1} = 1000

INFLOWS:
CONS = MCRATE * GDP_{T-1}

INV =
ACCEL * MCRATE * DELTAGDP + INVA
+ STEP (STEP_INVA, STEP_TIME)

NA =
CONSA + STEP (STEP_CONSA,STEP_TIME)
+ STATEX

OUTFLOWS:
GDP_T = GDP_{T-1}

ACCEL = 1.42
DELTAGDP = GDP_{T-1} - GDP_{T-2}

CONSA = 300
INVA = 250
GDP_{T-2} = DELAY (GDP_{T-1}, 1)

MCRATE = 0.65
STATEX = 400
STEP_TIME = 30
STEP_CONSA = -10
STEP_INVA = -10

Erläuterungen

Der Basiswert GDP_{T-1} aus Schritt 2 resultiert aus dem Basiswert zum Zeitpunkt t-dt (Schritt 1) zuzüglich dem Konsum (CONS), den Investitionen (INV) und der autonomen Nachfrage (NA) im Zeitintervall dt. Um allerdings nur die Veränderungen von CONS, INV und NA im Zeitintervall dt zu berücksichtigen, muss das GDP_T (aus Schritt 1) wieder abgezogen werden.
Zu Beginn des betrachteten Zeitraums beträgt der Basiswert 1000 Geldeinheiten.

Der Konsum ist abhängig von der marginalen Konsumquote (MCRATE) und dem GDP_{T-1}.
Die Investitionen ergeben sich aus dem Akzelerator (ACCEL), der marginalen Konsumrate, der Veränderung des GDP (DELTAGDP) sowie den autonomen Investitionen. Im Falle eines exogenen Schocks zum Zeitpunkt STEP_TIME kommt es zu einer Veränderung der autonomen Investitionen (STEP_INVA).
Die autonome Nachfrage resultiert aus dem autonomen Konsum (CONSA) den Staatsausgaben und Exporten (STATEX). Im Falle eines exogenen Schocks zum Zeitpunkt STEP_TIME, kommt es zu einer Veränderung des Konsums (STEP_CONSA).

Das GDP_T erhält den Wert von GDP_{T-1} (Übergang von Schritt 1 nach Schritt 2 in Abbildung 9.13)
Der Akzelerator beträgt 1,42.
Die Differenz aus GDP_{T-1} und GDP_{T-2} definiert die Veränderung des GDPs
Der autonome Konsum beträgt 300 Geldeinheiten.
Die autonomen Investitionen belaufen sich auf 250 Geldeinheiten.
Der Vorgänger GDP T-2 bekommt den Basiswert GDP T-1 aus der Vorperiode zugewiesen.
Die marginale Konsumrate ist 0,65.
Die Staatsausgaben und Exporte betragen 400 Geldeinheiten
Im 30. Zeitintervall kann ein exogener Schock eintreten.
Falls der exogene Schock eintritt, so kommt es zu einem Absenken des Konsums und der Investitionen um jeweils 10 Geldeinheiten.

System Dynamics - Sketch

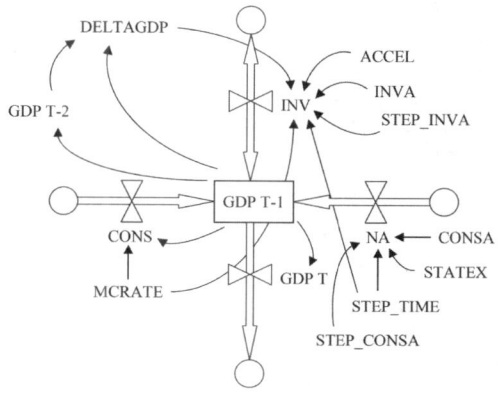

GDP_{T-1} ist als Zustandsvariable modelliert, die den privaten Konsum (CONS), die Investitionen (INV) sowie die autonome Nachfrage (NA) als Zuflüsse hat. Der Konsum der Periode t (CONS) wird wiederum durch den Ausgangswert GDP_{T-1} beeinflusst. Die Investitionen INV sind über den Akzeleratorprozess gesteuert. Die autonome Nachfrage NA (autonomer Konsum CONSA, Staatsausgaben und Exporte STATEX) und die autonomen Investitionen (INVA) nehmen Einfluss auf das Niveau des Wirtschaftsprozesses. Der Wert GDP T-2 wird durch Festhalten des Vorgängerwertes von GDP T-1 (*Delay*-Funktion) gebildet, so dass die Differenz zwischen GDP T-1 und GDP T-2 über die Variable DELTAGDP errechnet werden kann. Das aktuelle GDP T resultiert aus der Verschiebung auf der Zeitachse um das Zeitintervall dt nach vorn. Die Variable INV treibt das GDP T-1, wird andererseits aber auch von ihr getrieben (Akzelerator-Effekt). Daher zeigt der Wirkungspfeil in beide Richtungen.

Der autonome Konsum (CONSA) und die autonomen Investitionen (INVA) sind auch die Schnittstellen für die Abbildung von exogenen Schocks. Durch Voreinstellung der Funktion STEP_TIME legen wir den Zeitpunkt fest, in dem ein Schock einsetzen soll. Den Schock simulieren wir durch Absenken von CONSA und INVA mit Hilfe der Funktionen STEP_CONSA und STEP_INVA, die zum Zeitpunkt STEP_TIME einsetzen sollen.

Abbildung 10.15 zeigt die Konjunkturverläufe des GDP und der Investitionen nach der Einschwingungsphase des Modells (20. Periode).

Abbildung 10.15: Konjunkturverläufe von GDP und Investitionen

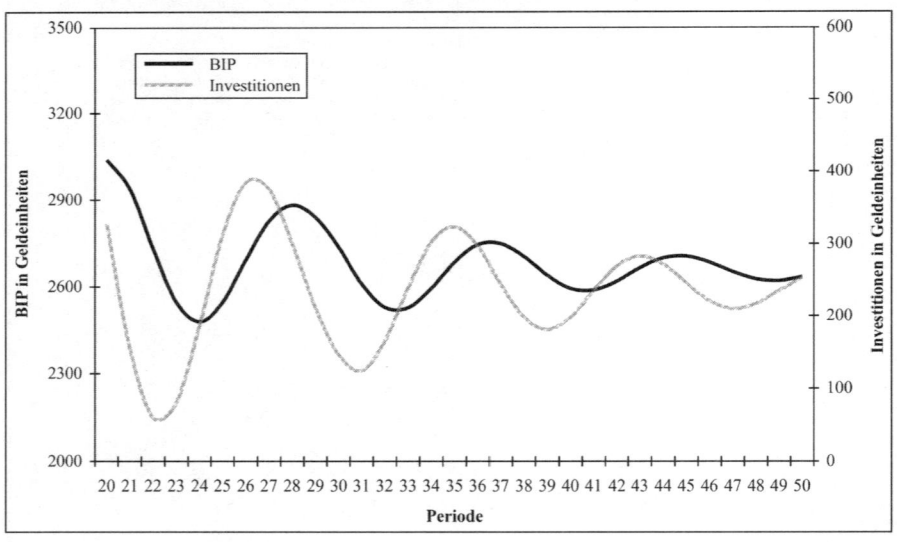

In der Graphik ist gut erkennbar, dass die Investitionen einen Vorlauf vor dem BIP haben, die Täler und Berge von Investitionen also denen des BIP vorauseilen. Zum Zweiten sind die Amplituden der Investitionen größer als diejenigen des BIP. Daraus könnte man der Schluss herleiten, dass die Investitionen als „Vorboten"

der Konjunktur zu betrachten sind und dass bei schwacher Investitionstätigkeit die Investitionen angekurbelt werden müssen. Betrachtet man aber den Modellzusammenhang genau, so ist die Beziehung genau umgekehrt: Das BIP der Vorperioden beeinflusst die Investitionen und der charakteristische Verlauf der Investitionen folgt aus der zeitverzögerten Reaktion der Investoren auf den Konsum und damit auf das BIP.

Wenn dies der Realität entsprechen sollte, dann wäre vor einer Investitionsförderung in einer Depressionsphase zu warnen, denn sie würde wegen der Zeitverzögerung den nächsten Aufschwung verstärken und möglicherweise den Preisauftrieb im Boom beschleunigen. Eine erfolgreiche antizyklische Finanzpolitik zur Stabilisierung der Konjunktur würde demnach verlangen, dass der Staat die Weichen in der Endphase eines Booms bereits auf expansive Haushaltspolitik umlegt und die expansive Politik zum Ende der Depressionsphase bereits zurückführt. Am Ende der Boomphase sind aber in der Regel die Preise steigend, so dass die Zentralbank folgern konnte, eine kontraktive Politik betreiben zu müssen. Daher ist es wichtig, dass sich der Staat und die Zentralbank auf Leitindikatoren einigen, die Umschwünge in den Konjunkturphasen verlässlich anzeigen. Solche Leitindikatoren werden z.B. von den großen wirtschaftswissenschaftlichen Instituten aufgestellt (besonders bekannt sind die Konjunkturindizes von IFO und ZEW), aber es gibt auch Zeitungen wie etwa die Süddeutsche Zeitung, die solche Indizes (Konjunkturbarometer) regelmäßig publizieren.

c)   Wachstum und Konjunktur

Abschließend fügen wir nun Wachstums- und Konjunkturmodell zusammen. Die wichtige Schnittstelle zwischen beiden sind die Investitionen, welche den Kapitalstock vergrößern und damit den Wachstumsprozess bestimmen. Im einfachen Wachstumsmodell haben wir die Höhe der Investitionen aus der Gleichgewichtsbedingung I = S abgeleitet. Wenn Konjunktur und Wachstum verknüpft werden, so muss diese Gleichgewichtsbedingung entfallen. Die Investitionen werden nunmehr auf Grundlage des Akzelerationsprinzips bestimmt, so dass sich Schwingungen der Konjunktur auch im Pfad des längerfristigen Wachstums umsetzen. Modell und Gleichungssystem werden nicht mehr explizit dargestellt[24]; vielmehr bilden wir gleich das Ergebnis anhand der Abbildung 10.16 graphisch ab.

---

[24]   Die wesentliche Änderung betrifft die Bestimmung der Investitionen. Die Gleichung des Wachstumsmodells (Investition = Sparen) wird durch die Bestimmungsgleichung des Konjunkturmodells ersetzt.

Abbildung 10.16: Wachstum und Konjunktur

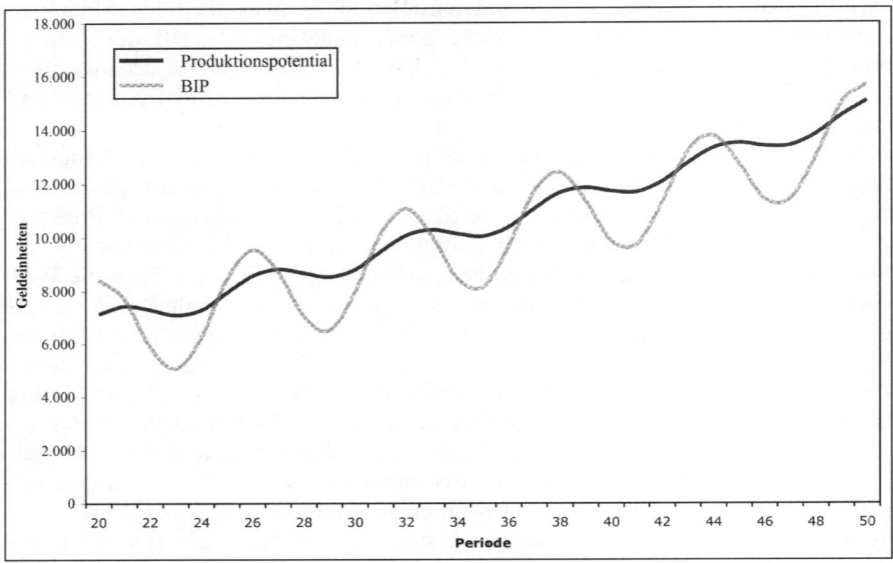

Durch die Kombination von Wachstums- und Konjunkturmodell erhöht sich sowohl das Niveau des Produktionspotentials als auch des BIP.[25] Sobald die Konjunktur gedämpft schwingt, wie im Beispiel der Fall, so verstetigt sich das Wachstum. Man betrachte zum Vergleich die empirische Darstellung der Verläufe von Produktionspotential und BIP in Abbildung 10.2. Das Modell bildet die Tatsache gut nach, dass das Produktionspotential durch die Konjunkturbewegungen beeinflusst wird. Die hohe Abstraktion des Modells erkennt man daran, dass in der Realität solche Regelmäßigkeiten nicht auftreten.

d)   Wirkungen eines Ölpreisschocks auf Konjunktur und Wachstum

Mit Hilfe der einfachen Modellkonstruktion auf Basis von System Dynamics kann man bereits einige didaktische Experimente durchführen. So ist es möglich, einen exogenen Schock anzunehmen, der die Wirtschaft in einer bestimmten Periode trifft.

Nehmen wir an, dass in Periode 30 eine plötzliche Ölpreiserhöhung einsetzt, welche die Konsumenten und Investoren zu pessimistischen Reaktionen veranlasst. Im Modell kann dies so dargestellt werden, dass die autonomen Nachfragebeträge für Konsum und Investitionen herabgesetzt werden, im Rechenbeispiel jeweils und 100 Mrd. Euro. Die Wirkungen sind in der folgenden Graphik zu sehen.

---

[25]   Die Ausgangswerte für die Verläufe des Produktionspotential und des BIP entsprechen den jeweiligen Startwerten aus den isolierten Wachstums- bzw. Konjunkturmodellen.

Abbildung 10.17: Auswirkungen eines Ölpreisschocks ohne technische Anpassung (unten) und mit technischer Anpassung (oben)

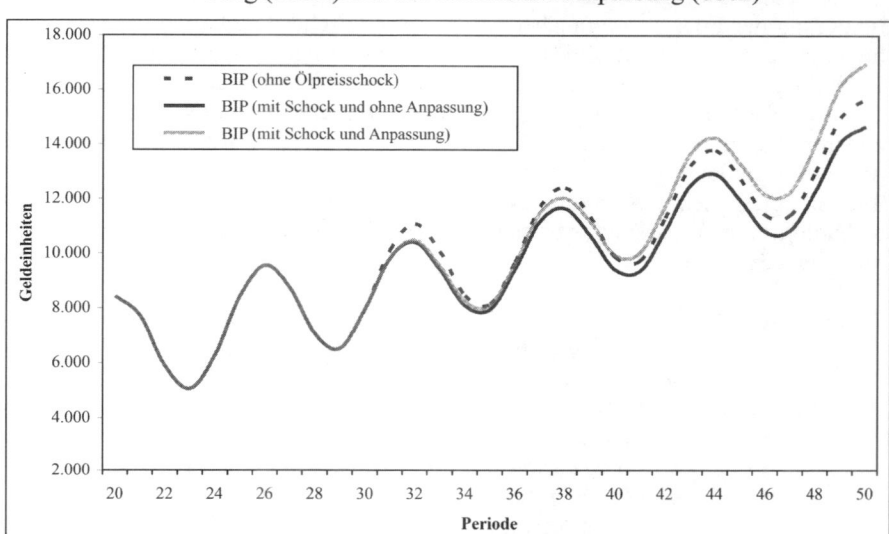

Die Entwicklung des BIP ohne technologische Anpassung gibt die vielfach geäußerte Befürchtung von Ökonomen und Politikern wieder, dass Ölpreiserhöhungen schädlich für Konjunktur und Wachstum sind (die Wachstumslinie ist der Übersichtlichkeit wegen im Diagramm weggelassen worden). Konjunktur und Wachstum verlagern sich auf ein niedrigeres Niveau.

Doch solche Preisschocks führen nicht nur zu Reduktionen von Konsum und Investitionen, weil die Energie teurer wird und andere Ausgaben damit zurückgeführt werden. Sie bewirken auch eine Umstellung der Produktionstechniken und der Konsumgewohnheiten und steigende Innovationstätigkeiten, welche die Negativwirkungen nach einiger Zeit kompensieren können. Denn mit effizienterer Technik sinkt der Ölverbrauch, so dass die Ausgaben für Energie wieder rückläufig werden. Weiter gibt es positive Wirkungen über technologische spin-offs und verbesserte Exportchancen energiesparender Produkte oder alternativer Energieproduktionsanlagen. Im Modell können wir dies durch Erhöhung der technischen Fortschrittsrate g_A simulieren, im Beispiel durch Erhöhung von 0,03 auf 0,036 (20 % höhere Anstrengungen in F&E für energiesparende Produktionen und Anlagen). Dies führt im Modell zu einem neuen Zeitpfad, wie bei der Entwicklung des BIP mit technologischer Anpassung in Abbildung 10.17 dargestellt. Im Anfangsbereich liegt die neue Anpassungskurve ganz unten, da zusätzliche Ressourcen für F&E benötigt werden. Dann setzt im Falle steigender Marktfähigkeit von neuen energiesparenden Technologien eine Erholung ein, die nachhaltig wirken kann. So ist es möglich, dass der langfristige Pfad sogar über dem ursprünglichen Pfad ohne Ölpreisschock liegt. Es gibt gute Chancen dafür, dass sich eine Wirtschaft langfristig im Wettbewerb besser positioniert, wenn sie rechtzeitig auf die Verknappung und Verteuerung von Ressourcen wie Erdöl gesetzt hat.

Vielfach wird vom Staat gefordert, die negativen Folgen eines Ölpreisschocks durch Steuersenkungen (Ökosteuer) oder Subventionen abzufedern. Eine Subventionierung der Energieverbraucher ist dann der falsche Weg, wenn die Ölpreiserhöhung langfristig anhält. Eine Subventionierung bringt allenfalls eine kurzfristige Linderung der Folgen des Schocks. Denn die Subventionen müssen aus dem Staatshaushalt finanziert werden, was andere Ausgaben verdrängt und somit in anderen Sektoren rückläufige Effekte auslöst. Da sie aber weder die Nachfrager noch die Anbieter zu einer Veränderung ihres Verhaltens anregen, bleibt die Technologie gleich. Daher kann es nicht zu einem positiven Langfristeffekt durch technologische Anpassung kommen, so dass der Gesamteffekt der Ölpreiserhöhung negativ bleibt.

Ergebnis 10.10:   Mit Hilfe von System Dynamics lassen sich langfristige Verlaufspfade der Wirtschaft unter Berücksichtigung der wichtigen Rückkoppelungen im wirtschaftlichen System verfolgen.

Konjunktur und Wachstum hängen zusammen, weil die konjunkturabhängigen Investitionen die Entwicklung des Kapitalstocks antreiben, der für das langfristige Wachstum des Produktionspotentials maßgeblich ist.

Schocks führen zu einer Abschwächung von Konjunktur und Wachstum, falls sie unerwartet sind. Sobald sie abzusehen sind, können sie durch Anpassung von Technologie und Verhaltensweisen verarbeitet werden.

Im Falle des Ölpreisschocks ist es möglich, dass neue Energiespartechnologien marktfähig werden, die den kommenden Aufschwung der Wirtschaft in Europa stützen und das Wachstum verstärken.

Der technische Fortschritt hat weit stärkere Auswirkungen auf das langfristige Wachstum als eine kurzfristige Schwankung der autonomen Nachfrage. Daher sind Subventionen an betroffene Konsumenten oder Branchen kein Erfolg versprechender Weg der Krisenbewältigung.

Aufgaben zu Kapitel 10

10.1   Erklären Sie, wie höhere Ersparnisse langfristig zu einem höheren BIP pro Beschäftigtem führen. Was sind die kurzfristigen Folgen eines Anstiegs der Sparquote?

10.2   Welche Rolle spielt im neoklassischen Wachstumsmodell der technische Fortschritt?

10.3   Die Regierung eines Kleinstaates hat 1000 Geldeinheiten zur Verfügung. Grundsätzlich strebt sie eine Steigerung des Volkseinkommen Y an.
Um das Geld sinnvoll einzusetzen, wird zunächst einmal recherchiert. Führende Nationalökonomen bestimmen die Produktionspotentialfunkti-

on $Y^{pot} = A \cdot I^{\alpha} \cdot T^{\beta}$, wobei I für die Ausstattung mit Straßen und T für die Ausstattung mit Telefonnetzen steht mit den jeweiligen Produktionselastizitäten α und β.

Es gilt: $A = \sqrt[3]{151}$; $\alpha = 1$; $\beta = 2$

Statistische Erhebungen ergeben für die Gegenwart folgende Werte:
$I = 2; T = 1$

Weiter gilt: $Y^{pot} = Y$

Die Regierung hat drei Möglichkeiten: Die kann entweder das komplette Geld in den Straßenbau (I) investieren oder in Telefonnetze (T). Eine Investition in einen Potentialfaktor hätte einen Anstieg der jeweiligen Ausstattung um 50 % zur Folge.
Drittens könnte die Regierung den Betrag auch für schlechte Zeiten sparen.
Was raten Sie der Regierung? Begründen Sie Ihre Antwort.

10.4   Wie kann aus evolutorischer Sicht neues Wissen entstehen?

10.5   Nach Schumpeter bewegt sich die Wirtschaft zyklisch voran. Erläutern Sie stichwortartig die wichtigsten Konjunkturphasen.

10.6   Bauen Sie die Wachstums- bzw. Konjunkturmodelle für eine boomende und bevölkerungsreiche Ökonomie mit Hilfe der Vensim-Software am Computer nach. Ersetzen sie dazu die in Abbildung 10.11 vorgegebenen Parameter BETA, g_A und g_L durch:
$BETA^{neu}=0,3$, $g_A^{neu}=0,04$, $g_L^{neu}=0,005$. Nehmen Sie außerdem eine marginale Konsumquote von $MCRATE^{neu}=0,8$ an (ohne Lösungsvorschlag).

11 Erwartungen, Spekulationen, Krisen

11.1 Erwartungen und Preisanpassung

Der Erfolg der Marktwirtschaft wird ganz wesentlich damit begründet, dass sich die Ökonomie dezentral sehr rasch an geänderte Umgebungsbedingungen anpassen kann und damit auch den technischen Fortschritt schneller umsetzt als eine Planwirtschaft. Damit ergibt sich die Frage, welche Signale die Veränderungen von Verhaltensweisen auslösen und wie stark die Betroffenen reagieren. Von der Art der Reaktion ist es nicht zuletzt abhängig, ob die Anpassungsprozesse zu einem Gleichgewicht führen, also stabil verlaufen und so – im Prinzip – prognostizierbar sind, oder ob chaotische Fluktuationen folgen, deren Ergebnis ungewiss ist.

Adam Smith, der Begründer der modernen Nationalökonomie, hat das Anpassungsphänomen philosophisch-religiös beschrieben. Es ist die „unsichtbare Hand" (invisible hand) der Vorsehung, welche die Märkte ins Gleichgewicht bringt und Chaos verhindert. Dies kann man im Sinne einer system-immanenten Naturkraft oder eines göttlichen Wirkens interpretieren. Ähnlich wie die Naturwissenschaften im Laufe der Geschichte versucht haben Grenzphänomene durch wissenschaftliche Logik verständlich zu machen, hat auch die Nationalökonomie versucht, die unsichtbare Hand methodisch zu beschreiben.

Der erste mathematisch gestützte Beschreibungsversuch geht auf Léon Walras, den Begründer der mathematischen Wirtschaftstheorie, zurück.

11.1.1 Der Walras-Auktionator

Walras hatte das wirtschaftliche Gleichgewicht als Lösung eines Gleichungssystems dargestellt. Für jeden der n Märkte in einer Volkswirtschaft lässt sich die Gleichgewichtsbedingung durch Gleichsetzen von Angebots- und Nachfragefunktionen darstellen. Falls alle Anbieter und Nachfrager bei der Planung ihrer Angebots-/Nachfragemengen ihre Budgetrestriktionen beachten, so reichen n-1 Marktgleichungen und die aggregierte Budgetrestriktion aus, um das allgemeine Gleichgewicht zu bestimmen („Gesetz von Walras"), welches auch robust gegenüber exogenen Störungen (Veränderung der Umgebungsbedingungen) ist.

Box 11.1: Gesetz von Walras (vgl. Walras, 1874/1877)

Für jeden Gütermarkt i werden

eine Angebotsfunktion: $A^i(p_1,..,p_i,..,p_n)$ und

eine Nachfragefunktion: $N^i(p_1, .., p_i, .., p_n)$

eingeführt. Wird dezentral geplant und beachtet jedes Individuum, dass sein Budget für Güterausgaben mit

(11.1) $y^h = \sum_{i=1}^{h} p_i \cdot x_i \quad \forall\, h$

y:	Konsumsumme (Einkommen)	i:	Güterindex
p:	Preis	h:	Haushaltsindex
x:	Gütermenge		

begrenzt ist, so gilt auch eine aggregierte gesamtwirtschaftliche Budgetbedingung. Das Gleichungssystem

(11.2) $A^i(p_1,..,p_i,..,p_n) = N^i(p_1,..,p_i,..,p_n) \quad \forall\, i = 1,...,n$

ist somit überbestimmt. Denn wenn die Budgetgleichung (1.1) für jedes Individuum erfüllt ist, so ist der Wert der gesamten Überschussnachfrage gleich Null. Daraus folgt unmittelbar das

Gesetz von Walras:

Besteht auf n–1 Märkten Gleichgewicht, so muss auch der n-te Markt im Gleichgewicht sein.

Es ist also möglich, aus n–1 Gleichungen des Gleichungssystems (11.2) zuzüglich der aggregierten Budgetbedingung (11.1) das Gleichgewicht zu bestimmen. Ökonomisch sinnvoll ist die mathematische Lösung natürlich nur, falls die gleichgewichtigen Preise und Mengen positiv sind.

Die Lösung des Systems von Marktgleichungen ergibt den Vektor der Gleichgewichtspreise, womit gezeigt ist, dass ein Gleichgewicht in einer Marktwirtschaft existieren kann. Darüber hinaus galt es aber die Frage zu klären, ob ein solches Gleichgewicht von einem beliebigen Ausgangspunkt ausgehend erreicht werden kann. Hierzu hat Walras ein einfaches Erklärungsmodell - das *Walras Tâtonnement* - entwickelt, das keinen Anspruch auf Realitätsnähe haben sollte, sondern nur als Demonstrator gedacht war.

Walras Tâtonnement

- Alle Anbieter und Nachfrager kommen zusammen. Ein „Auktionator" ruft einen Preis p > 0 aus. Alle Anbieter und alle Nachfrager nennen dem Auktionator

- (geheim, damit kein Vorabtausch stattfindet) die bei diesem Preis geplanten Transaktionen.
- Der Auktionator summiert Angebots- und Nachfragequantitäten und bildet die Differenz der Summen.
- Übersteigt die Nachfrage das Angebot, so ruft er in der nächsten Runde einen höheren Preis aus.
- Übersteigt das Angebot die Nachfrage, so ruft er in der nächsten Runde einen niedrigeren Preis aus.
- Dabei verhält er sich nach der Regel: je größer die Differenz zwischen Angebot und Nachfrage, umso größer der Preissprung zwischen zwei Runden. Ist die Übereinstimmung zwischen Angebot und Nachfrage erreicht, so wird die Preisveränderung Null und der Auktionator beendet den Prozess.

Diese Vorstellung lässt sich mathematisch mit einfachen Hilfsmitteln beschreiben. Die Zuordnung

(11.3) $h : z \in IR \to h(z) = \dfrac{\partial p}{\partial t} \in IR$ mit

    (a) $z = x - y = N^x(p) - A^x(p)$

    (b) $h(0) = 0$

    (c) $h'(z) > 0$

ist stetig differenzierbar. Graphisch zeigt Abbildung 11.1 das Vorgehen des Auktionators.

Abbildung 11.1: Preisanpassung des Walras Auktionators

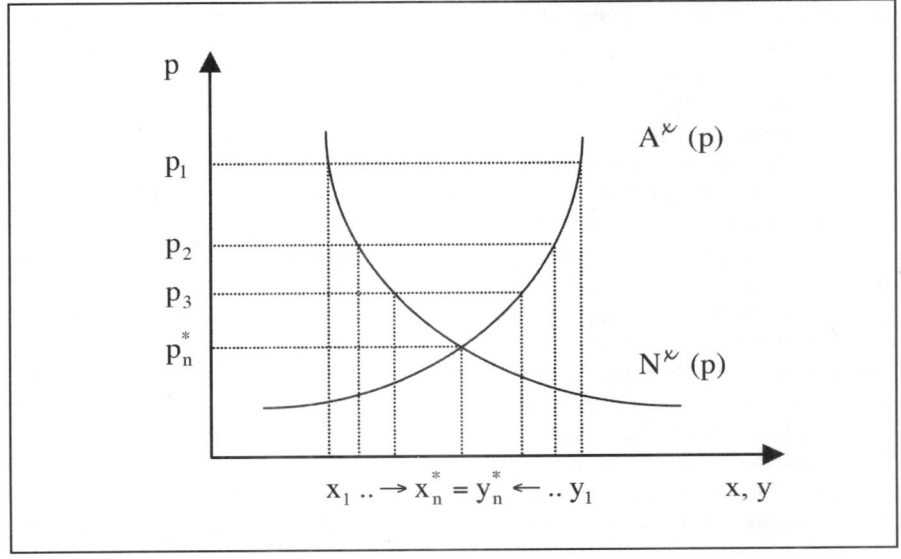

In Abbildung 11.1 ruft der Auktionator einen Anfangspreis p_1 aus. Er stellt fest, dass das Angebot (y_1) größer ist als die Nachfrage (x_1), so dass er in der zweiten Runde einen niedrigeren Preis p_2 ausruft. Auch in der zweiten Runde ist das Angebot größer. Allerdings ist das Überschussangebot kleiner geworden, so dass auch der Preissprung von p_2 nach p_3 kleiner ausfällt. Nach n Versuchen sind Angebot und Nachfrage im Gleichgewicht und der Prozess kommt zum Stillstand. Erst jetzt findet der Tausch der Güter statt.

Haben die Angebots- und Nachfragekurven einen normalen Verlauf (das Angebot steigt und die Nachfrage sinkt mit steigenden Preisen), so resultiert der Prozess immer im Gleichgewicht. Bei anomalen Verläufen der Kurven, wenn sich z. B. die Nachfrage bei steigenden Preisen erhöht, kann es jedoch zu instabilen Prozessen kommen.

Das Auktionator-Modell von Walras bildet somit prototypisch die Wirkungsweise der „unsichtbaren Hand" von Adam Smith ab und stützt die These der ökonomischen Klassik, dass „im Normalfall" stabile Gleichgewichte vorliegen und die Wirtschaft grundsätzlich robust gegenüber Störungen von außen reagiert. Die Normalität der Verläufe von Angebots- und Nachfragekurven besagt ja nichts anderes, als dass sich die Agenten wirtschaftlich bewusst (als homines oeconomici) verhalten und sich auf jede Veränderung mit optimalen wirtschaftlichen Entscheidungen anpassen.

11.1.2 Statische Erwartungen

Das Walras-Modell unterstellt, dass die Akteure die für optimale Anpassungen wichtigen Informationen über ihre Pläne sehr schnell (mit Hilfe des gedachten Auktionators) austauschen, so dass Transaktionen nur im Gleichgewicht stattfinden. Damit stellt sich die Frage, wie sich die Anpassungsprozesse ändern, wenn die Pläne der jeweils anderen Marktseite nicht bekannt sind und sich die Agenten an den tatsächlich durchgeführten Transaktionen (Käufen, Verkäufen) orientieren. Wenn die Umstellung des Verhaltens Zeit erfordert, z. B. die Anpassung der Produktion bei den Anbietern, dann verläuft der Anpassungsprozess nicht kontinuierlich und schnell, sondern verläuft in Sprüngen über einen längeren Zeitraum.

Zur Erläuterung von zeitverzögerten Anpassungen benutzen wir das Beispiel des „Schweinezyklus". Der Schweinemarkt war lange Zeit für das Phänomen periodisch schwankender Preise bekannt. Dies rührt daher, dass die Anbieter nicht beliebig schnell auf die Nachfrage reagieren können. Stellen die Schweinemäster fest, dass die Schweinepreise hoch sind und eine Mehrproduktion daher lohnend ist, so können sie ihr Angebot nur dadurch ausweiten, dass sie Jungsauen, die eigentlich zum Schlachten bestimmt sind, zur Geschlechtsreife weiterwachsen und befruchten lassen. Erst wenn diese (zusätzlichen) Sauen Ferkel geworfen haben und diese zur Schlachtreife gemästet worden sind, kann das Angebot merklich steigen. Dieser Zeitraum beträgt etwa 1 1/2 Jahre. Haben sich aber sehr viele Mäster zu diesem Schritt entschlossen, so sind nach der Produktionsanpassung zu viele Schlachtschweine am Markt und die Schweinepreise fallen. Dieser Preisrutsch wird noch verstärkt, wenn sich die Mäster in der Gegenrichtung anzupassen versuchen und Sauen schlachten lassen, um die Zahl der nachwachsenden Mastschweine zu verringern. Entschließen sich viele Mäster zu diesem Schritt, so geht das Angebot nach einer Anpassungszeit wieder kräftig zurück. Daraufhin steigen die Preise und der Zyklus beginnt wieder von vorn.

Formale Beschreibung von statischen Erwartungen

Die Nachfrage auf dem Schweinemarkt sei beschrieben durch:

(11.4) $\quad N_t = a_x - b_x \cdot p_t$

N_t: Nachfrage zur Zeitperiode t
p_t: Preis zur Zeitperiode t
a_x, b_x: Koeffizienten

Das Angebot sei gegeben mit:

(11.5) $\quad A_t = a_y + b_y \cdot p_t^e (t-1)$

A_t: Angebot zur Zeitperiode t
$p_t^e (t-1)$: von den Anbietern auf Basis der Informationen aus der Vorperiode (t - 1) erwarteter Preis in der Periode t
a_y, b_y: Koeffizienten

Die Hypothese statischer Erwartungen besagt nun, dass

(11.6) $\quad p_t^e (t-1) = p_{t-1}$

d. h. die Anbieter rechnen damit, dass der in t-1 beobachtete Preis auch in t gelten wird. Wenn sie unverrückbar an dieser Einstellung festhalten, so können je nach Verlauf der Angebots- und der Nachfragekurve drei Ergebnisse folgen:
1.   stabile Anpassung (linke Graphik der Abbildung 11.2)
2.   zyklische Schwingung (mittlere Graphik der Abbildung 11.2)
3.   instabile Anpassung (rechte Graphik der Abbildung 11.2)

Abbildung 11.2: Preisanpassung bei statischen Erwartungen

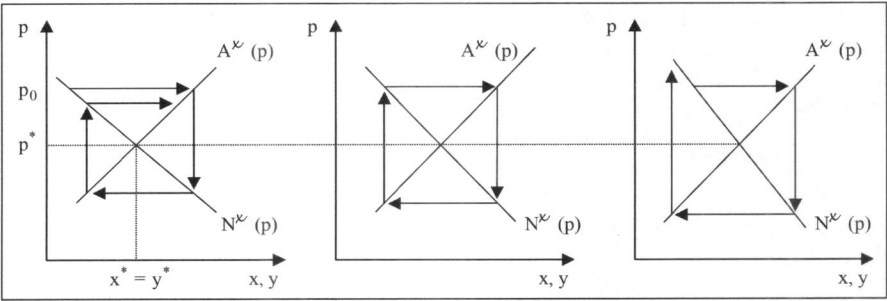

Nur im ersten Fall konvergiert der Prozess zum Gleichgewichtspreis p* und der Gleichgewichtsmenge x* (=y*). Man erkennt an diesem Ergebnis, dass im Falle von zeitverzögerten Anpassungen selbst die Annahme „normaler" wirtschaftlicher Verhaltensweisen nicht ausreicht, um eine stabile Anpassung zu garantieren. Vielmehr muss die Steigung der Angebotskurve betragsmäßig größer sein als die Steigung der Nachfrage. Eine kleine Änderung der Ausgangsbedingungen für den Anpassungsprozess in Richtung Realität reicht also bereits aus, um die Hypothese einer grundsätzlichen Konvergenz des Nachfrage-Angebots-Mechanismus auf den Märkten in Frage zu stellen.

11.1.3 Adaptive Erwartungen

„Offensichtlich ist das den Bauern unterstellte Verhalten nicht eben ‚bauern-schlau', denn entweder überschätzen diese den Preis und produzieren zu viel oder umgekehrt. Enttäuscht werden ihre Erwartungen immer, und es ist durchaus nicht sicher, dass der Prozess überhaupt konvergiert ..." (Felderer und Homburg, 2005, S. 260).

Daher liegt es nahe, dass Agenten aus Fehleinschätzungen der Vergangenheit lernen und ihre Erwartungen nicht nur aus den beobachteten Transaktionen, sondern auch aus früheren Schätzfehlern ableiten. Dies bezeichnet man als die Hypothese adaptiver Erwartungen.

Im Modellbeispiel mit linearen Angebots- und Nachfragefunktionen lässt sich diese Hypothese quantitativ so umsetzen, dass die Agenten ihre früheren Erwartungen um das h-fache des festgestellten Schätzfehlers korrigieren:

$$(11.7) \quad p_t^e(t-1) = p_{t-1}^e(t-2) + h \cdot (p_{t-1} - p_{t-1}^e(t-2))$$

Erwarteten die Bauern in unserem Beispiel in Periode t-1 einen Preis $p_{t-1}^e(t-2) = 5$, stellte sich auf dem Markt aber ein Preis $p_{t-1}(t-2) = 7$ ein, so liegt der Schätzfehler bei 2 und mit h = 0,5 würde für t ein Preis von $2 \cdot 0,5 + 5 = 6$ erwartet. Die Wahrscheinlichkeit für eine Entwicklung zum Gleichgewicht ist im Falle adaptiver Erwartungen wesentlich höher als bei statischen Erwartungen (vergleiche Abbildung 11.2 und Abbildung 11.3).

Abbildung 11.3 illustriert eine adaptive Anpassung an das Gleichgewicht. Dabei ist zu beachten, dass die Anbieter die Mengen (adaptiv) anpassen und die Nachfrager bei gegebener Menge den Preis vorgeben, den sie zu zahlen bereit sind.

Abbildung 11.3: Preisanpassung bei adaptiven Erwartungen

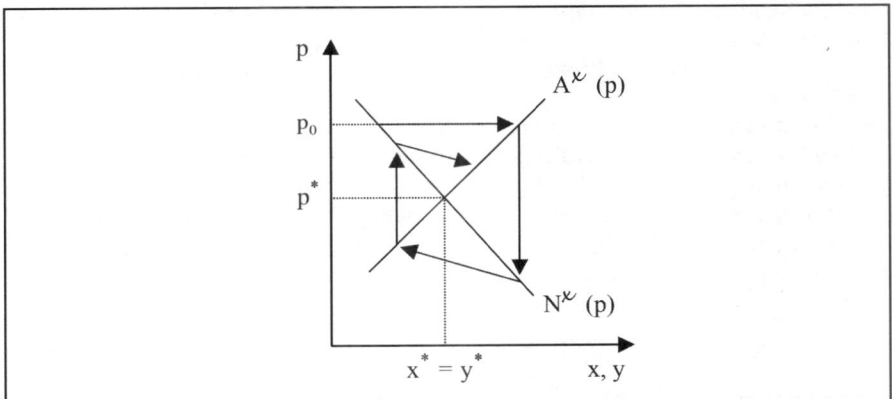

Man erkennt am graphischen Ergebnis, dass der Bereich konvergenter Lösungen gegenüber dem Fall statischer Erwartungen ausgedehnt wird, wobei dieser Effekt von der Lerngeschwindigkeit h abhängig ist. Dennoch bleibt die Grundaussage bestehen, dass bei zeitverzögerter Anpassung auch im Falle von normalen Angebots- und Nachfrageverhaltensweisen instabile Anpassungsprozesse möglich sind.

11.1.4 Rationale Erwartungen

Die von den Klassikern der Nationalökonomie, beginnend mit Adam Smith, stark philosophisch geprägte Lehre wurde mit zunehmender Entwicklung von mathematischen Instrumenten formal-logisch abgestützt und hat sich als „Neoklassik" zur Hauptlinie der volkswirtschaftlichen Forschung entwickelt. Ein erster Grund liegt darin, dass sich ein in sich geschlossenes (konsistentes) Gedankengebäude von der einzelwirtschaftlichen Entscheidungswelt (Mikro-Ebene) über die Märkte (Meso-Ebene) bis hin zur Gesamtwirtschaft (Makro-Ebene) aufbauen lässt. Der zweite Grund besteht darin, dass die Botschaft von einer stabilen, sich selbst über dezentrale Anpassungsprozesse regelnden Wirtschaft einen stärkeren Anklang fand als die Lehre von Krisen und Krisenmanagement. In einer solchen Umgebung wirkte es störend, dass die neoklassische Lehre zwar Gleichgewichte gut beschreiben konnte, aber lange Zeit keine befriedigende Antwort auf die Frage nach den dynamischen Prozessen geben konnte, die Gleichgewichtspfaden zu Grunde liegen. Diese Erklärungslücke sollte mit der Hypothese der „rationalen Erwartungen" geschlossen werden.

Die Hypothese rationaler Erwartungen wurde 1961 von J. F. Muth eingeführt. Er führte gegen das adaptive Lernmodell an, dass die Akteure über Informationen verfügen, die sie bei dieser Form des Lernens gar nicht nutzen. Ein rational handelnder Ökonom benutze aber alle ihm verfügbaren Informationsquellen. Befinden sich rational und nicht rational handelnde Akteure auf dem Markt, so können die „Rationalen" durch bessere Vorausschau Arbitragegeschäfte auf Kosten der „Nichtrationalen" machen und letztere auf Dauer vom Markt verdrängen (vgl. Muth, 1961).

Die rationale Form der Prognose ist laut Muth der mathematische Erwartungswert, der sich aus allen in t-1 verfügbaren Informationen ergibt. Wählt ein Akteur den Erwartungswert für seine Zukunftsplanung, so maximiert er die Wahrscheinlichkeit für das Eintreffen der Prognose, wenn sich die in der Vergangenheit gültige Gesetzmäßigkeit, die zur Erzeugung der Informationen bis t-1 geführt hat, nicht ändert. Der Erwartungswert einer Zufallsvariablen X (einer gegenwärtig nicht bekannten Größe, z. B. der Produktpreis in der kommenden Wirtschaftsperiode) ist definiert mit:

$$(11.8) \quad E(X) = \sum_{i=1}^{n} w_i \cdot x_i, \quad \text{mit} \quad \sum_{i=1}^{n} w_i = 1$$

w_i: Wahrscheinlichkeit dafür, dass die Realisierung x_i für die Zufallsvariable X eintritt

x_i: numerische Realisierung der Zufallsvariablen X im Umweltzustand i.

Die Konsequenz der Hypothese rationaler Erwartungen ergibt sich aus der Zusammenstellung aller Elemente des Schweinezyklus-Systems. Der Zusammenhang ist durch das Gleichungssystem (11.9) mit den Beziehungen (a) bis (h) beschrieben:

$$(11.9) \quad (a) \qquad N_t = a_x - b_x \cdot p_t + u_t$$

$$(b) \qquad A_t = a_y + b_y \cdot p_t^e(t-1) + v_t$$

$$(c) \qquad p_t^e(t-1) = E_{t-1}(p_t)$$

$$(d) \qquad E_{t-1}(N_t) = E_{t-1}(A_t)$$

$$u_t, v_t: \quad \text{Störgrößen mit } E(u_t) = E(v_t) = 0$$

Die Gleichgewichtsbedingung (d) bezieht sich auf die Erwartungswerte, weil ein Anbieter und Nachfrager über die gleichen Marktinformationen verfügen.

Wir berechnen nun die Erwartungswerte für Nachfrage und Angebot gemäß (a) und (b) unter der Voraussetzung, dass die Störungen u_t und v_t rein zufällig sind und sich im Durchschnitt aufheben:

$$(e) \qquad E_{t-1}(N_t) = a_x - b_x \cdot E_{t-1}(p_t) + 0$$

$$(f) \qquad E_{t-1}(A_t) = a_y + b_y \cdot E_{t-1}(p_t) + 0$$

Somit gilt im Gleichgewicht:

$$(g) \qquad a_x - b_x \cdot E_{t-1}(p_t) = a_y + b_y \cdot E_{t-1}(p_t) \Leftrightarrow E_{t-1}(p_t) = \frac{a_x - a_y}{b_x + b_y}$$

Im Mittel wird sich diese Preiserwartung bewähren, aber auf Grund der Störfaktoren u_t und v_t. nicht im Einzelfall. Betrachten wir den zuvor ermittelten Gleichgewichtspreis p*, so gilt:

$$\text{(h)} \qquad E_{t-1}(p_t) = p^*$$

Die Akteure erwarten somit das Gleichgewicht rational. Durch diese Erwartung sorgen sie dafür, dass dieses Gleichgewicht auch tatsächlich eintritt. *Im Idealfall tritt dieses Gleichgewicht ad hoc ein*, d. h. es bedarf keines längeren Anpassungsprozesses.

Im Falle rationaler Erwartungen kann es keine Störungen geben, die von den Agenten des Wirtschaftssystems selbst ausgehen, denn jeder nutzt bei der Erwartungsbildung nur die objektiv verfügbare Information und verlässt sich nicht auf spekulative Aussichten oder das Verhalten von Personen in seinem Umfeld. Der Grund für ökonomische Störungen muss daher in exogenen Veränderungen liegen (Staat, Ausland) oder in der Unvollkommenheit von Märkten, so dass eine flexible Anpassung verhindert wird (Arbeitsmarkt, natürliche Monopole). Robert Lucas hat für die Vervollständigung des neoklassischen Wirtschaftsmodells um die Anpassungsdynamik auf Basis rationaler Erwartungen den Nobelpreis für Wirtschaftswissenschaften des Jahres 1995 erhalten (vgl. Lucas, 1988).

Die Hypothese der rationalen Erwartungen ist deswegen in der angewandten Wirtschaftstheorie so populär geworden, weil sich mit ihrer Hilfe sofort zeigen lässt, dass eine Keynes'sche Konjunkturpolitik mit staatlichen Ausgabenprogrammen wirkungslos ist. Denn da die Agenten keine Geldillusion haben, antizipieren sie die Auswirkungen eines monetären Anschubes durch den Staat und ändern ihr Investitions- oder Konsumverhalten nicht. Die bis Mitte der siebziger Jahre populäre keynesianische Wirtschaftspolitik verschwand relativ schnell von der wirtschaftspolitischen Bühne.

Dennoch gibt es eine Reihe von kritischen Stimmen gegenüber der Hypothese rationaler Erwartungen. Dies betrifft insbesondere die Problematik der

1. Suboptimalität,
2. Subjektivität und
3. unvollständigen Information.

1. Suboptimalität

Im Falle einer längeren Depression wird das Prognosemodell der Agenten die Depression als Zustand mit dem höchsten Erwartungswert vorhersagen. Der selbsterfüllende Prognosemechanismus führt dann nicht zu dem optimalen Gleichgewichtspfad, sondern zu einem dauerhaften Suboptimum. In diesem Sinne würden die rationalen Erwartungen Keynes bestätigen, der davon ausgegangen war, dass unternehmerischer Zukunftspessimismus sich verfestigt und so Arbeitslosigkeit zur Folge hat.

2.   Subjektivität

Aus der subjektiven Sicht der Agenten lassen sich viele Prognosen durch Selbster-füllung realisieren. Fritz Machlup hat in diesem Zusammenhang das Beispiel der Regentänze von Indianern angeführt, die jedes Regenereignis als Ergebnis ihres Tanzes interpretieren.

3.   Unvollständige Information

Informationen sind heterogen und nicht alle Agenten haben die gleichen Informa-tionen über einen Sachverhalt. Insofern können sie nicht zum gleichen Ergebnis kommen. Fehlprognosen können mehrere Ursachen haben, die für die Agenten nicht transparent sind. Daher können sie dazu neigen, anstelle von rationalen Prognosen Routine-Verhalten oder Herden-Verhalten zu bevorzugen, insbesonde-re, wenn die Prognose nicht kostenlos zu erstellen ist.

11.2   Spekulationen

Wirtschaften hat mit unsicheren Zukunftsereignissen zu tun. Bei ihren Dispositio-nen können sich Agenten im Sinne der Theorie rationaler Erwartungen so verhal-ten, dass sie aus Informationen der Vergangenheit eine Prognose für die Zukunft ableiten und sich bei ihren Planungen am Erwartungswert orientieren. So kann man z. B. für eine Aktie erwarten, dass sich ihr Kurs nach den künftigen Dividen-den richtet. Eine Anlage, die sich nicht am Erwartungswert orientiert, bezeichnen wir als Spekulation. Gerade auf Märkten, auf denen es besonders schwierig ist aus Vergangenheitswerten und zusätzlichen Begleitinformationen einen Erwartungs-wert abzuleiten, ist die spekulative Anlage häufig anzutreffen.

Dies betrifft vor allem die Märkte für Wertpapiere und Devisen. Es ist keine Sel-tenheit, dass Aktivenkurse in einem Jahr um 20 % und mehr nach oben oder nach unten gehen, wobei dies mit der Einschätzung künftiger Dividenden oftmals nichts zu tun hat. Typisch ist die Aufwärtsbewegung der Aktienkurse in den neunziger Jahren in den USA. Zu Beginn hatte diese eine rationale Grundlage, denn nach dem Ende einer Rezession und dem Aufkommen neuer Märkte (Information, Me-dien) bestand die Aussicht auf höhere Dividenden. In der zweiten Hälfte der neun-ziger Jahre löste sich der Aufschwung an den Börsen vollkommen von den realen Grundlagen; so sank das Dividenden-Kurs-Verhältnis von 3,6 % im Jahre 1990 auf 1,2 % im Jahre 2000. Unternehmen des „neuen Marktes" wurden an der Börse mit Kursen bewertet, die selbst unter sehr optimistischen Wachstumsbedingungen nicht zu einer angemessenen Verzinsung der Anlage geführt hätten. Dies bedeutet: In der zweiten Phase der neunziger Jahre war die Spekulation das treibende Motiv der Aktienanlage. Nach dem Jahr 2000 kehrt sich dieses Bild um. Die Papiere des „neuen Marktes" verlieren in den USA und Europa stark an Wert und werden nach dem Platzen der Spekulationsblase eher unterbewertet.

Beispielhaft zeigt Abbildung 11.4 die Entwicklung des NASDAQ-Index. Der NASDAQ (National Association of Securities Dealers Automated Quotations) ist eine Börse, die von der NASD (National Association of Securities Dealers) betrieben wird und in der Unternehmen wie Apple Computer, Amazon.com, Amgen, Dell, eBay oder auch Yahoo! gelistet sind.

Abbildung 11.4: Entwicklung des NASDAQ-Index

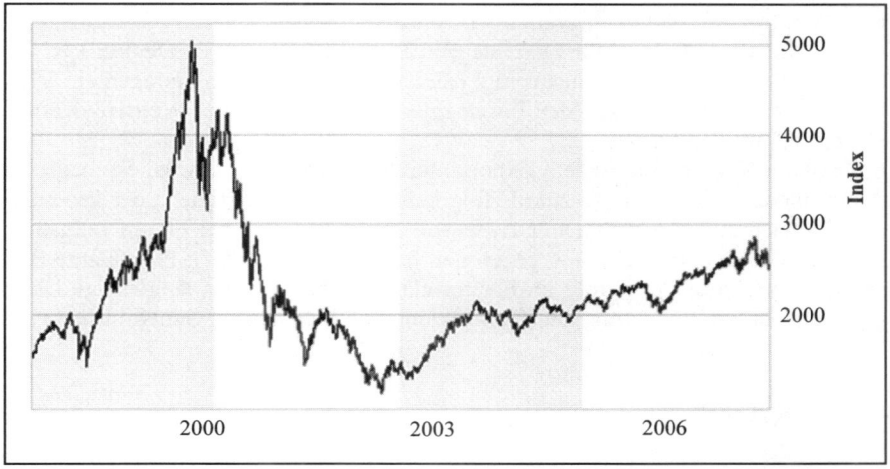

Da es keine rationalen Entscheidungsregeln für die spekulative Anlage gibt, haben sich verschiedene Routinen herausgebildet. Die mit diesen Routinen erfolgreichen Anleger bleiben im Markt, während die erfolglosen ausscheiden. Besonders häufig anzutreffen sind:

1. Spürnasen-Routine
2. Herden-Routine
3. Vertrauens-Routine

1. Spürnasen-Routine
Man versucht, wenig beachtete Werte zu entdecken, die bei positiver Entwicklung der entsprechenden Märkte besonders hohe Zuwächse versprechen (z. B. Pharma-Industrie, Medizinische Geräte, Verbundstoff-Herstellung bzw. Verarbeitung). Anleger mit großem Portfolio investieren oft einen Teil ihres Vermögens in solche Werte mit hohem Risiko/hoher Ertragsmöglichkeit.

2. Herden-Routine
Man beobachtet „Leitwölfe", aus deren Verhalten man die Erfolgsaussichten ableitet. Dieses Verhalten ist bei kleineren Anlegern ausgeprägt, die nicht über einen hohen Informationsstand verfügen. Diese steigen häufig in der Spätphase einer Hausse-Entwicklung ein und werden durch die folgende Baisse überrascht.

3. Vertrauens-Routine
Man folgt den Empfehlungen seiner Bank und ihrer Analysten. In der Regel führt dies zum Kauf von Standard-Papieren.

Da sich der Gewinn aus einer Aktienanlage aus Dividenden und der Kursveränderung zusammensetzt, ist die Spekulation auf Kursveränderungen außerhalb der Erwartungswerte nicht irrational und kann bei Ein- und Aussteigen zu den „richtigen" Zeitpunkten ein Vielfaches der festverzinslichen Geldanlage erbringen. Dies bringt – wie beim Wetten – einen spielerischen Anreiz in das Anlagegeschäft. Auf den Märkten für Derivate von Basispapieren (z. B. Devisen) ist die Nähe zu Wetten besonders ausgeprägt (die Wertveränderungen betragen ein Vielfaches der Wertänderungen der Basispapiere), wobei sich das Wettrisiko durch „Hedging" verringern lässt.

Für Unternehmen mit hohem Exportanteil kann die richtige Anlagestrategie im Außenhandelsgeschäft mehr zum Erfolg beitragen als die Effizienz der Produktion. Kurssicherungsgeschäfte mit Hilfe von Derivaten sind bei diesen Industrien sehr verbreitet (Bsp: Sicherung gegen den fallenden US-Dollar). Prominente Beispiele zeigen, dass der Erfolg im Finanzanlagegeschäft für das langfristige Überleben elementare Bedeutung hat (Entwicklung von Siemens vs. General Electric).

11.3 Krisen

Das reale Bild der Wirtschaft ist nicht durch kontinuierliche Bewegungen entlang eines Gleichgewichtspfades, sondern durch mehr oder weniger heftige Ausschläge der Konjunktur gekennzeichnet. Die klassische und später neoklassische Theorie hat nur sehr pauschale Erklärungen über die Ursachen von Krisen geben können. Immer sind es entweder exogene Veränderungen (Missernten auf Grund schlechten Wetters, Kriege, Brüche in Außenbeziehungen), Staatsversagen oder unvollkommene Märkte. Charakteristisch für diese Erklärungsversuche ist die Arbeit von William Jevons über den Zusammenhang zwischen Wirtschaftskrisen und

Sonnenflecken-Zyklen in der ersten Hälfte des 19. Jahrhunderts (vgl. Box 9.3).

Karl Marx hat als erster die kapitalistische Dynamik für dieses Phänomen verantwortlich gemacht. In seiner Krisentheorie folgert er aus fundamentalen Gesetzmäßigkeiten der kapitalistischen Wirtschaft (Gesetz von der fallenden Profitrate, Konzentration des Kapitals, Armut der Massen) sich verschärfende Krisen, die mit dem Zusammenbruch des Kapitalismus enden. Schumpeter sieht die Krisen auch als inhärentes Element der kapitalistischen Dynamik, ordnet ihnen aber eine sys-

temerhaltende Funktion zu, indem in Krisenzeiten alte Strukturen zerstört werden und neue entstehen (vgl. Prozess der schöpferischen Zerstörung, Kapitel 10.2).

Grundsätzlich sind drei Arten von Krisen zu unterscheiden:
1.   Strukturkrisen
2.   Psychologische Krisen
3.   Spekulationskrisen (Bubbles)

1.   Strukturkrisen

Strukturkrisen entstehen, wenn größere Industriezweige im Zuge des technischen Fortschritts abgebaut werden müssen. Dies kann einmal durch Umstellungen in der Produktion von Basisprodukten bedingt sein. Kohle und Stahl, die Treiber der industriellen Revolution, spielen in der heutigen Güterwelt nicht mehr die dominierende Rolle. Es gibt aber immer noch die „altindustrialisierten Bereiche", deren Wirtschaftsstrukturen an diesen Leitsektoren ausgerichtet waren und die Jahrzehnte benötigen, um neue Strukturen aufzubauen. Im Gefolge dieses Strukturwandels kommt es in der Regel zu Wanderungsbewegungen der Bevölkerung.

Eine zweite Ursache des Strukturwandels besteht darin, dass Standorte auf Grund von Lohnbedingungen nicht mehr konkurrenzfähig sind. Hier gibt es vielfältige Beispiele, angefangen bei der Textil- über die Schuhindustrie bis zur Automobilproduktion. Die Globalisierung der Produktion macht es heute möglich, die Produktionsstandorte weltweit so zu verteilen, dass die günstigsten Kostenbedingungen für die einzelnen Leistungen kombiniert werden. Neue Kommunikationstechnologien, die in Steuerungs-Hard- und -Software integriert werden, sichern die Nachschublinien und die Koordination zum Endprodukt. Leistungsfähige Verkehrswege machen den Leistungsaustausch zu geringen Kosten möglich – in der Regel betragen die Transportkosten nur einen kleinen Bruchteil der Wertschöpfung. Die neuen industriellen Fertigungsanlagen zeichnen sich dabei dadurch aus, dass sie flexibel umgestellt und eventuell auch verlagert werden können. Damit reagiert die Produktion wesentlich schneller als früher auf Veränderungen der weltweiten Bedingungen.

Ein dritter Grund besteht in der Umstellung der Güterwelt, z. B. der schwächeren Nachfrage nach Bauleistungen im Anschluss an die Wiederaufbauanstrengungen nach dem Zweiten Weltkrieg. Hier zeigen Ökonomien wie Japan und Deutschland ähnliche Entwicklungsbilder. In beiden Fällen hat sich die Binnennachfrage, vor allem im Bausektor, abgeschwächt und die Ökonomie auf einen niedrigen Wachstumspfad gebracht.

2.   Psychologische Krisen

Die Krisen vom keynesianischen Typ resultieren aus der Investitionszurückhaltung der Unternehmen. Dies wurde in der keynesianischen Wirtschaftspolitik über lange Zeit als Nachfragelücke interpretiert, die man mit Hilfe von staatlichen Ausgabenprogrammen schließen müsse. Die Ursache liegt jedoch tiefer. Sie betrifft ein Unternehmertum, das durch Manager repräsentiert wird, die sich primär auf Rationalisierung, Kostensenkung und Niedriglöhne orientieren, weil sie risikoavers eingestellt sind und mit dieser Strategie am leichtesten kurzfristige Erfolge nachweisen können. Dagegen ist die Expansionsstrategie mit neuen Produkten mit höheren Risiken behaftet, weil Entwicklungs- und Anlaufkosten anfallen, die im Falle des Misserfolges verloren sind („sunk costs").

Oftmals verstärken psychologische Krisen exogene Störungen, die bei rationaler Betrachtung keine große Gefahr für die wirtschaftliche Entwicklung bedeuten. Als Beispiel können die Ölkrisen genannt werden. Steigende Energiepreise können sich durchaus negativ auf die Konjunktur auswirken, wenn sie starke Nachfrageschocks auslösen. Andererseits zeigen die Modellergebnisse aus Kapitel 10, dass eine erwartete Verteuerung von Rohstoffen technologische Anpassungen hervorrufen kann, die sich langfristig positiv auf Wettbewerbsfähigkeit und Wachstum auswirken.

Box 11.2: Presseschau zur Entwicklung des Ölpreises

Quelle 1: Die ZEIT, 14.10.2004, Klaus-Peter Schmid
Die kleine Ölkrise

Auch wenn sich das in Deutschland kaum jemand vorstellen kann: Die Weltwirtschaft boomt wie seit vielen Jahren nicht mehr. Nordamerika, China und neuerdings Japan sind treibende Kräfte. Ein Plus beim Wachstum von fünf Prozent weltweit erwartet der Internationale Währungsfonds (IWF) für dieses Jahr, und davon wird die Dritte Welt genauso profitieren wie die Schwellenländer und die Mehrzahl der Industrienationen. Die Sache hat nur einen Haken: Der IWF geht von einem Ölpreis von 37 Dollar aus, aber der hat mittlerweile die 50 Dollar-Grenze überschritten. Aus der Traum vom Superjahr?

Vorerst hält sich das Wehgeschrei in Grenzen. Ungewissheit, ja. Aber Angst vor einem Crash? Mitnichten. „Bisher sind die konjunkturellen Bremsspuren des Ölpreisanstiegs kaum eindeutig auszumachen", analysierte vergangene Woche die Deutsche Bank. Selbst skeptische Einschätzungen klingen nicht gerade alarmierend. Wie etwa vergangene Woche aus dem Mund von Jean-Claude Trichet, dem Präsidenten der Europäischen Zentralbank (EZB): „Würden die Ölpreise hoch bleiben oder sogar weiter steigen, könnte dies die Stärke der wirtschaftlichen Erholung sowohl innerhalb als auch außerhalb des Euro-Währungsgebiets dämpfen." Dämpfen, nicht stoppen.

Dabei müsste die Erinnerung an frühere Ölkrisen den Prognostikern eigentlich schlaflose Nächte bereiten. Als nach dem Jom-Kippur-Krieg im Oktober 1973 die Staaten der Organisation Erdöl exportierender Länder (Opec) über die USA und Teile Europas einen Lieferboykott verhängten und die Ölpreise in die Höhe schnellten, geriet das fast zum Kulturschock. Den Europäern wurde erstmals bewusst, wie stark ihre Industriegesellschaft von Ressourcen abhängig war, auf die sie keinen Zugriff hatten.

Der Preis für das Fass Rohöl (159 Liter) vervierfachte sich von etwa drei auf mehr als zwölf Dollar. Die unmittelbare Folge: 1973 und 1974 stiegen die Verbraucherpreise in der Bundesrepublik jeweils um 6,9 Prozent. Im Februar 1974 drückten dann die Staatsdiener bei den Tarifverhandlungen Lohnsteigerungen von zwölf Prozent durch. Die Bundesbank kämpfte mit hohen Zinsen gegen die Inflation an – prompt brachen im Herbst Exporte und Konjunktur ein. Nach Nullwachstum 1974 schrumpfte die deutsche Wirtschaft im Jahr daanach um 1,3 Prozent.

Die große Ölkrise der Siebziger geriet in Europa zum Kulturschock.

Eine zweite drastische Preissteigerung entstand in den Jahren 1979 und 1980, als sich nach dem Krieg zwischen Iran und dem Irak in wichtigen Ölförderländern der Golfregion eine große Unsicherheit breit machte. Erneut kletterte die Teuerungsrate in der Bundesrepublik bis auf 6,3 Prozent (1981), und sofort geriet die deutsche Konjunktur wieder ins Trudeln. 1982 schrumpfte das Bruttosozialprodukt dann um 1,1 Prozent. Immerhin ging es von da an bergab mit dem Ölpreis, 1990 lag er zeitweise wieder deutlich unter der damals relevanten Grenze von 20 Dollar.

Heute bewegen sich die Ölpreise in ganz anderen Sphären – und dennoch besteht kein Grund zur Panik. Eine zentrale Erklärung: In realen Größen gemessen, liegt der Ölpreis heute immer noch unter den bisher erlebten Spitzenwerten. Berücksichtigt man die Teuerung in den vergangenen Jahren, dann ist der heute effektiv zu zahlende Preis für das Fass Öl von etwa 50 Dollar real niedriger als der Spitzenpreis Anfang der achtziger Jahre von annähernd 40 Dollar. Heute würde erst ein Preis von mehr als 70 Dollar den Rekord von damals brechen. Hinzu kommt, dass seit einigen Jahren der starke Euro den in Dollar berechneten Ölpreis dämpft. Die Europäer werden also weniger hart getroffen als die Amerikaner.

Die entscheidende Frage ist: Wie lange bleibt der Ölpreis so hoch?

Aus gutem Grund weist EZB-Chef Trichet auch darauf hin, dass „die Ölintensität der Produktion seit den siebziger und achtziger Jahren deutlich abgenommen hat". Nach dem ersten Ölschock von 1973 unternahm die Industrie gewaltige Anstrengungen, um ihre Produktion vom Ölpreis zu entkoppeln. Dank beträchtlicher Investitionen wurde der Einsatz von Öl effizienter, die Abhängigkeit vom Öl geringer. So verbrauchte die deutsche Industrie 1970 fast sieben Millionen Tonnen leichtes Heizöl; 1980 waren es (bei einer inzwischen um 15 Prozent gestiegenen Industrieproduktion) nur noch annähernd fünf Millionen Tonnen. Seitdem ging diese Größe fast kontinuierlich bis auf 3,4 Millionen Tonnen im Jahr 2002 zurück.

Dagegen droht von der Ölkrise, wie die Erfahrung der siebziger und achtziger Jahre zeigt, Gefahr für die Verbraucherpreise. Die EZB würde inflationären Tendenzen nicht untätig zusehen. Schon eine dauerhafte Inflationsrate von deutlich mehr als zwei Prozent in Euroland würde sie auf den Plan rufen. Die EZB würde vermutlich nicht zögern, die Zinsen heraufzusetzen und (wie einst die Bundesbank) eine Abschwächung des ohnehin schwachen Wachstums in Kauf zu nehmen. Vorerst aber ist die Preisentwicklung in Euroland alles andere als bedrohlich, auch wenn die jährliche Teuerungsrate zugenommen hat: Im ersten Quartal 2004 lag sie bei 1,7 Prozent, im zweiten Quartal sowie in den Monaten Juli und August waren es dann 2,3 Prozent. Unter zwei Prozent, so die Erwartung der EZB, wird die Inflationsrate bis Ende des Jahres nicht wieder zurückgehen. Aber das wird die Hüter des Euro nicht veranlassen, mit deutlich höheren Zinsen die Konjunktur abzuwürgen.

Das Gespenst des Konjunktureinbruchs ist damit allerdings noch nicht definitiv gebannt. Schon die Debatte um höhere Ölpreise verunsichert die Verbraucher, und das bleibt in der Regel nicht ohne Auswirkungen auf ihr Kaufverhalten. Heizöl, Benzin und Diesel kosten mehr – da fehlt das Geld an anderer Stelle. Dieser Kaufkraftentzug trifft die deutsche Wirtschaft an einer höchst empfindlichen Stelle. Gerade in der Bundesrepublik ist die Konsumnachfrage ausgesprochen schwach. Arbeitslosigkeit und Zukunftsangst verleiten die Bürger nach wie vor dazu, so viel wie möglich zu sparen, statt mit Kauflust die Konjunktur zu stützen. Ganz anders etwa als beim Nachbarn Frankreich, wo ausgerechnet die Autokäufe derzeit deutlich zunehmen und die Konjunktur von der Binnennachfrage getragen wird. Oder in den USA, wo die „Haushalte den Ölpreisanstieg weitgehend durch eine Ausweitung der Verschuldung" kompensieren, wie die Dresdner Bank feststellt.

Und die Aussichten? Die Prognosen sind widersprüchlich, doch es dominiert verhaltener Optimismus. Der gründet auf einer Annahme, die Holger Sandte von der Westdeutschen Landesbank (WestLB) so ausdrückt: „Unseren Einschätzungen für den Rest dieses Jahres liegt ein durchschnittlicher Preis von rund 35 US-Dollar zu Grunde." Das sieht Claudia Kemfert, im Deutschen Institut für Wirtschaftsforschung Berlin (DIW) für die Abteilung Energie, Verkehr und Umwelt zuständig, ganz ähnlich: „Nach der Nachfragesituation müsste der Marktpreis heute bei 30 bis 35 Dollar liegen."

Doch die Länder der Opec und die Spekulanten in aller Welt nehmen darauf keine Rücksicht. So heißt die entscheidende Frage heute: Wie lange steht der Ölpreis bei 50 Dollar? Claudia Kemfert: „Verharrt der Ölpreis länger als sechs Monate auf dem heutigen Niveau um 50 Dollar, dann könnte das die Konjunktur gefährden." In einer Modellrechnung kommt sie bei einem Ölpreis, der bei 50 Dollar bleibt, auf eine Einbuße beim Wachstum in Europa von bis zu 0,2 Prozentpunkten. Der IWF rechnet vor, dass das globale Wachstum um 0,3 Prozentpunkte geringer ausfällt, wenn der Ölpreis um fünf Dollar für das Fass steigt. Doch schon warnen die ersten Experten, im teuren Öl aus kurzfristigem Interesse nur die Bremse des Aufschwungs zu sehen. Steigende Ölpreise sind – so DIW-Frau Kemfert – für die langfristige Entwicklung unvermeidlich. „Wir müssen neu darüber nachdenken", sagt sie, „wie wir Öl ersetzen. Da ist der hohe Preis das richtige Signal, um Veränderungen anzuschieben." (Ende Quelle 1)

Nur ein knappes Jahr später, im September 2005, war klar, dass die Konjunktur entgegen aller Voraussagen trotz eines weiteren Anstiegs des Ölpreises auf über 70 Dollar pro Barrel nicht an Dynamik verlor.

Quelle 2: Die ZEIT, 1.9.2005, Klaus-Peter Schmid
Haltet den Ölpreis!

Nach den Verwüstungen durch den Hurrikan "Katrina" in den Ölförderregionen am Golf von Mexiko ist das Wachstum der Weltwirtschaft bedroht. Aber noch ist es zu früh für eine Hiobsbotschaft.

Der Preis für Rohöl steigt auf immer neue Höhen. Die Marke von 70 Dollar pro Barrel (159 Liter) wurde nach der Katastrophe von New Orleans überschritten. Hierzulande werden Benzin und Heizöl immer teurer. Am Mittwoch kostete ein Liter Superbenzin 1,39 Euro und der Preis könnte weiter steigen. Gewiss, man kann öffentliche Verkehrsmittel statt des eigenen Autos benutzen, und bis zur kalten Jahreszeit ist es noch eine Weile. Dann könnten die

Preise wieder fallen. Aber die Frage nach Bequemlichkeit und Wohlergehen der Bundesbürger ist nicht entscheidend. Teures Öl bedroht das Wachstum der Wirtschaft, und zwar in aller Welt. Denn Öl ist und bleibt ein entscheidender Rohstoff für die Industrie. Öl ist also auch ein zentraler Kostenfaktor, der in die Absatzpreise eingeht und damit zum Auslöser von Inflation werden kann. Kann, aber nicht muss. In den vergangenen vier Jahren hat sich der Ölpreis verdreifacht - und dennoch hält sich die Weltkonjunktur erstaunlich gut. Das ist eine neue Erfahrung. Denn am Ende der großen Ölkrisen der siebziger und achtziger Jahre standen immer Inflation und Rezession, auch in Deutschland. Heute dagegen verströmen die Konjunkturexperten ungebrochenen Optimismus. Das ist erstaunlich, wenn man bedenkt, dass große Teile der amerikanischen Ölförderung und –verarbeitung lahm gelegt sind; dass die weltweite Nachfrage gerade wegen der ungebrochenen Wachstumsphase sehr hoch ist; dass vor allem China und Indien immer größere Ölmengen importieren; dass in den Ölregionen des Nahen Ostens die politische Stabilität fehlt; dass Spekulanten den Ölpreis überall auf der Welt gezielt nach oben drücken.
Die Antwort auf dieses Rätsel: Die Industrie hat sich auf steigende Ölpreise eingestellt und produziert heute unter Einsatz von weniger Energie als früher. Die „Energieintensität" ist deutlich zurück gegangen. So hat die deutsche Wirtschaft ihren Energieverbrauch seit 1970 halbiert. Um eine gleiche Menge des Sozialprodukts wie damals zu produzieren, ist also nur noch halb soviel Öl nötig.
An die Stelle des Öls traten andere Energiequellen. Außerdem entstanden durch die Erfindung von Mikrochips völlig neue Produktionsmethoden. Das ist nicht überall so. In Indien zum Beispiel ist die Energieintensität gewachsen, in den USA gibt es noch beträchtliche Einsparmöglichkeiten. Aber insgesamt ist die Abhängigkeit vom Öl zurückgegangen.
Natürlich kann auch die modernste Produktion nicht auf Energie und damit Öl verzichten. Irgendwann wird eine Grenze erreicht sein, wo die Einsparmöglichkeiten ausgeschöpft sind und wo der Preis so hoch ist, dass die Wirtschaft ihn nicht mehr verkraftet. Wo diese Schwelle liegt, wird man erst wissen, wenn die Zuversicht dieser Tage von der Schlagzeile verdrängt wird: Die Ölkrise ist da! (Ende Quelle 2)

Im Januar 2008 überschritt der Preis für Rohöl die Rekordmarke von 100 Dollar pro Barrel. Die Experten sind sich nicht einig, in welche Richtung sich der Ölpreis mittelfristig bewegen wird.
Jochen Hitzfeld, Rohstoffexperte der Bayrischen Hypotheken- und Vereinsbanken: „ Ich schätze, dass bei 100 Dollar Schluss sein wird." Claudia Kemfert, DIW: „Ölpreise in Höhe von 150 oder 200 Dollar je Barrel sind künftig vorstellbar."

Als Folge der Investitionszurückhaltung der Unternehmen bildet sich eine Kettenreaktion (Multiplikatoreffekt) nach unten. Es werden weniger Arbeitskräfte eingestellt, daraufhingeht die Konsumgüternachfrage zurück und die Investoren fahren auf Grund der rückläufigen Nachfrage nochmals ihre Kapazitäten herunter. Die Gegenaktion der staatlichen Politik müsste darauf gerichtet sein, die Risiken der Investoren zu vermindern („*Pferde zum Saufen bringen*" Karl Schiller, Wirtschaftsminister nach 1967). Dazu gibt es eine Palette von Maßnahmen, wie

- Senkung der Unternehmensbesteuerung, vor allem für reinvestierte Gewinne;
- Förderung von Forschung und Entwicklung in Unternehmen zur Senkung von sunk costs für neue Produkte;
- Übernahme von Erschließungskosten für neue Standorte.

Die pauschale Erhöhung der Staatsausgaben, dagegen, also das traditionelle Mittel der keynesianischen Wirtschaftspolitik, kann leicht verpuffen, weil die Unternehmen negative Langfristwirkungen in Form steigender Preise, Zinsen und Steuern erwarten könnten (siehe Hypothese der rationalen Erwartungen).

Auch die neoklassisch orientierte Wirtschaftspolitik hat die Rolle der Psychologie stets betont, weil sie zur Herstellung stabiler (rationaler) Erwartungen notwendig ist. Allerdings setzt sie auf stabile Rahmenbedingungen und lehnt permanente staatliche Interventionen ab.

3.   Spekulationskrisen (Bubbles)

Spekulationskrisen sind ein eigenes Forschungsgebiet der Wirtschaftswissenschaften, auf dem z. B. Arbeiten wie „*The Economics of Disaster*" von Hyman Minsky oder „*Manias, Panics and Crashes*" von Charles Kindleberger die Richtung der Aussagen beschreiben. Es geht hier um Krisen, die plötzlich und unerwartet eintreten und innerhalb von kurzer Zeit zu einem Abfall des Sozialprodukts und der Beschäftigung führen. Sieht man von Naturkatastrophen und Kriegen ab, so haben solche plötzlichen Krisen ihren Ursprung im Finanzsektor der Volkswirtschaft. Minsky (1972) und Kindleberger (1996) haben herausgearbeitet, dass diese Krisen gemeinsame Merkmale haben, die durch vier Phasen gekennzeichnet sind:

Phase 1: Aufbruchstimmung
Entdeckung neuer Anlagemöglichkeiten mit übernormalen Profiten durch Professionals.

Phase 2: Euphorie
Vermögende Anleger (Spürnasen) steigen ein, nehmen Risiken in ihr Portfolio.

Phase 3: Bubble
Breite Schichten von Anlegern steigen ein. Kreditnachfrage steigt. Herdentriebe setzen ein, die nicht durch die Prospekte der Anlage, sondern durch Beobachtung des Verhaltens anderer Anleger gesteuert werden.

Phase 4: Crash
Aussteigen von Insidern löst die Gegenspekulation aus. Professionelle Anleger steigen aus. Die breite Schicht der Non-Professionals gerät in Panik und verkauft zu jedem Kurs. Platzen der Blase mit dann folgender extremer Unterbewertung der Anlage.

Im Folgenden sind vier Beispiele für solche spekulationsbedingten Krisen angeführt. Der Mississippi-Bubble ist einer der ersten Fälle einer Spekulationskrise mit immensen Folgen für die gesamte Wirtschaft, also nicht nur für die Anleger (Box 11.3). Zuvor hatte es bereits einen Bubble auf dem Markt für Tulpenzwiebeln in Holland gegeben (vgl. Blanchard und Illing, 2004), der aber die Wirtschaft der Länder nicht erschütterte. Die Weltwirtschaftskrise mit dem Schwarzen Freitag (25. Oktober 1929) an der Wall Street in New York ist die Spekulationskrise mit den bislang größten Folgen in Form wirtschaftlicher Zusammenbrüche und Beschäftigungskrisen und andererseits politischer Veränderungen in Deutschland, die zum Zweiten Weltkrieg führten (Box 11.4).

Die Südostasien-Krise als drittes Beispiel zeigt, dass nach wie vor Krisen dieser Art möglich sind, dass aber durch koordiniertes Vorgehen der internationalen Banken unter Federführung des Internationalen Währungsfonds (IWF) begrenzte Krisen gemeistert werden können (Box 11.5). Allerdings ist hinzuzufügen, dass die Industrieländer die Profiteure der Krise waren, vor allem die US-Industrie, die sich nach der Abwertung der nationalen Währungen in den südostasiatischen Ländern billig in Großunternehmen einkaufen konnte.

Größere Anstrengungen mussten unternommen werden, um die US-Hypothekenkrise zu überstehen. Nur durch das intensive Eingreifen der Zentralbanken, konnte eine noch schwerere Bankenkrise vermieden werden. Dennoch ist zu befürchten, dass die Krise noch nicht endgültig überwunden ist. Viele amerikanische Haushalte haben sich nicht nur bei dem Kauf von Immobilien übernommen, sondern auch beim Kauf von Autos und anderen Gebrauchsgütern. Einige Experten befürchten daher, dass den Finanzmärkten noch weitere, durch private Verschuldung ausgelöste, Schockwellen bevorstehen.

Box 11.3: Der Mississippi-Bubble

Der schottische Banker und Wirtschaftstheoretiker John Law of Lauriston gründete 1716 in Paris eine Notenbank, nachdem ihm dies in Schottland verwehrt worden war. Er emittierte über seine Bank Papiergeld, das keine Metalldeckung hatte, sondern durch Grund und Boden und später durch die Bodenschätze in Kolonien, in der Südsee und in Nordamerika (Mississippi-Compagnie), gedeckt war. Die Nachrichten über die reichen Bodenschätze in den Kolonien beflügelte die Fantasie der Anleger. Aus allen europäischen Ländern kamen die Käufer gereist, um Laws Papiergeld – in der Regel für Gold – zu kaufen. Vermittlerbanken entstanden in einigen Ländern, u. a. in Großbritannien, wo man Law herausgeworfen hatte. Laws Notenbank wurde 1718 Banque Royale de France unter Laws Leitung, seine Währung wurde das erste nationale Papiergeld. Dies beflügelte die Spekulationen und es kam zu einer Papiergeldschwemme, die sich völlig von den Werten der Kolonial-schätze löste. Im April 1720 kam es zu einer spekulativen Gegenbewegung, holländische Banken und Schweizer Kantone begannen zu realisieren. Die Nachricht verbreitete sich schnell und es begann ein internationales Wind-hundrennen nach Paris. Es gab tagelange Verzögerungen bei den Fähren von England nach Frankreich und die Rue de Quincampoix, der Sitz von Laws Notenbank, erweckte den Eindruck, dass man alle Menschen aus den Irrenan-stalten entlassen und in diese Straße geschickt hätte – so ein Bericht des hol-ländischen Bankiers Crellius.

Im Juni 1720 war der Spuk vorbei, viele Anleger am Boden, ein Staat in schwerer Wirtschaftskrise und das Ende für die großen Entwicklungspläne für die französischen Kolonien. Nebenbei bedeutete dies einen Rückschlag für die Papierwährung für fast 200 Jahre.

Box 11.4: Die Weltwirtschaftskrise von 1929

Nach dem Ersten Weltkrieg war es zu einem starken Aufschwung der Wirt-schaft in Europa, besonders aber in den USA gekommen, die unter dem Krieg nicht gelitten hatten, aber viele wirtschaftliche Vorteile ziehen konnten. Die Einführung neuer Produktionsmethoden, wie etwa der Fließbandarbeit, hatten die Produktivität stark erhöht (Ford-Produktionsstätten). Zudem sorgten neue Technologien für zusätzliche Euphorie. Besonders das Aufkommen des Radi-os begeisterte die Massen. Die Radioaktien erfreuten sich ähnlich der Internet-aktien heute größter Beliebtheit. Das Aufblühen der Wirtschaft und das lange Zurückliegen der letzten Krisenjahre, nicht zuletzt aber auch der Glaube an die Unfehlbarkeit des eigenen Systems, förderten in der Bevölkerung den Mythos eines goldenen Zeitalters. Man sprach von der ewigen Konjunktur.

Im Schlepptau des amerikanischen Wirtschaftswunders erholte sich auch in Europa die vom Krieg geschwächte Wirtschaft wieder. Besonders mit ameri-kanischen Krediten wurden neue Produktionsstätten auf höchstem technischen Niveau gebaut. Viele europäische Firmen hingen somit vom Wohlwollen der amerikanischen Geldgeber ab, waren verschuldet und mussten ihre Gewinne zum Abzahlen der Kredite aufwenden.

In Amerika hingegen wollte jeder am Wirtschaftswunder mitverdienen. Nicht nur, dass der Konsum der privaten Haushalte stark anzog, auch die Börse, an der sich in hohen Kursgewinnen der Aufschwung widerspiegelte, war von höchstem Interesse für den Privatmann geworden. Die Börse versprach von heute auf morgen Reichtum zu generieren. In der letzten Phase des Auf-schwungs, der nochmals von einem starken Kursschub geprägt war, kauften viele Privatleute Aktien auf Kredit. Die Zuwächse waren so hoch, dass es ein-fach schien, bereits nach kurzer Zeit das Geld samt Zinsen zurückzuzahlen und dennoch Kursgewinne zu verbuchen.

Mit einem Einbruch des Marktes oder einer lang anhaltenden Krise rechnete zu dieser Zeit niemand. Noch sechs Tage vor der Weltwirtschaftskrise meinte

Prof. Irving Fisher, dass die Aktienkurse „....ein auf Dauer hohes Niveau erreicht" hätten. Bereits am 23. Oktober 1929 kam es jedoch zu starken Verkäufen, die sich am Folgetag fortsetzten. Es begann Panik um sich zu greifen. Das Ziel vieler bestand lediglich darin, zu verkaufen, um zu retten, was zu retten war. Allerdings gelang es amerikanischen Banken, den Markt gegen Ende der Woche durch drastische Stützungskäufe zu stabilisieren.

Am Nachmittag des 28. Oktober jedoch brach eine neue Verkaufswelle aus, der auch die Banken diesmal nur wenig entgegensetzen konnten. Da sich kaum Käufer fanden, griff die Panik schnell weiter um sich, so dass sich am folgenden Dienstag die Verkäufe in dramatischer Höhe fortsetzten.

Dies war jedoch erst der Beginn einer lang anhaltenden Börsenkrise, so waren die Kurse 1932 um 83 % gegenüber den ehemaligen Höchstständen gesunken. Der Zusammenbruch der Börse war jedoch nur ein Aspekt einer gesamtwirtschaftlichen Krise. Nicht nur die Börsen hatten den Marktwert der Unternehmen überschätzt, sondern auch die Unternehmen die Aufnahmefähigkeit des Marktes. So war Geld in Produktionsstätten und die Produktion von Gütern geflossen, die schließlich überschüssig waren. Die Folge hiervon war eine deutliche Überproduktion. Solange die Spekulation an den Aktienmärkten noch nicht ausgereizt war, konnte jedoch ein Teil dieser Überproduktion tatsächlich abgesetzt werden und zwar über Kreditkäufe, die viele in der Überschätzung ihrer finanziellen Leistungsfähigkeit tätigten. Als mit dem einsetzenden Abschwung diese Kreditfalle zuschnappte und viele die Kredite nicht zurückzahlen konnten, wurden die ohnehin vorhandenen Überkapazitäten mit Waren aus diesen Kreditkäufen weiter angehäuft. Immer weniger Produkte konnten daher in der Folgezeit verkauft werden. Folglich wurde die Wirtschaft zweifach belastet, zum einen durch die abnehmende Konsumfähigkeit der Bevölkerung und zum anderen durch ein Überangebot an Waren.

Hierdurch waren die Unternehmen gezwungen Produktionskapazitäten stillzulegen. Dadurch wurden jedoch Arbeitskräfte freigesetzt, die selbst wieder weniger konsumieren konnten. So wurde eine Abwärtsspirale in Gang gesetzt, welche die schwerste Depression in der amerikanischen Geschichte zur Folge hatte. In der Folge der Krise brach letztlich auch das amerikanische Bankensystem zusammen. Die Industrieproduktion ging dramatisch zurück. Aus 1,5 Mill. Arbeitslosen 1929 wurden 1933 fast 13 Mill. ein Viertel der Beschäftigten. Die danach einsetzende Erholung vollzog sich nur langsam und ist teilweise auch auf das Aufkommen der Kriegswirtschaft nach dem Ausbruch des Zweiten Weltkrieges zurückzuführen.

Auf Grund der Abhängigkeit, die sich für die europäischen Nationalwirtschaften von amerikanischen Krediten nach dem Ende des Ersten Weltkrieges ergeben hatte, geriet auch Europa in den Sog der amerikanischen Krise. Besonders stark waren Frankreich und Deutschland betroffen, die vom Krieg stark geschädigt und daher auf besonders hohe Kredite angewiesen waren. Mit dem Einsetzen der Finanzkrise in den Vereinigten Staaten wurden plötzlich die gewährten Kredite zurückgefordert. Viele Unternehmen konnten jedoch auf Grund eines nur geringen Finanzpolsters die Kredite nicht oder nur schwer zurückzahlen. Auf diese Weise gerieten auch die Banken in Schwierigkeiten, die als Mittler zwischen den amerikanischen Geldgebern und den europäischen Kreditnehmern fungiert hatten. Verstärkt wurde diese Entwicklung von einer Panik besonders unter der deutschen Bevölkerung. Viele fühlten sich beim Beginn der Krise an die Zeiten der Inflation nach dem Ende des Ersten Weltkrieges erinnert und begannen Geld von ihren Bankkonten abzuziehen und in sichere Sachwerte zu investieren. Durch die einsetzende Krise brach auch in Deutschland die Industrieproduktion ein - bis auf 58 % des Standes von 1929. Im Schlepptau dieser Entwicklung wurden auch große Mengen an Arbeitskräften freigesetzt. Die deutsche Regierung versuchte mit einer deflationären Politik die Verschuldung des Staates gering zu halten und den Wert der Mark zu stützen, um eine neuerliche Inflation zu verhindern. Die Folge war, dass die Arbeitslosigkeit auf über 6 Mill. stieg und das politische Klima für die Übernahme der Macht durch Hitler bereitet wurde.

Box 11.5: Die Südostasienkrise von 1997

Quelle: Aus dem Gemeinschaftsgutachten wirtschaftswissenschaftlicher Institute, DIW Wochenbericht 38/1998

Ein wesentlicher Grund für die Krise in Südostasien war, dass die Länder eine Politik der Ankoppelung der Währungen an den US-Dollar betrieben hatten. Diese hatte, solange die Wechselkurspolitik glaubwürdig war, den Zufluss von zumeist kurzfristigem Auslandskapital infolge der Zinsdifferenz zum Ausland begünstigt. Die ausländischen Mittel trugen wesentlich zur Finanzierung eines Investitionsbooms bei. Zudem verstärkte die Höherbewertung des US-Dollar gegenüber anderen wichtigen Währungen der Welt seit Mitte 1995 die reale Aufwertung der Währungen vieler asiatischer Länder. In der Folge gingen die Zuwachsraten bei den Ausfuhren merklich zurück, und die wegen der kräftigen Inlandsnachfrage bereits ausgeprägten Leistungsbilanzdefizite erhöhten sich weiter. Es wurde zunehmend deutlich, dass Überkapazitäten entstanden und Renditeerwartungen überzogen waren. Schließlich stieg das Volumen Not leidender Kredite im Bankensektor rasch. All dies ließ das Vertrauen der Anleger schwinden, der Kapitalzustrom verebbte, es wurde sogar Kapital in großem Umfang abgezogen, und es kam zur Abwertung der heimischen Währungen. Mit der Abwertung erhöhte sich der Schuldendienst für die Auslandsverbindlichkeiten drastisch; immer mehr Unternehmen gerieten in Zahlungsschwierigkeiten, und in der Folge setzte sich der Vertrauensverlust bei den Anlegern trotz der zwischenzeitlich kräftigen Anhebung der Zinsen fort. Das Ausmaß der Turbulenzen an den Finanzmärkten war in den einzelnen Ländern sehr unterschiedlich, ebenso die Auswirkungen auf die Realwirtschaft. Zu einem drastischen Produktionseinbruch ist es in Thailand, Südkorea und Indonesien gekommen. Deutlich verlangsamt hat sich das Expansionstempo in Hongkong, Singapur, Malaysia und in den Philippinen. Nur wenig geringer ist hingegen die Produktionszunahme in Taiwan und in China ausgefallen. Insgesamt hat sich der Anstieg des Bruttoinlandsprodukts in der Region von etwa 7 % im Durchschnitt der Jahre zuvor auf eine Rate von schätzungsweise 2 % in diesem Jahr abgeschwächt.

Insbesondere in den Hauptkrisenländern stellte sich heraus, dass viele Investitionen, die während des Booms der vergangenen Jahre getätigt worden waren, die erwartete Rendite vorerst nicht erbringen werden. Die Investitionen gingen als Folge der Devisenknappheit, hoher Zinsen und gesunkener Renditeerwartungen drastisch zurück. Angesichts erheblicher Vermögensverluste und deutlich verringerter Realeinkommen wurden auch die Ausgaben der privaten Haushalte insbesondere für höherwertige Konsumgüter massiv eingeschränkt. In der Folge brachen die Importe ein, und es haben sich erhebliche Überschüsse in der Leistungsbilanz gebildet. Die Krise ist mit einer Vielzahl von Konkursen und mit einem sprunghaften Anstieg der Arbeitslosigkeit verbunden. Auf Grund der starken Verteuerung der Importe hat sich der Preisauftrieb deutlich beschleunigt.

Box 11.6: Die US Hypothekenkrise von 2007

Quelle: NTV, http://www.n-tv.de/890905.html, 10. Dezember 2007

Chronik der Hypothekenkrise - Banken im Strudel

Die Krise an den US-Kreditmärkten schlägt sich auf immer mehr Finanzinstitute weltweit durch. Im Folgenden wichtige Stationen der Krise, die am US-Markt für schlechter besicherte Hypotheken (subprime) begonnen hatte:

8. Februar - HSBC: Die größte Bank Europas gibt wegen überraschend hoher Risikovorsorge im US-Hypothekengeschäft die erste Gewinnwarnung ihrer Geschichte heraus. Sieben Monate später schließt die Bank ihre US-Hypothekentochter. Der Finanzkonzern muss 880 Mio. Dollar abschreiben.

2. April – New Century Financial: Der US-Hypothekenfinanzierer New Century Financial beantragt Insolvenz - der bislang größte Kollaps in der Branche im Zuge der US-Immobilienkrise.

Juli - IKB und SachsenLB: Die Düsseldorfer Mittelstandsbank IKB und die Landesbank SachsenLB geraten wegen ihres Engagements am US-Hypothekenmarkt in Schieflage. Während die IKB von der Staatsbank KfW und der gesamten Bankenbranche vor der Insolvenz gerettet wird, geht die SachsenLB an die Landesbank Baden-Württemberg (LBBW).

9. August - BNP Paribas: Die französische Großbank BNP Paribas muss vorübergehend drei Fonds im Wert von 1,5 Mrd. Euro einfrieren. Wegen der Turbulenzen auf dem Hypothekenmarkt und der daraus resultierenden Mittelabflüsse kann der Wert der Fonds nicht mehr berechnet werden.

Ende August - Barclays: Die britische Großbank leiht sich bei der Bank of

England wegen kurzfristiger Liquiditätsengpässe insgesamt knapp zwei Mrd. Pfund.

13. September –Northern Rock: Wegen eines akuten Liquiditätsengpasses gerät der britische Baufinanzierer Northern Rock unter Druck. Zahlreiche Sparer stehen Schlange an den Filialen der Hypothekenbank, um ihre Gelder abzuheben. Die Bank of England springt mit einem Notfallkredit ein.

18.-20. September - US-Investmentbanken: Die Bilanzen der Investmentbanken fallen gemischt aus. Während Goldman Sachs trotz Abschreibungen in Höhe von 1,7 Mrd. Dollar eines der besten Quartale der Geschichte hinlegt und Lehman Brothers ebenfalls positiv überrascht, muss Bear Sterns wegen drastischer Einbußen im Anleihegeschäft einen 61-prozentigen Gewinnrückgang hinnehmen. Morgan Stanley schreibt fast eine Mrd. Dollar ab und enttäuscht mit einem Gewinnrückgang um sieben Prozent. Für das vierte Quartal kündigt das Institut in der Nacht zu Donnerstag weitere Wertberichtigungen von mindestens 3,7 Mrd. Dollar an, die den Gewinn kräftig schmälern.

1. Oktober - UBS: Die Schweizer Großbank kündigt wegen der Subprime-Krise den ersten Quartalsverlust seit neun Jahren an. Vier Wochen später sagt sie nach Milliardenabschreibungen im dritten Vierteljahr weitere Belastungen für das vierte Quartal voraus.

1. Oktober – Credit Suisse: Die Schweizer Bank kündigt ebenfalls Belastungen wegen der Subprime-Krise an, stellt aber weiter einen Gewinn in Aussicht. Diesen beziffert sie einen Monat später auf rund 780 Mio. Euro - ein Rückgang um mehr als 30 Prozent.

1. Oktober - Citigroup: Die größte US-Bank kündigt einen Gewinneinbruch um etwa 60 Prozent im dritten Quartal an. Zwei Wochen später beziffert sie den Abschreibungsbedarf auf 6,5 Mrd. Dollar. Wiederum drei Wochen später muss das Institut im Zusammenhang mit dem Subprime-Engagement weitere elf Mrd. Dollar wertberichtigen. Zudem nimmt Citigroup-Chef Charles Prince seinen Hut.

3. Oktober – Deutsche Bank: Die Finanzkrise kostet die Deutsche Bank im dritten Quartal im Investmentbanking insgesamt 2,2 Mrd. Euro. Unter anderem wegen Beteiligungsverkäufen und positiver Steuereffekte steigert das größte deutsche Geldhaus den Nettogewinn im Quartal aber dennoch um 31 Prozent auf 1,6 Mrd. Euro. Weitere Abschreibungen erwartet die Bank nicht, wie Institutschef Josef Ackermann am Donnerstag im Reuters-Interview erläutert.

5. Oktober - Merrill Lynch: Die Investmentbank stellt wegen Abschreibungen über 4,5 Mrd. Dollar den ersten Quartalsverlust seit sechs Jahren in Aussicht. Knapp drei Wochen später beziffert das Geldhaus die gesamten Wertberichtigungen auf mehr als acht Mrd. Dollar. Kurz danach muss Konzernchef Stan O'Neal gehen. Am Donnerstag meldete das Unternehmen weitere Belastungen an.

17. Oktober – JP Morgen Chase: Trotz Abschreibungen über 1,6 Mrd. Dollar steigert die US-Bank den Nettogewinn leicht auf 3,4 Mrd. Dollar. Dazu tragen vor allem das private Beteiligungsgeschäft und die Vermögensverwaltung bei.

18. Oktober – Bank of America: Die zweitgrößte US-Bank verdient im Investmentbanking im Quartal fast kein Geld mehr. Der Konzerngewinn bricht um ein Drittel auf 3,7 Mrd. Dollar ein. Eine Woche später kündigt die Bank den Abbau Tausender Stellen an.

6. November - Commerzbank: Die zweitgrößte deutsche Bank beziffert die Abschreibungen auf das Subprime-Engagement mit 291 Mio. Euro - mehr als sechs Mal soviel wie im Sommer angekündigt. Der operative Gewinn stieg dennoch um sieben Prozent auf 361 Mio. Euro.

8. November – Postbank: Deutschlands größte Filialbank schreibt im Quartal 61 Mio. Euro auf indirekte Engagements am US-Hypothekenmarkt ab. Weitere Wertberichtigungen erwartet das Institut nicht.

9. November –Dresdner Bank: Die Allianz-Tochter schreibt wegen der Krise unter dem Strich einen Quartalsverlust von 52 Mio. Euro. Die Gesamtbelastungen belaufen sich auf 575 Mio. Euro.

Aufgaben zu Kapitel 11

11.1   Ein Gütermarkt ist zum Zeitpunkt t wie folgt definiert:

Güterangebot: $y_t = 2p_t$ Güternachfrage: $x_t = 30 - 2p_t$

Ermitteln Sie den Gleichgewichtspreis p_t^* rechnerisch.

Überprüfen Sie graphisch, ob es im Falle statischer Erwartungen zu einem Gleichgewicht kommt. Starten Sie dazu bei einem Preis $p_t = 10$.

11.2   Gehen Sie nun davon aus, dass das Angebot in Periode t vom in der Vorperiode t-1 erwarteten Preis $p_t^e(t-1)$ abhängt. Die Angebotsfunktion ist dann wie folgt definiert:

$$y_t = 2p_t^e(t-1)$$

Sie verfügen außerdem über die Information, dass in Periode 0 der für Periode 1 erwartete Preis 10 GE beträgt:

$$p_1^e(0) = 10$$

Berechnen Sie die erwarteten und tatsächlichen Preise für die Perioden t=1 und t=2 für den Fall adaptiver Erwartungen. Verwenden Sie dazu einen Schätzfehler-Korrekturfaktor von h= 0,8.

Stellen Sie den adaptiven Anpassungsprozess graphisch dar.

11.3   Erläutern Sie die Ihnen bekannten Entscheidungsregeln für spekulative Anlagen.

11.4   Diskutieren Sie Vor- und Nachteile von staatlichen Subventionen im Falle von strukturellen Krisen

12 Schlussbemerkungen

Unvollkommenheiten, Störungen und Krisen sind keine Ausnahmen, sondern regelmäßige Erscheinungsformen in den Volkswirtschaften der Welt. Der Zeitpunkt des Eintretens und die Intensität einer Krise lassen sich nicht exakt voraussagen. Aber es ist durchaus möglich, die sich mittel- und langfristig abzeichnenden Problembereiche zu erkennen und strukturelle Maßnahmen zu ihrer Lösung zu ergreifen. Darüber hinaus ist es möglich, die Folgen akut auftretender Krisen, die häufig durch Preisschocks oder plötzliche Korrekturen überzogener Erwartungen ausgelöst werden, mit Hilfe eines überlegten Krisenmanagements zu mildern. Hier kommt es vor allem darauf an, die Herdentriebe, die zum Aufblasen von Bubbles geführt haben, durch überlegtes staatliches Gegensteuern zum Abklingen zu bringen.

Die Ausführungen in den Kapiteln 10 und 11 haben die dynamischen Prozesse mit ihren vielfältigen Rückkoppelungsmechanismen aufgezeigt. Die Volkswirtschaft stellt sich als ein komplexer und gelegentlich anfälliger Meta-Organismus dar, der durch geeignete Politik robuster und zukunftsfester wird, so dass er kurzfristige Rückschläge besser verkraften kann. Eine langfristig angelegte Struktur- und Wachstumspolitik kann diese Robustheit fördern. In der Bundesrepublik Deutschland liegen die Herausforderungen der Strukturpolitik vor allem in der Neugestaltung der sozialen Sicherung, der Gesundheitspolitik, der Lohnnebenkosten, aber auch der Vorsorge gegenüber der langfristigen Energieverknappung und den Folgen der Klimaveränderung. In der langfristig angelegten Wachstumspolitik müssen die ständige Verbesserung des Bildungsstands und die Schaffung leistungsfähiger Infrastrukturen im Vordergrund stehen.

Zu einem Teil können wachstumsfördernde Maßnahmen mit der Konjunkturpolitik koordiniert werden, so dass sie sich auf die Spätphase eines abklingenden Konjunkturbooms konzentrieren, um die jeweils folgende Rezessionsphase abzumildern. Wenn sich längerfristige Engpässe bei Ressourcen (etwa: durch Ölpreissteigerungenwellen) abzeichnen, so ist eine Technologiepolitik in Richtung auf ressourcensparende Techniken angezeigt. Kurzfristige Beruhigung von Aufgeregtheiten bei Konsumenten und Produzenten durch Subventionen gehen in die falsche Richtung. Der kurze Ausflug in die Welt der dynamischen Simulationsmodelle hat gezeigt, dass man Wachstum und Konjunktur integriert sehen muss, um Stabilisierung- und Wachstumspolitik erfolgreich zu kombinieren.

In einigen Ländern der Welt, wie z. B. in Japan und Deutschland, hat sich das Wachstum nach der Wiederaufbauphase im Anschluss an die Folgen des Zweiten Weltkrieges stark abgeschwächt. Es fehlt vor allem an der Binnennachfrage, die von privaten Konsumausgaben und Investitionen ausgehen müsste, während der

Export weiter boomt. Vor allem in Deutschland ging diese temporäre Wachstums-schwäche mit einem starken Rückgang der Beschäftigung einher, die sich nach einem kurzen Zwischenhoch, in Folge der Deutschen Einheit, nunmehr seit etwa einem Jahrzehnt manifestiert hat. Erst im Januar 2006 zeichnete sich eine Erholung ab.

Mit dieser Erholung ist gleichzeitig ein Inflationsrisiko verbunden, das sich im Jahr 2007 mit der höchsten Inflationsrate seit 1994 in der Bundesrepublik dokumentierte. Maßgebliche Verursacher sind die Mehrwertsteuererhöhung vom 1. Januar 2007 um drei Prozentpunkte, die rasant gestiegenen Rohölpreise, die Verteuerung wichtiger Rohstoffe und die Turbulenz auf den Finanzmärkten im Gefolge der US-Hypothekenkrise. Aber auch hausgemachte Treiber können die Inflation weiter anheizen, wie eine starke Erhöhung der Löhne, die nach zehnjähriger Lohnzurückhaltung in Aussicht steht. Gelingt die Kontrolle der Geldmenge, hält sich der Staat mit seiner Nachfrage zurück und bleiben die Lohnerhöhungen wie auch die möglichen Festsetzungen von Mindestlöhnen im vertretbaren Rahmen, so wird das Inflationsrisiko begrenzt bleiben. Ganz unwahrscheinlich ist das Eintreten von Hyperinflationen, da die internationale Koordinierung der Geldpolitik durch die Zentralbanken solche Phänomene verhindern kann.

Die im Kapitel 8 diskutierten Unterbeschäftigungstheorien versuchen wissenschaftlich gestützte Antworten auf das Phänomen längerer Unterbeschäftigungsphasen zu geben. Wir haben dabei festgestellt, dass die traditionell bemühten Theorien des Keynesianismus oder der Neoklassik für sich gesehen keine gute Erklärung geben und auch keine überzeugenden Therapien vorschlagen können. Die Lösung der Beschäftigungsprobleme kann nicht allein in der Senkung der Löhne liegen (Neoklassik) oder in der Verstärkung der Staatsausgaben zum Ausgleich deflatorischer Lücken (traditioneller Keynesianismus). In diesem Zusammenhang zeigt Kapitel 7, dass es gesamtwirtschaftliche Situationen geben kann, bei denen sich keynesianische und klassische Phasen der Unterbeschäftigung abwechseln, ohne dass ein Abbau der Unterbeschäftigung eintritt, wie dies bei „normalen" Konjunkturverläufen eigentlich zu erwarten wäre. Dies deutet darauf hin, dass sich in der längeren Aufschwungphase nach dem Zweiten Weltkrieg in den zunächst wirtschaftlich sehr erfolgreichen Volkswirtschaften Strukturen manifestiert haben, die eine dauerhafte Vollbeschäftigung nicht mehr ermöglichen. Langfristig angelegte Struktur- und Wachstumspolitik sind daher aktuell wichtiger als niedrige Löhne oder staatliche Konjunkturprogramme.

Außenhandel und Geldwesen sind wichtige Eckpfeiler moderner Volkswirtschaften, wie die Kapitel 5 und 6 unterstrichen haben. Die Effekte der Globalisierung sind nicht aufzuhalten. Daher gilt es, eine Volkswirtschaft mit leistungsfähigen Strukturen für die Globalisierung fit zu machen, statt deren unerwünschte Konsequenzen für den Arbeitsmarkt zu beklagen. Die Weltwirtschaft und die daraus generierten Exporte sind ein starker Motor für das Wachstum, der per Saldo Arbeitsplätze sichert, wenn die Arbeitskräfte im internationalen Vergleich gut qualifiziert sind. Ein leistungsfähiges Geld- und Kreditwesen mit funktionsfähigen Kapitalmärkten ist ein unverzichtbarer Bestandteil einer modernen Volkswirtschaft. Daher müssen sich auch die Einrichtungen des Geld- und Kreditwesens permanent flexibel in den Strukturwandel einfügen. Das gemeinsame europäische

Währungssystem mit dem Euro als Währungseinheit hat zu einer Verstetigung der europäischen Währungspolitik geführt und den Außenhandel in Europa, aber auch darüber hinaus, ganz erheblich erleichtert. Die europäische Zentralbank achtet in erster Linie auf die Stabilität des Geldwertes und ist dabei weitgehend unabhängig von den aktuellen Interessenlagen der Mitgliedstaaten. Dies fördert das Vertrauen in die Stabilität des Euro, wobei die durch die Beschlüsse von Maastricht vereinbarten Verschuldungsgrenzen flankierend wirken.

Die volkswirtschaftliche Gesamtrechnung in Kapitel 4 hat die Grundlage für das Verständnis der wichtigsten makroökonomischen Indikatoren, wie Bruttoinlandsprodukt oder Volkseinkommen gelegt. Die Volkswirtschaftliche Gesamtrechnung in der Bundesrepublik folgt den Regeln, die in der OECD vereinbart worden sind, so dass ein internationaler Vergleich der wirtschaftlichen Kennzahlen möglich wird. Wichtig ist es, die in den jeweiligen Preisen eines Jahres gemessenen Leistungszahlen in reale Größen umzurechnen, um damit den Einfluss der Inflation zu korrigieren. Input-Output-Rechnungen spielen dann eine große Rolle, wenn der Beitrag der verschiedenen Wirtschaftssektoren zum Gesamtprodukt beleuchtet werden soll. So zeichnet sich der Strukturwandel dadurch aus, dass fortlaufend die Produktionsanteile der Landwirtschaft und der Industrie zurückgehen, während der Dienstleistungsbereich stetig wächst. An diesen Kennzahlen lässt sich auch der jeweilige Entwicklungsstand verschiedener Länder näherungsweise ablesen. Die Kapitel 1 bis 3 dienten dazu, zu den „harten Fakten" und Erklärungsmodellen der folgenden Kapitel hinzuführen und das Interesse für die makroökonomischen Problemstellungen zu wecken.

Dieses kompakt gehaltene Lehrbuch wollte bewusst nicht alle Fragestellungen ansprechen und viel Raum für ergänzende Lektüre in umfassender geschriebenen Lehrbüchern oder Fachtexten lassen. Es hat hoffentlich das Interesse an makroökonomischen Problemstellungen geweckt, die durch das Studium weiterführender Literatur vertieft werden können

13 Lösungsskizzen zu den Übungsaufgaben

13.1 Volkswirtschaftliches Denken

Aufgabe 1.1

Zu den vier Gruppen zählen die privaten Haushalte, Unternehmen, der Staat sowie das Ausland.

Bei den *privaten Haushalten* handelt es sich um Einzelpersonen und Gruppen von Einzelpersonen, sowie rechtlich selbständige Organisationen ohne Erwerbszweck (Kirchen und Vereine) als Entscheidungseinheit. Die privaten Haushalte erwerben durch den Einsatz ihrer Arbeitskraft ein Einkommen, das sie zum Teil als Konsumenten auf dem Gütermarkt ausgeben. Zudem tragen die Haushalte durch ihre Ersparnisse zum Vermögensaufbau einer Volkswirtschaft bei.

Zu den *Unternehmen* zählen alle Organisationen der Gütererstellung und -verteilung mit Erwerbscharakter (langfristige Kostendeckung). Zu ihren wesentlichen Aufgaben gehören Beschaffung, Einsatz und Entlohnung von Produktionsfaktoren.

Zum *Staat* gehören alle Gebietskörperschaften (Bund, Länder und Gemeinden) sowie Organisationen ohne Erwerbscharakter (z.B. Sozialversicherungsanstalten). Der Staat bestimmt die „Spielregeln" einer sozialen Marktwirtschaft (in Deutschland) und überwacht deren Einhaltung. Zudem produziert er Güter, die auf Grund von Unrentabilität nicht von privaten Unternehmen erbracht werden (z.B. Bereitstellung von Bildungs- und Gesundheitsleistungen). Auf Arbeits-, Güter- und Geldmarkt tritt der Staat als Nachfrager von Arbeitskräften, Konsum- und Investitionsgütern sowie Krediten auf. Im Gegensatz zu den privaten Wirtschaftssubjekten kann der Staat als homogener Großnachfrager auftreten und dadurch auf marktwirtschaftliche Weise lenkend in den Wirtschaftsprozess eingreifen.

Das *Ausland* umfasst alle Personen und Institutionen, die ihren ständigen (Wohn-) Sitz im Ausland haben. Durch den Handel mit dem Ausland sollen komparative Kostenvorteile (vgl. Kapitel 5.1) genutzt werden.

Aufgabe 1.2

Opportunitätskosten geben den entgangenen Nutzen der nächstbesten Alternative an. Beispiel: Ein langes Studium führt zu Opportunitätskosten in Höhe des entgangenen Lohnes. So entstehen einem Studenten, der statt 8 Semester 12 Semester studiert, bei einem angenommenen Durchschnittsgehalt von 40.000 Euro pro Jahr, Opportunitätskosten in Höhe der 80.000 Euro. Je nach unterstellter Nutzenfunktion kann dies ein beträchtlicher Opportunitätsverslust sein.

Aufgabe 1.3

Modelle sind ein vereinfachtes Abbild der Wirklichkeit. Die Komplexität wird reduziert und damit Systeme und Probleme überschaubar. Durch ihre Anwendung lassen sich Auswirkungen von wirtschaftspolitischen Maßnahmen abschätzen. Die Bedeutung von Modellen ist auch deshalb so hoch einzuschätzen, da im Gegensatz zu anderen Wissenschaften reale Experimente an einer Volkswirtschaft nicht möglich sind.
Allerdings ist zu beachten, dass Modelle immer auf Annahmen beruhen, die in vielen Fällen den realen Zusammenhang nur bedingt widerspiegeln. Ein besonderes Problem von den statischen Modellen besteht darin, dass Rückkoppelungen nicht adäquat berücksichtigt werden können. Dieses Problem ist insbesondere bei der Abschätzung mittel- und langfristiger Entwicklungen zu berücksichtigen.

13.2 Ordnungsmodelle in der Volkswirtschaft

Aufgabe 2.1

Ordnungsmodelle liefern Gestaltungshinweise für die Regeln, die sich eine Gesellschaft gibt, um ihr Zusammenleben zu organisieren. Ziel ist es dabei, ein friedliches und wohlfahrtssteigerndes Miteinander zu finden, das Menschen ein gutes Leben ermöglicht. Ordnungsmodelle müssen dabei die Balance finden zwischen Fortschritt und Stabilität – zuviel Fortschritt bedeutet Chaos und zuviel Stabilität bedeutet Erstarrung.

Aufgabe 2.2

	Zentrale Planwirtschaft	Marktwirtschaft
Planungsgrundlagen	Nur wenige Akteure (Staat, Länder) stellen den Wirtschaftsplan auf.	Private und öffentliche Haushalte stellen Einzelpläne auf.
	Planersteller trifft sowohl die kollektiven als auch die individuellen Entscheidungen.	Die Erfüllung der individuellen Zielvorstellungen entspricht der Nutzenmaximierung.
		Bei der Realisierung der Pläne sind Haushalte und Unternehmen voneinander abhängig (Einkommen - Kaufkraft).
Koordinierung	Koordinierungsinstrument ist der Plan.	Koordinierungsinstrument ist der Markt.
	Plan wird Individuen als Sollvor-	Am Markt treffen Angebot und

	gabe vorgelegt und durch Kontrollorgane überwacht. Preise bilden sich nicht durch Angebot und Nachfrage, sondern durch eine zentrale Entscheidung.	Nachfrage aufeinander und bestimmen Marktpreis.
Sanktionen	Der Lohn für gute Arbeit kann nicht durch Gewinn umgesetzt werden. Öffentliches Lob und Tadel Wirtschaftliches Risiko liegt allein beim Planersteller.	Unternehmen erzielen Verluste bzw. Gewinne. Veränderung des Lebensstandards
Voraussetzungen	Lenkungsfunktion des Staates Kollektiveigentum Hoher Stand von Informationen, Kommunikation und Kontrolle	Staat als Ordnungsinstanz Privateigentum Offene Märkte Vertragsfreiheit Konsumfreiheit

Aufgabe 2.3

In einer sozialen Marktwirtschaft sichert der Staat im Falle von Krankheit oder Arbeitslosigkeit eine Reihe von Leistungen zu. Dazu gehören insbesondere die Leistungen der Sozialversicherungen:

- Krankenversicherung
- Pflegeversicherung
- Rentenversicherung
- Arbeitslosenhilfe
- Sozialhilfe

Auf Grund knapper öffentlicher Kassen gingen die staatlichen Leistungen in der Vergangenheit deutlich zurück. Vielmehr setzt die Politik auf Eigenverantwortung der Bürger. Ein hohes Maß an Eigenverantwortlichkeit setzt allerdings ein hohes Beschäftigungsniveau voraus. Daher unterstützt der Staat die Unternehmen bzw. Unternehmer durch:

- Subventionen
- Förderprogramme (z.B. für mittelständische Unternehmen)
- Steuerliche Anreize

Schließlich verfügen die Arbeitnehmer in einer sozialen Marktwirtschaft über besondere Rechte. Dazu zählen insbesondere:

- Kündigungsschutz
- Mutterschutz

- Anspruch auf Elternzeit
- Anspruch auf Urlaub
- Streikrecht
- Mitverantwortung der Arbeitnehmer durch Betriebsräte

13.3 Licht und Schatten der Globalisierung

Aufgabe 3.1

	Chancen	Risiken
Unternehmen	Neue Absatzmärkte eröffnen Expansionsmöglichkeiten für wettbewerbsfähige Unternehmen.	Stärkerer Wettbewerb erhöht den Kostendruck. Es kommt zu Produktionsverlagerungen und Entlassungen.
	Die Globalisierung beschleunigt den strukturellen Wandel. Dies ist kurzfristig schmerzhaft, da Entlassungen kaum zu vermeiden sind. Gleichzeitig können aber von diesem Wandel neue Wachstumsimpulse ausgehen, die mittel- und langfristig zu wettbewerbsfähigen Strukturen führen.	
Private Haushalte	Der stärkere Wettbewerb resultiert für einige Produkte in deutlichen Preissenkungen.	Durch den höheren Wettbewerbsdruck werden Arbeitsplätze zunehmend unsicherer.
	Innovationen setzen sich schneller durch. Die Konsumenten profitieren so schneller von technischen Errungenschaften.	Die Güter passen sich immer weiter an. Dadurch wird zwar die Vergleichbarkeit erhöht. Gleichzeitig verlieren regionale Produkte aber an Bedeutung.

Aufgabe 3.2

- Bekämpfung der globalen Armut durch ein geeignetes Zusammenspiel international operierender Organisationen und regionaler Akteure. Insbesondere sind in diesem Zusammenhang die Anstrengungen des Internationalen Roten Kreuzes, der Kirchen, der Weltbank, diverser Menschenrechtsorganisationen und der Vereinten Nationen zu nennen.
  Mehr und mehr gewinnt außerdem das Konzept der Mikrokredite an Bedeutung. Dieser Idee von Yunus folgend werden Kredite in Höhe von 10 bis 1000 Euro an arme Menschen ohne Sicherheiten vergeben, falls diese eine Geschäftsidee vorweisen können.
- Reduzierung des globalen Klimawandels und Bewältigung seiner Folgen.

13.4 Volkswirtschaftliche Gesamtrechnung

Aufgabe 4.1

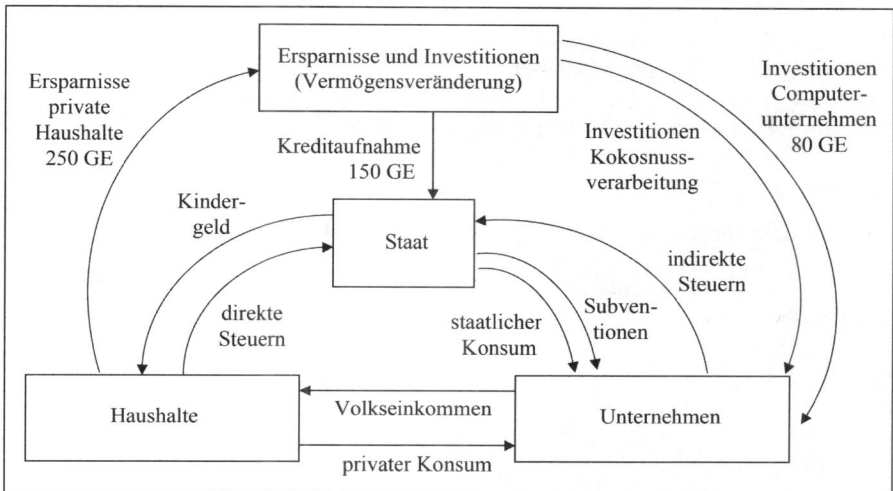

Die eingehenden Zahlungsströme müssen gerade den ausgehenden Strömen entsprechen. Aus der Graphik ergibt sich daher für:
Unternehmen:

$$I\,(20+I_{Comp}) + C_{pr}\,(1500) + C_{St}\,(400) + Sub\,(200)$$
$$= Volkseinkommen\,(2000) + T_{ind}\,(200)$$
$$\Leftrightarrow\ 20+ I_{Comp} = 100$$
$$\Leftrightarrow\ I_{Comp} = 80$$

Die Investitionen der Computerunternehmen betragen 80 Geldeinheiten.
Die indirekten Steuern werden von den Unternehmen an den Staat weitergeleitet.
Allerdings wird die indirekte Steuer in der Regel von den privaten Haushalten getragen, d. h. sie ist in den Marktpreisen und somit im privaten Konsum enthalten.

Haushalte:
Volkseinkommen (2000) + Kindergeld (100) = C_{pr} (1500) + T_{dir} (350) + S_H
$\Leftrightarrow\ S_H = 250$
Die Ersparnis der privaten Haushalte beläuft sich auf 250 Geldeinheiten.

Staat:
T_{dir} (350) + T_{ind} (200) + Kreditaufnahme = C_{St} (400) + Sub (200)
+ Kindergeld (100)
$\Leftrightarrow$ Kreditaufnahme = 150
Die Kreditaufnahme des Staates beträgt 150 Geldeinheiten.

Zur Probe kann überprüft werden, ob sich die Vermögensänderungen ausgleichen. $S_H (250)$ = Kreditaufnahme des Staates $(150) + I_{Comp} (80) + I_{Kokos} (20)$.

Aufgabe 4.2

$Y_f = Y_{pr} + T_{dir} - Tr = 1500 + 200 - 100 = 1600$
$Y = Y_f + T_{ind} - Subv = 1600 + 150 - 50 = 1700$
$C_{pr} = Y - C_{St} - I - Ex + Im = 1700 - 500 - 300 - 200 + 100 = 800$
$S_H = I + Ex - Im - S_U - S_{St} = 300 + 100 - 50 = 350$

Aufgabe 4.3

Die Formeln für die Preisindizes lauten (vgl. Kapitel 4.4):

Laspeyres: $\quad PI_{0t}^L = \dfrac{\sum\limits_{i=1}^{n} p_{it} x_{i0}}{\sum\limits_{i=1}^{n} p_{i0} x_{i0}}$;

Paasche: $PI_{0t}^P = \dfrac{\sum\limits_{i=1}^{n} p_{it} x_{it}}{\sum\limits_{i=1}^{n} p_{i0} x_{it}}$

Es ergibt sich:

$PI_{0t}^F = \sqrt{PI_{0t}^L \cdot PI_{0t}^P} = \sqrt{\dfrac{9}{4}} = \dfrac{3}{2}$, d.h. die Preissteigerung beträgt 50 %.

Aufgabe 4.3

Einsetzen in die Formeln des Laspeyres- und des Paasche-Index ergibt:

$$\frac{6 \cdot 25 + z \cdot 10 + 100 \cdot 0.05}{4 \cdot 25 + 18 \cdot 10 + 400 \cdot 0.05} \overset{!}{=} 1.05 \quad \Rightarrow \quad z = 16$$

$$\frac{6 \cdot y + z \cdot 15 + 100 \cdot 0.1}{4 \cdot y + 18 \cdot 15 + 400 \cdot 0.1} \overset{!}{=} 1 \quad \overset{z=16}{\Rightarrow} \quad y = 30$$

13.5   Außenhandel und Zahlungsbilanz

Aufgabe 5.1

Transformationskurven:

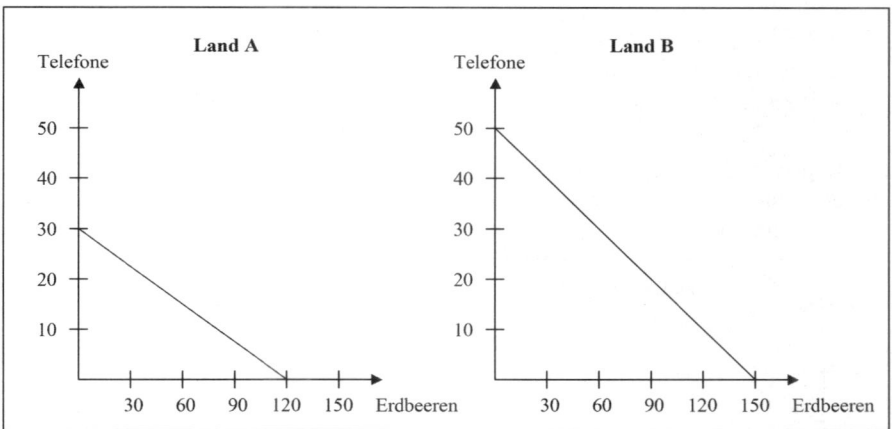

Die Anzahl der aufzugebenden Produktionseinheiten Erdbeeren (Telefone) bei der Ausweitung der Produktion von Telefonen (Erdbeeren) um eine Einheit bezeichnet man als komparative Kosten.

Land A: Steigung = - 30/120 = -1/4
Eine Erhöhung der Produktion um 1 Einheit Telefone kostet 4 Einheiten Erdbeeren. Eine Erhöhung der Produktion um 1 Einheit Erdbeeren kostet 1/4 Einheiten Telefone.

Land B: Steigung = -50/150 = -1/3
Eine Erhöhung der Produktion um 1 Einheit Telefone kostet 3 Einheiten Erdbeeren. Eine Erhöhung der Produktion um 1 Einheit Erdbeeren kostet 1/3 Einheiten Telefone.
Der komparative Kostenvorteil bei der Produktion von Telefonen liegt somit bei Land B. (Eine Einheit Telefone kostet *nur* 3 Einheiten Erdbeeren, dagegen liegen die Kosten für Land A bei 4 Einheiten Erdbeeren.) Umgekehrt liegt der komparative Kostenvorteil bei der Produktion von Erdbeeren bei Land A.

Aufgabe 5.2

Land A
Ausgangszustand: $U_A = 2 \cdot 60 + 3 \cdot 15 = 165$
Produziert nur Erdbeeren: 120 Einheiten, davon verbleiben 60 Einheiten in Land A, 60 Einheiten werden nach Land B exportiert.

Land B
Ausgangszustand: $U_B = 2 \cdot 57 + 3 \cdot 31 = 207$
Produziert nur noch Telefone: 50 Einheiten, davon verbleiben 31 Einheiten in Land B, 19 Einheiten werden nach Land A exportiert.

Neuer Zustand Land A (60/19)

Neuer Nutzen: $U_A^* = 177$

Neuer Zustand Land B (60/31)

Neuer Nutzen $U_B^* = 213$

Die folgende Graphik illustriert, dass die neuen Konsumpunkte zwar relativ nahe an den Ursprungswerten liegen, aber in beiden Fällen nicht ohne Handel erreicht werden könnten.

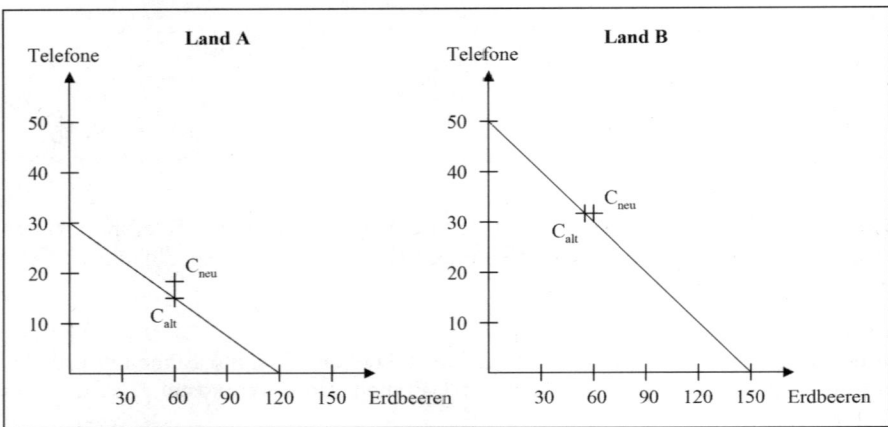

Aufgabe 5.3

Die Zahlungsbilanz gliedert sich in die Leistungsbilanz, die Kapitalbilanz und die Devisenbilanz.

Handels- und Dienstleistungsbilanz zusammen ergeben zusammen den Außenbeitrag (Leistungsbilanz im engeren Sinne), der zusammen mit dem Saldo der laufenden Übertragungen die Leistungsbilanz (im weiteren Sinne) bildet.

Der Saldo der Leistungsbilanz entspricht der Zunahme der Forderungen an das Ausland.

Die Kapitalbilanz fasst Direktinvestitionen, Wertpapiertransaktionen und den übrigen Kapitalverkehr zusammen. Die Devisenbilanz erfasst die Änderung der Währungsreserven.

Kapitalexporte haben Zahlungsausgänge zur Folge und gehen mit negativem Vorzeichen in die Kapitalbilanz ein. Ein Anstieg der Kapitalexporte erhöht (c.p.) die Forderungen an das Ausland.

Dem System der doppelten Buchführung folgend, entspricht jeder Buchung in der Leistungsbilanz eine Gegenbuchung in der Kapital- oder Devisenbilanz, so dass die Zahlungsbilanz immer ausgeglichen ist. Der Posten der statistisch nicht aufgliederbaren Transaktionen fasst die Buchungen zusammen, die nicht eindeutig zugeordnet werden können, und führt den Ausgleich der Zahlungsbilanz herbei.

Aufgabe 5.4

Kapitalimport: Zunahme der Verbindlichkeiten gegenüber dem Ausland
Kapitalexport: Zunahme der Forderungen gegenüber dem Ausland

13.6 Geld und Kredit

Aufgabe 6.1

Die Geldmengenaggregate unterscheiden sich nach Fristigkeit:

$M_1 = Z^N + D$ (Summe aus dem Zentralbankgeldbestand der Nichtbanken und den Sichtguthaben der Nichtbanken bei den Geschäftsbanken)

$M_2 = Z^N + D + T$ (enthält zusätzlich die kurzfristigen Termineinlagen der Nichtbanken bei den Geschäftsbanken)

$M_3 = Z^N + D + T + S$ (enthält zusätzlich die Spareinlagen der Nichtbanken bei den Geschäftsbanken)

Die „richtige" Abgrenzung ist letztendlich eine Zweckmäßigkeitsfrage und hängt von der Fristigkeit der Betrachtung ab. Die EZB verwendet ein erweitertes Aggregat M3erw. Dabei wird die Geldmenge M3 um einige Elemente wie z.B. die Einlagen inländischer Nichtbanken bei Auslandsfilialen ergänzt (vgl. Kapitel 6.2.1).

Aufgabe 6.2

	ΔKredit	ΔSichteinlagen	ΔBarabzug	ΔMindestreserve
1.Stufe	100.000	80.000	20.000	0
2.Stufe	60.000	48.000	12.000	20.000
3.Stufe	36.000	28.800	7.200	12.000

Die Mindestreserve ergibt sich aus den 80.000 Euro Überweisung von Kunde K1 an Kunden K2 und aus den 60.000 Euro, die B2 dem Kunden K3 einräumt (r=0,25).
Aus dem Verhalten des Kunden K1 ergibt sich die Barabzugsquote (b=0,2).
Giralgeldschöpfung: 60.000 + 36.000 = 96.000

Allgemein:

$$M = \frac{1}{r + b \cdot (1 - r)} \cdot Z = \frac{1}{0,25 + 0,2 \cdot (1 - 0,25)} \cdot 100.000$$

$$= \frac{1}{0,4} \cdot 100.000 = 2,5 \cdot 100.000 = 250.000$$

Aufgabe 6.3

Durch die Offenmarktpolitik kann die EZB den Marktzins beeinflussen. Der Verkauf von Offenmarktpapieren bewirkt im Idealfall einen Anstieg der Geldmarktzinsen, weil das Angebot an Zentralbankgeld am Geldmarkt zurückgeht und/oder die Nachfrage nach ihm steigt. Der Anstieg der Geldmarktzinsen wird dann in der Regel auf die anderen Finanzmärkte durchschlagen.

Aufgabe 6.4

Es gilt:

$$m = \frac{1}{r + b \cdot (1-r)} \quad \Leftrightarrow \quad b = \frac{1 - m \cdot r}{m \cdot (1-r)}.$$

Mit m=10 und r=0,05 ergibt sich:

$$b = \frac{1 - 10 \cdot 0,05}{10 \cdot (1 - 0,05)} = \frac{1}{19}$$

Folglich hält jeder Haushalt von jedem Euro ca. 5,3 (bzw. 100/19) Cent.

13.7 Gesamtwirtschaftliches Gleichgewicht

Aufgabe 7.1

Die Arbeitsnachfrage ist durch das Arbeitsangebot beschränkt $\Rightarrow \bar{z} = l$

Die Güternachfrage ist durch das Güterangebot beschränkt $\Rightarrow \bar{x} = y$

Damit folgt:

$$\left.\begin{array}{l} 3 + \bar{x} = \bar{z} \\ 2 - \dfrac{1}{2}\bar{z} = \bar{x} \end{array}\right\} \Rightarrow 2 - \frac{1}{2}(3 + \bar{x}) = \bar{x} \qquad \bar{x} = \frac{1}{3}, \bar{z} = \frac{10}{3}$$

Aufgabe 7.2

Es beginnt ein Multiplikatorprozess, da beide Märkte auf derselben Seite beschränkt sind.

- Stufen des Multiplikatoreffektes:
- Erhöhung der Nachfrage verschiebt die effektive Angebotskurve.
- Die erhöhte Nachfrage hat eine erhöhte Arbeitsnachfrage zur Folge.
- Durch die gestiegene Entlohnung steigt die Nachfrage nach Gütern von privater Seite.
- Die Gütermarktschranke verschiebt sich, der Prozess beginnt von neuem.

Aufgabe 7.3

Zum Preis p_1 bestimmen die Anbieter den Markt, da sie ihre ursprünglichen Planungen bei diesem Preis realisieren können. Dagegen können die Nachfrager ihre ursprünglichen Pläne nicht realisieren (wonach sie beim Preis p_1 die Menge x nachfragen würden). Die effektive Nachfrage ist auf die Menge $\bar{x}$ beschränkt.

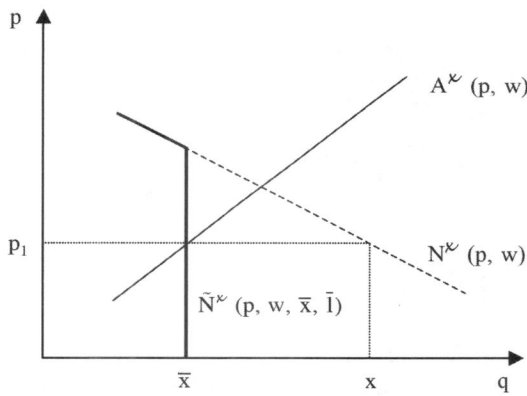

Aufgabe 7.4

Preisgleichgewichte ergeben sich unter folgenden Voraussetzungen:
- Es herrscht vollständige Konkurrenz,
- Die Preise sind beliebig flexibel,
- Alle Anpassungen laufen – durch Preissignale gesteuert – sehr schnell ab und
- Es wird nur im Gleichgewicht getauscht.

Mengengleichgewichte entstehen durch:
- Unvollständige Informationen und fehlende Gesamtüberblick der einzelnen Akteure sowie
- dadurch, dass Geld das reale Tauschverhältnis verschleiert.

13.8   Unterbeschäftigungstheorien

Aufgabe 8.1

Die IS-Kurve ist der geometrische Ort aller Kombinationen von Zins und Einkommen, bei denen sich der Gütermarkt im Gleichgewicht befindet.

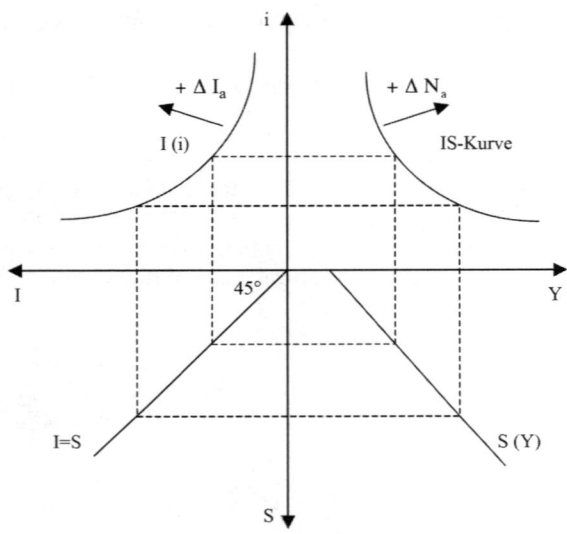

Eine Erhöhung der autonomen Investitionen hat eine Verschiebung der IS-Kurve nach rechts oben zur Folge.

Aufgabe 8.2

Die LM-Kurve ist der geometrische Ort aller Kombinationen von Zins und Einkommen, bei denen sich der Geldmarkt im Gleichgewicht befindet.

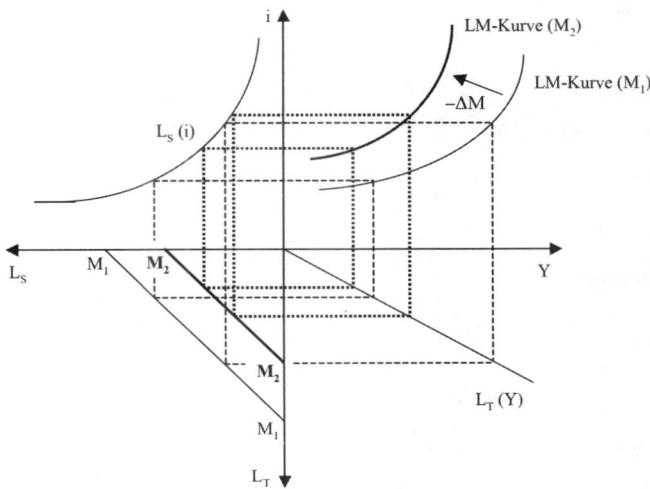

Aufgabe 8.3

Ein fiskalpolitischer Impuls führt zu einer Rechtsverschiebung der IS-Kurve. Der Schnittpunkt mit der unveränderten LM-Kurve liegt bei einem höheren Volkseinkommen, allerdings auch bei einem höheren Zinssatz. Eine in der Höhe angepasste Ausweitung der Geldmenge verschiebt die LM-Kurve hin zu einem Gleichgewicht mit dem ursprünglichen Zinssatz und erneut erhöhtem gleichgewichtigen Volkseinkommen („Policy-Mix").

Aufgabe 8.4

Die Klassiker gehen davon aus, dass Unternehmen auf Grund zu hoher Reallöhne weniger produzieren als die Haushalte nachfragen. Eine Senkung der Reallöhne wird also zu Einstellungen und höherer Produktion führen.

Aufgabe 8.5

IS-Kurve: $I(i) = S(Y)$

$S(Y) = Y - C(Y) = Y - (10 + 0,5Y) = -10 + 0,5Y$

$I(i) = 90 - 1000i$

$\Rightarrow -10 + 0,5Y = 90 - 1000i$

$\Leftrightarrow 1000i = 100 - 0,5Y$

$\Leftrightarrow i = 0,1 - \dfrac{1}{2000}Y$

LM-Kurve: $M^D = M^S$

$M^D = 1000$

$M^S = 0,5Y + 975 - 500i$

$\Rightarrow 1000 = 0,5Y + 975 - 500i$

$\Leftrightarrow 500i = 0,5Y - 25$

$\Leftrightarrow i = -0,05 + \dfrac{1}{1000}Y$

Gleichsetzen ergibt:

$-0,5 + \dfrac{1}{1000}Y = 0,1 - \dfrac{1}{2000}Y$

$\Leftrightarrow \dfrac{3}{2000}Y = \dfrac{15}{100}$

$\Leftrightarrow Y = 20 \cdot 5 = 100$

Einsetzen liefert: i=0.05

13.9 Inflation und Inflationstheorie

Aufgabe 9.1

Multiplikatorprozesse können auftreten, falls (mindestens) zwei Märkte auf der gleichen Marktseite beschränkt sind. Im Regime der Unterdrückten Inflation ist diese Voraussetzung erfüllt, da die Haushalte als Nachfrager auf dem Gütermarkt und die Unternehmen als Nachfrager auf dem Arbeitsmarkt beschränkt sind.

Ein Multiplikatorprozess könnte zum Beispiel durch einen Einbruch der Exporte in Gang gesetzt werden. Dadurch kommt es auf dem Gütermarkt im ersten Schritt zu einer geringeren (exogenen) Nachfrage. Im zweiten Schritt kommt es zu einer Verschiebung der Schranke auf dem Arbeitsmarkt zugunsten der Unternehmen, da sich die insgesamt benötigte Anzahl an Arbeitskräften durch den Rückgang der Exporte verringert hat. Die Unternehmen finden nun wieder Arbeitskräfte, die bereit sind zu den herrschenden Löhnen zu arbeiten. Ein Teil der entlassenen Arbeitskräfte wird aber nicht sofort von anderen Unternehmen übernommen, sondern wird arbeitslos. Daher kommt es zu Einbußen bei der Kaufkraft und zu einem Rückgang der Nachfrage auf dem Gütermarkt, d.h. auch auf diesem Markt kommt es zu einer Verschiebung der Schranken.

Im Gegensatz zum keynesianischen Regime ist ein Aufschaukeln des Prozesses politisch nicht erwünscht. Zwar reduziert ein solcher Prozess die Gefahr hoher Inflationsraten, mittelfristig schwächt er aber die konjunkturelle Dynamik.

Aufgabe 9.2

Neoklassiker: Da die Geldmenge das Preisniveau bestimmt, lässt sich die Inflation durch ein zu hohes und wachsendes Geldangebot erklären.

Monetaristen: Die Monetaristen erweitern den Gedanken der Neoklassik. Sie sagen, dass eine wachsende Inflation dazu führt, dass die Planungen der Konsumenten und Produzenten unsicherer werden. Damit stellt die Inflation die größte Risikoquelle für eine Volkswirtschaft dar. Aus diesem Grund muss der Staat und die Zentralbanken permanent die Inflation kontrollieren.

Keynesianer: Eine Inflation ist durch eine Übernachfrage gekennzeichnet. Diese führt dazu, dass auf dem Gütermarkt das Preisniveau und auf dem Arbeitsmarkt das Lohnniveau in die Höhe getrieben wird.

13.10 Wachstum und Konjunktur

Aufgabe 10.1

Gleichgewichtiges Wachstum tritt im neoklassischen Wachstumsmodell dann ein, falls der Output je Beschäftigtem (Arbeitsproduktivität) in Effizienzeinheiten mit der Kapitalintensität gewichtet mit dem Quotienten aus Wachstumsraten und Ersparnis übereinstimmt, also wenn gilt:

$$f(k_e^*) = k_e^* \frac{(g_L + g_A)}{s}$$

Mit steigender Sparquote wird der Quotient aus Wachstumsraten und Ersparnis kleiner. Dadurch verschiebt sich der Schnittpunkt entlang der monoton wachsenden Produktionsfunktion auf ein höheres Niveau der Arbeitsproduktivität (vgl. Abbildung 10.3).

Ökonomisch betrachtet gewährleistet ein Anstieg der Ersparnisse zusätzliche Investitionen. Diese Investitionen führen zu einem dauerhaft höheren Produktionsniveau.

Kurzfristig bedeutet eine Erhöhung der Sparquote eine Konsumzurückhaltung mit ihren Auswirkungen auf den Handel und die Produktion und damit ihren negativen konjunkturellen Konsequenzen.

Aufgabe 10.2

Der technische Fortschritt bewirkt, dass die Arbeitsproduktivität gesteigert werden kann. Langfristig erfordert die Realisierung des technischen Fortschritts meist die Erneuerung des Maschinenparks oder der Computerhard- bzw. Software.

Falls wir die Wachstumsrate der Arbeitsproduktivität A mit

$$g_A = \frac{A_t - A_{t-1}}{A_{t-1}}$$

bezeichnen, so wächst der effektive Arbeitseinsatz E wie folgt:

$$E_t = L_t \cdot e^{g_A \cdot t} = L_0 \cdot e^{(g_A + g_L) \cdot t} \quad \text{mit } g_L: \text{Wachstumsrate des Arbeitseinsatzes L}.$$

Ausgehend von einem Gleichgewicht wächst die Wirtschaft mit der Rate $g_A + g_L$. Da die Wachstumsrate des Arbeitseinsatzes in modernen Volkswirtschaften heute sehr gering ausfällt, kommt der Arbeitsproduktivität im neoklassischen Wachstumsmodell eine bedeutende Rolle zu.

Aufgabe 10.3

Da $Y^{pot} = Y$ gilt, kann die Wirtschaft nur weiter wachsen (ohne Ressourcen über zu beanspruchen), wenn das Produktionspotential gesteigert wird. Also ist die Möglichkeit, Geld für schlechte Zeiten zu sparen, abzulehnen.
Altes Produktionspotential:

$$Y^{pot} = A \cdot I^{\alpha} \cdot T^{\beta} = \sqrt[3]{151} \cdot 2^1 \cdot 1^2 = 2 \cdot \sqrt[3]{151}$$

Ein Vergleich der Produktionspotentiale bei Investitionen in I oder T ergibt:
Neues Produktionspotential bei Investitionen in den Straßenbau:

$$Y^{pot} = A \cdot (1{,}5 \cdot I)^{\alpha} \cdot T^{\beta} = \sqrt[3]{151} \cdot 3^1 \cdot 1^2 = 3 \cdot \sqrt[3]{151}$$

Neues Produktionspotential bei Investitionen in die Telefonnetze:

$$Y^{pot} = A \cdot I^{\alpha} \cdot (1{,}5 \cdot T)^{\beta} = \sqrt[3]{151} \cdot 2^1 \cdot (1{,}5)^2 = 4{,}5 \cdot \sqrt[3]{151}$$

Also ist es ratsam, sich für die Investitionen in T zu entscheiden, weil das Produktionspotential dann stärker steigt, als bei einer Investition in I.

Aufgabe 10.4

Neues Wissen kann auf zwei Arten entstehen. Zum einen kann es die Folge von Lernprozessen sein. Bei dieser Form der Wissensentstehung werden alte Produktionsprozesse und Produkte Schritt für Schritt durch neue ersetzt (Selektion).
Zum anderen kann neues Wissen auch zufällig entstehen. Durch den berühmten *Geistesblitz* oder einfach durch eine glückliche Verkettung der Umstände kommt es in diesen Fällen zu radikalen Verbesserungen bisheriger Abläufe und Güter (Mutation).

Aufgabe 10.5

Konjunkturzyklen lassen sich in vier Phasen untergliedern:
Phase der Hochkonjunktur (Prosperität): Starke Auslastung der Kapazitäten, hohe Erwartungen bei allen Akteuren, beginnende Lohn- Preisspirale.
Abschwungphase (Rezession): Erwartungen werden nicht erfüllt, Nachfrage auf dem Gütermarkt geht zurück, freie Kapazitäten, erste Entlassungen.

Talsohle (Depression): Investitionszurückhaltung, Bereinigung von Produktionsplänen, massive Entlassungen, pessimistische Erwartungshaltung.

Aufschwungphase (Erholung): Auftragsbücher füllen sich langsam, steigende Auslastung der Kapazitäten, Optimismus bei Haushalten und Unternehmen.

13.11 Erwartungen, Spekulationen, Krisen

Aufgabe 11.1

Im Gleichgewicht muss gelten: Angebot = Nachfrage, somit ergibt sich durch Gleichsetzen:

$y_t = x_t$

$\Leftrightarrow 2p_t = 30 - 2p_t$

$\Rightarrow 4p_t = 30$

$\Rightarrow p_t^* = 7,5$

$x_t^* = y_t^* = 2p_t^*$

$\Rightarrow y_t^* = 15$

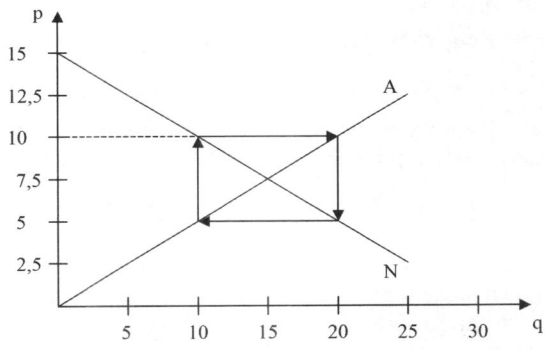

In der Graphik wird deutlich, dass es im Falle statischer Erwartungen nicht zu einem Gleichgewicht kommt. Vielmehr kommt es zu einer zyklischen Schwingung um das Gleichgewicht herum.

Aufgabe 11.2

Aus der Angabe ist bekannt:

$p_1^e(t=0) = 10$

Daraus folgt die angebotene Menge in t = 1: $y_1 = 2 \cdot p_1^e(t=0) = 2 \cdot 10 = 20$

Im Gleichgewicht für Periode 1 müssen Angebot und Nachfrage gleich sein:

$\Rightarrow x_1 = 30 - 2p_1 = 20$

$\Rightarrow p_1^* = 5$ $\qquad$ (tatsächlicher Preis für Periode 1)

Für Periode 2 berechnet sich der erwartete Preis aus dem Schätzfehler gewichtet zu h = 0,8 und dem erwarteten Preis von Periode 1:

$p_2^e(1) = p_1^e(0) + 0{,}8\,(p_1 - p_1^e(0))$
$\Rightarrow p_2^e(1) = 10 + 0{,}8\,(5 - 10) = 6$

Bei einem erwarteten Preis von 6 für Periode 2 ergibt sich ein Angebot in Höhe von:

$y_1 = 2\,p_2^e(t{=}1) = 12$

Im Gleichgewicht für Periode 2 müssen Angebot und Nachfrage wieder gleich sein:

$x_1 = 30 - 2\,p_2 = 12$
$\Rightarrow p_2^* = 9$ (tatsächlicher Preis für Periode 2)

Aufgabe 11.3

Vertrauens-Routine: Empfehlungen von Banken/Analysten werden befolgt.

Herden-Routine: „Leithammel" werden beobachtet.

Spürnasen-Routine: Es wird in wenig beachtete Aktienwerte investiert, die bei entsprechender Entwicklung der Märkte hohe Zuwächse versprechen.

Aufgabe 11.4

Strukturelle Krisen entstehen, wenn größere traditionelle Industriezweige im Zuge des technischen Fortschritts an Bedeutung verlieren.
Ist abzusehen, dass ein Industriezweig dauerhaft nicht mehr wettbewerbsfähig ist, so sind Subventionen ökonomisch nicht sinnvoll. Dagegen könnte die Region von einem Zufluss öffentlicher Fördermittel zur Gründung junger Unternehmen profitieren.
Ist die Konkurrenzfähigkeit durch hohe Lohnnebenkosten oder veraltete Produktionsverfahren eingeschränkt, oder besteht ein kurzfristiger Nachfrageeinbruch, so können Subventionen durchaus sinnvoll sein. Der temporäre Charakter muss dann für alle Beteiligten deutlich sein, da die Unternehmen ansonsten keine Anreize haben zukünftig, wettbewerbsfähiger zu werden.

Buchempfehlungen / Literaturverzeichnis

Lehrbücher

Auer, Ludwig von (2005): Ökonometrie. Eine Einführung. Springer, Heidelberg.
Blanchard, Olivier; Illing Gerhard (2004): Makroökonomie. Pearson Studium, München.
Felderer Bernhard; Homburg, Stefan (2005): Makroökonomik und neue Makroökonomik, Springer, Heidelberg.
Karmann, Alexander (2003): Mathematik für Wirtschaftswissenschaftler, Oldenbourg, München.
Krugman, Paul; Obstfeld, Maurice (2004): Internationale Wirtschaft, Pearson Studium, München.
Mankiw, Gregory (2004): Grundzüge der Volkswirtschaftslehre, Schäffer-Pöschel, Stuttgart.
Richter, Rudolf; Schlieper, Ulrich; Friedmann, Willy (1998): Makroökonomik, Springer, Berlin.
Rothschild, Kurt (1998): Einführung in die Ungleichgewichtstheorie. Springer, Berlin.
Samuelson, Paul, A., Nordhaus, William, D. (2005): Volkswirtschaftslehre. Redline, Heidelberg (Erste Auflage von Samuelson erschien 1948 unter dem Titel *Economics*).
Siebert, Horst (2003): Einführung in die Volkswirtschaftslehre, Kohlhammer, Stuttgart.

Sonstiges Literaturverzeichnis

Branchinger, Hans W. (2005): „Der Euro als Teure? Die wahrgenommene Inflation in Deutschland", Wirtschaft und Statistik S. 999 ff.
Böhringer, Christoph; Löschel, Andreas (2003): Empirical Modeling of the Economy and the Environment, Physica, Heidelberg.
Bundesregierung (2005): Lebenslagen in Deutschland. Der 2. Armuts- und Reichtumsbericht der Bundesregierung, Berlin.
Eucken, Walter (2004): Grundsätze der Wirtschaftspolitik, UTB, Stuttgart, Erstveröffentlichung: 1952.
Friedman, Milton (1969): Optimum Quantity of Money and Other Essays, Aldine, Chicago.
Hayek, Friedrich von (1948): Individualism and Economic Order, Chicago Press, Chicago.
Hayek, Friedrich von (1977): Entnationalisierung des Geldes. Mohr, Tübingen.
Heer, Burkhard; Maußner, Alfred (2005): Dynamic General Equilibrium Modelling, Springer, Heidelberg.
Jöhr, Walter A. (1952): Die Konjunkturschwankungen. Mohr, Tübingen.
Keynes, John, Maynard (1936): Allgemeine Theorie der Beschäftigung, des Zinses und des Geldes. Erhältlich bei Duncker & Humblot, 9. Auflage, 2002. Deutsche Ausgabe übersetzt von Fritz Wäger.
Kindleberger, Charles (1996): Manias, panics and crashes: a history of financial crises. Wiley, New York.

Kondratieff, Nikolai (1946 [1926]): „Die langen Wellen der Konjunktur", Archiv für Sozialwissenschaften und Sozialpolitik, Band 56, S. 573-609.

Laum, Bernhard (2006): Heiliges Geld, Semele Verlag, Berlin, Erstveröffentlichung: 1924.

Lucas, Robert (1988): „On the Mechanics of Economic Development", Journal of Monetary Economics, Vol. 22, S. 3-42.

Malinvaud, Edmond (1977): The Theory of Unemployment Reconsidered, Basil Blackwell, Oxford.

Marshall, Alfred (1920): Principles of Economics, 8. Ausgabe (Erstausgabe 1890), Macmillan, London.

Marx, Karl (1867): Das Kapital. Band 1. Kritik der politischen Ökonomie. Gebundene Ausgabe erhältlich bei Voltmedia, Paderborn, letzte Auflage 2004.

Mayer, Helmut (2001): „Preis- und Volumenmessung in den Volkswirtschaftlichen Gesamtrechnungen", Wirtschaft und Statistik 12/2001, S. 1032 – 1043, Statistisches Bundesamt, Wiesbaden.

Minsky, Hyman (1972): „Financial Instability Revisited: the Economics of Disaster", Zeitveröffentlichung in: Minsky, Hyman, 1982: Inflation, Recession and Economic Policy. Harvester Wheatsheaf, Brighton.

Muth, John (1961): „Rational Expectations and the Theory of Price Movements", Econometrica, Vol. 29, S. 315-335.

Nefiodow, Leo (2001): Der sechste Kondratieff. Rhein-Sieg-Verlag, Sankt Augustin.

Nelson, Richard; Winter, Sidney (1982): An evolutionary theory of economic change. Harvard University Press, Cambridge, Massachusetts.

Phillips, A.W. (1985): "The relationship between unemployment and the rate of change of money wages in the United Kingdom 1861-1957", Economica 25 (100), pp. 283-299

Sachverständigenrat (2004): Jahresgutachten 2004/05, Herausgeber: Statistisches Bundesamt, Wiesbaden.

Samuelson, Paul, A (1939): "Interaction between the Multiplier Analysis and the Principle of Acceleration", Review of Economics and Statistics, Vol. 21: S. 75-98.

Say, Jean-Baptiste (1803): Traité d'Economie Politique, Paris.

Schumpeter, Joseph (1952): Theorie der wirtschaftlichen Entwicklung, Duncker & Humblot, Berlin.

Solow, Robert, M. (1956): "A contribution to the Theory of Economic Growth", Quarterly Journal of Economics. Band 70. S. 65-94.

Statistisches Bundesamt (2007): Jahrbuch und Jahrbuch für das Ausland 2007 , Wiesbaden.

Vereinte Nationen (2000): Millenniums-Erklärung von der Gerneralversammlung zum Abschluss des vom 6. bis 8.9.2000 abgehaltenen Millenniumsgipfel, New York.

Walras, Léon (1874/1877): Elements d'économie politique pure ou Théorie de la richesse social. L. Corbaz & cie Verlag, Lausanne.

World Bank (2007): China Quarterly Update, World Bank Office Beijing.

Abkürzungsverzeichnis

BIP	Bruttoinlandsprodukt
BNE	Bruttonationaleinkommen (froher Bruttosozialprodukt)
BPW	Bruttoproduktionswert
BSP	Bruttosozialprodukt (ehemalige Bezeichnung des Bruttonationaleinkommens)
BWS	Bruttowertschöpfung
c. p.	ceteris paribus (übriges bleibt gleich)
COMECON	Council for Mutual Economic Assistance (Wirtschaftsgemeinschaft kommunistischer Staaten, 1949-1991)
EF	Einlagefazilität
EPH	Entscheidungsproblem des Haushalts
EPU	Entscheidungsproblem des Unternehmens
ESZB	Europäisches System der Zentralbanken
EU	Europäische Union
EU (25)	25 aktuelle Mitgliedstaaten der EU
EUR	Euro
EZB	Europäische Zentralbank
F&E	Forschung und Entwicklung
GDP	Gross Domestic Product (entspricht BIP)
GHG	Greenhouse Gas (Treibhausgas)
IPCC	Intergovernmental Panel of Climate Change
IWF	Internationaler Währungsfonds
KP China	Kommunistische Partei China
KWG	Kreditwesengesetz
MG	Mengengleichgewicht
Mill.	Million(en)
Mrd.	Milliarde(n)
NWS	Nettowertschöpfung
OECD	Organisation für wirtschaftliche Zusammenarbeit und Entwicklung
OM	Offenmarktgeschäft
PG	Preisgleichgewicht
PI	Preisindex
SF	Spitzenfinanzierungsfazilität
VGR	Volkswirtschaftliche Gesamtrechnung

Sach- und Namensverzeichnis

Druck: Krips bv, Meppel, Niederlande
Verarbeitung: Stürtz, Würzburg, Deutschland